MASQUE ET LUMIERES AU XVIIIe

78

JEAN MACARY

MASQUE ET LUMIERES AU XVIIIe

ANDRE-FRANÇOIS DESLANDES, «CITOYEN ET PHILOSOPHE»

(1689–1757)

JEAN MACARY

MASQUE ET LUMIERES AU XVIIIe

ANDRE-FRANÇOIS DESLANDES,
«CITOYEN ET PHILOSOPHE»
(1689–1757)

MARTINUS NIJHOFF / LA HAYE / 1975

ISBN 90 247 1698 5

PRINTED IN THE NETHERLANDS

TABLE DES MATIÈRES

INTRODUCTION

L'histoire des idées ne me paraît pas plus démodée en 1975 qu'elle n'est achevée à cette date. Elle constitue, bien au contraire, un domaine de recherches des plus ouverts. Chaque spécialité y est rappelée à la modestie de ses limites; chaque spécialiste, incité à contribuer à une discipline qui, de nos jours, remet en route l'esprit critique et met en sourdine l'esprit de système. Il est rafraîchissant d'être ainsi tiré du sommeil dogmatique de tant de théories et autres «méthodes» – aussi récentes ou relativement récentes soient-elles. Les études interdisciplinaires n'exigent pas l'abandon de la spécificité propre à chaque discipline; elles en permettent les applications les plus variées, avec une précision accrue.

Depuis quelques années, Michel Foucault a entrepris une recherche de pointe qui l'a conduit à s'interroger sur ce domaine historique. Dans *l'Archéologie du savoir*, il prend à parti la plupart des concepts sur lesquels l'histoire des idées s'était fondée jusqu'alors.[1] Au roman du progrès, ou du moins de la continuité des idées, il oppose l'histoire de leurs failles et de leurs ruptures, – qu'il raconte. C'est aussi à une remise en question de l'histoire intellectuelle de ce qu'on appelle l'Age des Lumières que la présente étude sur André-François Deslandes voudrait contribuer. Il me semble en effet que trop de belles synthèses ont été écrites à trop haute altitude: dégager ainsi l'esprit de tout un âge présente trop de risques d'abstraction et de généralité. En outre, certains critiques modernes se prennent au piège des préjugés méthodologiques des écrivains qu'ils étudient; si l'on s'acharne tant à dégager un esprit commun aux Lumières, ne serait-ce point parce que Voltaire, par exemple, a écrit un *Siècle de Louis XIV*, voire un *Abrégé du Siècle de Louis XV*? Mais a-t-on le droit de parler *du* Siècle des Lumières? Cette expression peut-elle être reçue sans analyse par le critique contemporain? Certains, tels R. Mor-

---

[1] M. Foucault, *L'archéologie du savoir,* Paris, Gallimard, 1969.

tier [2] et J.-M. Goulemot,[3] en doutent fortement. Le chercheur ne doit pas adopter comme réalité historique et intellectuelle ce qui n'était peut-être que le programme de certains philosophes, à une certaine date. Ainsi, le schéma que constitue le «Discours préliminaire à l'*Encyclopédie*» et que nous prenons très au sérieux, a dû faire grincer bien des philosophes de l'époque, à commencer par Voltaire. Autre exemple: le scepticisme, qui colore les écrits de tant d'écrivains des Lumières, pourrait servir lui aussi à l'étude de leur philosophie, tout autant que l'esprit rationaliste et expérimental. Peut-être ne faudrait-il pas se prendre aux formules généreuses avancées au cours de luttes âpres, nombreuses et souvent très différentes les unes des autres. On se doit d'étudier successivement les différentes visions du monde nées au cours du siècle, pour situer leurs points de rupture, quand bien même les vocabulaires utilisés ici et là seraient trompeusement identiques.

Encore faut-il écarter un préjugé tenace. Selon ce préjugé, seuls les «grands écrivains» seraient des figures représentatives de leur époque; les autres, – écrivains de seconde ou de troisième catégorie –, ne mériteraient mention que pour ombrer le portrait en pied des grands stylistes. Dans cette perspective, on n'aurait plus qu'à écarteler l'œuvre des «minores» afin d'en étiqueter des morceaux choisis sous les rubriques opposées «survivances»/«influences». Cette analyse destructrice autant que réductrice n'exigerait aucune vue synthétique de l'œuvre ainsi mise en pièces: puisqu'il s'agit d'écrivains mineurs, pas question de s'interroger sur leur originalité. Ils n'existeraient même pas en fonction de l'époque précise où ils ont vécu; on n'aurait le choix qu'entre les renvoyer au passé ou les détourner vers l'avenir. Ils constitueraient ainsi un paradoxe intellectuel, qui confirme le mépris où on les tenait d'avance: auteurs, ils n'auraient été que des reflets; vivants, ils n'auraient pourtant constitué qu'un temps mort dans l'«évolution» des idées. C'est pourquoi on les étudie d'habitude en bloc; on parle de «minores», comme si le mot n'avait pas de singulier. Cette critique en revient donc aux valeurs établies, – aux «grands écrivains». Ayant servi de points de référence tout au long de l'analyse réductrice, ces derniers servent de points de convergence, lorsqu'il faut conclure. Le tour est joué. L'écrivain mineur s'est évanoui comme par enchantement.

L'œuvre critique d'André-François Deslandes (1689-1757) se situe au début du deuxième tiers du XVIIIe siècle. Cette période est particulière-

[2] R. Mortier, *Clartés et ombres du siècle des Lumières,* Genève, Droz, 1969.
[3] Ce fut un des thèmes de son intervention au Congrès de l'Europe des Lumières, Nancy, Juillet 1971; cf. son article in *XVIIIe Siècle,* No 5, Paris, Garnier, 1973.

ment complexe, ambiguë et mal connue: l'astrologue Boulainvilliers semble y défier l'astronome Newton; le vocabulaire philosophique moderne, que Descartes avait commencé à établir près d'un siècle auparavant, est encore tenu en suspicion dans les écoles et les livres savants, où mots et définitions scolastiques survivent. Plusieurs systèmes de pensée coexistent alors, non pas opposés, mais irréductibles les uns aux autres; ils ne se situent pas au même niveau linguistique. Chaque système a de ses mots-clefs une définition irréductible à celle des mêmes mots dans le cadre d'un autre système. J. Ehrard a montré l'ambiguïté du mot «Nature» à l'époque;[4] il en va de même du mot «Ame»: faut-il l'entendre au sens traditionnel et scolastique, – distinguer entre «Ame végétative», «Ame sensitive» et «Ame raisonnable»? faut-il l'entendre au sens d'«Ame du Monde»? ou bien encore au sens cartésien du terme? Deslandes illustre bien les audaces et les tâtonnements de cette période, qu'A. Adam a décrite avec une sage précision.[5] Il fait siens l'épicurisme et/ou le scepticisme des La Mothe le Vayer, Saint-Evremond, Bayle, Fontenelle et Chaulieu, mais pour les décentrer; ces conceptions de la vie lui servent à contrebattre le fanatisme de toutes sortes de dogmatiques. Et s'il amalgame Bayle à Malebranche aussi bien qu'à Descartes, ce n'est pas pour se reposer au sein de leur Dieu. Il est surtout de ceux qui introduisent les idées nouvelles; de ceux qui s'essayent aux nouvelles formes littéraires. Il connaît Newton et prend parti pour la philosophie et l'économie anglaises, bien avant Voltaire: il écrit son *Nouveau voyage d'Angleterre* en 1713; avant Voltaire, il exalte Colbert et le Siècle de Louis XIV (*l'Essay sur la marine et sur le commerce* paraît en 1743); et c'est avant Diderot qu'il pratique l'«entretien» philosophique et matérialiste, avant Condillac qu'il exploite le thème de la statue: *Pigmalion, ou la Statue animée* date de 1741. Il est enfin l'auteur de la première histoire de la philosophie composée en français: les trois premiers volumes de *l'Histoire critique de la philosophie,* que certains encyclopédistes pilleront, sont publiés dès 1737.

Réhabiliter Deslandes? Tâche impossible et vaine, à première vue, car Deslandes n'a pas seulement été attaqué par les ennemis des philosophes; il a encore été raillé ou dénigré par certains philosophes eux-mêmes, et non des moindres: Grimm le tient pour négligeable; Voltaire se moque à l'occasion de cet auteur provincial. Toutefois, c'est le même Voltaire qui salue en lui le «citoyen et philosophe», et l'on peut expliquer certains

[4] J. Ehrard, *L'idée de Nature dans la première moitié du XVIIIe siècle,* Paris, S.E.V.P.E.N., 1963.
[5] A. Adam, *Le mouvement philosophique dans la première moitié du XVIIIe siècle,* Paris, S.E.D.E.S., 1967.

jugements péjoratifs par des causes extrinsèques à l'œuvre de notre philosophe. Tant d'adversaires de la philosophie se sont ligués au XVIIIe et
au XIXe siècles pour avilir insidieusement la libre pensée, – et toute
pensée libre –, qu'il vaut la peine de reconsidérer les jugements des abbés
de Feller et Sabatier de Castres, du bénédictin dom Chaudon et du bien-
pensant de Villenave. Ce sont les mêmes soi-disant bio/bibliographes et
historiens qui ont porté sur Diderot des jugements définitifs, dont le
nombre, sinon la pertinence, a pesé si lourd et si longtemps: pendant un
siècle et demi, ils l'ont fait passer en France pour un philosophe incohé-
rent et pour un écrivain emphatique.[6]

Dans la présente étude, je me suis efforcé d'écarter ces préjugés. Bien
loin d'étayer une théorie quelconque sur le XVIIIe siècle d'échantillons
grapillés ici et là, je procède à une analyse des thèmes et techniques qu'u-
tilise l'écrivain et philosophe Deslandes tout au long d'une œuvre importante et variée; c'est pourquoi le lecteur trouvera cités ici de nombreux
passages de ses ouvrages, par ailleurs difficilement accessibles. Cette analyse s'intègre dans une synthèse; non pour conclure sur le siècle entier,
ni même sur la période où vécut Deslandes, mais pour rassembler les
idées de notre auteur, dessiner la vision originale, complexe et cohérente
qu'il se fit du monde. Cette cohérence ne vient pas se superposer plus
ou moins sur celles d'un Voltaire, d'un Diderot ou d'un J.-J. Rousseau;
bien au contraire, en son cœur même, s'articulent des concepts qui
s'excluent chez Voltaire, Diderot et Rousseau: ainsi, comme Rousseau,
Deslandes dénonce le luxe et les vices de la société française, – luxe et
vices dont il incrimine en partie les sciences et les arts; mais, comme
Diderot, il s'acharne à travailler aux progrès de ces sciences et de ces arts.
C'est donc en étudiant l'ensemble de cette œuvre que nous pourrons
obtenir un premier crayon d'«archéologie» authentique de la philosophie
des années 30 et 40.

Le Chapitre I de ce livre est consacré à une biographie de Deslandes.
C'est que l'œuvre à elle seule ne suffit pas pour décrire le philosophe et
sa philosophie. Rien de moins abstrait que cette philosophie, par laquelle
Deslandes tente d'apporter réponse aux questions urgentes que lui posent
son expérience et son milieu. Parce qu'il sort d'une famille d'entreprenants
négociants qui servirent le roi aux Indes, parce que lui-même est devenu
un haut fonctionnaire de la Marine, il rédige essais et mémoires pour appuyer la politique économique nouvelle que tente de promouvoir le ministre, M. de Maurepas. Mon enquête confirme ici celle de J. Proust sur

---

[6] Cf. mon article: «Le saint abbé de Castres et l'antibiographie», à paraître.

les encyclopédistes [7] et les récentes découvertes de M. Duchet: [8] des liens étroits sont tissés entre le gouvernement royal et les «philosophes». Ces derniers utilisent les fonctions officielles qu'ils exercent comme leviers de manœuvre afin de tenter leurs réformes; le roi de son côté reconnaît les services rendus en anoblissant ses fonctionnaires et les commerçants de sa Compagnie. Entreprise en partie patriotique, à laquelle Voltaire, quelques années plus tard, s'associera dans le *Siècle de Louis XIV*; comme l'a noté A. Adam,[9] cet ouvrage est un chant à la gloire de la nation qui a mis sur pied et pourrait encore mettre sur pied des entreprises aussi vastes que celles des Hollandais et des Anglais. Deslandes toutefois n'est pas un pamphlétaire à la solde du ministre; il voit plus large qu'un épisode politique. De son expérience précise dans les domaines de la marine et du commerce, il dégage la notion des progrès que le technicien philosophe pourrait faire accomplir, si le roi voulait écouter: il s'enrôle dans la phalange des encyclopédistes. Mieux: il dégage la notion des progrès que l'esprit humain a accomplis et est encore susceptible d'accomplir; l'action contemporaine s'ouvre sur les réflexions de *l'Histoire critique de la philosophie*. Cet ouvrage, qui est le couronnement de l'œuvre de Deslandes, peut donc se lire comme une tentative de pression sur la France catholique et monarchique. Jusqu'à la fin de sa vie, Deslandes garde le contact, amical semble-t-il, avec les chrétiens; il se refuse à déclencher un combat, qui serait, selon lui, ruineux et pour son pays et pour la philosophie. Il reste même en bons termes avec Fréron . . . Au fond de son cœur, néanmoins, il n'est pas du tout chrétien. Sa mort est celle d'un esprit fort; avec l'écrit matérialiste *Pigmalion, ou la Statue animée*, elle lève les ambiguïtés voulues d'une vie consacrée à l'action.

La biographie de Deslandes met en perspective une œuvre complexe et secrète, que je tiens pour «masquée». C'est que la «difficile condition d'auteur», comme l'écrit à juste titre J.-M. Goulemot, n'offre guère de possibilités à qui veut s'exprimer ouvertement dans le cadre de l'approbation et du privilège royal.[10] Le Chapitre II traite donc de l'éventail des possibilités légales et illégales qui se déploie devant l'écrivain entre 1730 et 1750: à un bout, les ouvrages licites, approuvés par un censeur et munis du privilège royal accordé au libraire; à l'autre bout, les manus-

---

[7] J. Proust, *Diderot et l'Encyclopédie,* Paris, A. Colin, 1962.
[8] M. Duchet, *L'anthropologie des Lumières,* Paris, Maspéro, 1971.
[9] Cf. son introduction à l'édition qu'il a donnée de Voltaire, *Le Siècle de Louis XIV,* Paris, Garnier-Flammarion, 1971.
[10] *Histoire littéraire de la France,* vol. III: *De 1715 à 1789,* sous la direction de M. Duchet, Paris, Editions Sociales, 1969, Chapitre: «La difficile condition d'auteur: Censure, livres et public au XVIIIe siècle», de J.-M. Goulemot, pp. 141-159.

crits clandestins copiés à la main dans la plus complète clandestinité. Mais entre les deux existe toute une gamme d'éditions plus ou moins clandestines. Deslandes a utilisé une large partie de cette gamme. Certains de ses ouvrages sont officiels et signés; d'autres tout à fait illégaux et anonymes; ils seront prohibés. Toutefois, grâce à des recoupements que permettent l'imprudence de l'auteur et le relâchement intermittent de la vigilance policière, ce chapitre dresse la liste à peu près complète des ouvrages de Deslandes. Il s'agit là d'une étape indispensable pour le genre de recherche entreprise ici: d'une part, seul l'établissement d'une telle liste permet de procéder à la synthèse de l'œuvre; d'autre part, la classe dans laquelle chaque livre se situe détermine, en grande partie, la lecture qu'on en doit donner. L'écrivain en effet risque d'être d'autant plus sincère et audacieux que son livre est plus clandestin; en revanche, plus le livre aura été écrit pour être approuvé par un censeur, plus le masque qu'y porte l'auteur risque d'être hermétique.

Le Chapitre III dresse alors le bilan de l'activité scientifique, économique et morale de notre philosophe. Y sont étudiés des textes tout à fait clandestins, ainsi que des textes officiels ou quasi officiels, mais où le masque joue un rôle presque négligeable.

Avant d'en venir à l'*Histoire critique de la philosophie*, j'analyse, dans le Chapitre IV, la technique même du masque, telle que Deslandes a tenu à en décrire théorie et pratique. Certes, Deslandes n'est ni le premier ni le seul de son époque à avoir masqué les audaces de sa pensée, mais il le fait à un moment de l'histoire où, en France, cette technique se développe et se diversifie. En raison directe du renforcement du contrôle exercé par les autorités, il devient de plus en plus nécessaire de ruser, ou il faut se démettre. Ainsi, Voltaire, afin d'obtenir une approbation pour ses *Lettres anglaises*, louvoie plusieurs mois durant; voyant qu'il ne parviendra à rien avec les autorités, il se décide à faire paraître une édition anglaise, à Londres, et une édition française anonyme, à Rouen. Mais la trace du compromis qu'il avait tenté subsiste: les *Lettres philosophiques* sont loin d'exprimer à découvert la pensée de leur auteur. Ce n'est qu'à une autre période de sa vie, et loin de Paris, qu'il déploiera la gamme de ses audaces; encore ne le fera-t-il pas toujours, maintenant souvent un masque dont ses amis lui feront grief: ils le trouvent inutile et quelque peu dégradant dans le cas d'un auteur que la proximité de la Suisse et la célébrité rendent pratiquement invulnérable. Se démettent les écrivains qui préfèrent l'exil ou l'édition à l'étranger; rusent, sans se soumettre, ceux qui restent et affichent une orthodoxie plus ou moins rigide, que viennent saper certains «indices» glissés dans l'ouvrage or-

thodoxe.[11] Souvent aussi, c'est dans d'autres livres, – clandestins, ceux-
là –, que l'auteur découvre le fond de sa pensée; ces textes anonymes
donnent alors la clef qui permet une interprétation ésotérique des textes
officiels. Certaines prises de position apparemment innocentes dans ces
derniers ne prennent tout leur sens que par la portée qui leur est donnée
dans les premiers.

Mais si Deslandes n'est pas le seul à porter le masque, il offre l'originalité d'en faire l'étude critique. Ici et là dans son œuvre, et principalement dans *l'Histoire critique de la philosophie*, il dépiste les écrivains qui
s'esquivent; il décrit leurs faux-fuyants, qui sont aussi les siens.

Témoignage sur une époque donc, mais aussi clef pour ouvrir les écrits
les plus secrets de notre auteur: le Chapitre IV de la présente étude
ouvre sur un Chapitre V, où je décris les intentions de cette histoire à
l'aide du conte anonyme et clandestin *Pigmalion*. La vision du monde qui
se dégage de cette lecture est philosophique au sens large du terme; elle
est structurée par une métaphysique matérialiste qui a des implications
dans des domaines d'activité très divers: en science, elle incite aux har-
diesses de la recherche expérimentale; elle s'attache cependant aux progrès des techniques, car elle ne néglige pas les réalités économiques du
monde contemporain; elle comporte même un aspect politique, s'ef-
forçant de pousser aux réformes un pouvoir dont elle respecte les assises
monarchique et religieuse. Le philosophe sait ce pour quoi il se bat, se
bat pour ce qu'il sait ou espère savoir bientôt. Le philosophe modèle sa
philosophie; en retour, la philosophie impose au philosophe un modèle
d'action et un style de vie. Homme et œuvre sont inséparables dans la
vision du monde que le monde révèle peu à peu à qui le scrute. C'est bien
là, dans toute sa cohérence et sa complexité, une des philosophies des
Lumières possibles vers 1740.

En premier lieu, je tiens à remercier A. Adam de m'avoir proposé le
sujet de cette étude; ses encouragements et la lecture de ses travaux
m'ont permis d'en comprendre tout l'intérêt. A. J. Roger, qui a bien
voulu diriger ma thèse, j'adresse mes remerciements les plus vifs; sa
vigilance m'a incité à préciser les points négligés, à aboutir à des conclusions plus larges et, je l'espère, plus significatives. Soient remerciés
encore l'Université de Princeton et son Département de Langues et Lit-
tératures Romanes, qui m'ont accordé généreusement les bourses et les
congés sabbatiques grâce auxquelles j'ai pu achever cette enquête. Je dois

---

[11] Ce sont les «hints» auxquels Léo Strauss fait allusion dans son livre, *Persecution
and the Art of Writing*.

beaucoup également à tous ceux qui ont consenti à lire mon manuscrit et qui m'ont permis, plus encore par leurs critiques constructives que par leur approbation, d'aboutir à une version plus claire et plus incisive: Fr. Bowman, V. Brombert, R. Darnton (pour le Chapitre II), J. Fabre, R. Mortier, Ed. Sullivan, Karl D. Uitti et Ira O. Wade, dont la constante sympathie m'a été si réconfortante. Mention particulière doit être faite de la seule monographie consacrée à Deslandes qui ait paru, et que l'auteur a eu l'amabilité de me communiquer avant même son impression, le livre de Rolf Geissler, *Boureau-Deslandes. Ein Materialist der Frühaufklärung* (Berlin, Rütten & Loening, 1967).

PARTIE I

L'HOMME ET SON TEMPS

VIE ET MORT D'UN «CITOYEN ET PHILOSOPHE»

A. MILIEU ET FORMATION

La philosophie de Deslandes n'est pas une utopie abstraite sortie de la plume d'un homme de cabinet. C'est le système des réflexions qu'il a tirées d'une riche expérience et de tentatives audacieuses et originales, quand bien même elles ont échoué. Ces réflexions, par un jeu d'interactions, ont en retour éclairé son expérience et dirigé ses tentatives nouvelles. Dans ce premier chapitre, je décrirai l'expérience que lui a léguée une famille de bourgeois entreprenants aux Indes Orientales, et dont il s'inspirera sa vie durant; l'expérience qu'il a vécue lui-même comme voyageur en Angleterre, puis comme haut fonctionnaire de la Marine: nous le verrons à l'œuvre tenter de réformer le commerce et la marine; nous le suivrons dans le cours de sa carrière d'écrivain, et sa mort nous découvrira la conduite conséquente d'un homme qui se voulait à la fois «citoyen et philosophe».

1. La famille de Deslandes aux Indes Orientales

André-François Deslandes serait né en 1689, à Bandel.[1] Ce lieu de naissance exotique s'explique par les fonctions que le père d'André-François exerçait alors aux Indes: André Deslandes fut en effet un haut fonction-

---

[1] Tous les biographes donnent Pondichéry, 1690; dans une lettre qu'il m'a écrite il y a quelque temps, John L. Carr m'informe qu'il a la preuve que Deslandes est né en 1689. Je souhaite vivement que John L. Carr publie la thèse qu'il a consacrée à notre auteur et dont il a bien voulu me communiquer la table des matières. Cf. l'article du Dr. C. Laurent, «Monsieur Deslandes (André-François Boureau-Deslandes, 1689-1757)», publié dans le *Bulletin de la Société Archéologique du Finistère*, tome XC, 1964, Brest, Imprimerie du *Télégramme*, 1965. Les *Mémoires* de François Martin, beau-père d'André Deslandes, père de notre auteur, signalent la présence de ce dernier à Bandel en 1689: *Mémoires de François Martin, fondateur de Pondichéry (1665-1696)*, 3 vols, Paris, Société de l'Histoire des Colonies Françaises, 1931-1934.

naire de la Compagnie des Indes Orientales, pour laquelle il dirigea un temps le comptoir de Chandernagor, qu'il avait fondé au Bengale.

Ce n'est pas par pure curiosité d'érudit que je vais tracer ici les grandes lignes des carrières de l'oncle, du père et du grand-père d'André-François. Ce dernier a souligné lui-même la solidarité intellectuelle et morale qui le liait à eux, en éditant *l'Histoire de M. Constance, premier ministre du Roi de Siam* (1756),[2] tirée des papiers de son père et de son grand-père, François Martin.[3] La connaissance des activités de ces trois hommes explique en partie la force de certaines des convictions religieuses et des conceptions politiques et économiques d'André-François Deslandes. Surtout, cette enquête nous apprendra que les deux générations auxquelles ils appartiennent ne font pas que précéder dans le temps la première génération des Lumières; elles en possèdent déjà certains traits: aux questions que le monde leur pose, dans le dernier tiers du XVIIe siècle, ces hommes apportent des réponses neuves, qui seront parfois reprises au XVIIIe siècle. Le monde dont je parle n'est plus celui de la Cour et de la Ville, c'est le vaste monde du voyage. Le voyage importait déjà aux esprits libres du début du XVIIe siècle; R. Pintard a montré que, pour beaucoup d'érudits français, le «déniaisement» passait par le voyage dans l'Italie de Rome et de Padoue;[4] mais d'autres voyageurs vont plus loin, au risque de ne jamais revenir. Ceux qui reviennent écrivent leurs mémoires: on sait le développement considérable de la littérature de voyage à la fin du XVIIe, et comment philosophie et voyage s'unirent en la personne de Bernier, disciple de Gassendi.

François Martin et André Deslandes ont connu une vie de cosmopolites, et ils se demandent, à vivre au cœur de civilisations si différentes de la leur, quel pourrait être le nouveau visage de leur propre pays. L'oncle, le père et le grand-père d'André-François Deslandes furent tous trois, leur vie durant ou presque, au service de la Compagnie des Indes Orientales.

La première Compagnie des Indes Orientales (1664-1719) avait été créée à l'initiative de Colbert, et, jusqu'à la date de sa fusion avec la Compagnie d'Occident dans la nouvelle Compagnie des Indes, elle resta

[2] *Histoire de M. Constance, premier ministre du Roi de Siam, par M. Deslandes, ancien Commissaire général de la Marine,* Amsterdam, 1756, 55 pp.
[3] Sans oublier les deux essais suivants du volume III du *Recueil de différens traitez de Physique et d'Histoire naturelle:* 1. «Mémoire sur l'établissement des Colonies Françoises aux Indes Orientales, avec diverses remarques sur les Isles de Mascareing et de Madagascar»; 2. «Eclaircissement sur l'état où étoient les Colonies Portugaises aux Indes Orientales, lorsque la Royale Compagnie de France s'y établit».
[4] R. Pintard, *Le libertinage érudit dans la première moitié du XVIIe siècle,* Paris, Boivin, 1943.

très étroitement contrôlée par le ministre chargé de la Marine. Colbert fut désigné par le roi pour en être le premier Directeur-président. Voici comment Voltaire explique l'entreprise:

Le génie de Colbert se tourna principalement vers le commerce, qui était faiblement cultivé et dont les grands principes n'étaient pas connus. Les Anglais, et encore plus les Hollandais, faisaient par leurs vaisseaux presque tout le commerce de la France. Les Hollandais surtout chargeaient dans nos ports nos denrées, et les distribuaient dans l'Europe.[5]

Colbert voulait donc assurer à des Français le commerce des toiles et des épices, qui faisait jusqu'alors la richesse des Anglais et des Hollandais; en second lieu, le relèvement de notre flotte de commerce serait l'amorce de celui de la flotte de guerre. Colbert envisageait encore l'établissement de colonies, à Madagascar tout d'abord,[6] aux Indes mêmes ensuite.

Jacques Boureau, oncle d'André-François, est déjà depuis longtemps au service de la Compagnie des Indes Orientales,[7] quand son frère André arrive à Surate, en octobre 1676.[8] En novembre 1679, André Deslandes est envoyé à Rajapour, sur la côte de Malabar; en 1680, il part en mission pour le Siam: il se rend à Juthia, capitale du royaume, où il est reçu avec cordialité par le roi; ce dernier décide alors d'envoyer trois ambassadeurs à Louis XIV. Deslandes s'appuie sur le favori du roi, le premier ministre Constance Phaulkon, qui est d'origine grecque. Il négocie même un traité de commerce assez favorable aux Français. En 1684, il revient à Surate, où il a rang de deuxième personnage de la Compagnie; puis il quitte Surate avec Fr. Martin, un des directeurs, dont il a épousé la fille en 1686. Il accomplit alors une seconde mission au Siam. En 1688, il arrive au Bengale, à Ougly; il y reste jusqu'en 1701, fondant Chandernagor, assurant un temps (1693) la direction générale des côtes orientales; il était devenu peu à peu un des fonctionnaires les plus influents de la Compagnie, et qu'on tenait pour des plus lucides.

Mais le personnage le plus important aux Indes est le beau-père d'An-

[5] Voltaire, *Le Siècle de Louis XIV*, éd. Moland, vol. XIV, p. 498.
[6] Colbert dut renoncer assez tôt à ce projet.
[7] Jacques Boureau, dès 1669, est «employé» de la Compagnie; un vaisseau le dépose sur la côte de Malabar, à Rajapour; en 1673, il sera chargé de la direction des comptoirs de Malabar, puis il aura quelque temps le commandement du comptoir des Indes le plus important d'alors, celui de Surate. Il périra, fin 1681, dans le naufrage du Soleil d'Orient, qui amenait en France les trois premiers ambassadeurs du roi de Siam à la cour de Louis XIV. P. Kaeppelin considère Jacques Boureau comme «un des premiers fondateurs des comptoirs de la compagnie dans les Indes». (P. Kaeppelin, *Les origines de l'Inde française. La Compagnie des Indes Orientales et François Martin*, Paris, Challamel, 1908.)
[8] André Deslandes a laissé un journal qu'on trouve aux Archives du Ministère de la Marine: *Journal*, A.M., B 7.

dré Deslandes, François Martin. Né à Paris en 1634, il est sans travail, lorsqu'il s'engage en 1665 comme «sous-marchand» à la Compagnie des Indes Orientales, qui vient d'être créée; il gagne alors 600 livres d'appointements par an.[9] Il passe trois ans à l'île Sainte-Marie et à Fort-Dauphin; il y est promu «marchand», et, en 1668, il est envoyé aux Indes, à Surate. Après un séjour sur la côte orientale, à Masulipatam et à Saint-Thomé, Martin arrive à Pondichéry en janvier 1674. Il y établit un comptoir qu'il va développer considérablement au fil des années. Il devient alors Directeur de la Côte de Coromandel, de Bengale et de Siam. Il consacre la fin de sa vie à développer cette entreprise, qui sera des plus fructueuses.

Fr. Martin fut l'administrateur dévoué et lucide que seuls des événements extérieurs empêchèrent de réussir pleinement; il avait parfaitement saisi la pensée de Colbert, et préfigurait celle de Dupleix. Parlant de son grand-père, en 1753, Deslandes pourra dire:

C'étoit un homme d'une grande intelligence dans les affaires, & qui se piquoit de la plus exacte probité. Il joignoit à un noble désintéressement, deux qualités qui conviennent si bien aux personnes en place: la maturité d'esprit dans les conseils & la fermeté de conduite dans l'exécution.[10]

A de nombreuses reprises, il développe ses conceptions, dans les lettres et les rapports [11] qu'il envoie aux Directeurs de la Compagnie restés en France, ainsi qu'aux ministres successifs de la Marine: à de Seignelay, qui succède à Colbert, aux deux Pontchartrain. André Deslandes, son gendre, le seconda activement. Chaque fois que les moyens financiers et militaires leur en furent donnés, ils parvinrent à s'entendre avec les puissances locales, et à établir un commerce florissant, parce qu'ils savaient où et comment il devait être pratiqué.[12]

Constatant l'échec final de la première Compagnie des Indes Orientales, P. Kaeppelin écrit, dans la conclusion de son ouvrage:

Mais que restait-il effectivement de si longs efforts? Deux choses: d'abord, outre quelques comptoirs languissants, deux établissements territoriaux, une place forte, Pondichéry, et un poste commercial important, Chandernagor, puis quelques idées, suscitées par le contact pris avec les puissances indigènes

---

[9] Ce n'était pas une grosse somme; la «portion congrue» du curé de France était de 300 livres par an au début du XVIIIe siècle.
[10] Deslandes, *Recueil de différens traitez de Physique et d'Histoire naturelle*, Paris, 1753, vol. III, p. xxiv.
[11] P. Kaeppelin, op. cité, p. 465.
[12] Ainsi Fr. Martin condamne-t-il Surate, comptoir situé au nord- ouest des Indes, au bénéfice des comptoirs de la côte orientale.

et avec les Européens des Indes. [. . .] De ces deux résultats, la part principale revenait assurément à F. Martin.[13]

Suit l'éloge final de Fr. Martin:

Il est d'abord personnellement le fondateur de Pondichéry; [. . .] cette future capitale de l'Inde française ne prit vraiment figure de colonie que quand F. Martin l'eut fortifiée tant bien que mal en 1689, qu'il y entretint une garnison, laissée par Desfarges, et qu'il acquit la souveraineté effective par achat en 1690. Cependant ce n'est vraiment que dans les dernières années de sa vie qu'il développa et organisa définitivement Pondichéry, après sa restitution par les Hollandais, de 1699 à 1706; qu'à cette possession [. . .] il donna une citadelle régulière, une administration à peu près complète, et une importance qui n'a guère été dépassée depuis lors. C'est là le premier et le plus grand motif qui doit préserver de l'oubli le nom de F. Martin.

C'est lui aussi qui établit les comptoirs du Bengale, où son gendre Deslandes organisa sous sa direction celui de Chandernagor, et celui de Cavéripatam, restauré au XVIIIe siècle à Karikal: trois des cinq colonies aujourd'hui [le livre de Kaeppelin, rappelons-le, date de 1908] conservées par la France de ses anciennes possessions de l'Inde doivent donc leur existence à F. Martin.[14]

François Martin mourut à la tâche, en 1706. Il avait été anobli en juillet 1701, le roi lui ayant donné la croix de chevalier de Saint-Lazare et de N. D. du Mont-Carmel. Quant à André Deslandes, il demanda à rentrer en France, dès 1701, pour y assurer l'éducation de ses enfants dans de meilleures conditions.

En 1703, André Deslandes, lui aussi, est anobli; en même temps il est nommé Commissaire ordonnateur de la Marine et Intendant de justice, police et finances à Saint-Domingue; il devient aussi Directeur Général pour l'Amérique de la Compagnie de l'Assiento.[15] Arrivé à Saint-Domingue en 1704, il n'exerça pas ses nouvelles fonctions plus de trois ans, puisqu'il mourut en 1707.[16] La lettre d'anoblissement d'André Deslandes, signée de Louis XIV, résume bien les vertus de ce fonctionnaire français, que le roi savait apprécier:

Louis par la grace de Dieu Roy de France et de Navarre A tous présens et a venir, salut. Comme nous avons toujours estimé que ceux qui s'exposoient aux dangers d'une longue navigation, tant dans la veüe de servir a défendre la Religion, que d'augmenter et de faire fleurir le commerce, meritoient d'estre honorez par des témoignages d'une distinction particuliere, cette

---

[13] P. Kaeppelin, op. cité, p. 648.

[14] P. Kaeppelin, op. cité, pp. 648-649.

[15] C'est-à-dire la traite des Noirs; je n'ai aucun renseignement sur l'activité d'André Deslandes dans ce domaine . . .

[16] Cf. A. Desalles, *Histoire générale des Antilles,* Paris, 1848, vol. II, pp. 320, 359; ouvrage cité in P. Kaeppelin, op. cité, p. 475, note 3.

consideration nous obligea lorsque nous fismes l'Etablissement de la compagnie des Indes, a promettre par nostre declaration du mois d'Aoust mil six cent soixante quatre, a ceux qui en exerceroient dignement les premiers emplois, que nous les gratifierions du titre d'honneur le plus singulier qu'ils puissent transmettre a leur postérité. Entre les divers sujets dont nous nous sommes servis pour maintenir cet Etablissement, Le s. *André Boureau des Landes*, natif de nostre ville de Tours, et sorti d'une famille des plus honorables de cette ville, s'est rendu si recommandable par son integrité et sa capacité, que trois ans après qu'il fût arrivé dans les Indes, la compagnie luy confia l'an mil six cent soixante dix neuf la conduitte de deux vaisseaux, tant pour aller en divers postes de la Coste de Malabar y retablir son commerce, qui avoit esté interrompu par la guerre, que pour traitter avec quelques Princes, et avec le Viceroy les Gouverneurs des places de la Couronne de Portugal, a son retour elle fut si satisfaite de ses negociations qu'elle le choisit pour aller a Siam, ou son habileté luy ayant acquis la confiance du Roy, ce Prince voulut qu'il restât dans ses Estats, et que la compagnie y établit son commerce. Le Sr. des Landres [sic] respondit avec tant de prudence a ce qu'on attendoit de luy, que nous ordonnasmes aux Ambassadeurs que nous envoyasmes ensuite a Siam, de demander la confirmation des traitez qu'il y avoit faits, pendant son sejour dans ce Royaume. le Roy de Siam luy ayant temoigné qu'il luy feroit plaisir de passer a Surate pour y negocier des affaires importantes a son service et faire rendre compte a plusieurs personnes qui avoient a luy des fonds considerables, il executa heureusement les Ordres dont ce Prince l'avoit chargé, après cela il fut envoyé en mil six cent quatre vingt six a Pondicheri pour y remplir la seconde place, mais les ambassadeurs de Siam qui vinrent en France la mesme année, ayant demandé de la part du Roy leur Maistre que le dit Sr. des Landes retournât dans ses Etats, Nous luy enjoignimes de s'y rendre incessamment, Et quoy que le Roy de Siam voulut toujours le retenir auprès de luy, son habileté a terminer les affaires les plus difficiles, fit juger que sa presence seroit encore plus necessaire a Bengale, ou l'on avoit dessein de faire un Etablissement. Il y alla en mil six cent quatre vingt huit en qualité de Directeur general du commerce, et il y demeura jusqu'en l'année mil sept cent un qu'il s'y embarqua pour son retour en France, comme c'est principalement dans ce Royaume de Bengale qu'il a eu le soin de maintenir et d'etendre le commerce de nos Sujets, Il n'y a aussy rien oublié de ce qui pouvoit augmenter la gloire de Dieu, et la Nostre, Il a donné aux Missionnaires tous les Secours dont ils avoient besoin, Il y a fait sentir nostre puissance, Il a soutenu avec fermeté la gloire et le credit de la nation, dans des occasions delicates, il a affermy le commerce de nos Sujets, par les privileges honorables qu'il a obtenu du Mogol, et il a fait des Etablissemens dans tous les lieux ou il estoit nécessaire pour l'avantage de la compagnie, de sorte qu'il n'y en a aucune qui y soit plus solidement établie, nonobstant les intrigues, les menaces, et les efforts des autres nations qui n'ont rien épargné pour traverser nos entreprises, Mais ce ne sont pas les seuls obstacles qu'il lui a fallu vaincre, et nous avons esté informez que le Raja Soubachande s'estant revolté contre le Mogol, et après s'estre rendu maistre d'une partie du Royaume de Bengale, estant venu camper a un quart de lieüe de la maison de la compagnie, dans le dessein de s'emparer de la ville et de la forteresse d'Ougly, le dit Sr. des Landes donna ses ordres et fit agir la nation françoise avec tant de prudence, qu'ayant esté obligé d'en venir aux mains avec ce rebelle, elle le força de se retirer, et rendit son dessein sans effet, ce qui mit encor le nom françois dans une plus haute reputation; Tant de temoignages que nous avons de la sagesse de sa conduitte, nous ont portez recemment a luy confier l'employ de Commissaire ordonnateur dans l'Isle de St Domingue, ou a cause de l'eloignement nous avons particulierement besoin d'une personne d'Intelligence et d'une conduitte éprouvée, Et en mesme temps la Compagnie que nous avons etablie pour l'introduction des Negres dans l'Amerique Espagnole l'a choisy avec nostre agréement pour en avoir la direction generale dans l'Amerique; Mais comme les Services qu'il a rendus nous ont paru meriter non seulement une distinction personnelle, mais encore que nous luy accordions des marques d'honneur qui passent a sa posterité, afin que cette recompense excite nos autres Sujets a l'imiter et qu'elle anime d'autant plus le zele qu'il a toujours eu pour nostre Service. A ces causes de notre grace speciale pleine puissance et authorité Royalle, Nous avons le dit *André Boureau* des Landes Anobly et *Anoblissons par ces presentes* signées de nostre main, ensemble ses Enfans et sa posterité masles et femelles, nez et a naistre en legitime mariage, et nous les avons décoré et décorons du titre et de la qualité de Nobles, voulons et nous plaise qu'ils soient dorenavant tenus, censez, et reputez pour nobles en tous actes, lieux et endroits, tant en jugement, que dehors [?], et qu'ils se puissent dire et qualiffier Escuyers et parvenir a tous degrez de Chevalerie, et acquerir, tenir et posseder tous fiefs et terres nobles, sans estre contraints de s'en departir et jouir de tous les honneurs et prerogatives, privileges et franchises, libertez, exemptions et Immunitez, dont jouissent les autres nobles de notre Royaume et ceux qui sont Issus d'ancienne et noble race, permettons aussy au Sr. Deslandes, et a sa posterité de porter les armoiries timbrees, telles qu'elles reglées [sic] et blazonnées par le Sr. d'Hozier juge d'armes de France, et ainsy qu'elles seront peintes et figurées dans les presentes lettres et de les faire mettre, peindre, graver, et Insculper en ses maisons, et autres lieux a luy apartenans que bon luy semblera, sans que pour raison de ce il soit tenu de nous payer, ny a nos successeurs Roys aucune Finance ny Indemnité, dont nous l'avons deschargé et deschargeons, et autant que besoin seroit, Nous luy en avons fait et faisons don et remise par ces presentes a la charge toutefois de vivre noblement, et de ne faire aucun acte derogeant a la Noblesse, Voulons que le dit Sr. Des Landes soit Inscrit dans le Catalogue des Nobles, qui sera arresté en nostre Con^l Royal, et envoyé dans les baillages, senechaussées et Elections de nostre Royaume, en consequence de l'arrest de nostre Con^sl du vingt deux mars mil six cent soixante six, si donnons en mandement a nos amez et Feaux les gens tenans nostre cour de parlement, chambre des comptes et cours des Aydes a Paris, et a tous nos autres Justiciers et officiers qu'il appartiendra, que ces presentes ils ayent a enregistrer, et de tout le contenu faire joüir et user ledit Sr. Deslandes et ses Enfans, posterité et lignée, tant masles, que Femelles, nez et a naistre en legitime mariage pleinement et visiblement, sans qu'il soit tenu de faire aucune preuve de ses services dont nous l'avons dispensé et dispensons, par la certitude que nous en avons, et desquels nous sommes tres satisfaits, cessant et faisant cesser tous troubles et empeschemens a ces contraires, nonobstant tous Edits, Declarations et arrests, ordonnances, reglemens et lettres contraires a ces presentes, auxquels, et aux derogatoires des derogatoires y contenus, nous avons derogé et derogeons par ces presentes, CAR TEL est nostre plaisir, Et afin que ce soit chose ferme et stable a toujours, nous avons fait mettre nostre scel a ces dites presentes. DONNE a Versailles au mois d'avril l'an de grace mil sept cent trois, et de nostre regne le soixantieme.

(signé) Louis [17]

Ainsi, au fil des années qu'ils avaient passées aux Indes, Fr. Martin et André Deslandes, de pauvres «marchands» qu'ils étaient au départ, étaient devenus d'importants fonctionnaires de la Marine, des hommes de guerre par instants, des hommes politiques très souvent, et, pour utiliser un terme moderne, d'authentiques économistes. Ils s'étaient sans doute enrichis; on reprochait même à Fr. Martin le luxe de son palais. Ils avaient accédé à la noblesse, mais ce ne sont ni des traitants, ni même des commerçants au sens strict du mot. Ce sont les administrateurs d'une grande entreprise royale, dont le succès aurait signifié la naissance d'une France susceptible de rivaliser avec l'Angleterre. Si l'on appelle le XVIIIe siècle l'ère de la «prépondérance anglaise», c'est en grande partie parce que, durant cette période, l'Angleterre a su développer son commerce colonial, donc ses flottes de guerre et de commerce; si la France avait pu réaliser la même politique, nul doute que le conflit entre l'Angleterre et la France n'aurait éclaté dès le début du siècle, mais la France ne partait pas vaincue d'avance. Fr. Martin et André Deslandes avaient vu qu'une telle politique était possible et qu'elle devait s'appuyer sur un effort constant et clairvoyant aux Indes Orientales. C'est l'opinion de Voltaire, lorsqu'il trace le tableau de la présence «des Européans» en Inde au XVIIIe siècle; parlant des Français, il dit:

Leur compagnie, établie par Louis XIV, anéantie en 1712, renaissante en 1720, dans Pondichéry, paraissait, ainsi qu'on l'a déjà dit, très-florissante; elle avait beaucoup de vaisseaux, de commis, de directeurs, et même des canons et des soldats; mais elle n'a jamais pu fournir le moindre dividende à ses actionnaires du produit de son commerce. C'est la seule compagnie commerçante d'Europe qui soit dans ce cas; et, au fond, ses actionnaires et ses créanciers n'ont jamais été payés que de la concession faite par le roi d'une partie de la ferme du tabac, absolument étrangère à son négoce. Par cela même elle florissait à Pondichéry; car l'argent de ses retours était em-

---

[17] Lettre d'anoblissement d'André Boureau, parchemin original avec armoiries, B.N., Ms. fr., nouv. acq. 9.353.

ployé à augmenter ses fonds, à fortifier la ville, à l'embellir, à se ménager dans l'Inde des alliés utiles.[18]

André-François Deslandes n'ira pas aux Indes, mais, à son poste de Commissaire de la Marine, il travaillera au maintien, sinon au développement de la flotte française. A certains égards, les rapports écrits par son père préfigurent la première version de l'*Histoire des deux Indes* de Raynal.[19]

2. *La formation intellectuelle*

En 1701, André Deslandes revenait en France avec ses enfants. Si dès 1703 il partait pour Saint-Domingue, il est vraisemblable que son fils resta en France. Où reçut-il alors son éducation? Nous ne le savons pas, mais les relations personnelles qu'il entretint avec le Père Malebranche laissent supposer qu'il fut, sinon élevé par les Oratoriens, du moins influencé par leur esprit. Deslandes déclare lui-même qu'il fut tenté un moment d'entrer dans leur ordre:

Le Pere Mallebranche avoit fait tous ses efforts pour m'attirer à l'Oratoire. Mais des considérations de famille, jointes à un voyage indispensable que je devois faire dans les païs étrangers, m'empecherent alors de prendre ce parti.[20]

L'Oratoire disputait aux Jésuites l'éducation de la jeunesse; les Oratoriens prenaient souvent soin des enfants pauvres, mais il arrivait qu'on leur demandât de se charger d'enfants de la bourgeoisie et de la noblesse, comme ce fut le cas à Juilly. Certes, les Oratoriens n'avaient pas d'établissement d'enseignement à Paris,[21] mais le collège de Juilly que je viens de nommer était célèbre partout en France.

L'esprit de l'Oratoire était plus libéral encore que celui de la Compagnie de Jésus; à la différence des Jésuites, les prêtres de l'Oratoire, séculiers et non-réguliers, n'étaient liés à leur ordre par aucun vœu spécial; «entre qui peut, sort qui veut», était leur maxime.[22] Dans le do-

---

[18] Voltaire, *Précis du Siècle de Louis XV*, Ch. XXIX, «De l'Indes», éd. Moland, vol. XV, pp. 328-329.
[19] Cf. les ouvrages de M. Duchet, op. cité, et d'Y. Bénot, *Diderot, de l'athéisme à l'anti-colonialisme*, Paris, Nizet, 1970.
[20] Deslandes, «Mon Cabinet», 1745: note à cette pièce, que je cite d'après le texte qui s'en trouve dans *L'Histoire critique de la philosophie*, Amsterdam, 1756, vol. IV, pp. 192-193.
[21] Mais ils y avaient un séminaire; on sait que les enfants élevés dans un séminaire ne devenaient pas tous prêtres pour autant. C'est dans ce séminaire que fut élevé le frère aîné de Voltaire, Armand Arouet; Armand, qui avait neuf ans de plus que son frère, avait donc six ans de plus que Deslandes.
[22] Cf. H. C. Barnard, *The French Tradition in Education*, Cambridge, Cambridge University Press, 1922 (réédition, 1970), p. 150.

maine de l'enseignement, ils donnèrent peu à peu une place importante à des disciplines nouvelles, où l'esprit critique pouvait s'exercer: ils font étudier les mathématiques et la physique; l'histoire de France est enseignée. Une liste succincte des œuvres pédagogiques du père Lamy montre la diversité et le modernisme de l'enseignement que donnaient certains professeurs de l'Oratoire: Lamy fut professeur de Belles Lettres et de Philosophie à Vendôme, Juilly, Saumur, avant de voir sa carrière arrêtée brutalement à Angers; il écrivit un *Art de parler*, qui est un traité de rhétorique; il rédigea un *Traité de perspective*, des *Traitez de mécanique*, et surtout ses *Eléments de mathématiques*. Après sa retraite forcée, il composa des *Entretiens sur les Sciences*, où il souligne à nouveau l'importance de l'étude des mathématiques, sans négliger l'intérêt qu'offre l'étude de l'histoire contemporaine, ou presque, du pays où l'on vit. L'ouvrage sera très souvent réédité.[23]

En philosophie, beaucoup de professeurs de l'Oratoire penchent pour le cartésianisme, alors que les Jésuites y sont très hostiles. Ils n'avaient certes pas le droit de fonder leurs cours sur les conceptions de Descartes, puisqu'ils se devaient de rester thomistes; ils pouvaient toutefois citer et utiliser ses textes; le père de Bérulle, fondateur de l'Oratoire, avait d'ailleurs été l'ami de Descartes. Les autorités royale et religieuse veillaient sans doute à ce que cette permission ne tournât pas à la licence, et, à plusieurs reprises, le général de l'ordre dut rappeler la consigne à ses professeurs; en fait, une assez grande liberté subsistait: il suffisait au professeur de dire, en les présentant, qu'il n'assumait pas telle et telle opinions de M. Descartes, et il pouvait ensuite les développer à loisir et même en réduire la critique au minimum.[24] Louis XIV lui-même définissait ainsi les termes de cette liberté, alors qu'il recevait le père de Saillant, après l'Assemblée Générale de l'Oratoire de 1678; lisant la déclaration de cette Assemblée, le roi s'arrête pour faire un commentaire:

Sur l'article de la philosophie de Descartes et ou l'on marquoit que c'estoit une doctrine que le Roy avoit défendue pour de bonnes raisons-Ouy, dit-il, pour de très bonnes raisons – non pas que je veuille empescher qu'on l'enseigne comme on l'enseigne à monseigneur, – il se servit de ce terme en parlant de monseigneur le Dauphin; mais ajouta-t-il, je ne veux pas qu'on en fasse un fondement de doctrine.[25]

[23] *Ibid.*, pp. 179-180 et *passim*.

[24] On sait que cette ruse était utilisée depuis le début du XVIIe siècle, et en Italie et en France, par les professeurs de philosophie qui voulaient présenter quelque idée audacieuse; c'était la ruse favorite de Cremonini; cf. R. Pintard, *Le libertinage érudit dans la première moitié du XVIIe siècle*, Paris, Boivin et Cie, 1943, vol. I, pp. 107-109.

[25] Texte cité par P. Lallemand, *Essai sur l'histoire de l'éducation dans l'ancien Oratoire de France*, Paris, Ernest Thorin, 1887, p. 126; dans son Appendice (pp. 406-

Malebranche, qui était de l'Oratoire depuis 1660, s'efforçait de concilier le thomisme avec les conceptions modernes de la philosophie de Descartes. Cette conciliation devait toujours rester précaire: si Malebranche ne fut pas chassé comme le fut Richard Simon, s'il ne fut pas exilé, comme le fut le père Lamy, du moins ses œuvres furent-elles violemment attaquées, tour à tour par Foucher, par le père jésuite Louis le Valois,[26] par Arnauld et par Régis. A plusieurs reprises les Jésuites tentèrent même de faire condamner à Rome le cartésianisme de Malebranche; en 1690, ils réussirent à faire mettre à l'Index le *Traité de la nature et de la grâce*.[27] Le titre de l'ouvrage le plus connu de Malebranche pouvait inquiéter les croyants: était-il nécessaire à un chrétien qui la possède déjà d'aller, en philosophe, à *La Recherche de la vérité*?

Or c'est sur cette idée de quête que Deslandes met l'accent, quand il écrit, faisant peut-être allusion au traité de Malebranche dont nous venons de parler:

> Pour moi, qui dès ma tendre enfance
> Ai sû, libre en mes sentimens,
> Me parer des faux jugemens,
> Conduit par un Guide fidelle,
> Mon premier Maître & mon modelle,
> J'ai voulu *de la Verité*
> Suivre la douce autorité.
> Hardi, j'ai pensé par moi-même.
>
> J'ai lû, *j'ai cherché*, j'ai douté,
> Cinq ans entiers j'ai médité.[28]

En outre, Deslandes respectait en Malebranche le savant, géomètre et physicien, qui fut reçu à l'Académie des Sciences en 1699.[29] Il lui rendra

---

409), il donne tout le récit du père de Saillant, extrait des *Annales de la Congrégation. Mémoires. Journal historique* (Archives Nationales, Ms. 628, pp. 40 et suivantes).

[26] P. Louis le Valois, *Sentiments de M. Descartes, touchant l'essence et les propriétés du corps, opposés à la doctrine de l'Eglise et conformes aux erreurs de Calvin sur le sujet de l'Eucharistie*, Paris, 1680; cité par le père jésuite Yves-Marie André, *La vie du R. P. Malebranche*, Paris, 1886, p. 43.

[27] Décret du Tribunal de l'Inquisition, du 29 mai 1690.

[28] *Réflexions sur les grands hommes qui sont morts en plaisantant*, Rochefort, 1714, pp. 200-201, in «A Monsieur B***». C'est moi qui souligne.

[29] L'Académie des Sciences, qui n'avait été qu'ébauchée en 1666, fut renouvelée en 1699: «M. l'abbé Bignon, neveu de M. de Pontchartrain (dans le département duquel étaient les Académies), n'eut garde d'oublier le P. Malebranche, qui n'était pas moins bon physicien et excellent géomètre que sublime métaphysicien». (Note 1 d'Adry, in Père Y.-M. André, op. cité, p. 297.) Des années plus tard, Deslandes devait être en correspondance avec l'abbé Bignon.

un nouvel hommage dans un poème en latin, qui ne paraîtra que dans l'édition de 1752 de son *Poetæ rusticantis literati otium*: «In mortem Nicol. Mallebranchii».[30]

En conclusion du chapitre qu'il consacre aux écoles de l'Oratoire, H. C. Barnard écrit:

The emphasis which its members laid on the teaching of history, mathematics and science, their spirit of free enquiry, their freedom from political aims, the mildness and sanity of their discipline – all these characteristics give the Oratorians a claim to be considered the most "modern" of French educators of their time.[31]

On comprend dès lors que la sympathie de Deslandes soit allée plutôt vers les Oratoriens que vers les Jésuites, dont son père et son grand-père avaient d'ailleurs eu à subir les intrigues aux Indes et au Siam, comme nous le verrons plus loin.[32] On pourrait s'étonner toutefois que notre philosophe, alors même qu'il viendra de publier un conte matérialiste, *Pigmalion* (1741), tienne à manifester cette sympathie, en 1745; ce serait oublier le rôle d'étape qu'a joué pour beaucoup de matérialistes français la libre recherche de Malebranche. Le scepticisme de Bayle passait déjà par la lecture de Malebranche; le matérialisme du curé Meslier se rattache à Descartes, mais en passant lui aussi par le philosophe de l'Oratoire.[33]

En 1709, le jeune André-François Deslandes est à Paris, comme le prouve la lettre en latin qu'il adresse à «Joanni Fabello», «datum Luteciæ Parisiorum VII Cal. Jul. an. MDCCIX»,[34] et qui est incluse dans son recueil de poésies latines, *Poetæ rusticantis literatum otium*; il est toujours à Paris en 1712, puisqu'il y rédige deux autres lettres du même recueil.[35] Quelles sont à cette date ses occupations? Sous l'influence de quels mili-

[30] Deslandes, *Poetæ rusticantis literatum otium*, 1752, p. 52.
[31] «L'accent que ses membres mettaient sur l'enseignement de l'histoire, des mathématiques et de la science, leur esprit de libre examen, leur éloignement d'objectifs politiques, la douceur et le bon sens de leur discipline, – toutes ces caractéristiques autorisent les Oratoriens à revendiquer d'être tenus pour les plus 'modernes' éducateurs français de leur temps». H. C. Barnard, op. cité, p. 181.
[32] Cf. ce qui regarde l'*Histoire de M. Constance, premier ministre du Roi de Siam*, dans le Chapitre III.
[33] Cf. la «Préface» de J. Deprun au tome 1er des *Œuvres Complètes de J. Meslier*, Paris, Editions Anthropos, 1970, et la communication du même J. Deprun: «Meslier et l'héritage scolastique», in *Actes du Colloque International d'Aix-en-Provence, Etudes sur le curé Meslier*, Paris, Société des Etudes Robespierristes, 1966, pp. 35-51. Cf. H. Busson, *La religion des classiques (1660-1685)*, Paris, P.U.F., 1948, pp. 416-426.
[34] Deslandes, *Poetæ rusticantis literatum otium*, Londini, Impensis Bernardi Lintott, 1713, p. 5.
[35] *Ibid.*, pp. 54 et 55. Elles sont toutes deux adressées à «Francisco Capellano»; la première est datée «Lutec. Paris. IV. Non. April. MDCCXII»; la deuxième «Lutec. Paris. Prid. Cal. Sept. MDCCXII».

eux intellectuels ce jeune homme de vingt-trois ans se trouve-t-il alors?

Deslandes est admis à l'Académie des Sciences de Paris comme «élève géomètre, le 17 février 1712, en remplacement de Ozanam, élu associé mécanicien».[36] C'est le premier pas dans la carrière d'académicien qu'il parcourra en France et dans l'Europe entière. On sait l'importance au XVIIIe siècle de l'Académie des Sciences de Paris et des différentes académies de province; c'est au sein de ces académies qu'a germé et grandi peu à peu, malgré de fortes résistances,[37] l'esprit philosophique. Les nobles de robe, comme Montesquieu, y côtoyaient les bourgeois et les administrateurs du pouvoir royal.[38] Cette entrée de Deslandes à l'Académie des Sciences marque le début de ses recherches de savant; il y entre comme géomètre, mais bientôt il se dirigera vers la science expérimentale et les sciences naturelles.

Toutefois son premier écrit n'est pas consacré aux sciences; c'est au contraire un ouvrage qu'il veut à la fois philosophique et divertissant, bien que le sujet ne s'y prête guère! Les *Réflexions sur les grands hommes qui sont morts en plaisantant* sont une suite décousue de courts chapitres en forme d'essais; l'ouvrage paraît, anonyme, en 1712; [39] dans l'édition de 1714, Deslandes ajoute une série de poèmes qui ont pu avoir été composés dès 1712, et qui permettent aisément de deviner quelles étaient les lectures, et, peut-être, les relations de Deslandes à cette date. Ce sont des pièces épicuriennes à la gloire des plaisirs de l'amour et de la table, dans lesquels l'oisiveté, la bonne humeur et l'insouciance sont prisées comme style de vie. Ces petits poèmes rappellent la littérature de salon du XVIIe siècle, en particulier la veine de Chapelle. Au début du XVIIIe, le maître du genre est l'abbé de Chaulieu; Chaulieu ne se piquait guère d'un christianisme austère; sa religion, s'il en avait une, apparaît plus proche du déisme que du christianisme.

A la même époque, Deslandes est en relations avec Fontenelle, qui sera nommé comme son ami dans une note de la traduction anglaise des *Réflexions* qui paraît à Londres en 1713.[40] Durant son séjour en Angle-

---

[36] Ernest Maindron, *L'ancienne Académie des Sciences, Les Académiciens* (1666-1793), Paris, B. Tignol, 1895, et l'*Index biographique des membres et correspondants de l'Académie des Sciences de 1666 à 1939*, Paris, Gauthier-Villars, 1939, p. 137.

[37] On sait l'anti-newtonianisme de l'Académie des Sciences, qui, comme Fontenelle, son Secrétaire Perpétuel, restait fidèle aux tourbillons et au plein de Descartes.

[38] Cf. les recherches de l'historien Daniel Roche sur «Milieux académiques provinciaux et société des lumières», in *Livre et société au XVIIIe siècle*, Paris, Mouton, 1965, vol. I, pp. 93-184.

[39] *Réflexions sur les grands hommes qui sont morts en plaisantant*, Amsterdam [Trévoux], Jacques Desbordes, 1712, 89 pp.

[40] *A Philological Essay: or, Reflections on the Death of Free-Thinkers, &c.*, London, J. Baker, 1713; note de la page 1: «*Monsieur* de Fontenelle *the Author's particular friend*».

terre, dont je vais parler, il se portera sur les traces du salon londonien de la duchesse de Mazarin et de Saint-Evremond; il s'était déjà plu, en 1712, à raconter la mort nonchalante de cette duchesse et l'irréligion de la fin de Saint-Evremond; le texte en sera donné dans mon Chapitre III (pp. 105-106).

Madame de Mazarin avait souhaité un moment devenir religieuse; Saint-Evremond avait réussi à l'en dissuader en lui parlant

de cette maniere: *Encore si vous étiez touchée d'une grace particuliere de Dieu, qui vous attachât à son service, on excuseroit la dureté de votre condition par l'ardeur de votre zele, qui vous rendroit tout supportable. Mais vous n'êtes ni convaincuë ni touchée; & il vous faut aprendre à croire celui que vous allez servir si durement.* Dans la situation où se trouvoit Madame de Mazarin, on se met aisément au dessus de ces formalitez dont les superstitieux se servent, à l'aproche du trépas.[41]

Ces lectures de Deslandes, ces fréquentations peut-être, cadrent mal, à première vue, avec la fréquentation et la lecture de Malebranche. Il est certain toutefois que Deslandes resta fidèle jusqu'à la fin de sa vie au badinage précieux et galant, teinté de scepticisme, de ces auteurs de salons; fidèle à leur goût pour la volupté et la paresse,[42] à leur art de vivre, qui sera pour un temps sous la Régence l'art de vivre officiel. Sans doute une des caractéristiques du mouvement philosophique du tout début du XVIIIe siècle consiste-t-elle en un mélange insolite de tendances à la nonchalance et de tendances non moins fortes à la recherche scientifique la plus exigeante, ainsi qu'à l'étude éclairée de la philosophie.

3. Le séjour en Angleterre

Les deux lettres en latin de Deslandes, dont j'ai fait mention plus haut, étaient datées de Paris, 1712; mais, dans la deuxième, Deslandes annonçait son prochain départ pour l'Angleterre.

En 1712 en effet le duc d'Aumont se rend à Londres, comme envoyé de la Cour de France; il est chargé de préparer la paix qui terminera la désastreuse guerre de Succession d'Espagne, engagée douze ans plus tôt. Deslandes est de la suite du duc, parmi d'autres hommes de lettres et

[41] *Réflexions sur les grands hommes qui sont morts en plaisantant,* par M. D***, Rochefort, Jacques Le Noir, 1714, pp. 94-95.
[42] Cf. l'«Hymne à la Paresse», poème que Deslandes publie en 1756, dans le quatrième volume de l'*Histoire critique de la Philosophie,* soit un an avant sa mort.

artistes.[43] Saint-Simon, dans ses *Mémoires*, parle à plusieurs reprises de Louis d'Aumont, marquis de Villequier, puis duc d'Aumont; il le connaît bien: «M. d'Aumont fort en liaison avec le duc de Noailles et moi», écrit-il; il le juge sévèrement:

panier percé, marié, malgré des parents très durs, par inclination avec Mlle de Piennes. [. . .] Force prodigieuse, grande santé, débauché à l'avenant.[44]

Le duc d'Aumont n'était pas seulement un débauché; sa «liaison» avec le duc de Noailles le rattache au cercle de la libre pensée du début du XVIIIe siècle. On sait que le duc de Noailles était un des protecteurs du groupe le plus audacieux de son temps:

A la fin de 1707, quelques membres de l'Académie des Inscriptions et Belles Lettres, «ne se trouvant pas assez libres au sein de leur compagnie pour se communiquer leurs idées», prirent l'habitude de se réunir chez le duc de Noailles. [. . .] Le duc de Noailles avait l'esprit large. Il confia l'éducation de son fils à Fréret. Il accueillait Boindin, Mirabaud, Dumarsais, l'abbé Terrasson, tous philosophes parmi les plus radicaux de leur temps. Son ami le comte de Boulainvilliers partageait ses curiosités et sa liberté d'esprit.[45]

Cette curiosité philosophique était aussi celle de Deslandes; dans la première lettre qu'il adresse à «Francisco Capellano», en 1712, il écrit:

Philosophia, imprimis occurrit mihi investiganda: ea sane quæ non versatur circa velitationes aut commenta minime falsa, sed illa cujus ope homines ab omni superstitionum insaniâ liberantur.[46]

Arrivé à Londres, Deslandes fait aussitôt traduire ses *Réflexions*; c'est l'abbé Boyer, auteur du plus important dictionnaire anglais-français de l'époque, qui s'en charge. Trois chapitres nouveaux sont ajoutés, ainsi que des notes rédigées tantôt par l'auteur, tantôt par le traducteur.

Deslandes observe alors l'Angleterre en voyageur curieux et déjà phi-

---

[43] De sa suite, dont le transport exigera trois navires, étaient le peintre Desportes, le poète Jacques Vergier, Commissaire de la Marine, qui exerça les fonctions d'Attaché naval.

[44] Saint-Simon, *Mémoires*, éd. A. Boislisle, vol. XXIII, p. 287.

[45] A. Adam, *Le mouvement philosophique dans la première moitié du XVIIIe siècle*, Paris, S.E.D.E.S., 1967, p. 15.

[46] «C'est la philosophie avant tout que je dois examiner avec soin: non celle, bien sûr, qui multiplie les injures ou les commentaires tout à fait faux [c'est-à-dire la philosophie scolastique], mais cette belle philosophie, grâce à laquelle on se libère de toute folle superstition». Deslandes, *Poetæ rusticantis literatum otium*, Londres, 1713, deuxième édition, p. non numérotée, qui devrait être la p. 54.

losophe; il date de 1713 un *Nouveau voyage d'Angleterre*, dont nous possédons une édition de 1717.[47]

Durant son séjour à Londres, Deslandes a certainement rencontré un certain nombre de ces hommes «raisonnables» qu'il admire dans ce dernier texte; en tout cas, il a fait la connaissance de Newton (quinze ans plus tard environ, Voltaire ne conversera qu'avec son disciple Clarke). Voici le récit que Deslandes fait du dîner, où il put parler avec le grand savant anglais:

Je fus prié de dîner chez l'illustre Monsieur Newton. Et comme c'est l'usage en Angleterre de boire sur la fin du repas, à la santé des Rois & des Princes, que les Philosophes ordinairement ne connoissent & ne fréquentent guéres; Monsieur Newton plus judicieux me porta la santé de tous les honnêtes gens, de quelque pays qu'ils fussent. «Nous sommes tous amis, m'ajouta-t-il, parce que nous tendons unanimement au seul but digne de l'homme, qui est la connoissance de la verité: nous sommes encore tous de la même Religion parce que menant une vie simple, & nous conformant aux bienséances, nous tâchons sincérement de rendre à l'Etre suprême le culte que nos foibles lumieres nous persuadent lui devoir plaire davantage.» Les témoins de ce discours furent Mr. Halley, Mr. de Moivre & Mr. C......... tous Mathématiciens du premier ordre.[48]

Deslandes fut-il en relations avec d'autres savants et philosophes anglais? Nous n'avons aucun mot de lui à ce sujet. Mais, passionné de sciences, il pratique des expériences en Angleterre; l'une d'elles est à l'origine de la première observation qu'il envoya à l'Académie des Sciences de Paris; [49] de retour en France, il se fera un défenseur du vide de Newton et de la gravitation universelle, devenant ainsi un des premiers alliés de Maupertuis. La méthode expérimentale lui paraît préférable aux apriorismes de Descartes. La lecture des philosophes anglais l'inspirera dans un grand nombre de ses ouvrages; il les cite, mais il ne dit pas à quelle date il les a lus pour la première fois.[50]

Après environ dix mois de séjour en Angleterre, Deslandes rentre en

[47] *Nouveau voyage d'Angleterre,* par M. D***, in *Etat présent d'Espagne. L'origine des Grands,* Villefranche, 1717.

[48] Deslandes, *Histoires critique de la philosophie,* Amsterdam, 1756, vol. II, pp. 264-265.

[49] Deslandes, «Expériences sur les teintures que donne le charbon de pierre», in *Histoire de l'Académie Royale des Sciences* (Année 1713), Paris, 1716, p. 12.

[50] En outre, nous ne savons pas si, comme Voltaire le fera, il avait acquis une bonne connaissance de l'anglais. Quand il s'inspire, presque mot pour mot, de Locke et Clifford, dans son essai *De la certitude des connoissances humaines,* c'est la traduction en français de ces auteurs qu'il utilise; cf. mon chapitre II. Mais dans sa *Lettre critique sur l'Histoire navale d'Angleterre,* Deslandes écrit qu'il fit venir le livre de Thomas Lediard, *The Naval History of England,* dès sa publication (1735), soit seize ans avant la traduction (Lyon, 1751).

France; il est à Paris en 1714: il y signe à cette date la «Préface» de *l'Art de ne point s'ennuyer*, qui paraîtra l'année suivante. Les statuts de l'Académie des Sciences ayant été modifiés, il est nommé «adjoint sur-numéraire, le 3 janvier 1716».[51] A cette date, sa formation intellectuelle est achevée. Il a profité de l'aubaine de l'ambassade du duc d'Aumont pour prendre contact avec l'Angleterre; ses tendances philosophiques apparaissent très nettement dans les quatre livres qu'il a déjà écrits, sinon encore publiés, en 1714.

Deslandes se rattache aux courants libertins de France et d'Angleterre, dont il adopte le style de vie épicurienne; toutefois, il veut aller plus loin: il croit à la raison et à ses progrès, et il n'a pas l'intention de garder pour lui cette conviction; il veut rendre publiques ses idées et ses recherches. Un an avant la mort de Louis XIV, son œuvre est donc déjà nettement orientée. Ce n'est pas la liberté de la Régence qui fait de lui un écrivain philosophe; il l'était déjà auparavant, et de propos délibéré. Une comparaison s'impose avec Voltaire, son contemporain. A cette date, Voltaire n'a encore rien fait paraître, mais il rêve d'une gloire à l'ancienne mode; pour lui, la célébrité passera par la tragédie et l'épopée. Certes Voltaire traduit aussi, dans *Œdipe*, et surtout dans le poème de la *Ligue*, certaines des nouvelles aspirations de son temps, mais ce sont surtout des aspirations anti-religieuses, dans la tradition du gallicanisme, et elles ne s'exprimeront que sous et par la Régence. Deslandes, en revanche, manifeste une audace philosophique, qui l'incite à publier. Certes il ne donne pas sous son nom la part la plus risquée de sa pensée; il ne se range pas non plus parmi les plus radicaux de son temps, qui ne peuvent diffuser leurs vues que dans la clandestinité des copies manuscrites: il est à mi-chemin, et cette position ambiguë est très caractéristique des cinquante premières années du siècle.

B. LE COMBAT

1. *La carrière dans la Marine*

En 1716 Deslandes entreprend une carrière d'administrateur civil de la Marine;[52] il consacrera environ vingt-six ans de sa vie à cette activité, et il s'y passionnera. Il y avait pourtant de quoi être rebuté par l'état de la marine française à l'époque. La flotte de guerre est misérable; alors

[51] Maindron, op. cité, p. 35.
[52] «Quand j'entrai en 1716, dans le service de la Marine», écrit Deslandes dans une «Nouvelle observation sur le Flux & le Reflux de la Mer», publiée dans les *Mémoires de Trévoux,* mars 1730, p. 545.

que vers 1720 les Anglais peuvent aligner 125 vaisseaux, nous n'avons guère à cette date plus de bâtiments qu'en 1704, où toutes nos ressources d'Orient et d'Occident rassemblées ne dépassaient pas 50 vaisseaux; en 1730, on n'en comptera même que 45. Le budget du Ministère de la Marine, qui avait été de 60 millions sous Colbert, tombe à 8 ou 10 vers 1716; il remontera sous le ministère de Maurepas (1723-1749), mais il dépassera rarement les 15 millions.

Les historiens ne sont pas d'accord sur l'action de Maurepas au ministère; mais si la plupart d'entre eux lui trouvent de l'application et des compétences, ils lui dénient l'étoffe d'un grand ministre. Deslandes l'aurait critiqué, selon le marquis d'Argenson, qui rapporte des propos tenus en 1749; mais d'Argenson était un ennemi personnel de Maurepas:

M. Deslandes, ancien commissaire de la marine, homme fort applicable, savant et éclairé, m'a dit hier qu'avec cinquante ou même cent millions qu'on donnerait aujourd'hui de fonds à la marine, M. de Maurepas ne la rétablirait pas, tant tout était mal monté, mal disposé! Le génie et les bonnes intentions manquent. Ce M. Deslandes met feu M. de Pontchartrain fort au-dessus de M. de Maurepas; il dit même que le premier était un grand homme. J'ai eu plaisir à entendre cela.[53]

Selon Claude Farrère, Maurepas fit l'impossible avec les moyens très réduits dont il disposait; sa tâche était d'autant plus difficile qu'il avait à affronter l'inconscience et même l'hostilité de l'opinion publique. «Personne en France n'avait du tout réalisé que nos désastres et notre misère des dernières quinze années étaient dus uniquement à nos erreurs navales».[54] En outre, durant une vingtaine d'années, notre politique étrangère fut une politique d'entente avec l'Angleterre; on ne pouvait donc inquiéter notre nouvel allié en construisant des vaisseaux de guerre. D'autre part, notre flotte de commerce n'était guère populaire en France depuis les malencontreuses entreprises de Law, qui s'étaient fondées d'abord sur la création de compagnies de commerce: la Compagnie d'Occident et la nouvelle Compagnie des Indes, dont j'ai déjà parlé. C'est durant cette période peu favorable que Deslandes va faire sa carrière de Commissaire de la Marine.

A la tête de la marine, le ministre; sous lui, trois sortes de services: le

[53] Marquis d'Argenson, *Journal,* éd. E. J.-B. Rathéry, Paris, 1863, vol. V, p. 423, au 22 mars 1749; texte cité par R. Geissler, op. cité, p. 151, note 37.
[54] Cl. Farrère, *Histoire de la Marine française,* Paris, Flammarion, 1962, p. 222. Pour une évaluation plus objective de la politique de Maurepas, cf. l'ouvrage de M. Filion, *Maurepas, Ministre de Louis XV, 1715-1749,* Montréal, Les Editions Leméac, 1967. Se reporter aussi aux travaux de R. Lamontagne, *Aperçu structural du Canada au XVIIIe siècle,* Montréal, 1964; *La vie et l'œuvre de Pierre Bouguer,* Montréal et Paris, 1964; *Ministère de la Marine. Amérique et Canada,* Montréal, 1966; *Problématique des civilisations,* Montréal, 1968.

corps des officiers, et deux corps d'administrateurs civils. La rivalité entre
la «plume» et l'«épée» devait être des plus vives durant tout le XVIIIe
siècle. Parmi les administrateurs civils les inspecteurs généraux étaient
hiérarchiquement les plus élevés; venaient ensuite les commissaires de la
Marine: commissaires généraux, commissaires; depuis l'ordonnance de
juillet 1703, les commissaires prenaient rang après les capitaines de vaisseau, avant les capitaines de frégate. En avril 1716, – donc juste au
moment où André-François Deslandes entre dans la Marine –, un édit
met fin à la vénalité des offices, et réorganise les services civils: sont créés
15 postes de commissaires généraux, 58 de commissaires, 4 de «petits»
commissaires; ces derniers commissaires devaient être recrutés parmi les
jeunes gens se recommandant «par leur noblesse ou par les services de
leur famille».[55] C'était le cas de Deslandes, dont le père et le grand-père
avaient même été occasionnellement commissaires de la Marine.

Deslandes est donc nommé commissaire de la Marine, et vers 1716 il
part pour Brest. Nous savons peu de choses sur les étapes de la carrière de
Deslandes. Il sera promu commissaire général, et, avant 1737, il quittera
Brest pour Rochefort, un des ports les plus importants de l'époque.[56]
Fréron, dans l'article nécrologique qu'il lui consacre en 1757, écrit:

Il avoit été dans sa jeunesse & dans la force de son âge très satyrique, très
mordant, très-habile à saisir les ridicules, très-prompt à les mettre au jour;
[...] cette causticité lui avoit fait beaucoup d'ennemis, & avoit nui à son
avancement dans la Marine.[57]

Dans l'*Essay sur la marine et sur le commerce*, qu'il adresse en 1743 à
son ministre, Deslandes entre dans le détail de l'organisation de la Marine:

et comme il y a dans la Marine trois objets principaux qui l'attachent & la
distinguent tour à tour, ces officiers sont aussi partagés en trois classes, différentes à la vérité par les détails qu'elles présentent, mais qui pourtant vont
toutes se réunir au même but.

La première classe a pour objet «la construction, le radoub & l'équipe-
ment des vaisseaux»;[58] la deuxième, la conduite des vaisseaux; la troisième, ce qui «ne paroit en renfermer que l'accessoire, quoique peu à peu
[cet objet] en soit devenu le principal»:

---

[55] *Etat sommaire des Archives de la Marine antérieures à la Révolution,* Paris, 1898,
pp. 385-386.
[56] Comme le note R. Geissler, op. cité, p. 150, note 32, Deslandes est encore à
Brest en 1733 (*Recueil de différens traitez de physique et d'histoire naturelle,* 1736,
p. 222); en 1737, il donne Rochefort comme lieu de résidence (Bibliothèque municipale de La Rochelle, Mss. 356, f. 318).
[57] Fréron, *Année littéraire,* 1757, vol. V, pp. 162-163.
[58] *Essay sur la marine et sur le commerce* s.l., 1743, p. 141.

Cet accessoire consiste dans un certain arrangement de fonctions & d'emplois qu'exige la police de chaque port, dans la maniére de rendre compte des dépenses qui s'y font, dans un art de dresser des états, des rôles en forme & d'autres piéces semblables.[59]

C'est à cette troisième classe d'officiers que Deslandes appartient, et, comme on le voit, il ne manque pas d'en être fier.

Si Deslandes tient à souligner l'importance du rôle joué par les officiers de la troisième classe, il n'en reconnaît pas moins celle du rôle que jouent ou devraient jouer les officiers de la première classe; il apprécie en eux les qualités que requiert leur fonction, et qui sont aussi les qualités requises d'un bon savant et académicien des temps modernes: «un mélange judicieux de théorie & de pratique, qui soit joint à une grande étenduë de génie, & perfectionné par une expérience continuelle».[60] Il se plaît à nommer les hommes qui ont possédé et exercé ces qualités: les Intendants Desclouseaux et Vauvré, officiers de cette première classe; les Intendants qui organisèrent les classes de la Marine, c'est-à-dire le recrutement des marins, «un des plus beaux établissemens du Royaume, un des plus utiles & des plus avantageux»: Arnoux et Bonrepos, et il ajoute, – ce qui ne manque pas de faire sourire, si l'on se rappelle que l'*Essay* est adressé à un ministre –:

Mais comme il n'arrive que trop souvent, le Ministre se fit honneur de leur travail.[61]

Les relations de Deslandes avec le ministre étaient cependant assez bonnes; dans la correspondance qu'il entretint avec l'abbé Bignon, à la fin des années 20 et au commencement des années 30, Deslandes parle souvent des lettres qu'il adresse à Maurepas et des réponses qu'il reçoit de ce dernier. L'*Essay sur la marine et sur le commerce* fut d'ailleurs, comme nous le verrons, écrit à la demande du ministre et l'impression de l'ouvrage à Paris protégée par lui.

Outre l'intérêt spécifique que cette fonction de Commissaire présentait aux yeux de Deslandes, elle lui donnait l'occasion de multiplier les remarques de physique et d'histoire naturelle, dont il allait bientôt composer un recueil; elle était pour lui à la source d'une réflexion approfondie sur les diverses marines du monde,[62] et de là sur le commerce et la politique.

De 1716 à 1728 Deslandes continue d'envoyer à l'Académie des Sciences de Paris des observations qui sont publiées dans l'*Histoire de*

---

[59] *Ibid.*, p. 143.
[60] *Ibid.*, p. 142.
[61] *Ibid.*, p. 125, note (g).
[62] Deslandes, *Essai sur la marine des Anciens, et particulièrement sur leurs vaisseaux de guerre*, Paris, 1748; *Lettre critique sur l'histoire navale d'Angleterre*, 1752.

l'Académie Royale des Sciences.[63] Il écrit également à un certain nombre de journaux savants, qui insèrent ses lettres et observations; ainsi trouvons-nous régulièrement, de 1716 à 1732, des lettres de Deslandes publiées dans le périodique des Jésuites, les *Mémoires de Trévoux.*[64]

L'utilité de l'observation et de l'expérimentation scientifiques est évidente dans le cas des inventeurs; à la fin de chacune des parties des volumes de l'*Histoire de l'Académie Royale des Sciences* consacrée aux Observations, on trouve la liste des machines que des inventeurs viennent de proposer cette année-là à l'Académie. Deslandes, pour sa part, s'est intéressé à plusieurs reprises à des inventions, dont on le chargeait parfois d'apprécier l'utilité. Il s'intéresse au bitume que M. de Champlain s'efforce alors de perfectionner, et il ajoute, dans une lettre du 6 Février 1729, adressée à l'abbé Bignon:

J'ai fait jusqu'ici tout mon possible pour donner de la vie et du courage aux Inventeurs, et je ne m'écarterai jamais de cette route, persuadé que la perfection de la Marine en dépend.[65]

Voici ce qu'il écrit au sujet des machines destinées à dessaler l'eau de mer:

J'ai été chargé d'examiner plusieurs de ces Machines; & quoique je fusse convaincu qu'elles ne pouvoient être d'aucune utilité, j'ai tâché cependant de procurer aux Inventeurs des récompenses proportionnées à leur zéle & à leur bonne volonté. Mr. Colbert disoit sensément qu'il falloit payer, avec usure, toutes les nouveautés, toutes les découvertes qu'on apportoit. Une seule qui réussit, ajoûtoit-il, en récompense vingt qui paroissent chimériques, qui sont inutiles.[66]

Deslandes s'efforce de pratiquer une collaboration étroite [67] entre le Ministère de la Marine et l'Académie des Sciences: «Monsr le Comte de Maurepas a aussi renvoyé à l'Académie des Sçiences un Memoire que je lui avois adressé sur les différentes manieres, qu'on employe dans les Ports, pour graduër les tirans d'eau des vaisseaux». Le projet, transmis par le Ministère à l'Académie, est examiné par les savants et retourné au Ministère, qui devrait rendre exécutive la réforme:

Je le [Maurepas] priois de décider laquelle de ces manieres meritoit la préférence, et d'ordonner au même tems qu'elle fût suivie. Comme il me paroît impossible dans la Marine d'arriver sur beaucoup d'articles à la derniere perfection, je souhaitterois du moins qu'on s'astreignit à des metho-

[63] *Histoire de l'Académie Royale des Sciences:* Années 1713-1728.
[64] *Mémoires de Trévoux,* octobre 1716; juillet 1725; septembre 1726; novembre 1727; mars 1729; mars 1730; mai 1731; février 1732.
[65] B.N., Mss. f. fr. 22 228, p. 7.
[66] *Mémoires de Trévoux,* mars 1730, p. 414.
[67] Cette collaboration n'était pas le seul fait de Deslandes; cf. l'*Histoire de l'Académie Royale des Sciences, Année 1725,* Paris, 1727, p. 104.

des uniformes, lorsqu'on n'en auroit point de précises et de geometriques. Ce seroit toujours une sorte de perfection.[68]

Le séjour prolongé que Deslandes fit en province le conduisit à entrer dans les Académies locales. Dès 1716, il envoie des communications à l'Académie de Brest; en 1737, il est reçu Associé à l'Académie de La Rochelle, et, en 1740, il y fera une conférence sur les Académies et l'utilité qu'elles présentent pour la société.[69] Il cesse toutefois d'envoyer des Observations à l'Académie des Sciences de Paris à partir de 1729, et, bien qu'on le trouve encore porté comme «Vétéran» sur la liste établie en 1738, il demande à être rayé de la liste: [70] nous ne savons pas pourquoi, car il continue à s'intéresser aux problèmes scientifiques et en donnera des preuves, en publiant son *Recueil de différens traitez de Physique et d'Histoire Naturelle.* La continuité de sa recherche est même manifeste, quand on se réfère aux dates de publication des trois volumes que va comporter ce *Recueil*: le premier paraît en 1736; il est réédité en 1748 et 1750, avec des additions, cependant que le deuxième paraît en 1750 et est réédité en 1753; le troisième est publié en 1753.

De 1716 à 1742, Deslandes vit donc la plupart du temps en province, dans les ports de la côte ouest de la France. Mais son activité professionnelle ne suffit pas à remplir sa vie. Ne pouvant profiter des conversations de café et de salon de la vie parisienne, il lit et relit ses auteurs favoris. Il nous a parlé lui-même de sa bibliothèque, et nous savons qu'elle était bien fournie. Il devait la léguer au séminaire de Metz. Le voici lisant et méditant dans son «Cabinet»:

> Où la Philosophie
> Me prêtant sa vive clarté,
> M'instruit, me fortifie
> Accroît ma curiosité.
>
> Où des erreurs fatales;
> Qui par tout glissent leur poison,
> Je parcours les dédales,
> Heureux d'en sauver ma raison.[71]

---

[68] B.N., Mss. f. fr. 22 228, pp. 57 verso/58 recto; lettre du 12 Juillet 1731.

[69] Cf. le «Compliment à Messieurs de l'Académie des Belles-Lettres de La Rochelle», par M. Deslandes, Commissaire général de la Marine, in *Recueil de pièces d'histoire et de littérature,* (Fr. Granet et Desmolets), Paris, 1741, vol. IV, pp. 198-205; cité par R. Geissler, op. cité, p. 17, note 33.

[70] C'est du moins ce qu'affirme Fréron: *Année littéraire,* 1757, vol. V, p. 159.

[71] Deslandes, *Histoire critique de la philosophie,* Amsterdam, 1756, vol. IV, «Mon Cabinet», p. 188.

C'est dans ce cabinet que, bien sûr, sont rangés les livres. Au mur sont accrochés des «Tableaux [. . .] qui représentent plusieurs grands Philosophes, tels que Descartes, Le Chevalier Newton, Locke, le Pere Mallebranche, Hobbés, Clarke, Gassendi & Halley». Reprenant la forme rimée, Deslandes ajoute:

> Le premier est le guide
> Que tous les autres ont suivi,
> Esprit ferme, intrépide,
> Héros [au] vrai seul asservi.[72]

> Tout près d'un si grand Maître
> Newton brille, Maître à son tour.
> Depuis qu'on l'a vû naître,
> La nuit s'efface, tout est jour.[73]

Il rend alors hommage à Malebranche, signalant dans une note de bas de page qu'il avait été sollicité par le père de l'Oratoire d'entrer dans son ordre:

> De la vertu sincere,
> Dans ton sein je puisai le goût.
> Sublime caractere!
> Mallebranche, je te dois tout.

> Par ta main repoussée,
> Se cache la prévention,
> Et l'erreur méprisée
> Ne nous fait plus d'illusion.

> Ton amitié propice
> Voulut me fixer dans ces lieux,
> Où la paix, la justice,
> T'offroient un avant-goût des Cieux.

> Mais mon ame égarée
> Méconnut le prix du bonheur,
> Que ta main éclairée
> Cherchoit à verser dans mon cœur.[74]

Ces lectures l'incitent à écrire son propre ouvrage. Il ne s'agira plus seulement de mémoires scientifiques, mais d'écrits plus proprement littéraires et philosophiques. Entre 1715 et 1742, il publie en effet, après

---

[72] J'ajoute «au», qui manque dans le texte.
[73] *Ibid.,* pp. 191-192.
[74] *Ibid.,* pp. 192-193.

l'*Art de ne point s'ennuyer* (qu'il fait éditer à Paris, probablement avant son départ pour la province), le *Nouveau Voyage d'Angleterre* (1717); un conte mi-libertin, mi-philosophique, *Pigmalion, ou la Statue animée* (1741), et un essai *De la Certitude des connoissances humaines* (1741). Mais l'œuvre la plus importante de cette période est l'*Histoire critique de la philosophie*, dont les trois premiers volumes paraissent en 1737. C'est la première histoire de la philosophie écrite en français; mon cinquième chapitre lui est consacré.

2. *Luttes et échec*

Les années 1737-1745 marquent un tournant dans la vie de Deslandes; c'est la période des grandes espérances. Il est parvenu à un poste élevé au Ministère de la Marine, et il a acquis la confiance du ministre. Il a publié un grand nombre de textes scientifiques, qui font de lui une autorité dans les milieux académiques. Il vient de donner une synthèse critique de l'histoire de la philosophie, dont la plupart des périodiques français et étrangers rendent compte de manière attentive et généralement élogieuse.[75] Il annonce alors la sortie d'un quatrième volume de son *Histoire critique*, où il traitera de la philosophie moderne, et où, vraisemblablement, il pourra s'engager davantage.

Il a le sentiment qu'après une très longue nuit l'humanité revoit enfin la lumière et que cette lumière est portée par des philosophes.

Qui s'oppose encore aux progrès des lumières? Des autorités dévaluées, comme les théologiens de la Sorbonne,[76] ou certains parlementaires attardés. Le pouvoir royal? mais le ministre Fleury ne semble pas hostile; il réserve ses sévérités aux jansénistes. Il est donc temps que les philosophes prennent leur part des responsabilités politiques et administratives, et deviennent des conseillers à part entière, puisqu'ils sont des citoyens et des philosophes à part entière. C'est ainsi, me semble-t-il, qu'il faut interpréter les premiers chapitres de l'*Histoire critique de la philosophie*. Deslandes y rappelle l'autorité dont jouissaient auprès des princes les premiers philosophes, quand ces derniers n'étaient pas eux-mêmes à la tête de l'Etat; parlant des Egyptiens, Deslandes écrit:

---

[75] R. Geissler a passé en revue ces comptes-rendus avec beaucoup de soin; op. cité, pp. 48 et sq.

[76] On se rappelle le passage de l'*Histoire critique de la philosophie* que Voltaire aimait à citer: «Autant que l'Université de Paris étoit autrefois célébre & brillante, autant est-elle tombée dans l'avilissement. La Faculté de Théologie sur-tout me paroît le Corps le plus méprisable qui soit dans le Royaume.» (Vol. III, p. 299).

C'étoit même de leur [des Philosophes] Corps qu'on tiroit les Rois, & à plus forte raison les Ministres & les Conseillers des Rois, ceux qui devoient les soulager dans les fonctions laborieuses du Trône. On pensoit alors (*& il est honteux qu'on ait cessé de le penser*) que le plus honnête homme & le plus habile étoit le plus propre à commander. *Heureux les Royaumes, où le Sceptre est remis entre les mains de la Philosophie, où la force obéit tranquillement à la raison, où la valeur ne rougit point de se soumettre à l'intelligence.*[77]

Les premières déceptions allaient cependant survenir très tôt. Tout d'abord, la résistance des autorités fut plus forte que Deslandes ne s'y attendait: l'*Histoire critique de la philosophie* ne put obtenir la «permission tacite de débiter» du censeur de Roquemont,[78] et fut «prohibée».[79] On n'entendait donc que trop bien les philosophes au Conseil du Roi, mais on ne les y écoutait pas! L'essai *De la certitude des connoissances humaines* se vit également refuser la permission tacite et fut prohibé à son tour.[80] Le *Pigmalion, ou la Statue animée* fut même condamné au feu par le Parlement de Dijon.[81]

Dans une pièce qu'il fera paraître en 1745, mais dont certaines parties ont été écrites auparavant, Deslandes se plaint, en termes voilés, des persécutions dont il a été victime; c'est la pièce intitulée «Mon Cabinet», et dont on a déjà lu quelques passages:

> Deux fois l'hypocrisie
> En chapeau plat, en manteau noir,
> M'a fait par jalousie
> Eprouver son triste pouvoir.[82]

[77] Deslandes, *Histoire critique de la philosophie,* Amsterdam, 1756, vol. I, pp. 7-8; c'est moi qui souligne.

[78] B.N., Ms. f. fr. 21.990, p. 28 verso. La permission tacite de débiter était une permission que la direction de la Librairie pouvait accorder aux libraires qui la sollicitaient pour des ouvrages prétendument édités à l'étranger; en réalité, ces livres étaient souvent imprimés en France, et en particulier à Paris; cf. mon Chapitre II.

[79] Il existe, à la Bibliothèque Nationale, deux exemplaires identiques du «Répertoire des livres prohibés par ordre alphabétique». La plupart des livres auxquels la permission tacite a été refusée se trouvent portés sur cette liste. L'*Histoire critique de la philosophie* figure dans le Mss. f. fr. 21.928, page 25 verso et dans le Mss. f. fr. 21.929, page 33 verso.

[80] B.N., Ms. f. fr. 21.990, page 34 verso (No 1148); B.N., Ms. f. fr. 21.928, p. 8 verso.

[81] Le 14.3.1742, selon Barbier, *Dictionnaire des ouvrages anonymes,* Paris, 1882.

[82] Deslandes, Mon Cabinet, 1745; la pièce est reprise dans le volume IV de l'*Histoire critique de la philosophie,* Amsterdam, 1756. Cette pièce a été composée en plusieurs fois: p. 196, Deslandes parle de son portrait, qui est accroché au mur du cabinet: «A peine finissois-je alors mon cinquième lustre: quatre autres s'y sont joints

En 1748, dans la «Préface» de la deuxième édition du *Recueil de différens traitez de physique et d'histoire naturelle*, il se plaindra d'avoir été, comme Galilée, victime de son amour de la vérité.[83] Quels sont ces «hypocrites» «en chapeau plat, en manteau noir», – ces théologiens? Je l'ignore, mais trois faits sont avérés: après 1738, Deslandes se fait rayer de la liste des vétérans de l'Académie des Sciences de Paris; vers 1742, il démissionne de ses fonctions de Commissaire général de la Marine: il n'a pourtant que cinquante-trois ans; enfin le livre X de l'*Histoire critique de la philosophie*, qui est annoncé dans la Table des matières du volume I, ne paraît pas: le volume III s'arrête en effet à la fin du livre IX. Or ce livre s'intitulait «Renaissance des Lettres et de la Philosophie en Europe. Remarques générales sur les Philosophes précurseurs de Descartes.» Ce devait être le livre moderne de l'*Histoire critique*.[84]

Deslandes s'installe alors à Paris, et continue le combat avec d'autant plus de virulence qu'il s'est libéré de tout lien avec l'Etat. Il écrit un *Essay sur la marine et sur le commerce* (1743) et une *Lettre sur le Luxe* (1745), qu'il accompagne de quelques autres pièces sur le même sujet.

1743, c'est l'année de la mort du cardinal Fleury; mais depuis quelque temps déjà l'autorité du ministre était ébranlée; des ultramontains du parti dévot, tels que le cardinal de Tencin et d'Argenson, étaient parvenus à entrer au Conseil. Maurepas se sent menacé. C'est sous l'impulsion de ce dernier que Deslandes rédige alors l'*Essay sur la marine et sur le commerce*; il y renonce au masque qui consiste à utiliser l'histoire de l'Antiquité pour donner des leçons aux contemporains. Ce texte anonyme de 165 pages est précédé d'une lettre «A Mr. le C. de B. C. M...»; personne ne pouvait se méprendre sur ces initiales: il s'agissait bien du comte de Maurepas, Ministre de la Marine et Secrétaire de la Maison du

depuis». Cette partie date donc de 1735 environ; mais, p. 197, il écrit:

> Les essais de ma plume
> N'ont point manqué d'approbateurs;
> Et mon dernier volume
> A trouvé partout des lecteurs.

Ce dernier volume est vraisemblablement l'*Histoire critique de la philosophie*, reçue en effet dans l'Europe entière: or il n'a paru qu'en 1737, à moins que Deslandes ne fasse allusion à l'édition de Londres, 1742.
[83] Deslandes, *Recueil de différens traitez de physique et d'histoire naturelle*, Paris, 1748, vol. II, p. XXIV.
[84] Deslandes, *Histoire critique de la philosophie*, Amsterdam, 1756, vol. I: «Table des livres contenus en cette Histoire»; cette table suit la «Préface» (I-XLI), et précède le Chapitre I (p. 1); les pages ne sont pas numérotées. Pour les trois premiers volumes de cette œuvre, il est indifférent de se référer à l'édition de 1756 ou à l'édition de 1737: seule différence, l'«Epître à M. Henri Bicker» de Fr. Changuion, qui ouvre de vol. I de l'édition de 1737 manque à l'édition de 1756.

Roi et de Paris (c'est-à-dire qu'il avait dans ses attributions la police de la capitale).[85]

Deslandes a conscience de l'audace de son ouvrage: il met en incipit ces vers d'Horace:

> Non ille pro caris amicis
> Aut patriâ timidus perire.

Il ajoute, à propos des auteurs qu'il a utilisés pour composer son essai, qu'aux qualités de génie et de pénétration qui sont les leurs, sont jointes «l'amour si rare de la vérité & [le] talent plus rare encore de la dire avec hardiesse».[86] Il achève cette lettre en revendiquant la liberté d'expression, chose si utile aux princes:

J'espére que s'il m'échappe quelque chose d'un peu libre & d'un peu hardi, vous voudrez bien me le pardonner. L'amour de la patrie est le seul motif qui me guide: cet amour qui faisoit le caractére des anciens Romains, exclut les ames foibles & superstitieuses. Quelcun [sic] cherchant à aigrir l'esprit de Henri IV. contre l'Auteur du Livre intitulé, *Description de l'Isle des hermaphrodites nouvellement découverte* &c, où beaucoup de secrets étoient révélés, ce Prince lui répondit: *je ferois conscience de fâcher un homme pour avoir dit la vérité.* Que notre siécle seroit heureux, si l'on suivoit fidélement la maxime de Henri IV: [87]

La maxime d'Henri IV ne fut suivie ni fidèlement ni autrement: l'*Essay* ne reçut pas la permission tacite, bien que, dans la deuxième du *Recueil des demandes de permissions*, soit portée la mention suivante: «à M. le comte de Maurepas»; [88] il fut mis sur la liste des livres prohibés.[89]

Le but de cet essai est, comme nous le verrons plus en détail dans le Chapitre III, de prouver quatre propositions: que tous les peuples de l'Antiquité qui ont cultivé la Marine en «ont acquis plus de puissance & d'autorité»; que, sous tous «les règnes un peu éclaires» de la France,

---

[85] La traduction en anglais de cet essai paraît à Londres dès 1743; le nom du ministre y est en toutes lettres cette fois-ci: *An Essay on maritime power and commerce; particularly those of France. In an Epistolary discourse address'd to the Count de Maurepas, Secretary of State, and of the Marine,* by M. Deslandes London, P. Vaillant, 1743.

[86] *Essay sur la marine et sur le commerce,* s.l., 1743, p. 6.

[87] *Ibid.,* pp. 9-10. Ajoutons que, pour défendre la liberté d'expression des philosophes, Deslandes reprend le mot d'Henri IV dans l'*Histoire de la princesse de Montferrat* (1749):

Il [Henri IV] répondit un jour à quelques-uns de ses Courtisans, qui vouloient l'aigrir contre l'Auteur sensé, mais trop libre de divers Ecrits Politiques: *Je ferois conscience de fâcher un honnête homme, pour avoir dit la vérité.* (*Histoire de la princesse de Montferrat,* Londres, 1749, p. 1, note de bas de page.)

[88] B.N., Mss. f. fr. 21.990, p. 37 verso (No 1235).

[89] B.N., Mss. f. fr. 21.929, p. 23 recto.

«nos Rois ont cherché» à se procurer une Marine puissante; [90] que «de tous les Royaumes de l'Europe, la France est d'abord celui qui a le plus de ressources & de commodités pour faire fleurir la Marine»; [91] «que la Marine soûtenue par l'autorité royale doit servir à protéger le commerce».[92] Mais démontrer ces quatre propositions n'est pas purement affaire de théorie pour l'auteur; Deslandes a un but immédiat et pratique: éclairer l'opinion publique, – et la Cour, si possible –, afin que le ministre ait désormais les mains libres pour entreprendre des réformes.

Les principales réformes que Deslandes envisage sont présentées dans les troisième et quatrième parties de l'*Essay*: «Reste présentement à montrer», écrit-il pour commencer la troisième partie qui traite avant tout de la Marine, «combien il nous est facile de la soûtenir dans le même état [que sous Louis XIV], & si par hazard elle en étoit déchuë, de l'y rappeler».[93]

Certains articles de réforme ont simplement pour but de détruire des abus; ainsi, Deslandes souhaite l'abolition de la gabelle, impôt sur le sel, dont le principal effet a été de faire tomber la consommation de cette denrée de première nécessité: on la «surcharge d'impôts».[94] S'il constate que le bois manque pour la construction des vaisseaux, parce qu'on a abattu tant de forêts, et en particulier tant de forêts «qui étoient situées aux bords de la mer, & aux environs des rivières navigables»,[95] c'est pour rappeler d'abord que les Gouverneurs des Provinces maritimes étaient autrefois «particuliérement chargés du soin des bois», et que «feu M. le marquis de Seignelai [. . .] avoit formé le dessein de faire planter tous les bords de la mer d'arbres propres à la construction des vaisseaux».[96] Aucun conseil précis n'est donné, mais les considérations que présente Deslandes devraient, selon lui, «aiguiser le zéle de ceux que regarde, & qu'intéresse le détail des eaux & forêts».[97]

Presque tous les cas particuliers ramènent l'auteur à l'histoire de la Marine et le conduisent à définir une politique: il évoque les ouvriers bretons qui se chargent de la construction des navires,[98] et il écrit: «on ne peut conserver avec trop de soin les races de ces sortes d'ouvriers, où

[90] *Essay sur la marine et sur le commerce,* s.l., 1743, p. 7.
[91] *Ibid.,* p. 8.
[92] *Ibid.,* p. 9.
[93] *Ibid.,* p. 97.
[94] *Ibid.,* p. 113.
[95] *Ibid.,* p. 115.
[96] *Ibid.,* p. 118.
[97] *Ibid.,* p. 114.
[98] «Il y a même parmi ces ouvriers des pratiques très ingénieuses, peu connuës ailleurs, qui ont été inventées en divers tems, & qui passent des Péres aux fils». (*Ibid.,* p. 107.)

l'industrie se perpétue & se renouvelle, pour ainsi dire».[99] Il en vient alors
à Colbert, qui «créa en France les arts, le goût, le génie, que la France
ignoroit»; il souhaite qu'on suive l'exemple de ce ministre, et qu'on fasse
venir «des païs où [quelques industries particuliéres sont le plus en répu-
tation], des hommes intelligens, qui [s'habituent] dans le Royaume».

Combien un accueil obligeant n'attireroit-il point d'illustres étrangers parmi
nous.[100]

S'il manque à notre pays «quelques denrées et quelques marchandises
nécessaires à la Marine, que le Nord seul produit», Deslandes conseille à
la France de suivre l'exemple anglais:

Ici, je rapporterai un usage très sensé qui s'observe en Angleterre, & qu'on
peut regarder comme la base de tout son commerce. Il n'y est permis qu'aux
seuls Anglois de transporter les marchandises qui naissent dans le païs, &
d'y ramener celles que produisent les païs étrangers. Cet usage met, pour
ainsi dire, toute cette grande Ile en mouvement, & est cause que la valeur
des espèces qui y circulent, se trouve à peu près proportionnée à la valeur de
tous les effets réels qu'on y connoit. Il empêche de plus qu'un esprit d'indolence ne se communique de proche en proche, & que cet esprit plus touché
de ses malheurs que soigneux de les réparer, ne cause enfin la chûte entière
de l'Etat. La liaison qui unit & rapproche les diverses parties de la société,
est si intime, qu'on ne sauroit en frapper une, sans que le contrecoup ne porte
sur toutes les autres.[101]

Il pose aussi certaines questions de principe: il souhaite que, comme en
Angleterre, la Marine soit composée, non de «gens de fortune», d'aven-
turiers, mais «de jeunes gens d'élite, [. . .] d'Officiers choisis dans les
meilleures familles».[102] Non qu'il veuille en «exclure certains hommes
privilégiés, qui se dédommagent d'une naissance obscure, par des talens
qui sont au dessus de la naissance même; il fait alors l'éloge de «plusieurs
Officiers du plus grand mérite, qui ont illustré la Marine par tant d'heureuses campagnes».[103]

Il rappelle au roi de France qu'une puissante marine de guerre lui est
nécessaire, s'il veut, non pas attaquer ses voisins, mais tout simplement
défendre son propre territoire et assurer, dans la paix, l'équilibre euro-
péen.

Il explique alors que les gens de la Cour et de la Ville, de par leur
éloignement des côtes, sont mal informés des «richesses, [des] commo-

[99] *Ibid.*, p. 108.
[100] *Ibid.*, p. 110.
[101] *Ibid.*, pp. 111-112.
[102] *Ibid.*, p. 134.
[103] *Ibid.*, p. 137.

dités, [de] tous les secours» que la Marine leur apporte. Les capitales de la plupart des autres royaumes d'Europe sont de grands ports; Paris ignore la mer.

Cette ignorance presque générale & de ce qui naît dans le Royaume, & de ce qui vient d'ailleurs, de ce qui est absolument nécessaire aux besoins de la vie & de ce qui ne peut servir qu'à fomenter la fainéantise & accroître le luxe, donne lieu au peu de cas ou même au mépris qu'on fait de la navigation et du commerce.[104]

Aussi Deslandes recommande-t-il une éducation technique et économique de la jeunesse, qui est d'un type très moderne:

Mais ce mépris injuste cesseroit bientôt, si au lieu d'une éducation sédentaire & ménagée à l'ombre des murs domestiques, on faisoit voyager les jeunes gens que la naissance ou la fortune destine aux premiéres places; si on leur expliquoit en détail tout ce qui a rapport à nos Colonies, tout ce qu'elles envoyent d'indispensable aux divers besoins du Royaume qui redoublent encore chaque jour; si on les instruisoit des principales Manufactures qui ornent & enrichissent les Provinces, de celles qui ont dégeneré, de celles qui pourroient encore s'y établir, afin d'empêcher des sommes considérables de passer aux étrangers; si enfin on leur faisoit connoître les trois branches qui constituent les richesses du Royaume, savoir, les fonds de terre, le commerce & l'industrie; si on leur marquoit quel rapport ont entre elles ces trois branches, combien elles se doivent étayer & soutenir mutuellement l'une l'autre, combien les biens réels d'un Etat augmentent de valeur à mesure que le commerce & l'industrie augmentent eux-mêmes, & font circuler l'or & l'argent devenus le gage, la mesure commune de la confiance du public & de l'autorité du Souverain: tout cela réduit à de justes compensations & à des calculs assez délicats, pour ne point trop charger la mémoire. Une pareille éducation ne vaudroit-elle pas bien toutes celles dont on fait tant de cas? N'en tireroit-on pas & plus d'inclination & plus de profit pour le bien public? [105]

Au début de la quatrième partie, Deslandes rappelle l'utilité de la marine de commerce, qui doit contribuer «à l'abondance, à la félicité publique». Il évoque un cas limite, mais qui est celui de sa famille:

Le commerce se distingue quelquefois jusqu'à procurer des titres de Noblesse. C'est ainsi que s'élévent des hommes utiles à la Patrie, qui la font connoître au déhors & la fertilisent au dedans.[106]

Quelle stratégie commerciale utiliser? Deslandes décrit celle des Espagnols, qu'il oppose à celle des Anglais. La première s'est révélée rui-

[104] *Ibid.,* p. 105.
[105] *Ibid.,* pp. 105-107.
[106] *Ibid.,* p. 139.

neuse, parce qu'une domination «trop vaste par elle-même» [107] ne peut se maintenir; celle des Anglais, en Amérique tout particulièrement, est un succès: ils ont établi d'authentiques colonies, au sens latin du mot, et ont construit la flotte nécessaire pour assurer tout leur commerce. Ils détiennent ainsi la supériorité sur mer, et, de ce fait, la suprématie en Europe.

Il suffit de jeter les yeux sur le sistême présent des affaires de l'Europe. Quelle autorité, quelle puissance les Anglois soûtenus de leur Marine, n'y ont-ils pas acquise? [108]

Aussi Deslandes conseille-t-il aux Français de pratiquer le commerce dans le monde entier; la nouvelle Compagnie des Indes lui semble sur la bonne voie; il ne peut cependant s'empêcher d'avertir le public «qu'il est à craindre qu'en embrassant, comme elle le fait, un commerce trop étendu, qu'en dégradant les Classes [109] du Royaume déjà fort affloiblies, qu'en employant sans choix des hommes de toute espéce, elle ne vienne enfin à subir le même sort qu'ont eu les anciennes Compagnies».[110]

A la fin de l'*Essay*, Deslandes évoque rapidement le problème politique brûlant de l'année 1743: le cardinal Fleury vient de mourir; qui va lui succéder au ministère? C'est avec amertume que l'auteur redoute que ce ne soit, non pas un danseur, mais un banquier qui l'emporte:

Mais en quoi nous paroissons le plus nous manquer à nous mêmes, c'est dans le choix des hommes, c'est dans la connoissance de leurs talens & de leur génie, c'est dans la maniére de les apliquer utilement à ce qui leur convient le mieux. Tout fourmille en France, tout est plein de gens oisifs, & que l'oisiveté expose chaque jour aux plus grands excès. L'argent d'ailleurs est presque le seul mobile qui remuë aujourd'hui toute chose. Sans lui, on ne peut parvenir à aucune place qui soit de quelque distinction: & il faut se résoudre à languir dans l'obscurité, si l'on n'a les moyens d'acheter des honneurs, soit à la guerre, soit dans le Barreau, soit même à la Cour. Aussi la plûpart des grands postes ne siéent-ils point à ceux qui les occupent, & les déparent en même tems. Mais ces postes viennent-ils à vaquer, c'est encore un nouvel embarras de les remplir, & le public est toujours surpris d'y voir monter des gens auxquels il ne pensoit point.[111]

1745 est l'année d'un avènement: la marquise de Pompadour, nouvelle maîtresse du roi, est présentée à la Cour, et pour ainsi dire introduite au Ministère. Avec elle arrivent les traitants, les financiers, les banquiers que

[107] *Ibid.*, p. 151.
[108] *Ibid.*, pp. 155-156, note (n).
[109] Classe, au sens militaire du terme; Deslandes veut dire que la Compagnie recrute trop d'hommes parmi les marins de la Marine royale.
[110] *Ibid.*, pp. 161-162.
[111] *Ibid.*, pp. 175-176.

Deslandes avait stigmatisés dans l'*Essay sur la marine et sur le commerce*, comme nous venons de le voir par la dernière citation que j'en ai faite, et comme deux autres extraits le montreront avec encore plus de clarté:

On ne peut trop en France invectiver contre les financiers & les autres gens d'affaires, qui à la fin ruineront tout; ils gênent l'industrie & le commerce qui méritent tant d'être favorisés, & ne veulent de profits que pour eux seuls.[112]

Ce sont de tels gens d'affaires qui ont bâti «ces fortunes rapides & odieuses, nées des miséres publiques & teintes du sang d'une infinité de malheureux».[113]

Avec l'année 1745, Deslandes voit donc son rêve s'évanouir; la politique d'utilité publique et de frugalité qu'il préconisait est définitivement écartée, tant elle s'oppose à l'esprit de luxe et de fête qui s'épanouit à la Cour. Deslandes éprouve même le sentiment que les autres philosophes trahissent, car la plupart d'entre eux se rallient aux vues de Melon, qui tenait le luxe moderne pour des plus utiles à la société, et d'ailleurs pour irrépressible. Il compose cependant un écrit presque rageur, plus violent que l'*Essay* de 1743: la *Lettre sur le luxe*. Il y dénonce, sans se voiler, les abus de Traitants et des gens d'Eglise; en vain.

3. *La retraite d'un citoyen*

Voici comment Fréron décrit Deslandes, tel qu'il l'a connu à Paris, après 1742:

La nature lui avoit donné un tempérament robuste; il étoit grand & gros à proportion; mais il étoit sujet à de vives atteintes de goutte.[114]

Au moral, à la différence de J.-J. Rousseau que Fréron raille ici au passage, «il n'étoit point de ces Philosophes farouches qui fuient dans les bois & qu'on y laisse; il aimoit la société». Fréron décrit le genre de vie que Deslandes menait à Paris:

M. Deslandes s'étoit retiré à Paris quinze ans avant sa mort. Il y jouissoit des agrémens d'une vie libre & philosophique. Il y cultivoit les Lettres sans ostentation; il aimoit ceux qui s'y appliquoient; il préféroit leur commerce à celui des Grands & des Riches. Je l'ai vû souvent, & je puis dire que j'ai peu connu d'hommes d'un caractère plus doux, plus liant, plus égal; c'étoit la politesse, la candeur, la simplicité même. Je n'ai jamais entendu proposer ni

---

[112] *Ibid.*, p. 112, note (d).
[113] *Ibid.*, p. 149.
[114] Fréron, *Année littéraire*, 1757, vol. V, p. 163.

soutenir une opinion avec moins de faste & plus de désintéressement que lui. Il étoit toujours maître de son ame, & la vivacité des autres ne troubloit point sa tranquillité; en un mot, c'étoit un des Sçavans les plus modestes & les plus aimables qu'il soit possible de rencontrer. Ses lumières, ses connoissances & sa mémoire rendoient sa conversation instructive & agréable. Il avoit cette gaîté douce, le partage d'un esprit solide & d'un cœur exempt de passions.[115]

Ce portrait ne jure pas avec l'épicurisme bon vivant qu'affichent ses poésies de jeunesse, non plus qu'avec le scepticisme souriant que nous découvrirons dans d'autres de ses écrits; il faut toutefois, en le lisant, ne pas oublier que Fréron est l'ennemi du parti des philosophes, et que, lorsqu'il fait l'éloge de la douceur, de la modération et de la modestie de Deslandes, il critique implicitement «la vivacité des autres». Il a tendance à atténuer tous les traits de Deslandes qui l'apparentent aux philosophes, ses ennemis; il reconnaît cependant qu'il arrivait à Deslandes de «soutenir une opinion», et il achève le portrait en rappelant qu'il n'a connu notre philosophe que «dans ses dernières années».

Un témoignage venu du clan des philosophes confirme en partie ce qu'écrit Fréron; c'est un texte que l'abbé Raynal a rédigé en 1749 pour les *Nouvelles littéraires*; voici comment il décrit Deslandes:

C'est un homme d'un âge assez avancé, qui a exercé des emplois qu'on peut dire considérables, du moins importants. Il y a acquis l'estime publique, mais en y essuyant des persécutions secrètes. C'est un tribut que la probité paye régulièrement à la corruption. Personne n'a dit avec plus de courage les vérités utiles au bien de l'Etat, à l'honneur de la philosophie, au progrès des sciences, ni tû avec plus de ménagement celles qui intéressent l'honneur des particuliers, la tranquillité des familles.
Quoiqu'il aime à parler, il est si modeste qu'il laisse jouir ceux qui sont avec lui du plaisir de croire qu'ils l'instruisent de beaucoup de choses qu'il sait infiniment mieux qu'eux. Jamais homme n'a su mieux que lui avoir tort lors même qu'il a raison. Il use de si bonne grâce qu'il ne vient pas dans l'esprit d'y soupçonner de la complaisance. La vivacité de son esprit ne nuit pas à la justesse de ses idées, l'étendue de sa mémoire à la profondeur de son raisonnement, la diversité de ses connaissances à la sûreté de son goût. Ceux qui ne le connaissent pas bien pourront croire qu'il a du goût pour le cérémonial. Quand on l'approfondit, on est convaincu qu'il fait par sentiment ce que les autres ne font que par bienséance. Je croyais qu'il était impossible d'aimer beaucoup de personnes, et de les aimer fortement; il m'en a fait voir la possibilité. Il est ferme dans les nouvelles amitiés et vif dans les anciennes. Il a une intrépidité de raison qui étonne les plus philosophes, et une douceur de caractère qui charme les hommes les moins sociables. On trouve réunis en

---

[115] *Ibid.*, pp. 161-162.

lui les trois genres d'esprit: l'esprit d'affaires, l'esprit de lettres, l'esprit de conversation.[116]

On a noté au passage les réserves de Raynal; la plus importante semble être que Deslandes a des amitiés trop éclectiques; on peut en outre l'accuser de complaisance dans sa conversation. J'ajoute une réserve, à mon tour: ce texte est extrait d'une lettre de Raynal à une amie de Deslandes; la critique explicite ne peut y avoir place. Dans d'autres passages des *Nouvelles littéraires* Raynal, acide comme il l'est d'habitude, ne montre pas d'indulgence pour les écrits de notre philosophe; toutefois il ne vise jamais sa personne, et il ne contredit pas le portrait qu'il avait tracé en 1749.[117]

Deslandes habitait alors l'Hôtel de Beauvais, situé rue des Vieux-Augustins, près de la place des Victoires; [118] il y sera sans doute encore l'année de sa mort, en 1757, puisqu'il aura à faire, à ses derniers instants, au curé de Saint-Eustache, dans la paroisse duquel se trouve l'Hôtel de Beauvais.[119]

Que savons-nous des milieux intellectuels que fréquenta Deslandes sur la fin de sa vie? Il se rendait parfois au café que tenait la «Muse limonadière», Mme Bourette; son Café allemand se situait rue Croix-des-Petits-Champs. Mme Bourette avait la passion de correspondre avec les écrivains célèbres de son temps; Raynal la raille assez durement dans les *Nouvelles littéraires*; [120] nous savons que Voltaire lui avait offert un gobelet doré, dans lequel J.-J. Rousseau, autre ami de la dame, se refusait énergiquement à boire. Deslandes écrivait à Mme Bourette vers et prose, et lui envoyait ses derniers ouvrages; ces lettres ont été publiées en 1755, dans un volume intitulé *La Muse limonadière, ou Recueil d'ouvrages en vers et en prose*.[121]

Plus philosophiques furent les relations que Deslandes entretint avec Diderot. Lorsque ce dernier eut été emprisonné à Vincennes, en 1749,

---

[116] Raynal, *Nouvelles littéraires,* in *Correspondance littéraire, philosophique et critique,* éd. M. Tourneux, Paris, Garnier, 1877, vol. I, pp. 177-178.
[117] *Ibid.,* pp. 127-128, p. 169 et sq.
[118] Nous le savons par la dénonciation de la «femme La Marche», dont je vais parler plus loin dans ce chapitre.
[119] Fréron, *Année littéraire,* 1757, vol. V, p. 164.
[120] Raynal, op. cité, vol. II, p. 14: «Nous avons ici une cafetière à qui la fureur des vers a tourné l'esprit. Elle en fait pour tout le monde, et n'en fait de bons pour personne. Elle vient d'en faire imprimer pour le roi de Prusse, qui ne sont pas les moins mauvais qui soient sortis de son cerveau. Les vers sont accompagnés d'une ode en prose, où il y a des strophes heureuses, et qui ne peuvent pas être de cette femme.» (28 décembre 1750)
[121] Mme Bourette, *La Muse limonadière, ou Recueil d'ouvrages en vers et en prose,* Paris, Jorry, 2 vol., 1755.

Deslandes vint lui rendre visite. On sait que Diderot était détenu pour sa *Lettre sur les Aveugles*; or Deslandes venait de composer un conte philosophique, *La Fortune, Histoire critique*, dont le contenu social et philosophique pouvait, malgré le masque de l'allégorie antique, causer bien des ennuis à son auteur. Deslandes était déjà en négociations avec un éditeur; tous deux remirent la publication à plus tard, et le livre ne parut en effet qu'en 1751, anonymement, sans indication de lieu ni d'éditeur. Nous sommes au courant de ces négociations de 1749, car la femme de l'éditeur, Mme La Marche, dénonça Deslandes à la police. Heureusement pour lui, Deslandes avait eu la prudence de ne pas remettre le manuscrit à La Marche, ni même de lui en faire lire le contenu; l'affaire en resta là.[122]

Deux ans plus tard, le nom de Deslandes apparaît dans le «Discours préliminaire» de l'*Encyclopédie*; dans ce discours d'Alembert dresse trois listes de personnes qui ont accepté de contribuer au dictionnaire. Introduisant la troisième de ces listes, il écrit:

Plusieurs autres personnes, sans nous avoir fourni des articles entiers, ont procuré à l'Encyclopédie des secours importans.[123]

Sont nommés dans cette liste des hommes que nous connaissons bien, tels Formey, Falconet, le financier Dupin, les abbés de Prades et Yvon; à la fin de la liste d'Alembert donne les noms des ingénieurs, des inspecteurs de manufactures, des fabricants et des artisans qui ont transmis leurs connaissances techniques aux rédacteurs: cette liste est donc importante, et tout particulièrement aux yeux de Diderot. C'est là que figure le nom de Deslandes:

M. DESLANDES, ci-devant Commissaire de la *Marine*, a fourni sur cette matiere des remarques importantes dont on a fait usage. La réputation qu'il s'est acquise par ses différens Ouvrages, doit faire rechercher tout ce qui vient de lui.[124]

Deslandes ne fournit en effet aucun article entier sur la Marine; Bellin devait écrire, sur ce sujet, les articles que contiennent les sept premiers volumes de l'*Encyclopédie*,[125] cependant que le chevalier de Jaucourt

---

[122] *Archives de la Bastille*, 10.301, 10 septembre 1749; d'après Franco Venturi, *La jeunesse de Diderot*, Paris, Skira, 1939, p. 186.
[123] D'Alembert, «Discours préliminaire», *Encyclopédie*, vol. I, p. xliv.
[124] *Ibid.*, p. xliv.
[125] «La *Marine* est de M. BELLIN, Censeur royal & Ingénieur ordinaire de la Marine, aux travaux duquel sont dûes plusieurs Cartes que les Savans & les Navigateurs ont reçûes avec empressement. On verra par nos Planches de *Marine*, que cette partie lui est bien connue.» (*Ibid.*, p. xlij) Voir les articles «Construction», «Cordages».

suppléait Bellin dans les dix derniers volumes, parus d'ailleurs après la mort de Deslandes.[126] D'autre part, il n'est fait mention d'aucune contribution de Deslandes dans le domaine de la philosophie, ou de l'histoire de la philosophie (remarquons, en passant, le vague de la référence: «différens Ouvrages»). Deslandes refusa-t-il de se lancer, à soixante ans, dans la vaste entreprise de d'Alembert et de Diderot? Préféra-t-on, et pour la marine et pour la philosophie, de plus jeunes que lui, tels Bellin et les abbés de Prades et Yvon? Les difficultés qu'il avait rencontrées avec les pouvoirs dans les années 40 ont-elles incité Diderot à écarter un auteur compromis et compromettant?

Toujours est-il que l'abbé Yvon emprunta à l'*Histoire critique de la philosophie* de longs passages pour son article «Aristotélisme», et que d'autres articles de l'*Encyclopédie* furent tirés en partie du même ouvrage. L'*Encyclopédie* fut très vivement attaquée pour plagiat par le R. P. Berthier,[127] et surtout par Fréron.[128] Dans le volume III, les éditeurs répondirent longuement à ce reproche; ils font allusion à l'article «Aristotélisme»:

Si l'Auteur a cru pouvoir y semer quelques morceaux de l'ouvrage de M. Deslandes, ces morceaux en font à peine la dixieme partie. Le reste est un extrait substantiel & raisonné de l'histoire de la philosophie de Brucker, ouvrage moderne très-estimé des étrangers, assez peu connu en France, & dont on a fait beaucoup d'usage pour la partie philosophique de l'Encyclopédie.[129]

Deslandes semble avoir été moins mécontent d'avoir été pillé par les encyclopédistes [130] que de s'être vu préférer l'allemand Brucker, dont l'*Historia critica philosophiæ* avait paru en 1744. Est-ce ce mécontentement qui l'incite à faire rééditer sa propre *Histoire critique de la philosophie* en 1756? Il écrit, dans l'«Avertissement» qui ouvre le volume IV, volume nouveau, de l'*Histoire critique*:

Depuis que les trois premiers Volumes de l'Histoire Critique de la Philosophie ont été imprimés, il en a paru une Latine sous le titre *d'Historia*

---

[126] Cf. les articles «Marine», «Mats», «Navires», «Voiles». Nous ne savons pas pourquoi Bellin abandonna l'*Encyclopédie* après 1757; prudence? Bellin (1703-1772) devait devenir une sommité en cartographie.

[127] *Mémoires de Trévoux,* mars 1752, p. 440.

[128] Sur cette question se reporter aux travaux de J. Proust, *Diderot et l'Encyclopédie,* Paris, A. Colin, 1962, p. 63 et sq., p. 225 et sq.; Fréron, *Année littéraire,* 1760, tome III, p. 265.

[129] *Encyclopédie,* 1753, vol. III, p. jx.

[130] Le plagiat était d'usage dans les dictionnaires; l'exemple le plus flagrant et le plus scandaleux est signalé par les éditeurs de l'*Encyclopédie* eux-mêmes: la première édition du *Dictionnaire* dit *de Trévoux* (1704) reprend la presque totalité du *Dictionnaire de Furetière,* version protestante de 1701.

Critica Philosophiœ a mundi incunabulis ad nostram usque œtatem deducta.
Cet Ouvrage loué par les uns & blâmé par les autres, est d'un Allemand,
nommé Jacques Bruckerus. Pour moi, si j'osois être d'un sentiment contraire
à celui des célebres Auteurs de l'Encyclopédie, je dirois que c'est une com-
pilation indigeste partagée en cinq gros Volumes *in-*4 plutôt qu'un ouvrage
réfléchi. Bruckerus a lû sans beaucoup de discernement, & il a écrit sans
nulle bienséance; & quoique Messieurs de l'Encyclopédie assûrent que son
ouvrage donne lieu à beaucoup penser, je prendrai, moi, la liberté de leur
dire que plus de la moitié en est d'une diffusion & par conséquent d'une
inutilité dont rien n'approche.[131]

Suit une critique, sur quelques points précis, de l'ouvrage de Brucker;
puis Deslandes, revenant sur la conception générale de son propre travail,
écrit:

N'aurois-je pas eu encore bonne grace d'imiter l'Allemand Bruckerus, &
d'offrir au Public un volume circonstancié de la Philosophie cabbalistique
des Hébreux & des Juifs? Il me semble que j'en ai dit tout ce qu'il en falloit
sçavoir dans mon Histoire Critique de la Philosophie; & dût le Bruckerus
m'accuser de trop de concision & de briéveté, j'avouerai naïvement que je
serois fâché d'en avoir dit davantage; & si c'est à ses yeux un mérite d'être
ample & prolixe, j'aime mieux, tout bien examiné, être court & judicieux.[132]

Deslandes termine l'«Avertissement» par une nouvelle critique de Brucker (et de l'*Encyclopédie?*), mais sans nommer personne; certains journalistes ont loué l'œuvre de Deslandes:

Ce qui m'a le plus touché, c'est qu'ils m'ont rendu la justice que je souhaitois
qu'ils me rendissent, c'est d'avoir préféré à une érudition fastueuse, & qui
pour l'ordinaire coûte peu à acquérir, ce choix & cette attention qui servent
à éclairer les hommes; d'avoir plus songé à faire connoître le génie & le
caractere des anciens Philosophes, qu'à rapporter leurs sentences, leurs bons
mots, les titres de leurs livres & l'Olympiade où ils ont vécu.[133]

On voit que cet «Avertissement» n'est pas sans aigreur; Fréron signale,
dans l'article nécrologique de Deslandes, la vivacité de ce dernier, «lorsqu'on l'attaquoit, la plume à la main»:

Il se regardoit alors comme en champ clos, & ne ménageoit point son adversaire. Il étoit cependant toujours disposé à faire la paix; le combat fini,
il restoit fidelle au Traité, & se montroit assez indifférent pour l'honneur de
la victoire.[134]

---

[131] Deslandes, *Histoire critique de la philosophie,* Amsterdam, 1756, vol. IV, pp.
4-5 non numérotées de l'«Avertissement».
[132] *Ibid.,* pp. 6-7.
[133] *Ibid.,* p. 7.
[134] Fréron, *Année littéraire,* 1757, vol. V, p. 162.

Cette discordance de philosophes est-elle révélatrice d'une discorde sérieuse en philosophie? Telle est l'opinion que soutient John L. Carr dans
un article remarquablement documenté.[135] Carr prouve que les rédacteurs de l'*Encyclopédie* ont emprunté de longs passages à l'*Histoire critique* de Deslandes: l'abbé Yvon, par exemple, a nourri huit des quarante
colonnes de son article «Aristotélisme» du texte de notre historien, reproduit souvent mot pour mot; il en va de même de l'article «Création»,
de certains passages des articles «Immatérialisme» et «Polythéisme».[136]
Mais la deuxième partie de l'article de John Carr fournit de plus pro-
fondes raisons de dissension; [137] une raison de tactique en premier lieu:
les encyclopédistes reprochent à Deslandes d'être trop ouvertement hostile
à la religion et à la philosophie établies, l'exotérisme leur paraît dangereux; une raison de doctrine ensuite: pour Deslandes la philosophie
aurait existé dès avant le déluge de la Bible; Diderot, suivant Shaftesbury,
réfute cette proposition.[138] John Carr pense toutefois que la principale
raison est d'ordre politique et social: il fait remarquer qu'au moment où
paraissaient les premiers volumes de l'*Encyclopédie*, Deslandes dédiait son
conte philosophique *La Fortune, Histoire critique* à Mme de Robecq; [139]
or Mme de Robecq était «un membre particulièrement influent de la
faction anti-philosophique»,[140] où l'on comptait des écrivains comme
Palissot, Moreau et Fréron. Dans ce conte Deslandes reprend les critiques
qu'il avait adressées contre le luxe dans sa *Lettre sur le luxe* de 1745, et
qui avaient été attaquées, en 1748, par «René de Bonneval, protégé de
Mme Paris de Montmartel, femme d'un des trois experts financiers favoris de la Marquise de Pompadour (1)». Aussi Carr ne s'étonne-t-il pas,
dans la conclusion de son article, que Fréron ait pu fréquenter Deslandes
et en dire tant de bien en 1757. Il n'est pas loin de présenter Deslandes
comme un transfuge du parti philosophique, qui aurait rejoint les rangs
de l'orthodoxie.

L'analyse de Carr me semble trop contrastée; Deslandes ne condamne
pas les encyclopédistes, mais ce qu'il regarde comme une erreur de leur
part, et il la regrette. On ne peut confondre Diderot, par exemple, avec

---

[135] John L. Carr, «Deslandes and the *Encyclopédie*», in *French Studies,* vol. XVI,
avril 1962, pp. 154-160.
[136] John L. Carr, op. cité, p. 155.
[137] *Ibid.,* p. 158: «Here, then, lies the mistery [...]. Obviously the mistery is too
complex to be solved on purely literary grounds and obviously we may begin to suspect
deeper motives.» («Ici donc réside le mystère [...]. Il est évident que le mystère est
trop complexe pour être résolu sur des bases purement littéraires et il est évident que
nous pouvons commencer à soupçonner de plus profonds motifs.»)
[138] *Encyclopédie,* article «Antédiluvienne», rédigé par Diderot.
[139] *La Fortune, Histoire critique,* s.l., 1751.
[140] John L. Carr, op. cité, p. 159.

les philosophes de cour des années 40. De par son origine sociale, de par son ancien métier Deslandes aurait pu se ranger parmi les membres du cercle des collaborateurs intimes de Diderot; [141] il est vrai que Deslandes se considère comme retiré, et qu'il a plus de vingt ans de différence d'âge avec Diderot.

Autre relation philosophique de Deslandes: Maupertuis. En 1753, Maupertuis est de passage à Paris; Deslandes lui rend visite: c'est la visite d'un académicien à son président, car Deslandes avait été choisi comme «auswärtiges Mitglied», – c'est-à-dire comme Membre étranger –, par l'Académie Royale de Prusse, le 5 octobre 1752.[142] Il avait envoyé une «Lettre de remercîment», qui avait été lue par Euler, lors de la séance du 30 novembre 1752.[143]

C'est à peu près à la même date que Deslandes fut, comme on l'a vu, en relations indirectes avec Voltaire. Nous savons que Voltaire possédera dans sa bibliothèque de Ferney l'édition en trois volumes de l'*Histoire critique de la philosophie*.[144] Alors qu'il travaillait à une nouvelle édition du *Siècle de Louis XIV*, il écrivit, de Potsdam, à M. de La Condamine, pour que ce dernier demande à Deslandes «quelques particularités qui servissent à caractériser les beaux temps du gouvernement de Louis XIV. M. Deslandes est citoyen et philosophe; il faut absolument être philosophe, pour avoir de quoi se consoler, de là qu'on est citoyen».[145] Nous ne savons pas ce qui s'ensuivit, mais j'ai cité plus haut d'autres passages de la correspondance de Voltaire, où ce dernier se réfère, avec éloges, à l'*Histoire critique de la philosophie*.

Entre 1745 et 1757, Deslandes continue ses publications scientifiques, rééditant et augmentant le deuxième volume du *Recueil de différens traitez de physique et d'histoire naturelle*, et ajoutant un troisième volume, en 1753. Il publie un *Essai sur la Marine des Anciens* (1748), une *Lettre critique sur l'histoire navale d'Angleterre* (1752). Il donne un

---

[141] Cf. J. Proust, op. cité, pp. 27 et sq.

[142] «M. Des Landes, l'historien de la philosophie, sort de chez moi, et m'a dit qu'il y a [qu'il a?] une histoire du Roi qui est encore bien autre chose que ce que j'ai vu.» (Lettre de Maupertuis à de Prades, du 25 mai 1753, in *Publicationen aus der König-lich-Preussischen Staatsarchiven*, vol. 52, Leipzig, 1838, p. 295; cité par R. Geissler, op. cité, p. 21 et note 58. Cf. Adolf Harnack, *Geschichte der Akademie*, vol. I, p. 476.

[143] *Bibliothèque de Voltaire. Catalogue des livres, Editions de l'Académie des Sciences de l'U.R.S.S.*, Moscou-Leningrad, 1961, p. 204, No 517; il s'agit de l'édition de 1737. Un autre ouvrage de Deslandes se trouve dans la bibliothèque de Voltaire; c'est l'*Essai sur la marine des Anciens, et particuliérement sur leurs vaisseaux de guerre*, Paris, David l'aîné, Ganeau, 1768. (No 516 du Catalogue russe)

[144] Voltaire fait sans doute allusion à un passage du *Recueil* de Deslandes, où ce dernier présente son ouvrage comme adressé à un «Philosophe & Citoyen» qui veut se rendre utile: édition de 1753, vol. III, p. 3 (non numérotée).

[145] Voltaire, *Correspondance*, éd. Besterman, vol. XXI, p. 98 (lettre No 4417).

Traité sur les différens degrez de la certitude morale (1750), dans lequel il range les deux Testaments parmi les récits les plus incertains; en outre, sa production se diversifie grâce à une histoire romanesque, l'*Histoire de la Princesse de Montferrat* (1749),[146] et à un conte allégorique et philosophique, *La Fortune, Histoire critique* (1751). Peut-être est-ce lui qui traduit, librement l'*Histoire des anciennes révolutions du globe terrestre* de l'allemand Kruger (1752). Il donne, à partir des papiers de son grand-père, l'*Histoire de M. Constance, premier ministre du Roi de Siam* (1756): c'est une attaque très vive contre les «impostures» des récits écrits par les religieux, et en particulier par les Jésuites, sur la révolution de Siam.

On voit que la retraite de Deslandes fut studieuse; mais c'est encore l'histoire de la philosophie qui l'intéresse le plus; en 1756, il fait rééditer son *Histoire critique de la philosophie;* aux trois volumes parus dix-neuf ans plus tôt il en ajoute un quatrième, qui contient enfin le livre X, c'est-à-dire, on se le rappelle, le livre qui traite de la philosophie de la Renaissance. Il annonce à cette occasion deux autres volumes d'histoire philosophique comme devant être publiés de façon imminente; ces volumes portaient sur «l'esprit et le cœur humains» et semblaient devoir constituer un *Essai sur les Mœurs* avant la lettre. L'ouvrage ne sortira jamais, car Deslandes meurt en 1757, et sa famille ne paraît avoir guère été soucieuse de mettre en avant un ouvrage dont le contenu était sans doute trop hardi pour elle.

4. *La mort du «philosophe»*

Les circonstances de la mort de Deslandes sont assez obscures, ou plutôt elles ont été obscurcies comme à plaisir par les contemporains de Deslandes, puis par les biographes du XIXe siècle. C'est que la mort d'un philosophe, et d'un philosophe aussi irréligieux que Deslandes, est toujours attendue avec une curiosité maligne par certains esprits orthodoxes du XVIIIe siècle. Pour les apologistes, en effet, l'instant de la mort est l'instant de vérité: la peur des châtiments d'outre-tombe ferait oublier, selon eux, les raisonnements intéressés de toute une vie vouée à l'amour-propre; c'est alors que la fausseté du libertinage éclaterait. A côté de cet aspect religieux, existe l'aspect social de la mort du philosophe: s'il brave ou écarte le curé de sa paroisse, il ne peut compter sur l'indulgence de l'Eglise; on refuse d'inhumer son corps religieusement; la famille est

---

[146] Je discuterai, dans mon chapitre II, de la question de l'attribution de ce roman à Deslandes.

victime du scandale. On sait ce qui se passera trente ans plus tard environ, au chevet de Voltaire mourant, et même après sa mort.[147] La famille de Deslandes avait compris un prêtre, archidiacre de Metz: le frère de Deslandes, mort en 1755; elle se composait d'une sœur qui «avoit épousé M. *Mouffle de la Tuilerie*, Trésorier Général de la Marine»,[148] et de leur fille, mariée au marquis de la Sone.

Les contemporains devaient attendre avec d'autant plus de curiosité que l'heure de vérité sonne pour Deslandes qu'ils se rappelaient qu'il avait écrit, dans sa jeunesse, des *Réflexions sur les grands hommes qui sont morts en plaisantant*. Deslandes allait-il «badiner» à sa dernière heure? Allait-il «continuer en mourant le train ordinaire de [sa] vie»,[149] ou se repentir?

Nous possédons trois témoignages contemporains sur sa mort: un passage des *Mémoires de Trévoux*, de mai 1757; le récit que donne Fréron, dans son article nécrologique de l'*Année littéraire* (août/septembre 1757); le récit manuscrit établi par Malesherbes, d'après le témoignage du marquis de la Sone; le marquis de la Sone rendit visite à Malesherbes le 10 mai 1757.[150]

Voici ce qu'écrit Fréron:

Il est mort, à ce qu'il a paru, très sérieusement, lui qui avoit fait des réflexions sur ceux qui étoient morts en plaisantant. Non content de s'être confessé & d'avoir reçu les sacremens, il fit venir le 9 Avril de cette année deux Notaires pour dresser un Acte authentique par lequel «il demande sincèrement pardon à Dieu & à l'Eglise du scandale qu'il a causé à la Religion par la composition & distribution qu'il a faites de quelques ouvrages intitulés, *Réflexions sur les grands hommes,* &c, *Pygmalion* &c, lesquels ouvrages il condamne, ainsi que tous ceux qu'il a faits dans les mêmes principes, voulant que les manuscrits qui s'en trouveront à son décès soient remis entre les mains de M. le Curé de Saint-Eustache ou de M. *de Momet*, Prêtre habitué en l'Eglise Paroissiale de Saint-Eustache à Paris, son Confesseur, pour être supprimés, & il les prie de rendre ou faire rendre la présente disposition publique, son intention étant que tous ceux qui ont des exemplaires les brulent ou les suppriment, &c.» [151]

[147] R. Pomeau, *La Religion de Voltaire*, Paris, Nizet, 1956, «Chapitre VI: Une réforme manquée, 5) Le dernier combat», pp. 443-450.
[148] Fréron, *Année littéraire*, 1757, vol. V, pp. 164-165.
[149] *Réflexions sur les grands hommes qui sont morts en plaisantant* Rochefort, «Jacques Le Noir», 1714, p. 161.
[150] Soit moins d'un mois après la mort de Deslandes (11 avril); le biographe de Villenave prétend avoir sous les yeux une «relation manuscrite de ses derniers moments, écrite par le marquis de la Sône, son gendre [erreur: le marquis était le mari de la nièce de Deslandes], et dont l'auteur de cet article possède l'original, que Deslandes abjura ses erreurs au lit de la mort.» (*Biographie Michaud*, vol. XI, p. 193.) Je n'ai pu retrouver trace de ce manuscrit.
[151] Fréron, op. cité, pp. 163-164.

Jusqu'ici il semble donc que Fréron puisse triompher: il donne des faits précis, des dates, il cite un acte notarié entre guillemets. Est-ce la preuve que l'on attendait depuis le début de l'article, quand Fréron disait à propos des *Réflexions* et du *Pigmalion*:

La raison de l'auteur plus éclairée désavoua ces deux ouvrages? [152]

Mais, honnêtement, Fréron reconnaît, aussitôt après avoir cité l'acte notarié:

Je me suis informé de cet Acte; on m'a dit qu'il existe réellement, mais qu'il n'est point signé de M. *Deslandes*, qui n'avoit pu écrire son nom parce qu'il étoit à l'agonie.[153]

Ainsi Fréron n'a-t-il pas assisté à l'agonie; il n'a pas vu l'acte; il ne donne pas le nom de la personne qui lui a affirmé que le document existe réellement. Surtout, Fréron doit avouer que ce document n'a pas été signé. Dès lors, la discussion que je vais mener ici ne concerne plus Deslandes au premier chef: il n'est guère important que, deux jours avant sa mort et alors qu'il était très affaibli, Deslandes ait accepté le contenu de l'acte notarié en question. Elle concerne plutôt, me semble-t-il, un aspect marquant de la controverse au XVIIIe siècle: de l'intérêt qu'il y a à recouvrer un libertin à l'article de la mort.

Les *Mémoires de Trévoux* avaient publié, avant Fréron, une note à propos de la mort de Deslandes, dans les «Nouvelles littéraires», par lesquelles s'achève la livraison de mai 1757:

Nous dirons ici un mot de cet Homme de Lettres, dont on a plusieurs morceaux estimables dans nos Mémoires. Il est connu d'ailleurs par son *Recueil en 3 Volumes de différents Traités de Physique & d'Histoire Naturelle*; par des *Poësies Latines*; & par d'autres Ouvrages, dont quelques-uns sont malheureusement trop libres & très reprehensibles en matière de Religion. Mais nous apprenons que quelques jours avant sa mort, il a fait un Acte par lequel il *demande sincèrement pardon à Dieu & à l'Eglise du scandale qu'il a causé à la Religion, par la composition & distribution qu'il a faites des Ouvrages intitulés*: Reflexions des Grands-hommes qui sont morts en plaisantant, &c. Histoire critique de la philosophie, *en 3 Volumes, auxquels il en a ajoûté un autre depuis; lesquels Ouvrages il condamne, ainsi que tous ceux qu'il a faits dans les mêmes principes; voulant que les Mss. qui s'en trouveront à son décès, soient remis entre les mains de M. le Curé de S Eustache, ou de M. de Momet Prêtre habitué en l'Eglise Paroissiale de S Eustache à Paris son Confesseur, pour être supprimés; & il les prie de rendre ou faire rendre la présente disposition publique, son intention étant que tous ceux qui en ont des Exemplaires, les brûlent ou les suppriment. L'Acte est*

[152] *Ibid.*, p. 160.
[153] *Ibid.*, p. 164.

par devant deux Notaires, & daté du 9. d'Avril dernier. Nous avons cru entrer dans les vuës de cet Homme de Lettres, en faisant mention de ses sentiments; & de plus c'est une nouvelle preuve de ce qu'on a observé une infinité de fois, qu'au moment de la mort les lumières de la vérité se font sentir tout autrement que dans le cours d'une vie traversée d'affaires, & obsédée de passions.[154]

Deux choses sautent aux yeux, en lisant ce deuxième texte: les Jésuites passent sous silence que l'acte n'a pas été signé; Fréron cherchait à expliquer cette absence de signature par l'état de faiblesse de l'agonisant, mais il avouait le fait. En second lieu, Deslandes condamne bien, dans ce passage, ses *Réflexions*, comme il le fait dans le texte reproduit par Fréron, mais le second ouvrage qui est nommé ensuite est l'*Histoire critique de la philosophie*, et non pas le *Pigmalion*.[155] Comment expliquer ce disparate? On peut nier purement et simplement l'existence même de l'acte notarié; je pense plutôt que les ouvrages de Deslandes cités dans l'acte étaient assez nombreux et que chacun des journalistes a choisi les deux qui lui convenaient le mieux: Fréron, qui fait l'éloge de l'*Histoire critique de la philosophie* (ou du moins des trois premiers volumes), l'aurait alors éliminée de la liste des ouvrages condamnables; les Jésuites de Trévoux, en revanche, y voyant un ouvrage pyrrhonien, l'y auraient maintenue. L'y auraient-ils introduite? Mais pourquoi éliminer le *Pigmalion*? Serait-ce parce que ce conte était moins connu que l'*Histoire critique de la philosophie*? Nous ne pouvons que faire des conjectures, mais il est évident que l'une des deux versions que nous venons de reproduire n'est pas authentique, que toutes deux ont dû être retouchées, puisque l'acte que nous lisons n'est pas à la première personne; en outre, il est rédigé en style de notaire («lesquels ouvrages», «voulant que», «son intention étant»). Il est très vraisemblablement l'ouvrage de l'entourage de Deslandes, et non de notre philosophe. Il reste certain qu'il n'a pas été signé.

Le témoignage du marquis de la Sone, rapporté par Malesherbes, vient d'un de ceux qui ont assisté à la mort de Deslandes; il rend un son très différent. Malesherbes rapporte:

M. Deslandes était accablé d'infirmités depuis dix-huit mois et avait l'esprit très affaibli. Cependant rien n'annonçait en lui aucun retour à des sentiments de religion. Lors de la mort du président de Montesquieu il dit à M. de la Sone: «Monsieur, est-il vrai que M. de Montesquieu ait reçu les sacrements, est-il possible qu'un tel homme ait voulu déshonorer sa mémoire?» Ce qui

---

[154] *Mémoires de Trévoux,* mai 1757, pp. 492-493.
[155] En outre les titres des deux ouvrages sont introduits par une expression différente: «quelques ouvrages intitulés», etc.

prouve qu'au milieu de son état d'affaiblissement il n'était que plus attaché à son ancienne façon de penser, et qu'elle était même devenue en lui une espèce de manie.[156]

Aussi ne pouvons-nous qu'être d'accord avec R. Geissler, lorsqu'il écrit:

D'après ce récit de Malesherbes, écrit peu de semaines après la mort de Boureau-Deslandes, il est vraisemblable que les déclarations postérieures du marquis de la Sone ne sont qu'une fraude pieuse et que Boureau-Deslandes, jusqu'à l'heure de la mort, est resté fidèle à ses idées, qu'il avait diffusées de tant de manières diverses, et qu'à la différence de bien d'autres «libres-penseurs», il est réellement mort en esprit fort.[157]

Un nouveau type de philosophe s'est dessiné au cours de ces pages: ce philosophe s'attache et s'attaque à la vie sociale de son temps. Certes, Deslandes chante parfois l'épicurisme aisé des libertins; mais c'est à ses moments de loisir. Il préfère habituellement l'action et la réflexion qui sort de cette action et y reconduit. Fils de bourgeois anoblis par le commerce et l'administration du roi, il rêve, pour mieux servir ce roi et la nation, de réformes que lui et ses amis, – les philosophes –, auraient pour mission de promouvoir. Il représente très bien une certaine bourgeoisie montante de la fin du XVIIe siècle et du début du XVIIIe; ces fonctionnaires et techniciens sont convaincus que les réformes passeront par leurs mains et par leur imagination.

Deslandes n'est pas un homme de lettres qui se «penche» sur les réalités économiques et politiques; c'est un homme d'action qui vient aux lettres et à la philosophie pour élargir son champ d'action et d'efficacité. De cet échange entre le monde et l'écriture est née une vision du monde complexe et cohérente. A cette vision correspond une conception des moyens et des fins de l'écriture, qui fait appel au masque pour mieux éclairer les «magistrats» sans éblouir le peuple ni émouvoir les fanatiques.

---

[156] Bibliothèque Victor Cousin de la Sorbonne, Ms. IV (58): *Philosophes, 1622-1806.* Note autographe de Malesherbes relatant ce qui s'est passé chez Deslandes (auteur de l'*Histoire critique de la Philosophie,* mort en 1757) dans les derniers moments de sa vie; cité par R. Geissler, op. cité, p. 23 et note 64.
[157] «Dieser wenige Wochen nach Boureau-Deslandes' Tod geschriebene Bericht Malesherbes macht es wahrscheinlich, dass die späteren Angaben des Marquis de la Sone nur ein frommer Betrug sind und dass Boureau-Deslandes bis zur Todesstunde seinen vielfach propagierten Ideen treu geblieben und im Unterschied zu manchem anderen 'Freigeist' tatsächlich als esprit fort gestorben ist.» (R. Geissler, op. cité, p. 23) Geissler fait allusion ici au récit qu'aurait établi par la suite le marquis de la Sone et que signale de Villenave.

CHAPITRE II

L'ŒUVRE DE DESLANDES ET LA CENSURE

Le premier but de ce chapitre est d'établir la liste des œuvres de Deslandes. Il n'existe pas d'édition de ses *Œuvres Complètes*,[1] et aucune liste exhaustive n'a été dressée ni du vivant de l'auteur, ni après sa mort; toutes les listes que j'ai consultées sont très insuffisantes, ou posent plus de questions d'attribution qu'elles n'apportent de réponses.[2]

En dressant cette liste, je me suis heurté à trois principales difficultés: 1. telle œuvre est anonyme; comment prouver qu'elle a bien été écrite par Deslandes? 2. telle œuvre n'est que préfacée par notre auteur; quelle part a-t-il prise à la rédaction de l'œuvre même? 3. telle œuvre est une prétendue traduction; quel rôle le soi-disant traducteur a-t-il joué? s'agit-il en réalité d'un travail original? d'une traduction plus ou moins libre? ou d'une adaptation, – ce qui laisse une grande place à l'activité créatrice de l'écrivain? Dans ce genre de recherches, les difficultés s'additionnent du fait que deux de ces trois questions, sinon toutes les trois,[3] se posent

---

[1] Quand bien même une édition posthume existerait, l'attribution des œuvres resterait à discuter; l'édition de 1775 des *Œuvres Complètes* de Fréret comporte une *Lettre de Thrasibule à Leucippe* aux conceptions manifestement matérialistes; Renée Simon se refuse pourtant à l'attribuer à Fréret. Cf. R. Simon, *Nicolas Fréret Académicien*, in *Studies on Voltaire and the Eighteenth-Century*, Genève, 1961, pp. 173 et sq.

[2] Voici la liste des principaux bibliographes que j'ai consultés: Chaudon, *Dictionnaire universel, historique, critique et bibliographique*, 9me édition, Paris, Mame frères, 1810; Sabatier de Castres, *Les trois siècles de notre littérature*, Amsterdam, 1772; Fr.-X. de Feller, *Biographie universelle*, Paris, Gauthier frères et Cie, 1833-1834; *Encyclopédie méthodique, Histoire*, Paris, Panckoucke, 1786; Sylvain Maréchal, *Dictionnaire des athées anciens et modernes*, Paris, Grabit, an VIII; N.-L.-M. Desessarts, *Les siècles littéraires de la France*, Paris, Desessarts, an VIII; *Biographie Michaud*, Paris, Michaud frères, 1811-1828; J.-M. Quérard, *La France littéraire*, Paris, Didot, 1828; Hoefer, *Nouvelle biographie générale*, Paris, Didot, 1855-1866; M. Prevost et Roman d'Amat, *Dictionnaire de biographie française*, Paris, Letouzey et Ané, 1954; Mgr. Grente, *Dictionnaire des lettres françaises, Le XVIIIe siècle*, Paris, A. Fayard, 1960.

[3] C'est le cas de la *Lettre de Thrasibule à Leucippe*: ce texte français est présenté comme la traduction d'un texte anglais, lui-même traduit du grec. Le préfacier (qui est sans doute l'auteur) ne signe pas; cf. Fréret, *Œuvres complètes*, Londres, 1775, vol. IV, iij-x et 1-149.

parfois à propos d'un seul et même texte; en outre, l'auteur peut s'ingénier à brouiller les pistes, en rejetant catégoriquement la paternité de ses
textes compromettants.

C'est que les auteurs, en ce début du XVIIIe siècle, sont constamment
sous la menace d'une répression policière incohérente et sans continuité,
et sous le contrôle de plusieurs types de censures. Le deuxième but de ce
chapitre sera donc de décrire, autant que possible, les complexes réalités
administratives et sociales dans lesquelles l'œuvre de Deslandes s'insère et
qui l'expliquent en partie: il s'agira, pour reprendre le titre d'un chapitre
récemment écrit par un critique contemporain,[4] de montrer quels choix
Deslandes a pu faire afin d'assumer, en dépit des règles et des fluctuations
de la politique intérieure française, la «difficile condition d'auteur».[5]

A. «La difficile condition d'auteur»

Représentons-nous un esprit éclairé de la fin du XVIIe siècle, ou du début
du XVIIIe; je veux dire, un homme qui dispose d'une culture autre que
celle que lègue la Tradition religieuse à tout Français éduqué; un homme
qui accorde de l'importance aux jugements que sa raison prononce, ne
serait-ce que pour en suspendre l'exercice. Cet homme a lu, avec et dans

---

[4] *Histoire littéraire de la France*, vol. III: *De 1715 à 1789*, sous la direction de
Michèle Duchet, Paris, Editions Sociales, 1969. Chapitre: «La difficile condition
d'auteur: Censure, livres et public au XVIIIe siècle». de J.-M. Goulemot, pp. 141-159.
[5] Comme le note Raymond Birn, dans un article intitulé «The Profits of Ideas,
Privilèges en librairie in Eighteenth-Century France», il n'y a pas d'étude complète de
la censure de l'Ancien Régime. R. Birn cite les livres suivants, que j'ai utilisés moi
aussi: J.-P. Belin, *Le Commerce des livres prohibés à Paris de 1750 à 1789*, Paris, Belin,
1913; Albert Bachman, *Censorship in France from 1715 to 1750: Voltaire's Opposition*,
New York, 1934; Nicole Herrmann-Mascard, *La Censure des livres à Paris à la fin de
l'Ancien Régime (1750-1789)*, Paris, Presses Universitaires de France, 1968; Lucien
Febvre et Henri-Jean Martin, *L'Apparition du livre*, Paris, Albin Michel, 1958; David
T. Pottinger, *The French Book Trade in the Ancien Régime, (1500-1791)*, Cambridge,
Mass., 1958; Madeleine Ventre, *L'Imprimerie et la librairie en Languedoc au dernier
siècle de l'Ancien Régime (1700-1789)*, Paris-La Haye, Mouton, 1958; Pierre Grosclaude, *Malesherbes; témoin et interprète de son temps*, Paris, Fischbacher, 1961;
Henri-Jean Martin, *Livre, pouvoirs et société à Paris au XVIIe siècle (1598-1701)*,
Genève, Droz, 1969.
A ces livres ajoutons, bien sûr, l'article de R. Birn, qui a paru dans les *Eighteenth-
Century Studies*, vol. IV, No 2, 1971, Berkeley, University of California Press, pp. 131-
168, ainsi que l'édition établie par J. Proust du mémoire de Diderot, *Sur la liberté de
la presse*, Paris, Editions Sociales, 1964; R. Estivals, *Le dépot légal sous l'Ancien
Régime de 1537 à 1791*, Paris, M. Rivière, 1961; R. Estivals, *La statistique bibliographique de la France sous la monarchie au XVIIIe siècle*, Paris-La Haye, Mouton, 1965;
A. Adam, *Le mouvement philosophique dans la première moitié du XVIIIe siècle*, Paris,
S.E.D.E.S., 1967; les préfaces de R. Desné, J. Deprun, A. Soboul aux *Œuvres de Jean
Meslier*, Paris, Editions Anthropos, vol. I, 1970; sous la direction de Fr. Furet, les
articles publiés par divers chercheurs dans *Livre et société dans la France du XVIIIe
siècle*, Paris-La Haye, Mouton, vol. I: 1965; vol. II: 1970.

Montaigne, le *De Natura Deorum* de Cicéron, et surtout le *De Natura rerum* de Lucrèce; il connaît le chœur des *Troyennes* de Sénèque; il pratique les *Dialogues des morts* de Lucien, et la traduction latine de Corneille Agrippa. Il constate un décalage marqué entre sa «vision du monde» [6] et celle qu'affichent la plupart de ses contemporains; il constate encore qu'un petit nombre d'autres esprits libres ont noté, eux aussi, ce décalage; il parvient parfois à entrer en communication avec certains d'entre eux, et il rêve de communiquer un jour avec bien d'autres. La «tétrade» de Diodati, La Mothe le Vayer, Naudé et Gassendi est un bon exemple de cette concertation des esprits libres dès le début du XVIIe siècle; [7] après le cabinet des frères Dupuy, l'«Académie putéane», l'«Académie Mersenne» en est un autre plus tardif: le Président Pascal et son fils y fréquentèrent. [8]

Telle est l'«arrière-boutique» de ces penseurs libres, leur «pensée de derrière la tête»; mais comment s'expriment-ils? La conversation est leur premier outil: c'est par elle qu'ils se cherchent, se tâtent et se groupent. Nous savons en effet que de petits cercles d'«initiés», de «déniaisés», comme on le disait au début du XVIIe siècle, se sont peu à peu formés, où se pratiquent, très librement, les discussions philosophiques, scientifiques et religieuses; hommes d'église et laïcs y coexistent pacifiquement. Traces de ces groupes subsistent dans les mémoires du temps,[9] ou dans les conversations qu'on s'est plu à rapporter longtemps après qu'elles eurent lieu.[10]

Dans certains de ces groupes, on s'adonne à la poésie; toute une littérature libertine y fleurit, inspirée de l'épicurisme, avec plus ou moins d'authenticité d'ailleurs ... Les tenants en sont, au XVIIe siècle, Mme Deshoulières; Chapelle, l'ami de Molière; Dehénault; l'abbé de Choisy, avant sa conversion, et La Fontaine; mordant sur le XVIIIe siècle, La Fare et l'abbé Chaulieu.[11] Les poésies que composent ces bons vivants ne sont pas destinées à la publication; si elles paraissent dans un recueil, elles

[6] Pour reprendre l'expression que Lucien Goldmann a utilisé avec bonheur, dans *Le Dieu caché*, Paris, Gallimard, 1955.

[7] R. Pintard, op. cité.

[8] A. Adam, *Histoire de la littérature française au XVIIe siècle*, Paris, Domat, 1956, vol. I, pp. 297-300.

[9] Ainsi Duclos, au XVIIIe siècle, racontant les conversations qui se tenaient au Café Procope: Boindin, y parlant de Dieu, utilisait l'expression ironique de «M. de l'Etre»; cf. Duclos, *Mémoires secrets*.

[10] Voltaire, *Le Dîner du comte de Boulainvilliers,* éd. Moland, vol. 26, pp. 531-560; dès le XVIIe siècle, l'*Entretien entre Pascal et M. de Sacy*: Pascal a fréquenté ces cercles, en particulier l'Académie putéane –, et Saint-Evremond, la *Conversation avec le maréchal d'Hocquincourt*.

[11] J. S. Spink, *French Free Thought from Gassendi to Voltaire*, trad. française de P. Meier, Paris, Editions Sociales, 1966, pp. 180 et sq.

y restent très souvent anonymes, et, dans la plupart des cas, ces œuvres ne nous sont parvenues que par les éditions posthumes qui en ont été données.[12] C'est ainsi qu'au début du XVIIIe siècle, nous trouvons autour des Vendômes, un groupe d'épicuriens, proches du déisme, et peut-être même de formes plus radicales d'irréligion. Mais ils ne publient pas, ils ne cherchent même pas à diffuser leurs «sentiments», parce qu'ils les considèrent comme «antiques», peu originaux, et d'ailleurs réservés au petit nombre. L'attitude intellectuelle de Saint-Evremond en Angleterre est à peu près identique; Fontenelle, de son côté, ne publie pas non plus, dans sa jeunesse, les textes en prose les plus audacieux qu'il ait composés: *De l'origine des fables* ne verra le jour qu'en 1724; le *Traité de la liberté*, qu'on attribue à Fontenelle, ne paraîtra même qu'en 1743, dans le recueil les *Nouvelles libertés de penser*;[13] il aurait pourtant été rédigé entre 1690 et 1700.[14]

En revanche, les premiers philosophes des lumières marquent leur volonté de diffuser, d'une façon ou d'une autre, leurs idées; ils les jugent importantes et nouvelles, même s'ils les rattachent à une tradition héritée de l'Antiquité. Ces idées vont heurter les notions reçues, que les autorités considèrent comme seules orthodoxes, et elles vont du même coup se heurter à l'obstacle que, depuis des siècles, les autorités opposent à toute forme d'hérésie: la censure. La cote d'alerte est atteinte, et n'est atteinte, que lorsque le philosophe ou le savant veut exporter ses écrits hors du cercle philosophique et savant dans lequel et pour lequel ils avaient d'abord été conçus, c'est-à-dire lorsque le philosophe ou le savant se fait homme de lettres et tente de s'adresser à ce que nous appelons aujourd'hui l'opinion publique.[15]

Depuis la Révocation de l'Edit de Nantes, les idées philosophiques et religieuses non orthodoxes ne pouvaient se diffuser largement que par écrit, la prédication étant interdite aux protestants. Il semble donc qu'il ne devait pas être impossible aux autorités d'empêcher que ne se multi-

---

[12] Chaulieu, *Poésies de M. l'abbé de Chaulieu*, Amsterdam, 1724; *Poésies de M. l'abbé de Chaulieu*, La Haye, 1731; *Œuvres diverses de M. L. de Chaulieu*, Amsterdam, 1733; *Œuvres de l'abbé de Chaulieu*, Paris, 1757; *Œuvres de Chaulieu*, La Haye, 1777.
[13] *Nouvelles libertés de penser*, Amsterdam, 1743.
[14] Cf. Fontenelle, *Textes choisis*, éd. M. Roelens, Paris, Editions Sociales, 1966, pp. 131-158, et H. Dieckmann: *Le Philosophe, Texts and interpretation*, Saint Louis, 1948.
[15] Et, à l'époque, cette opinion commence à être plus nombreuse (fonctionnaires, provinciaux), et à s'intéresser à un plus grand nombre de sujets (science, religions comparées). Il n'existe pas pour le XVIIIe siècle d'étude comparable à celle d'H.-J. Martin sur le XVIIe, mais les deux volumes de *Livre et société* comportent des articles sur les milieux académiques de province (D. Roche), sur les périodiques du XVIIIe siècle (J. Ehrard) qui constituent des sondages et procurent, chiffres à l'appui, certaines données du problème.

plient les ouvrages illicites sur la religion, le gouvernement ou les mœurs: il suffisait d'en interdire l'édition, de détruire les exemplaires qui seraient parvenus à voir le jour, de garder les frontières.[16] Les autorités parlementaire, religieuse et royale disposaient d'un arsenal de lois et d'édits, de règlements, qui s'enrichissait et se précisait d'année en année; la police de Louis XIV était bien organisée, principalement à Paris, dont le lieutenant de police était devenu un des ministres les plus importants du roi; fréquemment, il tenait une longue conférence avec ce dernier; il lui envoyait des rapports hebdomadaires détaillés.

Les ouvrages interdits se multiplièrent cependant au début du XVIIIe siècle, parce que les autorités furent en continuel conflit les unes avec les autres, et surtout parce qu'elles étaient partie prenante de cette opinion qu'elles avaient pour mission de protéger. Sans doute est-ce parce que les courtisans, les magistrats, les ecclésiastiques, les policiers eux-mêmes étaient bien aises de posséder ces écrits corrosifs. Les *Nouvelles ecclésiastiques,* périodique clandestin des Jansénistes, jouirent si bien de la protection des parlementaires qu'elles parurent régulièrement de 1728 jusqu'à la Révolution après, et ne furent que rarement saisies.[17] En cas de saisie d'un livre clandestin, un des premiers soins que prenaient magistrats ou policiers qui le saisissaient était de le ranger sur les rayons de leur bibliothèque et de le laisser lire, copier même, par leurs amis: c'est probablement ainsi que le *Testament* de Jean Meslier, ce curé «athée, communiste et révolutionnaire»,[18] fut si largement diffusé. Selon R. Desné, les trois copies que le curé avait minutieusement tracées de sa main, avaient été déposées par Meslier au greffe du village d'Etrépigny; à sa mort, toutes trois seraient finalement parvenues au Garde des Sceaux Chauvelin, et ce seraient elles qui figureraient toutes trois au Catalogue de la bibliothèque de ce dernier, dressé en 1752; Chauvelin s'est donc bien gardé de les détruire.[19] De même, losqu'on devait brûler sur les marches du Palais un livre condamné par le Parlement, brûlait-on souvent, non le livre en question, mais de vieux papiers; Voltaire affirme (mais sans doute est-ce une ironie de plus à mettre à son compte!) que les *Révolutions d'Espagne* furent réellement sacrifiées en lieu et place de ses *Lettres philosophiques.*[20]

Les écrits illicites se diffusaient alors sous deux formes: l'imprimé, le

[16] Napoléon Ier devait y parvenir . . .
[17] Bachman, op. cité, p. 8, note 16; elles parurent d'abord sous forme manuscrite.
[18] M. Dommanget, *Le curé Meslier, Athée, communiste et révolutionnaire sous Louis XIV*, Paris, Juilliard, 1965.
[19] R. Desné, «L'homme, la renommée», Préface aux *Œuvres de Jean Meslier*, op. cité, pp. xvii-lxxix.
[20] Bachmann, op. cité, p. 104.

manuscrit. Un manuscrit audacieux, en effet, était souvent recopié à la main par des copistes amateurs ou professionnels; il circulait sous le manteau, transmis d'ami à ami, ou répandu par les colporteurs. Le métier de colporteur était pourtant strictement réglementé: comme la majorité des libraires et imprimeurs devaient tenir boutique dans le quartier de l'Université, les colporteurs se chargeaient d'apporter à domicile certains des ouvrages autorisés, qui avaient été imprimés dans le quartier autorisé; mais ils proposaient souvent à leurs clients toute sorte d'ouvrages, dont les plus illicites étaient les plus recherchés, donc les plus chers. Le manuscrit du *Testament* de J. Meslier coûtait, vers 1735, environ dix louis: c'était une grosse somme. On passait insensiblement de la copie manuscrite réservée à quelques intimes, et dont l'auteur parfois ne voulait pas la diffusion,[21] aux copies distribuées avec complaisance par l'auteur en personne, qui tâtait ainsi le public et les autorités, sans trop prendre de risques; à la limite, on aboutissait aux copies faites en série par des professionnels, qui tenaient de véritables officines.

Ces manuscrits clandestins subsistent en grand nombre dans nos bibliothèques: Ira O. Wade a consacré un livre richement documenté à en recenser plus d'une centaine;[22] les *Archives de la Bastille*[23] font état, à plusieurs reprises, de descentes de police chez des copistes professionnels, pauvres diables dont le métier semble avoit été assez peu lucratif malgré les prix pratiqués, sauf quand ils étaient protégés par le pouvoir. Ces manuscrits étaient le plus souvent très violents. Le nom de l'auteur restait dans l'anonymat; aujourd'hui encore attribuer beaucoup de ces ouvrages à un auteur déterminé est problématique; mais qu'il s'agisse d'ouvrages d'individus assez isolés (comme l'était le curé Meslier dans son village d'Etrépigny), ou d'œuvres nées au sein d'un groupe de libres penseurs (comme celui dont le comte de Boulainvilliers était l'âme et que protégeait le duc de Noailles), l'importance de ces manuscrits dans la diffusion de la philosophie des lumières est une certitude.[24]

Tel est le premier degré de la littérature d'opposition; elle relève alors de la police, et de la police seule. Malgré les mouchards, les dénoncia-

---

[21] La vie de Voltaire est ainsi ponctuée des drames nés de la disparution ou de la copie de manuscrits compromettants, celui de *La Pucelle* par exemple.

[22] Ira O. Wade, *The clandestine organization and diffusion of ideas from 1700 to 1750*, New York, Octagon Books Inc., 1967.

[23] Ravaisson, *Archives de la Bastille*, Paris, 1866 et sq.

[24] Récemment, deux manuscrits clandestins ont été édités, l'un, *Le Militaire Philosophe*, par Mortier; l'autre, *L'âme matérielle*, par Niderst. Tous les manuscrits clandestins n'avaient pas de portée philosophique; la grande majorité d'entre eux était de la propagande janséniste, alors que d'autres s'attaquaient nommément, et avec la plus grande grossiéreté, aux personnes de la Cour, et donc, bien sûr, aux maîtresses du roi, quand ce n'était pas au roi lui-même.

tions, les contrôles, elle ne put freiner les activités des copistes et des colporteurs.

Un très grand nombre de sujets abordés dans ces écrits clandestins sont, nous le verrons, des sujets chers à Deslandes: antiquité du peuple juif; nature de Dieu, de la matière, de l'âme; origine du monde, etc. Mais Deslandes, qui a habité «dans un coin de Province» [25] pendant plus de vingt-cinq ans, connaissait-il l'existence de tels manuscrits? C'est peut-être à ce genre d'ouvrages qu'il fait allusion, lorsqu'il écrit à propos de sa bibliothèque:

> D'un côté, deux Armoires
> Renferment les dons précieux,
> Livres, *Ecrits, Mémoires*
> *Que recherchent les Curieux.*[25bis]

Il ne semble pas toutefois, jusqu'à plus ample informé, qu'il ait lui-même rédigé et diffusé de tels écrits. Les écrits clandestins, violemment critiques, débouchent rarement sur des plans de réforme; leur style n'est pas soigné: ils transmettent un savoir brut sans le moindre souci littéraire. Seraient-ce les raisons pour lesquelles Deslandes n'en aurait pas composé? Toujours est-il que la forme d'opposition qu'il choisit, dès l'âge de vingt ans, est celle du livre imprimé, avec ou sans autorisation, avec ou sans nom d'auteur porté sur la page de titre.

Avec l'imprimé nous franchissons un nouveau degré; le nombre de copies, n'étant plus un problème technique, pouvait satisfaire à la demande du public. Il était facile d'imprimer des volumes qui fussent d'un format maniable; H.-J. Martin a prouvé qu'à la fin du XVIIe siècle les in-8, in-12 et autres petits formats l'emportaient sur les in-folio et les in-4.[26]

Or le livre a toujours été un objet suspect. Dès la naissance de l'imprimerie, les puissances spirituelle et temporelle ont pris conscience qu'il fallait en contrôler la diffusion, sous peine de voir la force corrosive qu'il enferme ruiner leurs citadelles. On sait le rôle qu'a joué le livre dans la

---

[25] Deslandes, *Histoire critique de la philosophie*, op. cité, vol. IV, p. 189.
[25bis] *Ibid.,* p. 190.
[26] H.-J. Martin, *Livre, pouvoirs et société à Paris au XVIIe siècle (1598-1701)*, Genève, Droz, 1969, p. 87. Recensant les livres de 1699, 1700 et 1701, Martin donne la figure suivante:

	1699	1700	1701
Folio	7	8	6
in-4	14	35	23
in-8 et	218	204	199
petits formats			

Encore faut-il ajouter que ces années furent des années de faible production.

révolte luthérienne; [27] on sait la violence de l'affrontement qui, en France, et par le livre, a opposé protestants et catholiques au XVIe siècle, Jésuites et Jansénistes aux XVIIe et XVIIIe siècles. Et même lorsqu'un Montaigne, dans ses *Essais*, recommande le respect du roi et de l'Eglise, il le fait sur un ton et avec une liberté qui ont pu passer pour suspects aux yeux de bien des esprits orthodoxes: l'examen et la critique, auxquels la Renaissance avait donné un nouveau développement, y est aux aguets; le lecteur de Montaigne est un écrivain hérétique en puissance.

Le contrôle du livre au début du XVIIIe siècle est une affaire complexe. Il faut en suivre l'évolution historique pour bien comprendre pourquoi. Tout d'abord la censure ne s'est établie que peu à peu; or, sous l'Ancien Régime, une nouvelle loi, un réglement nouveau n'abolissent pas pour autant les anciens; il en résulte, comme nous le verrons, contradictions et conflits. En outre, plusieurs pouvoirs ont exercé la censure tour à tour ou même simultanément. L'Eglise fut la première en date à s'être préoccupée de contrôler manuscrits à imprimer et livres déjà imprimés; le Pape, après que l'invention de l'imprimerie se fut largement répandue en Europe, défendit en 1515 de «mettre aucuns livres en lumière qu'ils n'aient été lus et visités» par des ecclésiastiques: [28] il fallait empêcher l'hérésie de se développer, et même l'écraser dans l'œuf. En France, l'Université de Paris joua longtemps un rôle de premier plan dans ce domaine. Au sein de la Faculté de théologie, la Sorbonne en particulier jouissait du droit de censure préalable sur tous les livres de religion et de morale; l'archevêque de Paris avait pris l'habitude de s'entourer d'un conseil de docteurs en Sorbonne. Quant à l'Assemblée du Clergé, qui se réunissait tous les cinq ans, elle condamnait solennellement les écrits qu'elle jugeait dangereux. L'évêque, dans ses mandements, le moindre curé, lorsqu'il montait en chaire, attiraient souvent l'attention des fidèles, et celle plus vigilante du lieutenant de police, sur un livre et son auteur.

Le deuxième pouvoir à avoir exercé la censure fut le Parlement; le roi lui-même lui avait délégué ce privilège à plusieurs reprises, en particulier lorsqu'il était entré en conflit avec les théologiens, en 1526.[29] Durant le XVIe siècle la censure se généralisa, exercée à la fois par l'Eglise et par le Parlement.

C'est à la fin du XVIe siècle et au cours du XVIIe siècle que le pou-

[27] «Le livre joue un rôle essentiel [. . .] dans la propagation des idées réformatrices». (L. Febvre et H.-J. Martin, op. cité, p. 397.)
[28] Texte reproduit in N. Herrmann-Mascard, op. cité, p. 5.
[29] *Ibid.*, p. 8.

voir royal – le troisième, et désormais le plus importants des pouvoirs en cette matière – part à «la conquête de la censure».[30] En 1563 le droit de donner l'autorisation d'imprimer est retiré au Parlement; en 1623, les premiers censeurs royaux sont nommés, et, si l'hostilité de l'Université les amène à démissioner, le pouvoir royal n'en persiste pas moins dans ses intentions (1627, 1629). Désormais les mesures prises par le roi ne feront que préciser, renforcer, aggraver parfois, les mesures existantes.

Quelle est donc, au début du XVIIIe siècle, la règle du jeu? Deux formes de censures existent: la censure du manuscrit que l'auteur et l'éditeur veulent faire imprimer, – censure préalable; la censure qui s'exerce sur un livre dont la diffusion est en cours. Sauf dans des cas mineurs, Eglise et Parlements n'exercent plus que cette deuxième forme de censure; le pouvoir royal se réserve la censure préalable.

Suivons maintenant un manuscrit dont l'auteur veut assurer la publication. S'il suit la voie officielle, il est d'abord remis à un censeur désigné par le Chancelier, ou par son représentant, le Directeur de la Librairie.[31] Le censeur lit et paraphe chaque page; en cas de désaccord, il rejette le livre en entier, ou bien il réclame coupures et corrections. S'il accepte le manuscrit, le censeur rédige une approbation, et le privilège peut être accordé, contre argent, au libraire qui publiera l'ouvrage.[32] Approbation et privilège doivent figurer au début ou à la fin du livre. Un exemplaire du manuscrit contresigné du censeur reste dans les bureaux de la Chancellerie, afin que l'on puisse vérifier si le texte publié correspond bien au texte soumis à la censure. En outre, le privilège doit être reporté exactement sur les registres de la Chambre syndicale de la communauté des libraires et imprimeurs de Paris. Point important, car ainsi la police des livres est faite par la Chambre syndicale aussi bien que par le Lieutenant de police et le Directeur de la librairie. La Chambre syndicale a ses propres raisons de protéger les privilèges, raisons économiques qui complètent les raisons politiques et religieuses du gouvernement. Le privilège est temporaire; la durée en varie de trois à dix ans, selon la somme versée par l'éditeur; le renouvellement en est toujours possible. La Bibliothèque

---

[30] C'est une partie du titre de la Section II du Chapitre préliminaire, in N. Herrmann-Mascard, op. cité, p. 12.

[31] Le titre de Directeur de la Librairie n'est guère utilisé avant 1750; on parlait de Chef du bureau de la Librairie, ou d'Inspecteur général de la Librairie.

[32] Le privilège était exclusif, comme son nom l'indique; il spécifiait une durée assez longue et coûtait cher; moins chère était la «simple permission du Sceau». Souvent, le Chancelier avait aussi le Sceau, mais d'Aguesseau. Chancelier de 1717 à 1750, «se voit lors de ses longues périodes de défaveur enlever à la fois les sceaux et la librairie». (N. Herrmann-Marcard, op. cité, p. 27.)

Nationale possède une série de manuscrits qui contiennent les demandes de privilège, ainsi que les autorisations accordées.[33]

C'est dire que le censeur porte la responsabilité publique de son approbation, et qu'il risque d'être en butte aux attaques du Parlement et des théologiens. Aussi apparaît-il, vers le début du règne de Louis XV, une nouvelle forme de permission, qu'on appelle «permission tacite»; en principe, cette permission concerne les livres «d'impression étrangère présentés à Mgr. le Chancelier pour la permission de débiter».[34] Il ne devrait donc s'agir que de livres publiés à l'étranger et qu'un libraire voulait vendre à Paris; en fait, cette permission tacite fut aussi accordée à des livres imprimés en France; sans doute est-ce en raison de l'origine de cette forme de permission que les livres français qui l'obtenaient portèrent une indication de ville étrangère (Londres ou Amsterdam, le plus souvent). Il ne faut pas se méprendre sur la portée du mot «tacite»: cette permission est officielle, mais le nom du censeur qui a lu et approuvé le manuscrit ne figure pas dans le volume imprimé; toutefois le Chancelier le connaît, et il peut prendre des sanctions contre le censeur, s'il juge que ce dernier a accordé son approbation à la légère.

Ajoutons que toute autorisation accordée était toujours révocable, en cas de scandale ou de polémique.[35]

On a souligné le côté libéral de cette permission tacite; bien des textes, auxquels le privilège n'aurait jamais été accordé, ont pu paraître grâce à elle. Je voudrais, pour ma part, mettre l'accent sur le fait qu'elle a encore renforcé l'autorité du roi, en ôtant prise aux critiques des théologiens et des parlementaires; ces derniers ne pouvaient plus désormais intimider le censeur.

Il y avait enfin un troisième type d'autorisation, la permission de simple police. Cette permission était la moins officielle de toutes, et elle n'était même pas inscrite aux archives de la Chambre syndicale des libraires.

[33] Pour la période qui intéresse l'œuvre de Deslandes, voici les cotes:

B.N., Mss. f. fr. 21995	1723-1728
21996	1728-1738
21997	1738-1750
21998	1750-1760

[34] Voici les cotes des registres qui regardent l'époque de Deslandes:

B.N., Mss. f. fr. 21990	1718-1746
21994	1750-1760

(le registre de la période 1747-1749 est perdu.)

[35] Un des reproches qu'on adressera plus tard à Malesherbes, le Directeur de la Librairie après 1750, sera d'accorder des autorisations, puis de les révoquer peu après, sous la pression des autorités: quant au privilège de l'*Encyclopédie,* il fut révoqué par décision du Conseil du Roi.

Mais, au lieu de suivre l'une de ces trois filières, le manuscrit pouvait être proposé par l'auteur à un libraire étranger, anglais ou hollandais. La loi française était respectée, si, pour faire entrer le livre en France, on passait par la Chambre syndicale des libraires: les livres arrivaient par ballots dans les locaux de la Chambre, et ces ballots étaient ouverts en présence de syndics et de représentants de la police; autorisation de débiter était accordée ou refusée, après que les livres litigieux avaient été examinés par un censeur. Mais, lorsqu'un manuscrit était envoyé à l'étranger pour y être imprimé, c'était bien parce que son auteur le savait subversif; aussi le faisait-on pénétrer clandestinement en France. Rouen était un des ports les plus utilisés pour l'entrée de tels livres clandestins; de là, les volumes étaient acheminés par voie d'eau: le trafic sur la Seine était même devenu si important qu'un poste spécial d'inspecteur fut créé pour le contrôle du fleuve. Souvent aussi le livre était imprimé à Trévoux, à côté de Lyon; Trévoux était une ville de la Principauté de Dombes, qui appartenait au duc du Maine. Avignon fut aussi un lieu d'éditions étrangères très nombreuses.

Enfin le manuscrit pouvait être imprimé clandestinement en France, à Paris fort souvent, malgré la surveillance de la police: depuis l'invention de la presse rotative, plus silencieuse que les vieilles presses, de telles éditions avaient été facilitées.

Rien ne permettait de distinguer entre quatre formes d'édition, pourtant fondamentalement différentes au regard de la loi: 1. le livre imprimé à Paris, avec permission tacite, et portant un nom de lieu étranger; 2. le livre réellement imprimé à l'étranger, introduit par la Chambre syndicale et autorisé par un censeur; 3. le livre réellement imprimé à l'étranger, mais introduit en France sans autorisation; 4. le livre imprimé en France clandestinement, et portant un nom de lieu étranger. Tous quatre sont démunis d'approbation censoriale imprimée et de privilège; tous quatre portent un nom de ville étrangère. Aussi n'est-ce qu'en consultant les travaux de Barbier et de Quérard, les Archives, les périodiques du XVIIIe siècle (quand ils annoncent les livres nouveaux avec leur lieu d'édition), etc. que nous sommes parfois à même aujourd'hui de ranger un livre prétendument paru à Amsterdam, par exemple, soit parmi les livres autorisés, soit au contraire parmi ceux, tout à fait clandestins et prohibés, parus et diffusés sous le manteau à Paris; mais pour beaucoup de livres le doute subsiste.

Or cette distinction importe: l'auteur d'un livre à permission tacite se plie souvent à des concessions; si donc nous savons que tel livre est un livre de permission tacite, et non un livre tout à fait clandestin, nous ne pourrons plus accorder totale confiance aux déclarations d'orthodoxie que l'auteur y fait: ce n'est peut-être qu'un masque.

Nous voilà en présence d'un éventail assez ouvert de moyens d'expression, dont dispose l'auteur du début du XVIIIe siècle: cet éventail va du manuscrit recopié au volume imprimé sous le Sceau; j'examinerai maintenant dans quelles catégories on peut ranger les divers ouvrages de Deslandes.

B. L'œuvre de Deslandes et la censure

Sur les dix-huit ouvrages que j'attribue à Deslandes, trois seulement ont été publiés à Paris, sous le nom de l'auteur, munis de l'approbation d'un censeur et du privilège royal: ce sont, mis à part les observations communiquées à l'Académie des Sciences de Paris et les extraits parus dans divers périodiques,[36] l'*Art de ne point s'ennuyer* (1715), les éditions ou rééditions des trois volumes du *Recueil de différens traitez de physique et d'histoire naturelle* (1736-1753),[37] et l'*Essai sur la Marine des Anciens* (1748). Les censeurs qui approuvèrent ces ouvrages furent respectivement: de Sacy (1714); Fontenelle (1735), Clairaut (1747 et 1749) et Bellin (1752); Clairaut (1747). J'ignore si Deslandes a choisi lui-même ses trois censeurs; du moins n'avait-il pas à redouter de parti pris hostile de la part de savants dont les deux premiers appartenaient à l'Académie des Sciences, dont le premier était son «ami particulier», le second un chaud partisan de Newton [38] et le troisième l'encyclopédiste chargé des articles de Marine.[39]

Rien, ou presque rien, que d'orthodoxe dans ces trois ouvrages. Notons cependant qu'une évolution semble se marquer au fur et à mesure que paraissent les nouveaux volumes ou les rééditions des anciens volumes du *Recueil*: l'édition de 1736 ne contient rien, en effet, qui pût alerter ou même choquer un censeur, à l'exception d'une profession de foi newtonienne. Deslandes prenait là un certain risque, puisque les cartésiens

---

[36] Cf. chapitre III, pp. 115-118.

[37]
Vol. I	*1736*	1748	1750	
Vol. II			*1750*	1753
Vol. III				*1753*

[38] Alexis-Claude Clairaut (1713-1765); il participa à l'expédition de Maupertuis en Laponie (1736), écrivit une *Théorie de la figure de la terre* (1743), où se trouve le théorème qu'on appelle de Clairaut.

[39] Du moins jusqu'en 1757. Voici ce qu'écrit d'Alembert à son sujet dans le «Discours préliminaire» du tome I de l'*Encyclopédie*: «La *Marine* est de M. BELLIN, Censeur royal et Ingénieur ordinaire de la Marine, aux travaux desquels sont dûes plusieurs Cartes que les Savans et les Navigateurs ont reçûes avec empressement. On verra par nos Planches de *Marine*, que cette partie lui est bien connue». (p. xlij)

étaient en majorité à l'Académie des Sciences et que les savants qui com-
battaient le cartésianisme (les jésuites de Trévoux, par exemple), le
faisaient au nom de la scolastique, et non de Newton. Mais, à la différence de Voltaire dans les *Lettres philosophiques*, Deslandes n'oppose pas
Newton à Descartes;[40] il voit seulement dans le premier un savant qui
est allé plus loin que le second dans l'analyse des propriétés de la matière.
Fontenelle, qui était resté cartésien malgré l'estime qu'il portait à Newton,[41] ne dut faire aucune objection aux déclarations de Deslandes, quand
il accorda son approbation de censeur. La troisième édition du volume I
date de 1750; elle est, en certains passages, plus clairement orthodoxe que
la première, mais bien plus inquiétante en d'autres. Dans la «Préface»,
l'auteur affiche une croyance religieuse qui est au moins celle d'un déiste,
et dont le vocabulaire est emprunté au christianisme et à un finalisme
tout scolastique:

Chaque partie de l'Univers mérite son attention [du philosophe], & lui rappelle incessamment la puissance & la sagesse du grand Ouvrier qui a tout
fait. L'art infini de la Providence se découvre dans la merveilleuse disposition
des plus petites parties de chaque semence, de chaque coquille, de chaque
métal, de chaque fleur, de chaque insecte: disposition, qui rend ces parties
si propres à l'objet de leur destination. On y trouve en détail des beautés
surprenantes, une organisation, un méchanisme qui surpassent tout ce qu'offre l'art le plus exquis & le plus délicat.[42]

Cette admiration pour l'Univers ne jurerait pas dans l'ouvrage de l'abbé
Pluche, *Les Merveilles de la Nature*. Mais Deslandes a augmenté son
Recueil d'un «Traité sur les disgraces qu'essuya Galilée pour avoir soutenu que le Soleil est placé dans le centre au foyer commun de notre
Monde Planétaire, & que la Terre tourne autour de lui».[43] Ce traité n'a
pour but, semble-t-il, que de compléter le récit des disgrâces de Galilée
qu'en avait donné le père Bougerel, de l'Oratoire, dans sa *Vie de Gassendi* (1737); toutefois Deslandes y dénonce les menées jalouses d'un Jésuite,
le père Scheïner. Certes il n'insiste pas sur cet aspect anti-jésuite dans le
traité; mais, dans la section VII de la «Préface», il rattache son traité à
l'actualité et à sa propre personne:

Vouloir dire aux hommes la vérité, quelque avantageuse qu'elle puisse leur
être, c'est s'attirer de la part des hommes toutes sortes de mauvais traitemens.
Galilée en est un triste exemple; Galilée qu'on doit regarder comme un des

[40] Cf. mon Chapitre III, p. 113 et sq.
[41] Cf. son *Eloge de M. Newton*.
[42] Deslandes, *Recueil de différens traitez de physique et d'histoire naturelle*, Paris,
1750, vol. II, pp. vij-viij.
[43] *Ibid.*, p. 307 et sq.

restaurateurs de l'esprit Philosophique. Je pourrois me citer, s'il étoit permis sans une espece de vanité, de se citer soi-même.[44]

Clairaut cependant donna son approbation.

Dans le volume III du *Recueil*, qui paraît en 1753, Deslandes a inclus la *Lettre sur le Luxe*, qu'il avait fait paraître sous l'anonymat en 1745; on sait qu'elle comporte une satire assez vive de la Cour. Signe de libéralisation? ou démonstration qu'avec le temps les idées choquantes perdent de leur impact et deviennent tolérables? Le censeur Bellin rédigea l'approbation.

Mais c'est en étudiant le cas des quinze autres ouvrages de Deslandes que nous verrons le pouvoir royal resserrer un temps sa surveillance, puis se relâcher de sa sévérité à l'égard des philosophes, cependant que ces derniers, avec insistance, s'efforceront de diffuser de plus en plus largement leurs idées. Au cours de la première partie de ce chapitre, j'ai rapidement mis en lumière cette libéralisation relative, lorsque j'ai analysé le régime des permissions tacites. Mais une analyse d'institutions permet mal, surtout sous l'Ancien Régime, de rendre compte des changements réels qui surviennent. A. Adam a raison de «distinguer avec soin plusieurs périodes», car «l'attitude du pouvoir royal en face du mouvement des idées [...] a varié plusieurs fois en l'espace de cinquante ans, et il serait déplorable d'imaginer entre la monarchie et la philosophie, comme on fait trop souvent, un conflit permanent et sans issue».[45] Deux facteurs principaux ont joué durant les cinquante ans qui nous intéressent dans cette étude (1712-1756) : les convictions et la personnalité des hommes qui ont détenu successivement le pouvoir; la pression de l'opinion publique, hostile aux interventions des ecclésiastiques et parfois même à celles des parlementaires. Ces deux facteurs se sont annulés à certaines époques; à d'autres, au contraire, ils se sont additionnés, pour aboutir à la politique de Malesherbes, qui a pour but, au moyen des simples permissions et des permissions tacites, de donner un statut quasi-légal à des œuvres auxquelles il ne pouvait pas accorder le privilège.

Dans une première période, Deslandes fait imprimer tout à fait clandestinement ses ouvrages audacieux: ils sont anonymes et publiés, sans autorisation, soit en France (de préférence en province), soit à l'étranger. Dans une seconde période, il continue à procéder de la même manière, mais il tente d'obtenir la permission tacite pour certains de ses livres; il échoue à chaque fois, et le livre est prohibé. Après 1750, alors que Males-

---

[44] *Ibid.*, pp. xxiij-xxiv.
[45] A. Adam, *Le mouvement philosophique dans la première moitié du XVIIIe siècle*, Paris, S.E.D.E.S., 1967, p. 7.

herbes dirige la Librairie, il obtient la permission tacite à plusieurs reprises et n'hésite même pas à signer de son nom l'édition de 1756 de
l'*Histoire critique de la philosophie*.

1. *Sous Louis XIV: de 1712 à 1715*

Les *Réflexions sur les grands hommes qui sont morts en plaisantant* sont
le premier ouvrage de Deslandes; anonymes, elles paraissent en 1712 à
Amsterdam, chez Jacques Desbordes, – selon la page de titre; selon Quérard, elles auraient été éditées à Trévoux. Les *Réflexions* se composent
de dix-neuf chapitres; elles ne prétendent à rien d'autre qu'à divertir par
un «mélange d'érudition et de critique». Inspirées d'une idée de Montaigne, soutenus d'exemples tirés des libertins et érudits du XVIIe siècle
elles respirent un épicurisme qui peut passer à bon droit pour suspect aux
yeux des chrétiens. Dès mars 1713, elles sont dénoncées par le rédacteur
des *Mémoires de Trévoux*, qui ne peut cependant en percer l'anonymat.[46]
    Cette même année 1713, Deslandes est en Angleterre; il demande à
l'abbé Boyer de traduire les *Réflexions* en anglais,[47] et il en profite pour
ajouter quatre chapitres nouveaux et quelques paragraphes à certains
chapitres anciens.[48]
    Le titre anglais est plus agressif que le titre français: *A Philological
Essay: or, Reflections on the Death of Free-Thinkers that died pleasantly
and unconcerned* (Réflexions sur la mort des libres penseurs qui sont
morts agréablement et avec insouciance).[48bis] L'auteur porté sur la page
de titre est «Monsieur D –», mais cette fois-ci il est facile de percer l'anonymat: ce Monsieur D – est annoncé «of the *Royal Academy of Sciences*
in *France*, and Author of the *Poetæ Rusticantis Literatum Olium*».[49]
Ce dernier ouvrage est un recueil de poèmes en latin, composés par Deslandes à l'imitation de Catulle. Il est publié en 1713, à Londres; il est
anonyme dans sa première édition, mais la deuxième édition, qui paraît
cette même année 1713, est signée «Andreæ Francisci Landesii». On voit
par là que garder secret le nom de l'auteur d'un ouvrage philosophique
n'était pas le point le plus important, l'important étant que le livre même
reste anonyme, surtout lorsqu'il était publié en français et en France. De

---

[46] *Mémoires de Trévoux*, janvier/mars 1713, p. 410 et sq.
[47] L'abbé Boyer est l'auteur d'un dictionnaire anglais-français fameux au XVIIIe
siècle.
[48] Ce sont les chapitres XVI, XVII, XVIII, XIX.
[48bis] On notere l'erreur de la traduction de «en plaisantant» par «pleasently».
[49] Monsieur D –, *A Philological Essay: or, Reflections on the Death of Free-Thinkers*,
translated from the French by Mr. B –, with additions both by the Author now in
London, and the translator, London, J. Baker, 1713.

retour à Paris, Deslandes donnera, dès 1714, une nouvelle édition des *Réflexions*, signée «par Mr. D***»; cette édition comporte les quatre chapitres supplémentaires écrits en Angleterre, et des «poésies diverses», en français, d'inspiration libertine.

L'anonymat des *Réflexions* est donc à usage français; il a pour but de protéger Deslandes contre les risques de poursuites: l'œuvre peut bien être saisie et lacérée par la main du bourreau; s'il refuse de s'en reconnaître l'auteur, Deslandes ne risque que peu de choses. Mais à la même date des indications assez claires sont données en Angleterre pour que cet anonymat puisse être percé; notre auteur s'en voudrait sans doute de ne pas être connu par le public dont il cherche l'approbation. C'est le paradoxe de cette forme de clandestinité, qu'elle ne se veuille jamais totale; mieux, elle tend à exciter la curiosité du public et a ainsi bien souvent pour conséquence la diffusion plus large des idées et du nom de l'auteur; par contre-coup la police et les critiques sont sur les dents, mais ils ne peuvent guère se venger de la ruse de l'auteur que sur son livre. C'est de la même façon, mais vingt ans plus tard, que Voltaire fera préparer deux éditions de ses *Lettres philosophiques*, l'une en anglais, à Londres; l'autre en français, à Rouen. Celle de Rouen devait être strictement anonyme, alors que celle de Londres est signée «by Mr. de Voltaire».[50]

Les *Réflexions* échapperont un temps aux poursuites; une permission tacite sera même sollicitée pour cet ouvrage, qui sera «distribué à M. Lancelot», censeur, à fin d'approbation; en mai 1731, cette permission sera refusée.[51] L'ouvrage de Deslandes fut prohibé, mais probablement pas avant les années 30;[52] il n'apparaît à l'Index que le 5 décembre 1758, soit un an après la mort de l'auteur.[53]

Ce petit livre insidieux devait être le plus réédité des ouvrages de Deslandes. On sait à quel point il est difficile de connaître tous les tirages et toutes les rééditions d'un livre au XVIIIe siècle.[54] J'ai déjà parlé de l'édition de 1712 des *Réflexions*, faite à Amsterdam [Trévoux]; il doit en exister une deuxième de la même année, puisque celle d'Amsterdam [Trévoux] que nous connaissons comporte 89 pages, alors que les *Mé-*

[50] *Letters concerning the English nation*, by Mr. de Voltaire, London, 1733.
[51] B.N., Mss. f. fr. 21990, p. 16 verso (No 897).
[52] B.N., Mss. f. fr. 21928, p. 47 verso; f. fr. 21929, p. 63 recto. Les deux *Répertoires des livres prohibés* sont alphabétiques; les dates de prohibition ne sont pas toujours portées. Les *Réflexions* sont inscrites après les *Recherches sur la nature du feu de l'enfer*, prohibées en 1729.
[53] Barbier, *Dictionnaire des ouvrages anonymes*, vol. IV, p. 166.
[54] Cf. les remarques pertinentes faites sur le sujet par D. Mornet, dans son article «Les enseignemens des bibliothèques privées (1750-1780)», in *Revue d'Histoire Littéraire*, XVII (1910), pp. 449-496.

moires de Trévoux renvoient à une édition d'«Amsterdam, 1712», mais qui comporte 172 pages.[55] L'édition de 1714, augmentée des quatre chapitres de l'édition anglaise,[56] est donnée pour imprimée à Rochefort, chez Jacques Le Noir. Ajoutons que le livre fut réédité en 1732, à Amsterdam, en 1755, à Rochefort, et qu'il existe deux éditions posthumes: l'une de 1776, à Amsterdam; l'autre de 1786, à Amsterdam également, toutes deux portant le nom de l'auteur. De plus l'ouvrage a été traduit deux fois en anglais: la première fois en 1713, comme nous le savons; la seconde fois, par T. W –, en 1745, sous un titre différent:

> Dying merrily, or Historical and critical reflexions on the conduct of great men in all ages, who in their last moments mock'd Death, and died facetiously.

Enfin les *Réflexions* ont été également traduites en allemand, en 1747 et 1780; adaptées en allemand, en 1797.[57] Nous ne savons pas si ces rééditions et traductions ont été surveillées ou autorisées par l'auteur; mais leur multiplication manifeste l'intérêt des éditeurs pour ce texte de libre pensée, et, par conséquent, le goût du public pour l'ouvrage; le titre suffisait à attirer, par son côté paradoxal et scandaleux.

Le cas du recueil des poèmes latins, *Poetæ rusticantis literatum otium*, est simple: après les deux éditions anglaises de 1713, le texte sera publié à Paris, en 1741, dans *Les Amusements du cœur et de l'esprit*, ouvrage périodique; une troisième, «prioribus auctior», paraîtra à Londres, en 1752.

Nous possédons un exemplaire d'un volume publié en 1717 à Villefranche, et qui contient, outre un *Etat présent d'Espagne, L'origine des Grands*, un *Nouveau voyage d'Angleterre, par M. D****.[58] Mais ce court essai, qui est daté de 1713 par son auteur, a dû paraître pour la première fois avant 1717, car un *Voyage d'Angleterre par M. Deslandes* est porté sur la liste des «libres prohibés» après une *Versio nova historiæ ecclesiasticæ Theodoreti* prohibée en 1713, et avant des *Vers latins et françois à la louange de Louis-le-Grand*, prohibés en 1716.[59] Je n'ai pu retrouver

---

[55] *Mémoires de Trévoux*, mars 1713, p. 410.

[56] Et non des additions aux autres chapitres.

[57] *Miscellaneen über berühmten Männer und Frauen, welche bei froher Laune gestorben sind*. Nach dem Französischen des Deslandes mit Anmerkungen und Abhandlungen über Tod, Seelengrösse im Tode und Selbstmord von K. H. Heydenreich, Leipzig, Gottfried Martini, 1797.

[58] *Nouveau voyage d'Angleterre*. Par M. D***, in [Charles-Philippe d'Albert, duc de Luynes], *Etat présent d'Espagne, l'origine des Grands avec un Voyage d'Angleterre*. (Publié par Louis-François Du Bois de Saint-Gelais), Villefranche, Etienne Le Vray, 1717.

[59] B.N., Mss. f. fr. 21928, p. 55 verso; Mss. f. fr. 21929, p. 75 verso. Si toutefois l'ordre chronologique est respecté à l'intérieur de l'ordre alphabétique, ce qui – en gros – semble être le cas.

d'exemplaire du *Voyage d'Angleterre* antérieur au volume de 1717, qui, lui, est anonyme; le texte de 1713 a-t-il été signé par l'auteur? Ce n'est pas impossible. Ce texte est-il le même que celui de 1717? On pourrait en douter, puisque le titre donné donné par le *Registre* est *Voyage d'Angleterre,* alors qu'il devient, en 1717, *Nouveau voyage d'Angleterre.* L'alternative est entre cette dernière hypothèse et la suivante: dans l'édition de 1717 l'essai lui-même est bien intitulé *Nouveau voyage d'Angleterre,* mais sur la page de titre du volume on ne lit que «avec un Voyage d'Angleterre»; [60] le texte, rédigé en 1713, pourrait donc n'avoir été édité pour la première fois qu'en 1717, et l'ordre chronologique, à l'intérieur de la lettre V du *Registre des livres prohibés,* ne serait pas gardé dans ce cas.

Je n'ai trouvé aucune réédition postérieure à 1717 du *Voyage;* cela n'a rien d'étonnant, puisqu'à partir de 1734 le «voyage d'Angleterre» qui retiendra dorénavant l'attention des lecteurs s'appelle *Lettres philosophiques,* et a Voltaire pour auteur!

2. *1715-1749: prohibition des ouvrages de Deslandes*

Avec l'avènement du Régent, la liberté d'expression renaquit en France. Elle ne fut cependant ni totale ni durable; les pamphlets souvent orduriers qui visèrent la personne du duc d'Orléans, les factums jansénistes se multiplièrent tellement qu'il fallut en revenir à une surveillance assez stricte de l'imprimé; d'ailleurs, après l'échec des Conseils de Régence, le ministère se remplit à nouveau d'ultramontains et de rigoristes, le duc de Bourbon en tête. En 1726 toutefois, s'établit, avec le cardinal Fleury, un gouvernement dont la modération dura jusque vers 1737; le cardinal ne tolérait certes pas les jansénistes, mais, pendant plus de dix ans, il n'établit pas d'inquisition dans le domaine philosophique. Comme G. May [61] – après F. C. Green [62] – et A. Adam le notent, les années 1737 et 1738 marquèrent un tournant dans la politique du pouvoir royal à l'égard des romans, et plus largement à l'égard des écrits philosophiques. A cette date le chancelier d'Aguesseau, qui venait de recouvrer les Sceaux et la Librairie, tenta de prohiber les romans en France; [63] à cette date, Chauvelin

---

[60] Comme on l'a vu dans une des mes notes précédentes.

[61] G. May, *Le dilemme du roman au XVIIIe siècle,* Paris, Yale University Press-P.U.F., 1963, Ch. III: «La proscription des romans», pp. 75-105.

[62] F. C. Green, «The Eighteenth-Century French critic and the contemporary novel», in *Modern Language Review,* XXIII (1928), pp. 176 et sq.

[63] Ecore faut-il rectifier les affirmations de G. May par le fait que des permissions tacites furent accordées, sinon utilisées, pour certains romans; cf. l'article de Fr. Furet, dans *Livre et société au XVIII siècle,* Paris-La Haye, Mouton, 1965.

ayant quitté le ministère, entrèrent au Conseil des ultramontains tels que le cardinal de Tencin et le comte d'Argenson, puis des politiques comme le maréchal de Belle-Isle et le duc de Richelieu, qui perpétuèrent en bien des domaines la politique des premiers. La puissance du parti religieux, «les Jésuites et les Capucins», «se trouva [encore] renforcée après 1743, quand le cardinal Fleury eut disparu».[64]

Or durant la période de relative tolérance que je viens de mentionner, Deslandes ne publie rien de clandestin et d'audacieux qu'on puisse lui attribuer.

Sans doute est-il en grande partie absorbé par ses fonctions de Commissaire de la Marine; il est vraisemblable en outre qu'il a consacré toutes ces années à rassembler les faits, à accumuler les lectures et à mettre au point les idées qu'il présente dans le *Recueil de différens traitez de physique et d'histoire naturelle* autorisé de 1736, et surtout dans l'*Histoire critique de la philosophie* (1737), le *Pigmalion* (1741) et la traduction supposée *De la certitude des connoissances humaines* (1741). C'est donc au moment où la censure resserre ses filets, qu'il publie coup sur coup trois de ses ouvrages clandestins les plus importants; c'est assez dire qu'il ne peut que se heurter à la nouvelle politique d'intransigeance du gouvernement.

D'après la page de titre, l'*Histoire critique de la philosophie* a été imprimée à Amsterdam, chez Fr. Changuion, en 1737; elle comporte trois volumes, signés par «Mr. D***».

Autant Deslandes s'était peu soucié de ménager l'orthodoxie lorsqu'il donnait ses *Réflexions sur les grands hommes qui sont morts en plaisantant* (ce que le désordre et le décousu de l'œuvre auraient cependant permis: il suffisait de mentionner dans la «Préface» l'attachement de l'auteur aux vrais principes du christianisme), autant il prend soin cette fois-ci de se faire présenter par son éditeur et de se présenter lui-même en chrétien. L'«Epître à M. Henri Bicker, bourguemaitre régent de la ville d'Amsterdam» est signée de François Changuion; elle dépeint l'auteur de l'*Histoire critique* comme «un Philosophe Chrétien, illustre par ses Talens & par ses Emplois».[65] Dans la «Préface» qui suit l'«Epître», Deslandes écrit, en bon sceptique chrétien:

Jésus-Christ par sa naissance ayant généreusement adopté tous les hommes, & les ayant mis en communauté des biens, dont les Juifs seuls étoient par-

---

[64] A. Adam, *Le mouvement philosophique dans la première moitié du XVIIIe siècle*, Paris, S.E.D.E.S., 1967, p. 11.

[65] *Histoire critique de la philosophie*, Amsterdam, Fr. Changuion, 1737, vol. I, «Epître à M. Henri Bicker», pages non numérotées.

tagés, répandit une foule de vérités qui fixoient pour jamais toutes nos in-quiétudes.[66]

Je ne dissimulerai point que les Philosophes modernes ont été fort appuyés, fort enhardis, par la certitude constante de la révélation, elle qui est venue au secours de la raison pour la remettre dans ses voies & l'empêcher de s'égarer de plus en plus.[67]

Ce désir de ménager les autorités religieuses est si fort que Deslandes refuse un temps de se reconnaître l'auteur, non de l'ouvrage lui-même, mais de l'édition qui venait d'en paraître à Amsterdam. Dès 1737, il fait publier, dans les *Observations sur les écrits modernes* de l'abbé Desfon-taines, une lettre dont l'ambiguïté et la prudence sautent aux yeux:

Cet ouvrage m'a été attribué, je ne sais sur quel fondement. Mais je n'ai garde de le reconnoître, en l'état où il est aujourd'hui, pour une production de ma plume. On y a ajouté en Hollande quelques traits hardis, et des ré-flexions plus hardies encore que je condamne, avec toutes les personnes éclairées et judicieuses.[68]

Or ces «réflexions» critiques constituent la part la plus neuve de l'ou-vrage, celle dont l'auteur était le plus fier; c'est donc en toute ironie que Deslandes se range parmi les «personnes éclairées et judicieuses» qui condamnent l'édition hollandaise.

Cette orthodoxie apparente s'explique par le fait que Deslandes vou-lait obtenir du garde des Sceaux la permission tacite de faire débiter son livre à Paris. Cette permission fut en effet sollicitée, et les trois volumes «distribués à M. de Roquemont» pour approbation. La mention «refusé» est portée sur le *Registre des livres étrangers présentés pour permission tacite de débiter*;[69] en outre l'*Histoire critique* fut prohibée.[70]

Dans la «Préface» de l'édition de 1737, Deslandes annonçait que ne paraissait dans l'immédiat «que l'Histoire des trois premiers Ages de la Philosophie»,[71] c'est-à-dire que l'ouvrage s'arrêterait avant que ne soit abordé l'âge de la Renaissance; mais, ajoutait-il:

Si le Public daigne m'encourager par son approbation, on n'attendra pas long-temps celle [l'histoire] du quatrième [Age] qui est déjà toute disposée à recevoir le jour. J'y paroîtrai presque inventeur, ici je suis moins original, j'emprunte des autres beaucoup de choses.[71]

[66] *Ibid.*, Amsterdam, 1756, vol. I, p. XXXIV.
[67] *Ibid.*, p. XXXVII.
[68] Desfontaines, *Observations sur les écrits modernes*, Paris, 1737, p. 165.
[69] Le refus date vraisemblablement de 1737; rien ne permet d'affirmer que le livre ait été édité clandestinement à Paris, et non à Amsterdam.
[70] B.N., Mss. f. fr. 21928, p. 25 verso, f. fr. 21929, p. 33 verso.
[71] Deslandes, *Histoire critique de la philosophie*, Amsterdam, 1756, vol. I, p. XL.

En effet, ce quatrième âge est annoncé dans la «Table des livres contenus en cette Histoire», table qui se trouve dans le premier volume, juste après la «Préface»; le livre X, qui devait être le dernier de l'ouvrage, est décrit de la façon suivante:

Renaissance des Lettres & de la Philosophie en Europe. Remarques générales sur les Philosophes précurseurs de Descartes.[72]

Or ce livre ne paraîtra, ni en 1737, ni dans les années qui suivirent immédiatement. Il ne figure pas non plus dans l'édition qui se donne pour publiée en 1742, à Londres, «chez Jean Nourse»; [73] le nom de Deslandes apparaît cette fois-là sur la page de titre. L'embargo mis sur le livre X est-il une conséquence de la prohibition de l'œuvre? A-t-on fait comprendre à Deslandes, en 1737, que sa carrière dans la Marine serait compromise, s'il s'engageait dans une description critique de la philosophie moderne? Le volume IV, comprenant ce livre, ne paraît pour la première fois que dans la réédition de l'*Histoire critique de la philosophie* d'Amsterdam, 1756: soit dix-neuf ans plus tard; Deslandes alors a démissionné. C'est l'époque de la grande bataille encyclopédique, et notre philosophe devait être hereux d'y participer à sa manière, tout en marquant les différences qui séparaient son ouvrage de celui de Diderot.

En 1741 paraissait l'essai *De la certitude des connoissances humaines* (Londres); une fois encore la permission tacite fut sollicitée, et l'ouvrage «présenté par Prault» se vit à son tour refuser le débit à Paris; [74] à son tour, il fut prohibé.[75] Cette même année 1741, Deslandes donnait à Londres, chez Samuel Harding, un conte philosophique anonyme, *Pigmalion, ou la Statue animée*, très clairement matérialiste. La permission tacite ne fut pas même demandée, probablement à cause de l'audace des thèses qui étaient soutenues dans cet écrit. «Cet ouvrage fut condamné au feu par arrêt du parlement de Dijon, le 14 mars 1742».[76] *Pigmalion* avait été réédité en 1742, à Londres, augmenté d'un essai intitulé *L'optique des mœurs, opposée à l'optique des couleurs*, dont il existe une édition séparée, sans mention de lieu ni de date. *Pigmalion* eut sans doute une certaine vogue, puisqu'il fut republié en 1743 à Berlin, en 1744 à Londres

---

[72] *Ibid.*, in «Table»; pages non numérotées, entre la «Préface» et la p. 1.
[73] On sait que ce nom d'éditeur recouvre souvent le nom d'un éditeur clandestin, parfois parisien; cf. Emil Weller, *Die falschen und fingierten Druckorte*, Hildesheim, 1864.
[74] B.N., Mss. f. fr. 21990, p. 34 verso, No 1148.
[75] B.N., Mss. f. fr. 21928, p. 8 verso.
[76] Quérard, *La France littéraire*, Paris, Didot, vol. II, 1828, article «Deslandes», p. 516.

et à nouveau à Berlin, en 1753. Il fut traduit en allemand (*Pigmalion, oder Die belebte Statue*), et édité à Hambourg, en 1748.[77]

J'ai deux preuves que cet ouvrage anonyme est bien de Deslandes: dans la *Muse limonadière* de Mme Bourette, un des poèmes est adressé «A M. Deslandes, Commissaire Général de la Marine, & Auteur de l'*Histoire Critique de la Philosophie*, et de *Pigmalion*»:

> A votre réputation,
> Fondée avec raison sur tant de beaux Ouvrages,
> Je ne puis refuser mon admiration.
> Tandis que les Sçavans vous donnent leurs suffrages.
>
> Au marbre de *Pigmalion*,
> Vous donneriez plutôt la parole & la vie,
> Que d'imposer silence à mon Sexe entêté,
> Lorsque de vous loüer il a conçu l'envie;
> Et surtout quand l'éloge est si bien mérité.[78]

Un peu plus loin dans le *Recueil*, à la date du 9 mai 1750, Deslandes écrit à Mme Bourette: «*Pigmalion* vous sera remis incessamment».[79] Il accompagne son envoi de quelques vers,[80] auxquels Mme Bourette répond par un poème;[81] le *Recueil* contient encore des allusions à *Pigmalion*, faites par Lemierre.[82]

Voici qui manifeste les inconséquences de l'anonymat de l'époque: le *Recueil*, où Deslandes est ouvertement nommé, où lui-même se nomme ouvertement pour l'auteur d'un ouvrage qui a été brûlé, paraît en 1755, à Paris, avec approbation signée de Cahusac[83] et privilège du Roi!

La deuxième raison que j'ai d'attribuer *Pigmalion* à Deslandes est une raison interne; certains passages de ce conte se retrouvent dans le volume IV de l'*Histoire critique de la philosophie*, à quelques mots près. J'en reparlerai dans le Chapitre V.[84]

Vers 1742, Deslandes doit éprouver le sentiment d'un échec. C'est à cette date qu'il démissionne de la Marine. L'a-t-il fait librement, pour se défaire des contraintes morales qui le liaient trop étroitement? ou a-t-on exercé sur lui des pressions? Toujours est-il qu'en 1756 il se plaindra de

---

[77] *Pigmalion, oder Die belebte Statue*, Hambourg, Johann Adolph Martini, 1748.
[78] Mme Bourette, *La Muse limonadière, ou recueil d'ouvrages en vers et en prose*, Paris, S. Jorry, 1755, vol. I, p. 92.
[79] Mme Bourette, op. cité, p. 95.
[80] *Ibid.*, p. 96.
[81] *Ibid.*, pp. 96-97.
[82] *Ibid.*, pp. 99-101.
[83] *Ibid.*, vol. I, p. 264.
[84] *Pigmalion, ou la Statue animée*, Londres, 1742, pp. 70-71.

persécution; dans l'édition en quatre volumes de l'*Histoire critique de la philosophie* qui paraît alors, il débute l'«Avertissement» qui ouvre le dernier volume par ces protestations:

Lorsque je publiai les trois premiers Volumes de l'Histoire Critique de la Philosophie, je comptois que la suite travaillée avec le même soin, ne tarde-roit pas à paroître. [...] Mais divers obstacles ajoûtés les uns aux autres, m'ont retenu jusqu'à présent; & j'ai craint de nouvelles contradictions de la part de ceux que blesse toute verité dite hardiment. J'en avois essuyé d'une autre sorte de la part de quelques personnes, qui croyoient que l'amour de la Philosophie ne pouvoit s'allier avec l'esprit & le maniment des affaires, comme si un homme vrai, juste, désintéressé, pesant toutes choses au poids de la raison, n'étoit pas l'homme le plus propre à suivre l'ordre établi par les loix, & à y ramener ce qui s'en écarte.[85]

Deslandes, après avoir affirmé qu'il assume «ce courage d'esprit qui doit accompagner un Auteur, lequel a le loisir de penser», ajoute:

Heureux, si je persiste à soutenir avec modération mes premiers sentimens, & si l'air contagieux qui regne aujourd'hui, ne m'invite point à dire par complaisance, & peut-être par intérêt, ce que je ne crois point. Je me flatte, suivant les dispositions où je me trouve & le peu de cas que je fais des fa-veurs mal distribuées de la fortune, que je ne changerai point de sentiment.[86]

L'allusion aux événements contemporains est vague; écrite en 1757, elle aurait eu une tout autre résonance. S'agit-il de la mort de Montesquieu? de l'*Encyclopédie*? Quelques précisions sont apportées par le poème «Mon Cabinet», qui suit le livre X:

> Deux fois de l'imposture
> J'ai ressenti les traits cuisans.
> Deux fois l'hypocrisie,
> En chapeau plat, en manteau noir,
> M'a fait par jalousie
> Eprouver son triste pouvoir.[87]

«Imposture» et «hypocrisie» sont les mots de code qui renvoient aux esprits religieux; le chapeau plat et le manteau noir désignent sans doute des docteurs en théologie, bien que je n'aie pu trouver trace d'aucune condamnation prononcée par la Sorbonne ou par quelque faculté ou assemblée de théologie.

Il est certain, en tout cas, que, malgré l'anonymat, la première édition de l'*Histoire critique de la philosophie* a été presque unanimement attri-

---

[85] Deslandes, op. cité, p. 1 non numérotée.
[86] *Ibid.*, pp. 2-3 non numérotées.
[87] *Ibid.*, p. 198.

buée à Deslandes par les journalistes qui en ont rendu compte en France et à l'étranger.

Malgré les menaces que faisait peser sur lui le renom de ses derniers ouvrages, Deslandes va continuer à Paris le combat philosophique qu'il avait entrepris en province, et dont il a perdu la première manche. En 1743, paraît, anonyme, un *Essay sur la marine et sur le commerce*. L'histoire de cet essai est caractéristique des contradictions internes qui déchiraient le pouvoir royal. Il avait été composé par Deslandes, sinon à l'instigation du ministre de la Marine, le comte de Maurepas, du moins sous sa protection; c'est à lui qu'il est dédié; comme nous allons le voir, on ne peut se méprendre sur le «A Mr. le C. de B. C. M...» qui se trouve en tête de l'épître préliminaire. Dès 1743 en effet cet *Essay*, traduit en anglais et imprimé à Londres pour le libraire Paul Vaillant, est accompagné d'une «Préface by the translator», où l'auteur de l'*Essay* est nommé avec éloges:

M. Deslandes, from whose Pen this Treatise fell, is a Person who holds a considerable Rank in the Republick of Letters. He has been the Author of an abundance of Pieces, written in a free and lively Stile, on very nice and curious Subjects, which have been extreamly well received; but as he never thought fit to own them, I do not think it fit for me to mention them more particularly. His perfect Acquaintance with Maritime Affairs, raised him to the Superintendance of one of the principal Ports in *France*. Since he has been in this Post, he has very wisely and honestly dedicated his Time and his Parts to those Studies, which were likely to be most useful to him in the Discharge of his Duty, of which the World has had notice, by the several curious Treatises he has composed (and acknowledged) on Winds, on the Salmon Fishery, &c. and of which Posterity will probably receive still greater Proofs from his *History of the Maritime Power of* France, which he has promised in this Work.[88]

[Ce traité sort de la plume de M. Deslandes, personne qui tient un rang important dans la République des Lettres. Il est l'auteur d'une quantité de pièces, écrites dans un style libre et vivant, sur des sujets délicats et singuliers, et qui ont été extrêmement bien accueillies; mais comme il n'a jamais jugé bon de les avouer, je ne juge pas bon moi non plus d'en parler plus particulièrement. Sa parfaite connaissance des Affaires Maritimes l'a fait parvenir au Commissariat Général d'un des principaux ports de France. Depuis qu'il est à ce poste, il a très sagement et très honnêtement consacré son temps et ses talents aux études qui semblaient devoir l'aider le plus dans l'exercice de ses fonctions: tout le monde en a pris note, lorsqu'il a composé (et a avoué) plusieurs traités singuliers sur les vents, sur la pêche au saumon, etc, et la

---

[88] Deslandes, *An Essay on maritime power and commerce; particularly those of France. In an epistolary discourse, address'd to the Count de Maurepas, Secretary of State and of the Marine*, London, printed for Paul Vaillant, 1743, p. iv.

postérité en recevra sans doute de plus grandes preuves encore, avec l'Histoire de la Marine de France, qu'il promet dans l'ouvrage que voici.] [89]

Suivent deux paragraphes qui exposent le rôle joué par Maurepas:

He [Deslandes] was encouraged to write this Essay by the Count *de Maurepas*, who has at this Time the Care of the Marine, of whom Mr. *Van Hoey* has given a great Character in his Letters, and who deserves yet a greater, since, without question, he is the ablest Minister this Day in *France*. The Design in writing it is pretty evident, that Minister has been long endeavouring to inspire the Councils of that Country with an ardent Passion of retrieving the Naval Power of France, and setting it once again on the Foot upon which it stood in the Reign of *Lewis XIV*. In order to bring this to bear, the Count *de Maurepas* has, from time to time, caused several Treatises to be written and published on Navigation and Commerce, in such a Method as was most likely to stimulate the Pride, and excite the Jealousy of the *French* Nation.

This Work of M. Deslandes seems to be the Minister's last Effort, both from the Matter of the Work itself, which is systematical, and comprehends, in a very narrow Compass, the Substance of what had been published before by Piece-meal, and from the manner in which it has been sent into the World, wherein we may discover all the Arts of the Minister, to recommend what he took to be the utmost Stretch of his Author's Abilities. In the first place, the Book was printed at *Geneva*, for which the great Liberties that are taken in it, with regard both to Subjects and Persons, afforded a very plausible Pretence, as the very Printing it there strongly recommended it to the Perusal of all the curious People in *France*.[90]

[Il [Deslandes] a été encouragé à écrire cet essai par le comte de Maurepas, qui est présentement chargé de la Marine; dans ses Lettres, M. *Van Hoey* a tracé de ce dernier un portrait élogieux, mais le comte de Maurepas mérite de plus grands éloges encore, puisqu'il est aujourd'hui, sans conteste, le ministre le plus capable de *France*. Le but du présent écrit est assez clair: le ministre s'est efforcé depuis longtemps d'inspirer aux Conseils de ce pays une passion ardente de relever la Marine de *France* et de la rétablir sur le pied où elle était sous le règne de *Louis XIV*. Afin d'attirer l'attention sur ce point, le comte *de Maurepas* a, de temps en temps, fait écrire et publier des traités sur la Navigation et sur le Commerce, de telle manière qu'il y eût les plus grandes chances que fût stimulée la fierté, excitée la jalousie de la nation *française*.

Cet ouvrage de *M. Deslandes* est apparemment l'effort le plus poussé du ministre, à la fois en raison de la matière de l'ouvrage lui-même, qui est systématique et renferme, sous une forme très dense, la substance de ce qu'on avait publié auparavant par morceaux, et en raison de la façon dont cet ouvrage a été mis au jour, façon qui permet de bien voir tout l'art que le

---

[89] Ce passage et les deux suivants ont été traduits par moi.
[90] Deslandes, op. cité, pp. iv-v.

ministre met à recommander ce qu'il tient pour preuve de la plus grande portée des capacités de l'auteur. En premier lieu, le livre a été publié à *Genève,* parce que les grandes libertés qui y règnent, tant à l'égard des sujets traités qu'à l'égard des personnes, le portaient à penser, non sans grande vraisemblance, que le fait même de l'imprimer dans cette ville le recommanderait fortement à la lecture des personnes curieuses de *France*.]

Une permission tacite de débiter fut sollicitée pour l'*Essay*, et nul, à la Librairie, ne pouvait ignorer la protection qu'accordait le ministre de la Marine, puisque dans la deuxième colonne du Registre la mention suivante est portée en toutes lettres:

> présenté par Daniel l'aîné
> [dédié?] à M. le comte de Maurepas

La mention «Refusé» figure cependant dans la colonne de droite; [91] le livre est porté sur la liste des livres prohibés. [92]

Je n'ai pu trouver d'édition portant Genève pour nom de lieu; il existe en revanche une édition qui porte Amsterdam, François Changuion, 1743.

L'intervention de Maurepas ne se limita pas à cette vague protection; l'auteur de la «Préface» anglaise continue ainsi son récit, notant que le Conseil du Roi fit supprimer l'ouvrage:

But the Count *de Maurepas* would not trust to this, the great Desire he had to put this Treatise into the Hands of all the World, induced him to take a Step still more extraordinary. In short, though he could not prevent an Order of Council for suppressing it, almost as soon as the first Impression was distributed in *Paris*; yet, as he knew this would raise a great Curiosity in the Publick, and excite a mighty Demand for the Book, he directed a new Edition of it to be privately printed, which will be certainly off in a little time. [93]

[Mais le comte *de Maurepas* n'a pas voulu s'en tenir là; le grand désir qu'il avait de mettre ce traité dans les mains de tout le monde l'a incité à une démarche bien plus extraordinaire. En bref, comme il n'avait pas pu empêcher qu'un ordre du Conseil le supprimât presque aussitôt après que la première édition en eut été distribuée à *Paris;* sachant en outre que cela allait provoquer une grande curiosité dans le public et exciter une forte demande du livre, donna des instructions pour qu'une nouvelle édition fût imprimée pour son propre compte, et elle sera certainement enlevée en peu de temps.

[91] B.N., Mss. f. fr. 21990, p. 37 verso, No 1235.
[92] B.N., Mss. f. fr. 21929, p. 23 recto.
[93] Deslandes, op. cité, pp. v-vi.

Il existe en effet une édition française de l'*Essay* qui, datée elle aussi de 1743, ne porte aucun nom de lieu, et doit être l'édition «pirate» dirigée par Maurepas en personne. A cette occasion encore, on notera que l'anonymat d'un ouvrage imprimé n'est qu'à usage français: l'édition anglaise donne le nom de Deslandes, non seulement dans la «Préface», mais sur le page de titre.[94]

J'ai analysé l'*Essay sur la marine et sur le commerce* dans le chapitre I, et montré l'objectif pratique que s'y fixait l'auteur; c'est un but tout aussi pratique que Deslandes visait lorsqu'il faisait paraître, en 1745, sa *Lettre sur le luxe*. Sans doute entretenait-il alors moins d'illusions sur l'accueil que lui réserverait le pouvoir royal: aucune permission tacite ne fut sollicitée pour cette lettre, et (conséquence du fait?) le livre échappa à la prohibition. On sait pourtant qu'il contenait une vive satire de la Cour et des financiers, qui, grâce à Mme de Pompadour, commençaient à y tenir presque officiellement le haut du pavé. Contradictions entre les philosophes: à la même époque Voltaire entretient les meilleures relations avec la nouvelle favorite et ses protégés, les frères Paris.

On ne peut mettre en doute que cette *Lettre* ait été composée par Deslandes: en 1753, il la fera entrer dans le troisième volume du *Recueil de différens traitez de physique et d'histoire naturelle*,[95] pour lequel il obtiendra approbation et privilège du roi.

Je voudrais discuter ici de la nature même du *Répertoire des livres prohibés*, et de ses rapports avec le Conseil du Roi et les *Registres* qui contiennent la «Liste des ouvrages imprimés en pays étranger et dont le débit est permis en France».[96] Le *Répertoire* (ou plutôt les deux exemplaires identiques du *Répertoire*) et le *Registre* figurent tous deux dans la collection des Archives de la Chambre syndicale des Libraires et Imprimeurs de Paris; mais, alors que le *Registre* fut rempli au fur et à mesure que les livres ont été présentés à partir de 1718, le *Répertoire* rassemble, sous l'ordre alphabétique, la liste des livres prohibés depuis la fin du XVIIe siècle (première date: 1696). Cinq ouvrages de Deslandes

---

[94] A l'occasion de la parution en 1748 de l'*Essai sur la marine des Anciens*, Raynal fait allusion, dans les *Nouvelles littéraires*, à l'*Essay sur la marine et sur le commerce*, et il en nomme l'auteur: «L'*Essai sur la marine et le commerce*, de M. Deslandes, qui parut il y a environ quatre mois, est agréable parce qu'il y règne une liberté qui déplut à la cour, mais qui charma les bons citoyens et les honnêtes gens». (Raynal, *Nouvelles littéraires*, in *Correspondance littéraire*, édition de M. Tourneux, Paris, Garnier, 1877, vol. III, p. 128.) Y aurait-il donc eu une réédition de l'*Essay* vers 1748? Je pense plutôt que Raynal a écrit, ou voulu écrire, «environ quatre ans», et non «environ quatre mois», ce qui nous reporterait bien aux éditions de 1743.
[95] Deslandes, *Recueil de différens traitez de physique et d'histoire naturelle*, Paris, J.-F. Quillau, 1753, vol. III, pp. 107-166.
[96] C'est l'intitulé exact de ces registres.

furent prohibés (le *Voyage d'Angleterre*; les *Réflexions sur les grands hommes qui sont morts en plaisantant*; l'*Histoire critique de la philosophie*; *De la certitude des connoissances humaines*; l'*Essay sur la marine et sur le commerce*). Pour quatre de ces cinq ouvrages la permission tacite fut demandée et refusée (les *Réflexions*, en mai 1731; l'*Histoire critique*, vers 1737; *De la certitude*; l'*Essay sur la marine*); seul le *Voyage d'Angleterre* ne figure pas sur le *Registre*, ce qui est normal puisque le *Registre* ne commence qu'en 1718 et que le *Voyage* fut publié en 1717, ou avant. En ce qui concerne les *Réflexions*, l'édition dont il est question dans le *Registre* ne peut guère être celle de 1712 ou de 1714, mais il doit s'agir d'une édition des années 20 qui m'aura échappé, ou bien de l'édition qui parut en 1732 et qui pourrait avoir été proposée aux censeurs parisiens dès 1731. On voit donc que chaque fois qu'un ouvrage a été présenté pour la permission tacite de débiter et que cette permission a été refusée, il figure aussi sur le *Répertoire des livres prohibés*; en revanche, l'œuvre la plus audacieuse de Deslandes, *Pigmalion, ou la Statue animée*, n'a pas été prohibée, non plus que l'*Histoire de la princesse de Montferrat*: est-ce parce que l'attention du pouvoir royal n'avait pas été attirée sur ces deux livres par une demande de permission tacite? En me référant au cas particulier de l'*Essay sur la marine et sur le commerce*, pour lequel nous avons les renseignements les plus précis, je propose l'explication chronologique suivante: le manuscrit, ou le livre déjà imprimé à l'étranger, ou le livre déjà imprimé à Paris sous un nom de lieu étranger, est présenté pour permission tacite; la permission est refusée; le garde des Sceaux en est avisé et fait prohiber ce livre au Conseil; le livre est alors porté sur une liste de prohibition, dont le *Répertoire* rend, après 1750, un compte alphabétique. Il paraît en effet invraisemblable qu'une permission ait été demandée pour un livre qui venait d'être prohibé; en revanche, des années après la prohibition d'un ouvrage, on pouvait en solliciter la permission tacite, comme ce fut le cas pour la nouvelle édition en quatre volumes de l'*Histoire critique de la philosophie*. Le *Répertoire* aurait donc été établi en partie (mais en partie seulement) à partir du *Registre*.

Après les échecs de l'*Essay* et de la *Lettre*, Deslandes ne publiera plus rien de clandestin avant 1749; [97] à cette date il a deux ouvrages prêts à sortir, qui tous deux relèvent de la technique du conte que Deslandes

---

[97] Sauf, peut-être, une *Lettre à M...*, *Trésorier de France*, s.l., 1748, que je n'ai pu trouver, et dont je ne sais même pas le nombre de pages. S'agit-il une fois encore d'un essai sur le commerce et contre le luxe? Le livre n'a pas été prohibé, aucune permission tacite n'a été demandée pour lui.

avait déjà employée en 1741: l'*Histoire de la princesse de Montferrat* et *La Fortune, Histoire critique.*[98] Le premier ouvrage sera publié dès 1749; le second ne verra le jour qu'en 1751, pour les raisons que j'ai exposées dans le chapitre I: Diderot venait d'être incarcéré à Vincennes et avait dû prêcher l'expectative à son ami Deslandes.

L'*Histoire de la princesse de Montferrat*, publiée anonymement à Londres (Paris?), 1749, est-elle bien de Deslandes? Sans aucun doute; car c'est sur un malentendu que cet ouvrage a été attribué à un auteur du XVIIe siècle. Voici comment Paul Lacroix appuie cette dernière opinion, dans une note du *Bulletin du bibliophile et du bibliothécaire* de janvier 1859:

Barbier, dans son *Dictionnaire des anonymes,* attribue ce roman à Fr. A. Deslandes, auteur des *Réflexions sur les grands hommes qui sont morts en plaisantant.* Le savant bibliographe a reproduit sans examen une opinion généralement répandue. Mais on avoit confondu ici l'éditeur avec l'auteur. C'est Deslandes, en effet, qui fit réimprimer ce roman, dont la première édition, laquelle est fort rare, avoit paru en 1677. Deslandes, mort en 1757, ne pouvoit pas être romancier en 1677, d'autant plus qu'il étoit né en 1690.[99]

P. Lacroix cite ensuite quelques phrases d'une lettre anonyme qui est imprimée à la suite du roman, dans l'édition de 1749, et qui fait l'éloge du romancier; le bibliographe du XIXe siècle le situe de la façon suivante: «Cet homme-là étoit, à coup sûr, de la société de Mlle de Scudery, et le savant M. Cousin doit le connoître».

En 1677, en effet, paraît bien, à Paris, *La princesse de Montferrat, contenant son histoire et les amours du comte de Saluces.* Ralph C. Williams l'attribue à Gabriel de Brémont, alias de Saint-Brémont; [100] mais ce roman est différent par le titre et surtout par le contenu de l'*Histoire de la princesse de Montferrat* qui paraît en 1749, et que, notons-le avec

[98] Quérard, *La France littéraire,* vol. II, p. 516, attribue à Deslandes l'*Histoire des princesses de Bohême, par Mme ***,* La Haye [Paris], 1749. La plupart des autres bibliographes omettent ou refusent d'attribuer cette *Histoire* à Deslandes; Barbier et le Catalogue de la Bibliothèque Nationale attribuent ce roman à Madame de Mareuille. Barbier: «Note de l'exempt de police d'Hemery du 19 mars 1750. Van-Thol dit qu'une autre note signale Andr. Franç. Boureau-Deslandes, comme l'auteur». (cité in Jones, *A list of French prose fiction from 1700 to 1750,* New York, Wilson, 1939, p. 102.) Il est probable que d'Hemery, dans sa deuxième note, a confondu le titre de ce roman avec le titre de l'*Histoire de la princesse de Montferrat*; la lecture de l'*Histoire des princesses de Bohême,* ouvrage assez long, prolixe et fort peu philosophique, ne m'incite pas à l'attribuer à Deslandes.

[99] *Bulletin du bibliophile et du bibliothécaire,* Paris, J. Techener, janvier 1859, note de Paul Lacroix, pp. 54-55.

[100] Ralph C. Williams, *Bibliography of the 17th-Century novel in France,* New York, The Century Co., 1931, p. 211.

surprise, Silas Paul Jones omet de citer dans sa liste des romans français de 1700 à 1750.[101]

J'attribue l'*Histoire de la princesse de Montferrat* à Deslandes pour trois raisons: 1. il est fait allusion à ce roman dans la *Muse limonadière* de Mme Bourette, et jamais on n'y dit qu'il ne s'agisse que d'une réédition procurée par Deslandes: répondant à Mme Bourette qui le félicitait pour *Pigmalion*, Deslandes la prie de recevoir «*La Princesse de Montferrat* que j'ai l'honneur de vous envoyer».[102] 2. Raynal, dans ses *Nouvelles littéraires*, analyse, en 1749, ce roman qu'il intitule, en abrégeant, la *Princesse de Montferrat*; il recopie une lettre qu'il a adressée à «une dame, fort connue dans ce pays-ci pour le bel esprit», et qui venait de lui envoyer (preuve supplémentaire) non le roman imprimé, mais le manuscrit même du roman. Raynal en fait l'éloge en des termes, où perce parfois l'ironie, et qui reprennent, à propos du style en particulier, ce qu'il avait déjà dit de Deslandes quelque temps auparavant («un style plus fort qu'élégant et correct»); [103] il termine la lettre par le portrait que j'ai cité dans le chapitre I, qu'il fait précéder de ces deux phrases:

Voilà, madame, ce que j'ai senti en lisant le manuscrit que vous avez eu la complaisance de m'envoyer. Vous me faites un mystère du nom de l'auteur; si je ne me trompe, je l'ai deviné.[104] [. . .] C'est un ouvrage singulier de M. Deslandes qu'on imprime actuellement.[105]

3. la lettre imprimée à la suite du roman, et dont parle P. Lacroix, est la lettre même de Raynal.[106] Je confirmerai, dans mon chapitre III, par l'analyse du style et des idées de ce roman, ce que l'histoire littéraire me permet ici d'affirmer: ce roman est caractéristique de Deslandes.[107]

3. *1750-1757 : les permissions tacites*

Est-ce un effet de l'arrivée de Malesherbes à la Direction de la Librairie? Entre 1750 et sa mort, Deslandes va faire solliciter et, ces fois-là, obtenir

---

[101] S. Paul Jones, *A list of French prose fiction from 1700 to 1750*, New York, Wilson, 1939.

[102] Mme Bourette, op. cité, p. 93. On remarquera que Deslandes entretient, lui-même l'ambiguïté! Il donne ici le titre abrégé de son roman, omettant le mot *Histoire* . . .

[103] Raynal, op. cité, p. 128.

[104] *Ibid.*, p. 177.

[105] *Ibid.*, p. 175.

[106] Il y a toutefois quelques différences entre le texte de 1749 et le texte de l'édition Tourneux, ce dernier comportant même, à mon avis, deux erreurs de lecture: un Ministre, «qui *fait* la guerre et qui aime la paix»; lire: «qui sçait la guerre et qui aime la paix» (édition de 1749, pp. 136-137); «quand elle (la Princesse) n'aurait pas des droits sur *son* cœur par ses malheurs»; lire: «Quand elle n'auroit pas des droits sur mon cœur par ses malheurs». (édition de 1749, p. 137.)

[107] J'ignore si une permission tacite a été sollicitée pour ce roman: le *Registre* des

la permission tacite pour trois au moins de ses quatre derniers ouvrages.

En 1750 paraît, à Paris, sous le nom de «Mr. D***», un *Traité sur les différens degrez de la certitude morale.* C'est une attaque assez claire contre la valeur historique de l'Ancien et du Nouveau Testaments; certes, les deux textes sacrés ne sont pas nommés, mais, si on leur applique la mathématique inventée par l'auteur, ils se trouvent ravalés parmi les textes les moins certains qui soient, en raison de la façon dont, depuis des siècles, ils ont été transmis. A vrai dire, je n'ai, pour le texte de ce *Traité*, d'autre preuve qu'on doive l'attribuer à Deslandes, que le témoignage concordant d'un certain nombre de bibliographes.[108] De style et de contenu, il ne jure pas avec le reste de l'œuvre d'un philosophe, disciple de Bayle et de Fontenelle. Aucune permission tacite ne fut demandée pour ce petit livre; il échappa à la prohibition.

La Fortune, Histoire critique paraît en 1751, sans nom d'auteur, ni indication de lieu. On sait que ce conte allégorique avait été composé dès 1749; qu'en raison de l'emprisonnement de Diderot à Vincennes Deslandes avait remis à plus tard de le faire paraître, alors qu'il était en négociations avec La Marche, libraire parisien. C'est la dénonciation de Deslandes faite à la police par la femme du libraire qui nous assure du fait: elle est conservée aux *Archives de la Bastille*.[109] En 1751 cependant le censeur La Virotte accordait son approbation, et une permission tacite était accordée au libraire qui le débitait.[110]

En 1752 est publiée anonymement une *Lettre critique sur l'histoire navale d'Angleterre*, sans lieu. Elle se retrouve sous le nom de Deslandes, dans le volume III du *Recueil de différens traitez de physique et d'histoire naturelle*, qui paraît en 1753, avec approbation et privilège du roi; mais, dès 1752, Durand recevait la permission tacite de débiter cette *Lettre*.[111]

En 1756, et peut-être même dès 1755, «M. Deslandes, Ancien Commissaire Général de la Marine» faisait paraître une *Histoire de M. Constance, Premier Ministre du Roi de Siam*.[112] Il s'agit de la révolution qui eut lieu au Siam à la fin du XVIIe siècle; Deslandes présente un récit des événements qui contredit celui fait par le Père d'Orléans, dont

années 1747-1749 a disparu.

[108] De Feller, Michaud, Quérard, Hoefer, Barbier, Lanson.

[109] *Archives de la Bastille*, 10 septembre 1749, 10301 (1749) et 18 septembre 1749, 10694 (69). Cité in Fr. Venturi, op. cité, p. 186.

[110] B.N., Mss. f. fr. 21994; mention du livre est même faite deux fois: p. 9 (No 43), et p. 11 (No 60), «distribué à M. La Virotte, permis à Durand».

[111] B.N., Mss. f. fr. 21994, p. 154 (No 154).

[112] Deslandes, *Histoire de M. Constance, Premier Ministre du Roi de Siam*, Amsterdam (Paris), 1756.

l'«Histoire est un véritable Roman».[113] Quant à lui, il s'appuie sur «les Mémoires de M. le Chevalier Martin, Gouverneur de Pondichéri, & Directeur général de la Royale Compagnie des Indes Orientales, [qui] a vû de près la révolution arrivée à Siam»,[114] et il utilise également «plusieurs Lettres & plusieurs Mémoires de M. Deslandes (note de bas de page (a) : *Pere de l'Auteur*), qui avoit demeuré à Siam dans une étroite liaison avec M. Constance».[115] Malgré la thèse qu'il soutient dans cette *Histoire* (Constance Phaulkon a été présenté mensongèrement par les Jésuites comme un chrétien martyr, ce n'était qu'un politique), Deslandes a fait solliciter et obtenir une permission tacite de débiter.[116]

C'est en 1756 que paraît l'édition en quatre volumes de l'*Histoire critique de la philosophie*; la permission tacite fut demandée; le censeur désigné était Condillac. Aucune mention de refus ou de permission n'est portée dans la colonne de droite du *Registre 21994* : je pencherais à croire cependant que le livre fut permis et put paraître, non à Amsterdam, comme le porte la page de titre, mais à Paris.[117]

Deslandes mourut l'année suivante (11 avril 1757). Il laissait des manuscrits, que la famille se garda bien de publier; il est même probable qu'elle ne les conserva pas et qu'ils furent brûlés, conformément à la recommandation qu'on lit dans l'acte notarié que j'ai cité à la fin de mon chapitre I. De quelles sortes de manuscrits pouvait-il s'agir?

Dans la lettre qu'il adresse au comte de Maurepas, et qui est en tête de l'*Essay sur la marine et sur le commerce* de 1743, Deslandes avait écrit:

Il est nécessaire, MONSIEUR, que son Histoire [de la Marine] soit composée par un homme du métier, qui ait du cœur & des sentimens, non par un Prêtre ou par un Moine, gens qui d'ordinaire ne parlent que d'après ceux qui les employent, ou d'après les passions basses & grossiéres qui les occupent.[118]

Il ajoute, annonçant ainsi l'ouvrage sur lequel il travaille:

---

[113] Deslandes, op. cité, p. vj.
[114] *Ibid.*, p. iij.
[115] *Ibid.*, p. iv.
[116] B.N., Mss. f. fr. 21994, p. 62 (No 484) : «Présenté par Duchesne, distribué à M. Dumont, Permis».
[117] B.N., Mss. f. fr. 21994, p. 25 (No 169) : «Distribué à M. l'abbé de Condilhac».
[118] *Essay sur la marine et sur le commerce*, p. 5. Dans une note (a) qui précède l'expression «par un Moine», Deslandes dénonce les auteurs ecclésiastiques qui ont traité de la marine: «Le Pere DANIEL a parlé de la Marine, à la fin de son Traité *de la Milice Françoise* : mais rien n'est plus superficiel que ce qu'il en dit. Le Pere FOURNIER a donné dans le sixiéme Livre de son *Hydrographie*, des Mémoires sur la Marine, qui sont très-vagues & très-mal détaillés. Un Capucin a fait l'Histoire de Rochefort. Quelle Histoire! *Dii magni! horribilem & sacrum Libellum!*»

En attendant, MONSIEUR, que paroisse une Histoire qui réunisse toutes ces conditions [119] (car je n'oserois croire que celle que j'ai déjà fort avancée, soit assez heureuse pour cela), j'ai l'honneur de vous envoyer un *Essai sur la Marine & sur le Commerce*.[120]

Deslandes devait vivre encore quatorze ans, mais son *Histoire de la Marine* ne parut jamais. Il se contenta, nous le savons, de donner en 1748 un *Essai sur la Marine des Anciens*, et une *Lettre critique sur l'histoire navale d'Angleterre*, en 1752. Suffirait-il de rassembler ces deux essais et cette lettre pour avoir en mains le texte de l'histoire que Deslandes projetait d'écrire? Il est plutôt vraisemblable de penser que le dessein qu'il avait formé était plus large et plus synthétique. J'expliquerais volontiers cette lacune de la façon suivante: dans sa lettre à Maurepas, Deslandes présente son projet en ces termes:

Il faut [. . .] que cette Histoire soit exactement vraye, qu'elle raconte sans artifice & sans détour les bonnes & les mauvaises actions des Officiers généraux qui ont commandé des Escadres & des Flottes, qu'elle aplaudisse à ceux qui ont noblement réussi, & qu'en même tems elle blâme ceux qui ont manqué de tête, ou se sont retirés avec lâcheté, qu'elle excite enfin la jeune Noblesse à servir utilement la Patrie & à prodiguer pour elle tout son sang.[121]

Les personnes ne devaient donc pas être épargnées dans cette *Histoire*; or Raynal fait remarquer, dans les *Nouvelles littéraires* de 1749, à quel point notre auteur était soucieux (ou devenu soucieux?) de ne pas faire de personnalités: «Personne n'a dit avec plus de courage les vérités utiles au bien de l'Etat, à l'honneur de la philosophie, au progrès des sciences, ni *tû avec plus de ménagement celles qui intéressent l'honneur des particuliers, la tranquillité des familles*».[122] Il est donc possible que Deslandes ait renoncé à faire paraître, de son vivant, cette *Histoire de la Marine*, qui perdait ainsi toute chance de voir jamais le jour.

Mais la perte la plus importante que nous ayons faite est celle de la suite de l'*Histoire critique de la philosophie*, que Deslandes annonçait en 1756.

Dans l'«Avertissement» que Deslandes a mis en tête du volume IV de l'ouvrage, il donne les raisons pour lesquelles ce volume n'avait pas été édité dès 1737:

Divers obstacles ajoûtés les uns aux autres, m'ont retenu jusqu'à présent; & j'ai craint de nouvelles contradictions de la part de ceux que blesse toute vérité dite hardiment. J'en avois essuyé d'une autre sorte de la part de quel-

[119] Ces conditions sont celles énoncées dans la citation qui précède et dans la citation qui va suivre.
[120] *Ibid.*, p. 6.
[121] *Ibid.*, pp. 5-6.
[122] Raynal, op. cité, p. 177. C'est moi qui souligne.

ques personnes, qui croyoient que l'amour de la Philosophie ne pouvoit s'allier avec l'esprit & le maniment des affaires.[123]

Il explique ensuite pourquoi il s'est enfin décidé à faire paraître ce volume, dans un passage qui montre que cet «Avertissement» a dû être publié en premier lieu dans un périodique du temps:

De pareils obstacles auroient duré long-tems, si ce courage d'esprit qui doit accompagner un Auteur, lequel a le loisir de penser, ne m'avoit comme obligé de donner la suite d'un ouvrage que le Public avoit lû avec des yeux d'indulgence. J'ose donc lui promettre que le quatriéme Volume de l'Histoire Critique de la Philosophie paroîtra avant la fin de cette année, & que les autres, vû l'arrangement que j'ai pris, le suivront de près. Heureux, si je persiste à soutenir avec modération mes premiers sentimens, & si l'air contagieux qui regne aujourd'hui, ne m'invite point à dire par complaisance, & peut-être par intérêt, ce que je ne crois point. Je me flatte, suivant les dispositions où je me trouve & le peu de cas que je fais des faveurs mal distribuées de la fortune, que je ne changerai point de sentiment.[124]

Quels sont ces «autres» volumes?

Les deux derniers Volumes de mon Ouvrage contiendront une histoire de l'esprit & du cœur humain, traitée suivant mon goût & mes idées particulieres. Cette Histoire renfermera deux choses: 1°. Le détail des vertus & des vices qui ont triomphé dans chaque siecle, des cruautés, des injustices qui s'y sont commises, les noms des Rois équitables & bien-faisans dont la liste est si courte & les noms des Tyrans & autres mauvais Princes pour en inspirer de l'horreur. 2°. Le progrès des connoissance humaines, les efforts de génie qu'ont fait [sic] les grands Philosophes & les grands Législateurs, l'établissement des principales Religions en chaque pays, & les changemens qui y sont arrivés, soit par hasard, soit de dessein prémédité; enfin, les différens goûts qui ont succédé les uns aux autres, soit dans les mœurs, soit dans les sentimens, soit par rapport au commerce ordinaire de la vie. Cette Histoire, si je ne trompe, aura quelque chose de neuf & de singulier.[125]

Le dessein de Deslandes ressemble à beaucoup d'égards à ce que Voltaire réalise à la même époque dans son *Essai sur les mœurs*. Il est clair que l'année qui précède sa mort, Deslandes établit à son usage une stratégie philosophique conforme à celle de Voltaire, et non à celle de d'Alembert et de Diderot: il est partisan des ouvrages courts et agressifs. Malheureusement les deux volumes que Deslandes annonce ainsi ne paraîtront pas, et je n'ai pu trouver trace des manuscrits. Ce devait pourtant être la part la plus personnelle et la plus «engagée» de l'œuvre de Deslandes.

---

[123] Deslandes, *Histoire critique de la philosophie*, Amsterdam, 1757, vol. IV, «Avertissement», pages non numérotées: 1.
[124] *Ibid.*, pp. 2-3.
[125] *Ibid.*, pp. 3-4 (non numérotées).

4. Editions et traductions?

J'examine à part maintenant le cas des ouvrages que Deslandes a mis en forme: textes tirés de lettres ou de mémoires sur les Indes et sur le Siam, rédigés par son père et son grand-père; traductions prétendues et supposées.

En 1731 paraissait à Cologne [Nantes], «Chez les Heritïers de Pierre Marteau»,[126] un texte anonyme, devenu très rare, et qui s'intitule: *Remarques historiques, critiques et satyriques d'un Cosmopolite, tant en prose qu'en poésie sur différens sujets.* On a parfois attribué cet ouvrage au père de Deslandes ou à Deslandes lui-même, qui aurait mis en forme des remarques laissées par son père. Sur la page de garde de l'exemplaire que conserve le British Museum, on peut lire la série de remarques manuscrites suivantes:

Par Deslandes, né à Pondichéri, [décédé en] 1757. Commissaire de la Marine à Rochefort.

Deslandes né en 1690 à Pondichéri n'a pu se citer comme témoin de faits antérieurs à cette époque. L'auteur de cet ouvrage paraît avoir voyagé dans les 4 parties du globe. Il parle du Commissaire Deslandes page 96. Ce ne peut donc être celui-ci qui ait [la suite est illisible].

On y trouve quelques pièces de vers du vieux Boudier, assez piquantes et que je ne crois dans aucun autre recueil. L'auteur quel qu'il soit est [illisible]. Boudier étoit de Coutances.

Suivant l'abbé le Beuf, ce volume est de Deslandes le Pere et il a été publié par son fils, mort en 1757. Au reste c'est un ouvrage rarissime. Il a été imprimé à Nantes.

Deux faits sont certains: 1. le Cosmopolite qui a la parole ici ne peut être André-François Deslandes, le fils: il parle de voyages accomplis à la fin du XVIIe siècle; 2. Ce ne peut être non plus André Deslandes, le père, car les lieux de séjour cités dans les *Remarques historiques* ne cadrent pas avec ce que nous savons de l'administrateur de la Compagnie des Indes Orientales: le Cosmopolite est à Malte en 1687 (p. 6), à Venise en 1687 (p. 132) et en 1697 (p. 12), à Andrinople fin 1688 (p. 115); il est vrai qu'il est aux Indes, à Surate, en 1699 (p. 108), mais, à cette date, André Deslandes est de l'autre côté des Indes, au Bengale... En outre le Cosmopolite est toujours vivant en 1720 (pp. 13-14), et il parle de la naissance du Dauphin, qui date de 1729 (p. 176), alors qu'André Deslandes était mort depuis 1707. Ainsi, ou bien il s'agit d'un ouvrage de

---

[126] A Londres, selon Lanson, in *Manuel bibliographique*, art. Boureau-Deslandes.

souvenirs, et ni notre Deslandes ni son père ne peuvent en être les auteurs; ou bien il s'agit d'un ouvrage de fiction, et je ne vois aucune raison sérieuse, externe ou interne, de l'attribuer en entier à Deslandes; toutefois un poème est attribué à notre auteur, mais en termes qui semblent exclure que le reste de l'ouvrage soit de lui:

> Mr. Deslandes Contrôleur de la Marine, écrivit cette Lettre en Stile de Marot à Mr. de Camilly.

Suit le poème en question, qui est ensuite critiqué: «quoi que cette Lettre soit fort jolie, elle n'est pourtant pas sans faute, quand ce ne seroit que ce vers dont l'Emistiche est ridicule, *Des biens qui sont mis sur nôtre passage*, & ce mot de Vieillesse au lieu d'Antiquité, que l'on applique à des lieux charmans». Je ne cite pas le poème, trop long et bien trop faible, mais il n'est pas impossible qu'il soit de Deslandes en effet, dont il respire l'épicurisme que j'ai déjà signalé à propos des poèmes qui accompagnent les *Réflexions sur les grands hommes qui sont morts en plaisantant*. Le Cosmopolite conclut la section:

> Ce Mr. Deslandes qui est de l'Academie des sçiences est né aux Indes Orientales; Son Pere Directeur de la Compagnie, & depuis Commissaire General à Saint Domingue, ou il est mort avoit épousé la fille du fameux Mr. Martin Gourverneur [sic] de Pondichery.[127]

Deux essais du *Recueil de différens traitez de physique et d'histoire naturelle* sont, eux, effectivement tirés des papiers du père et du grand-père de Deslandes, bien que notre auteur n'indique pas, dans le *Recueil*, les liens familiaux qui existaient entre lui et les hommes qui sont à la source des informations qu'il donne ici. Le premier essai du volume III (1753) est un «Mémoire sur l'établissement des Colonies Françoises aux Indes Orientales, avec diverses remarques sur les Isles de Mascareing & de Madagascar»; il a une cinquantaine de pages. Le dernier essai du même volume est un «Eclaircissement sur l'état où étoient les colonies Portugaises aux Indes Orientales, lorsque la Royale Compagnie de France s'y établit».[128]

Dans le *Recueil de différens traitez de physique et d'histoire naturelle* de 1736 figure un «Traité sur la meilleure manière de faire des expériences». C'est un traité newtonien, dont je montrerai, dans le Chapitre III, l'intérêt scientifique en rapport avec la querelle entre les cartésiens de l'Académie des Sciences de Paris et du *Journal des Savants*, et les par-

---

[127] *Remarques historiques, critiques et satyriques*, pp. 94-96.
[128] Deslandes, *Recueil de différens traitez de physique et d'histoire naturelle*, Paris, 1753, vol. III, pp. 1-52 et pp. 255 et sq.

tisans de la nouvelle physique expérimentale. Ce qui m'intéresse ici est de prouver que ce traité est, en partie, tiré d'un discours en latin de Pierre van Musschenbroek, mais que Deslandes y développe à sa manière ses propres idées.

Disciple de Boerhaave, Musschenbroek avait prononcé en effet un discours *De methodo instituendi experimenta physica*, le 27 mars 1730, «en quittant la charge de recteur magnifique à Utrecht».[129] Comme Deslandes le fera en 1736, Musschenbroek commence par s'interroger sur les propriétés des corps telles qu'elles se révèlent à nous dans les phénomènes; ces propriétés ne peuvent être découvertes que par un appel aux sens,[130] et l'auteur utilise l'exemple de l'horloge dont on découvre peu à peu les mécanismes;[131] Musschenbroek note alors huit propriétés de la matière,[132] d'où découlent les autres. Puis il en vient aux difficultés que l'on rencontre à faire des expériences: difficulté d'avoir des instruments précis, nombre des circonstances à ne pas négliger.

Après avoir analysé le discours de Musschenbroek, P. Brunet en vient au traité de Deslandes, «dont le plan au moins n'est autre que celui de la dissertation de 1730»[133] de Musschenbroek. «Comme l'auteur, loin de dissimuler ses emprunts, les signalait au contraire avec complaisance»,[134] Brunet juge bon d'analyser le traité de Deslandes; il cite ensuite l'opinion du rédacteur des *Observations sur les écrits modernes*, qui «affirmait que Deslandes en avait singulièrement augmenté la valeur, en y ajoutant des exemples et des observations 'bien préférables aux préceptes du philosophe hollandais'.»[135] En outre, la fin du traité, tel qu'il apparaît en 1750 dans la troisième édition, renferme des problèmes de physique qui intéressent la Marine, et qui sont des problèmes techniques que l'expérimentation se doit de résoudre, non de façon purement théorique, mais de façon pratique. Ce *Traité* est d'ailleurs teinté du scepticisme propre à Deslandes; il s'enrichit de réflexions philosophiques sur la matière tirées de Locke et du Voltaire des *Lettres philosophiques*;[136] il aboutit à une conception de l'hypothèse provisoire qui s'oppose au rejet de toute hypothèse que souhaitaient certains physiciens hollandais:

[129] P. Brunet, *Les physiciens hollandais et la méthode expérimentale en France au XVIII siècle*, Paris, 1926, p. 68.
[130] Cf. Deslandes, *Recueil de différens traitez de physique et d'histoire naturelle*, vol. I, 1750, pp. 186-187.
[131] *Ibid.*, pp. 188-189.
[132] Deslandes en note neuf; op. cité, pp. 193-194.
[133] F. Brunet, op. cité, p. 109.
[134] *Ibid.*, pp. 109-110.
[135] *Ibid.*, p. 112; *Observations sur les écrits modernes*, Année 1736, p. 170.
[136] Deslandes, op. cité, note 1 de la page 193.

Il y a cependant un cas où l'on peut se permettre une hypothèse: c'est lorsqu'on a recueilli un grand nombre de faits certains, & qu'on veut les rappeller à quelque point fixe, pour ensuite les comparer ensemble. Une hypothése vient alors très-à-propos: & si les faits sont bien observés, s'ils se déduisent dans un certain ordre les uns des autres, elle se changera immanquablement en réalité.[137]

Deslandes reconnaissant donc lui-même qu'il devait beaucoup à «feu M. Boërhaave, dans son Discours *de comparando certo in Physicis*, & Messieurs Musschenbroek & Hamberger dans les Ouvrages qu'ils ont publiés sur la meilleure maniére de faire des Expériences. Celui du premier a pour titre, *De Methodo instituendi Experimenta Physica*, & celui du second est intitulé *De Cautione in Experientiis rectè formandis & applicandis adhibenda*. En suivant les principes établis par ces trois Ecrivains, & y ajoûtant mes réflexions particuliéres, je tâche de marquer les justes bornes dans lesquelles doit se contenir la Physique Expérimentale».[138] Et, comme on l'avait critiqué pour ses emprunts à Musschenbroek, Deslandes écrit dans la «Préface» de l'édition de 1750 du *Recueil*:

L'Auteur d'un Journal imprimé en Hollande, ayant dit que M. P. V. Musschenbroek avoit desapprouvé la liberté que j'avois prise de refondre son Discours sur les Expériences, je lui envoyai mon Traité & lui en fis une sorte d'hommage. Voici la réponse que je reçus de M. Musschenbroek, & que je rapporte pour ma justification. «*Vir nobilissime, laetus donum tuum accepi, avidè legi nec sine utilitate. Laudo propositum, quod scientiam ad utile perducere volueris: in subtilitatibus saepe vana est gloria. Pluris quam par erat fecisti meam oratiunculam de instituendis Experimentis, ut eam vertendam & commentariis illustrandam censueris. Interim pergito bene mereri de Phycicâ eamque observationibus locupletare. Huic scopo te Deus O. M. diù servet incolumem, in decus Patriæ & Familiæ honorem. Nunc, officiosissime, à me tui amantissimo salutatus, vale . . . Ultrajecti, 10 Octobris 1736.*» Ce sont-là, me dira-t-on, des complimens littéraires. Mais quoi! les Gens de Lettres ne doivent-ils se parler que par injures? [139]

En fait, Deslandes a fait son bien de ce «Traité», qui devint une machine de guerre dans le combat qui se livrait alors en France.

---

[137] *Ibid.*, pp. 232-233.
[138] *Ibid.*, p. 180.
[139] *Ibid.*, pp. xxj-xxiij. «Très illustre ami, j'ai reçu avec plaisir votre cadeau, je l'ai lu avidement, et non sans profit. Je loue votre dessein de conduire la science vers l'utile: c'est une vaine gloire qui souvent réside dans les subtilités. Vous avez développé mon petit discours *De instituendis Experimentis* en le traduisant et en l'illustrant de commentaires.Continuez donc à bien mériter de la physique et à l'enrichir par des observations. Que Dieu vous garde longtemps pour ce faire, afin que vous illust x riez votre patrie et honoriez votre famille. Maintenant, mon cher ami, recevez le salut d'un homme qui vous est très affectionné; adieu . . . Utrecht, le 1er octobre 1736».

Dans la plupart des bibliographies, on attribue à Deslandes un traité *De la certitude des connoissances humaines, ou Examen philosophique des diverses prérogatives de la raison et de la foi; traduit de l'anglois, par F. A. D. L. V.,* Londres, 1741. Une permission tacite fut demandée «par Prault» pour cet ouvrage, et elle fut refusée;[140] le livre apparaît sur le *Répertoire* des livres prohibés.[141]

Après le titre du traité, Barbier écrit: «ou plutôt composé en français par François-André Deslandes».[142] Lanson, dans le *Manuel de bibliographie*, écrit de son côté, après enquête: «d'après Locke, Chubb, Toland, Collins, ce dernier traduit parfois mot à mot».[143] Cet ouvrage a été examiné par John L. Carr;[144] les conclusions auxquelles il arrive sont différentes de celles de Lanson: selon Carr le texte de F.A.D.L.V. devrait beaucoup en effet à Locke, mais non pas directement au texte anglais du philosophe: c'est la traduction de l'*Essai philosophique concernant l'entendement humain* établie par Coste dès 1700 qui aurait servi de base.[145] L'*Examen des principes de Mr. Barclay* de Chubb, et *Le christianisme sans mystère* de Toland n'auraient fourni qu'une inspiration de doctrine. En revanche, et c'est la découverte la plus intéressante de Carr, F.A.D.L.V. doit beaucoup non seulement à Collins, mais encore à l'écrivain dont Collins s'est lui-même inspiré, Clifford. Toutefois ce qu'il leur doit provient, non des textes anglais, mais des traductions françaises du *Discourse of Freethinkers* (1713), traduction établie par Scheurléer et Rousset (*Discours sur la liberté de penser,* Londres, 1714, 1717 et 1766) et du *Treatise of Human Reason* de Clifford (1674), dont la traduction a été établie par Poppel (*Traité de la raison humaine,* Amsterdam, 1682 et 1699, 1705, 1744). L'auteur du traité *De la certitude des connoissances humaines* aurait eu sous les yeux, selon Carr, en écrivant sa prétendue traduction, les deux traductions déjà établies de Collins et de Clifford; il aurait transcrit alternativement les passages qui lui convenaient dans l'une et l'autre. Ce texte n'est donc pas une traduction, mais une adaptation; c'est une sorte de bilan clandestin pour la France du déisme anglais.

[140] B.N., Mss. f. fr. 21990, p. 34 verso (No 1148, qui devrait être 2048).
[141] B.N., Mss. f. fr. 21928, p. 8 verso.
[142] Barbier, *Dictionnaire des ouvrages anonymes,* Paris, 1872, vol. I, p. 555.
[143] Lanson, *Manuel bibliographique de la littérature française moderne,* Paris, Hachette, 1921, p. 724 (No 9959).
[144] John L. Carr, «A curious 18th-Century translation», in *M.L.R.,* 1960, vol. IV, pp. 574-577.
[145] *Ibid.,* pp. 575-576. L'argument de Carr est que, par exemple, une phrase comme «this, with most men, serves the turn» de Locke peut être traduite en français de différentes manières; or, le texte de notre auteur reproduit avec exactitude le texte de Coste: «la plûpart n'en demandent pas davantage pour se déterminer».

Faut-il attribuer cet ouvrage à Deslandes? Le but de John L. Carr n'est pas de découvrir le nom de l'auteur; il fait toutefois deux remarques intéressantes: «Le traité contient des idées que l'auteur [Deslandes, selon lui] a répudiées de façon précise dans ses écrits ésotériques [dans lesquels, par exemple, il manifeste sa sympathie pour le Pyrrhonisme]»;[146] ce traité a pu être confondu avec le *Traité sur les différens degrez de la certitude morale par rapport aux connoissances humaines* (1750), traité qui est vraisemblablement, comme je l'ai dit plus haut, de Deslandes. Est-ce en raison d'une telle confusion qu'un grand nombre de bibliographes attribuent le premier ouvrage à Deslandes? Les initiales portées sur l'édition de 1741 sont F.A.D.L.V.; admettons que le prénom de Deslandes ait été retourné, nous avons bien *François-André Des Landes*. Reste le V: serait-ce un *V*ertit latin, Untel *a traduit*? Ce V représenterait-il l'initiale d'un lieu fictif? Ce Villefranche, par exemple, où justement le *Nouveau voyage d'Angleterre* serait paru en 1717? Comme on le voit nous n'avons pas de certitude; et ce n'est qu'au bénéfice du doute que je range cet ouvrage dans la liste des œuvres de Deslandes.

Reste la traduction du livre de Krüger, *Geschichte der Erde in der alleerältesten Zeiten* (Halle, 1746), qui a été publiée à Amsterdam et Paris, en 1752: l'*Histoire des anciennes révolutions du globe terrestre*. Selon Quérard, «une note manuscrite de Naigeon jeune attribue encore à cet écrivain» la traduction que je viens de citer.[147] Aucun indice ne m'a permis de soutenir cette attribution.

Nous aboutissons donc au tableau de la page suivante, où je n'énumère que les premières éditions, à l'exception d'une réédition des *Réflexions sur les grands hommes qui sont morts en plaisantant* (parce qu'une permission tacite a été demandée pour cette réédition), et de la réédition, en quatre volumes, de l'*Histoire critique de la philosophie* (1756).

---

[146] *Ibid.*, p. 575. C'est moi qui traduis.
[147] Quérard, *La France littéraire*, vol. II, p. 516.

	anonymes ou M. D***	permission tacite sollicitée		approbation et privilège
		refusée	accordée	
1712	Réflexions sur les grands hommes qui sont morts en plaisantant.			
1713	Poetæ rusticantis literatum otium.			
1715				
1717	Nouveau voyage d'Angleterre. *PROHIBE.*			L'art de ne point s'ennuyer.
1731		[Réflexions sur les grands hommes...] *PROHIBE.*		
1736		Histoire critique de la philosophie (3 vol.). *PROHIBE.* De la certitude des connoissances humaines. *PROHIBE.*		Recueil de différens traitez de physique et d'histoire naturelle. Vol. I.
1737		Essay sur la marine et sur le commerce. *PROHIBE.*		
1741	Pigmalion, ou la Statue animée.			
1742	L'optique des mœurs.			
1743				
1745	Lettre sur le luxe.			
1748	Lettre à M..., Trésorier de France.			Essai sur la marine des Anciens.
1749	Histoire de la princesse de Montferrat.			
1750	Traité sur les différens degrez de la certitude morale.			
1751			La Fortune, Histoire critique. Lettre critique sur l'histoire navale d'Angleterre.	
1752				Recueil de différens traitez. Vol. II.
1753			Histoire de M. Constance. Histoire critique de la philosophie (4 vol.). [?]	
1756				Recueil de différens traitez. Vol. III.

PARTIE II

UNE PHILOSOPHIE DES LUMIÈRES

CHAPITRE III

SCIENCE NOUVELLE ET NOUVELLES FORMES LITTÉRAIRES

Dans certaines biographies, André-François Deslandes est présenté, non sans une pointe de dédain, comme un polygraphe, – comme un écrivain qui traite de tous les sujets à la mode, sans être toutefois ni bon écrivain, ni spécialiste compétent; à quoi s'ajoute la connotation selon laquelle le polygraphe est incapable de s'élever à la synthèse: une curiosité inquiète le fait sauter d'un sujet à l'autre, alors qu'aucune vision du monde ne permet de lier les éléments disparates qu'il a rassemblés.

Or, s'il est vrai que Deslandes s'est posé les questions clefs de son temps, et s'il a eu la modestie et le bon sens de ne pas toujours y proposer de réponse, il n'en est pas moins vrai que la manière dont il a posé ces questions, les raisons pour lesquelles il s'est bien souvent refusé d'y répondre, et les hypothèses qu'il a parfois suggérées, relèvent d'une conception synthétique du monde; elles constituent une des «philosophies des Lumières» possibles du XVIIIe siècle.

Le but de la deuxième partie de ce livre est de conduire par étapes jusqu'à cette définition de la philosophie et du philosophe. Le Chapitre III constitue la première de ces étapes: traitant de toute sorte de matières: techniques, scientifiques, économiques, politiques, religieuses, – philosophiques en somme –, Deslandes varie les formes qu'il pratique et les adapte au public nouveau qu'il pressent.

A. ESSAIS LIBERTINS ET PHILOSOPHIQUES

Le premier ouvrage de Deslandes, ses *Réflexions sur les grands hommes qui sont morts en plaisantant*, est si moderne par sa hardiesse philosophique à peine voilée qu'on peut trouver invraisemblable qu'un tel livre ait été publié dès 1712; c'est pourtant un fait, que le Chapitre II de cette étude a établi.

Dans une lettre « Monsieur de la CH . . .», qui précède le Chapitre I des *Réflexions*, Deslandes, rattache son essai, et en excuse ainsi le décousu, à l'esprit de conversation qui caractérise, par exemple, les *Entretiens sur la pluralité des Mondes* de Fontenelle. Il rappelle à son ami que leurs «conversations rouloient presque toujours sur ceux qui ont plaisanté à la vûë de la mort, & qui ont pour ainsi dire, badiné avec elle».[1]

La nouveauté des *Réflexions* répond, selon Deslandes, à l'attente du public des années 1710. Ce public rejette les formes littéraires qui avaient été en vogue à la fin du XVIIe siècle:

On est déjà las des Livres écrits dans le stile de Monsieur de la Rochefoucault, ou de Monsieur de la Bruyere; je veux dire, de ceux qui ne contiennent que des maximes détachées ou des reflexions morales. Les Ouvrages de galanterie, & en general toutes les Histoires qui ont l'air de Roman, n'ont plus de cours.[2]

Deslandes donne la raison de ce dégoût qu'éprouve le XVIIIe siècle débutant: «on commence à préférer la Verité aux vraisemblances les plus flateuses & les plus agréables».[3]

Quelle est donc la littérature au goût du jour? On notera l'idée de progrès que sous-entend cette définition:

Je sai que l'étude de la Philosophie est maintenant fort à la mode. Tous ceux qui combattent nos préjugez, ou qui éclaircissent une matiere abstraite, sont bien reçûs, du moins par les Lecteurs intelligens. Les plus beaux efforts de l'esprit humain sont ceux qui tendent à perfectionner notre Raison.[4]

Sans doute Deslandes fait-il allusion ici à Fontenelle et à Bayle; pour lui, qui se sent incapable de suivre une route si ardue, il va tenter «de meriter par une autre voie l'approbation du Monde savant»:

On ne dédaigne pas aujourd'hui un heureux mélange d'érudition & de critique, pourvû que ce mélange soit également éloigné de l'aridité des Compilateurs, & de l'affectation du Pedantisme. Voilà le milieu que j'ai crû devoir tenir, pour donner à cet Ouvrages un air d'élegance & de vivacité.[5]

Cet ouvrage toutefois doit beaucoup à la tradition humaniste, sceptique et libertine des XVIe et XVIIe siècles. Deslandes reconnaît sa dette envers Montaigne, qui lui a fourni l'idée de ses *Réflexions*:

Je veux seulement, Monsieur, vous faire part d'une chose que j'ai lûë dans Montagne, & qui marque son bon goût. Il souhaitoit devenir assez savant pour faire un Recueil des morts les plus éclatantes dont l'Histoire nous parle.

---

[1] *Réflexions sur les grands hommes qui sont morts en plaisantant*, Amsterdam, 1714, p. 3.
[2] *Ibid.*, pp. V-VI.
[3] *Ibid.*, p. VI.
[4] *Ibid.*, pp. VI-VII.
[5] *Ibid.*, p. VIII.

Vous qui êtes son partisan, vous approuverez ce dessein que j'execute en partie.[6]

Deslandes précise cette dette, lorsqu'il traite, dans le Chapitre III, de l'«Idée générale d'une mort plaisante»:

«Il n'est rien de quoi», disoit Montagne, «je m'informe si volontiers que de la mort des hommes, quelle parole, quel visage, quelle contenance ils y ont eû; ni endroit des histoires que je remarque si attentivement. Il y paroit, à la farcissure de mes exemples,» *& que j'ai en particuliere affection cette matiere.*[7]

Puis il consacre son Chapitre XXI (édition de 1714) à «Montagne [,qui,] en cent endroits de ses Essais a parlé avec éloge des *morts plaisantes & entremêlées de gaudisserie*».[8] Il cite un long passage de l'essai XL du Livre I, où Montaigne rend manifeste l'inconsistance de la nature humaine par l'exemple qu'il commente «de personnes populaires conduites à la mort», qu'on voit

y apporter une telle assurance [...] qu'on n'y apperçoit *rien de changé de leur estat ordinaire*: [...] *voire y meslans quelquefois des mots pour rire,* & beuvans à leurs cognoissans, aussi bien que Socrates.[9]

Ce que Deslandes admire en Montaigne, ce qu'il essaye d'imiter, non sans gaucherie, c'est la variété et le désordre de l'auteur des *Essais*; dans «les Auteurs qui se peignent au naturel dans leurs ouvrages: on [...] voit regner peu d'affectation, & beaucoup de cette maniere vive & agréable qui charme les personnes sensibles aux beautez naïves».[10]

Cette admiration de Deslandes passe souvent par l'admiration et la lecture d'écrivains du XVIIe siècle qui prisaient eux aussi Montaigne: La Mothe le Vayer est cité une fois;[11] Naudé est nommé une fois;[12] Saint-Evremond, trois fois;[13] Desmaizeaux, deux,[14] et Fontenelle, trois fois.[15] La médiation du XVIIe siècle, entre la Renaissance et le XVIIIe siècle, est, nous le verrons à nouveau plus loin, une constante des écrits philosophiques de Deslandes.

L'allure de ses chapitres est semblable à celle de tant de chapitres de La Mothe le Vayer. Comme ce dernier, mais moins que Montaigne,

[6] *Ibid.*, p. 4.
[7] *Ibid.*, pp. 27-28.
[8] *Ibid.*, p. 148. Je souligne.
[9] *Ibid.*, p. 149. Je souligne.
[10] *Ibid.*, p. 146.
[11] *Ibid.*, p. 14.
[12] *Ibid.*, p. 45.
[13] *Ibid.*, pp. 93, 112, 154.
[14] *Ibid.*, pp. 94, 111.
[15] *Ibid.*, pp. 2, 18, 128.

Deslandes mêle au commentaire en français la citation latine, ou du moins la référence à un auteur ou à un homme célèbre de l'Antiquité; comme ce dernier, Deslandes a une préférence marquée pour le scepticisme érudit. Toutefois trois autres influences plus modernes me semblent l'emporter: celle du pessimisme de La Rochefoucauld et de La Bruyère; celle de l'épicurisme des Saint-Evremond, Fontenelle et Chaulieu, qui est approfondi par l'influence conjointe du défenseur d'Epicure, Gassendi; celle du philosophe de Rotterdam, P. Bayle.

C'est en lecteur des *Maximes*, que Deslandes écrit cette réflexion:

La prudence nous prescrit certains momens heureux pour quitter un emploi, ou une charge considerable. On se retire alors du monde avec toute son estime; quelques heures après on commence à l'ennuyer. Il est de l'interêt d'un homme sage de connoître le tems le plus propre à faire retraite, & cette science ne s'acquiert pas aisément, elle demande une attention presque continuelle sur soi-même pour resister à l'amour-propre.[16]

De même lit-on un peu plus loin:

Remarquons en passant que l'amour propre est inséparable de l'homme; je ne sai même s'il ne fait pas une partie essentielle de son caractere. Celui qui en seroit destitué, ne pourroit au plus devenir qu'un habitant de la République imaginaire de Platon.[17]

Deslandes analyse les prétendues vertus du monde à la manière de La Rochefoucauld, en reprenant ses plus célèbres formules; parlant du «courage de ces fameux criminels que leur malheur conduit sur l'échaffaut», il voit en ce courage «souvent une espece de fureur pour conserver les debris d'une reputation mourante. Je ne sais quel désir de fausse gloire ne laisse rien alors aux mouvemens de la nature».[18]

Deslandes prolonge aussi parfois la réflexion de La Bruyère sur les biens que nous apporte la Fortune, et non le mérite:

L'ILLUSTRE imitateur de Theophraste a proposé dans ses nouveaux Caracteres un probleme assez curieux, que personne n'a encore résolu. Il vouloit qu'on lui déterminât au juste, quelle sorte d'esprit étoit propre à faire fortune. Cette question devient plus difficile & plus compliquée de jour en jour: car jamais on n'a tant vû de ces hommes méprisables qui s'élevent sans aucun merite: notre siécle sera sous ce point de vûë un siécle assez bizarre. Quoiqu'il en soit, tous les Royaumes ont fourni des établissemens pompeux où le hazard seul avoit part; ce qui est aussi propre à exciter les foux qui courent après la fortune, qu'à rendre sages ceux qui la méprisent.[19]

[16] *Ibid.*, p. 59.
[17] *Ibid.*, p. 89.
[18] *Ibid.*, p. 139.
[19] *Ibid.*, pp. 79-80.

Aussi félicite-t-il Patru, qui «négligea toûjours les faveurs de la fortune, si difficiles à aquerir [sic] sans crime».[20]

Toutefois ce pessimisme n'ouvre ni sur une conception hautaine de l'honnêteté, ni sur un rigorisme moral et chrétien. Il conduit à la sagesse nonchalante et badine que nous recommandent les disciples attentifs de la Nature.

C'est ainsi que Saint-Evremond, dont l'«unique étude pendant plus de quarante ans [avait] été de courir après toutes sortes de plaisirs»,[21] «avoit réservé toute sa gaieté pour ces derniers momens. Plus enjoué & plus badin qu'a l'ordinaire, il plaisantoit agreablement sur sa fin prochaine», selon le «veritable caractére d'un vieillard voluptueux».[22]

De Fontenelle, bien vivant en 1712, Deslandes donne un mot sur Caton d'Utique: on lui reproche, dans les *Dialogues des morts*, «d'avoir quitté la vie trop serieusement», et notre auteur commente ce reproche d'un

Que l'*indifference* fait honneur à un Philosophe, quand elle est bien ménagée.[23]

Ailleurs, Deslandes cite la traduction que Fontenelle a faite de «vers pleins d'enjoûment» que l'empereur Hadrien avait composés «une heure avant que de mourir»:

> Ma petite ame, ma mignone,
> Tu t'en vas donc, ma fille, *& Dieu sache où tu vas*;
> Tu pars seulette; nüe & tremblotante, Helas!
>   Que deviendra ton humeur folichonne?
>   Que deviendront tant de jolis ébats.[24]

Vers que Deslandes commente, pour en souligner la portée, en remarquant «au travers de la gayeté d'Hadrien, un grand fonds d'incrédulité sur les affaires de l'autre monde».[25]

L'influence de la poésie épicurienne, antique et moderne, est sans doute l'influence qui s'est exercée le plus fortement sur les *Réflexions* et sur les poèmes de Deslandes qui, à partir de 1714, formeront un appendice assez considérable au texte en prose. C'est que «les Poëtes sont presque les seuls dans le Monde savant qui ont bien parlé de la mort. Cette

---

[20] *Ibid.*, p. 113.
[21] *Ibid.*, p. 95.
[22] *Ibid.*, p. 96.
[23] *Ibid.*, p. 18; c'est moi qui souligne.
[24] *Ibid.*, pp. 127-128; c'est moi qui souligne.
[25] *Ibid.*, p. 128.

vûë leur a fourni mille pensées vives & agréables, dont les Connoisseurs sentent toute la beauté. [. . .] Il faut un art infini, pour rappeller le souvenir de la mort dans des Pieces folâtres & badines: c'est là une maniere de s'exciter au plaisir peu commune, mais pleine de finesse & de bon goût».[26] Tel fut Anacréon, «inimitable, dans ces momens où la crainte d'une mort prochaine l'oblige à inventer de nouveaux plaisirs. [. . .] Rien aussi ne doit plus nous engager à jouïr d'un bien, que l'apprehension de le perdre bientôt. Voilà le vrai système des Poëtes qui ont vécu du tems d'Auguste, système assez rafiné pour n'être point criminel».[27] Tel fut Catulle, dont Deslandes traduit l'épigramme «*Vivamus, mea Lesbia, atque amemus*»:

> Mais helas! Quand la mort cruelle
> Viendra finir nôtre bonheur,
> Rien ne pourra vaincre l'horreur
> De la nuit éternelle.[28]

Parmi les Modernes, celui auquel Deslandes doit le plus est l'abbé Chaulieu (1639-1720). Chaulieu, qui vivait au Temple, fréquentait le cadet des Vendôme, grand-prieur de l'ordre des Hospitaliers. Il recevait des poètes libertins tels que La Fare, Chapelle, La Fontaine, et, plus généralement, des personnes connues pour leur libertinage épicurien: le duc de Foix, «disciple aimable d'Epicure»;[29] le chevalier de Bouillon,

> Elève que j'ai fait en la loi d'Epicure,
> Disciple qui suit pas à pas
> D'une doctrine saine et pure
> Et les leçons et les appas,
> Philosophe formé des mains de la Nature,
> Qui sans rien emprunter de tes réflexions,
> Prend pour guide les passions,
> Et les satisfait sans mesure,
> Qui ne fit jamais de projets
> Que pour l'instant présent.
>
> . . . .
>
> Heureux libertin qui ne fait
> Jamais rien qu'il ne désire,
> Et désire tout ce qu'il fait.[30]

[30] Chaulieu, «Epître au chevalier de Bouillon», *Ibid.*, vol. II, p. 21.
[26] *Ibid.*, pp. 18-19.
[27] *Ibid.*, pp. 17-20.
[28] *Ibid.*, p. 21.
[29] Ce vers est tiré de *Couplets de chanson faits à un souper chez M. Sonning, sur un air des fragments de Lulli*: Chaulieu, *Œuvres*, La Haye, 1777, vol. I, p. 132. Je prends cette citation et la suivante du livre de J. S. Spink, op. cité, p. 195.

C'est à la culture antique qu'il se réfère, lorsqu'il veut dénoncer la croyance chrétienne en l'immortalité de l'âme; il renvoie à Virgile et fait semblant de dénoncer des superstitions de païens:

> Heureux qui, se livrant à la philosophie
> A trouvé, dans son sein, un asyle assuré
> Contre des préjugés, dont l'esprit enyvré
> De sa propre raison lui-même se défie;
> Et, sortant des erreurs où le peuple est livré,
> Démêle, autant qu'il peut, le principe des choses,
> Connoît les nœuds secrets des effets et des causes,
> Regarde avec mépris et la barque et Caron,
> Et foule aux pieds les bruits de l'avare Achéron!
> Mais c'est pousser trop loin peut-être la sagesse.
> J'aime mieux me prêter à l'humaine foiblesse;
> Et de l'Opinion respectant le bandeau,
> Croire voir les Enfers, mais ne les voir qu'en beau.[31]

Certes, ces «préjugés», ces erreurs où le peuple est «livré» concernent «l'Achéron» de l'Antiquité, mais c'est le même vocabulaire qui peut atteindre la religion chrétienne, son Enfer et son Paradis. On notera toutefois le pyrrhonisme de ce texte: «De sa propre raison *lui-même se défie*», «Démêle, *autant qu'il peut*, le principe des choses». Faut-il mettre au compte de ce pyrrhonisme le revirement apparent du texte: «J'aime mieux me prêter à l'humaine foiblesse», c'est-à-dire évoquer une survie de l'âme? Remarquons tout d'abord que Chaulieu parle de se «prêter» à l'humaine faiblesse; il ne s'y donne pas! En outre, le jeu de l'imagination qui, rejetant tout tableau noirci des Enfers, écarte par là-même la conception chrétienne, ce jeu a pour but de rappeler païennement les souvenirs heureux d'âges passés: la jeunesse de l'auteur et l'âge antique et épicurien. Mais, lorsqu'il évoque Mariane, jeune femme qu'il a aimée et qui est morte, Chaulieu se déprend du jeu, et ne trouve pas de consolation dans l'évocation d'un paradis où il la retrouverait:

> ... et ma douleur profonde
> *N*'a, pour me consoler au milieu de mon deuil,
> *Que* de porter ton nom jusques au bout du monde.[32]

Cela seulement.

Dans d'autres textes, l'évocation du bonheur et des plaisirs passés est

---

[31] Chaulieu, *Œuvres*, éd. de M. de Saint-Marc, Amsterdam, 1757, vol. I, p. LXXIV.
[32] *Ibid.*, p. LXXVI.

présentée comme la seule consolation de la vieillesse; mieux, comme un bonheur encore:

> J'en savoure à longs traits l'aimable souvenir.[33]

Il conclut:

> Ami, voilà comment, sans chagrins, sans noirceurs,
> De la fin de nos ans poison lent et funeste,
>   Je sème encor de quelques fleurs
>   Le peu de chemin qui me reste.[34]

L'auteur de la *Bibliothèque raisonnée des ouvrages des savants de l'Europe* attribue cette sérénité à la philosophie épicurienne de Chaulieu:

M. l'abbé de Chaulieu devoit cette profonde tranquillité à la philosophie d'Epicure, qu'il avoit toujours suivie. C'étoit elle qui, en l'accoutumant à regarder la mort d'un œil fixe, et à n'en pas appréhender trop les suites, lui donnoit, sur l'autre monde, des idées plus gaies que ne les inspirent ordinairement les réflexions que l'on fait sur cette matière.[35]

Nous trouvons presque dans cet extrait le titre de l'ouvrage de Deslandes!

Deslandes traite les mêmes thèmes dans ses poésies latines et françaises, et avec le même vocabulaire. Comme Chaulieu, il prêche la retraite, dans une «Ode à Monsieur D***»; la vie de cour, avec sa vanité et sa fausse ambition, doit céder le pas à une vie dans un «lieu retiré».

> Heureux l'homme qui vit pour soi [,] [36]

ajoute-t-il plus loin. Et dans une pièce publiée seulement en 1745, il reprendra le refrain d'Horace et des libertins:

> Pourquoi chercher sans cesse
> Des biens frivoles, incertains?
> Jouissons, le temps presse;
> Vivons, tout s'enfuit de nos mains.[37]

C'est que Deslandes a retenu la leçon des maîtres philosophes qu'il nomme dans cette même pièce, des amis qui l'ont initié à l'art de vivre et aux

---

[33] *Ibid.*, p. LXXVII.
[34] *Ibid.*, p. LXXVII.
[35] *Bibliothèque raisonnée des ouvrages des savants de l'Europe*, 1731, tome VIII, partie 1, p. 1 et sq.; texte cité in *Œuvres* de l'abbé Chaulieu, éd. de Saint-Marc, Amsterdam, 1757, vol. 1, p. XXXV.
[36] *Réflexions sur les grands hommes qui sont morts en plaisantant*, Rochefort, 1714, p. 192.
[37] Deslandes, *Histoire critique de la philosophie*, Amsterdam, 1756, vol. IV, «Mon Cabinet», p. 187 et sq.

idées des hôtes du Temple, de sa propre expérience enfin. Ses maîtres, ce sont ceux dont il relit les œuvres dans son cabinet de province: Descartes, mais Newton aussi; Locke, mais sans négliger *La Recherche de la Vérité* de Malebranche; et encore Hobbes, Clarke, Gassendi et Halley. A Malebranche il fait une place à part, mais peut-être l'éloge qu'il lui décerne n'aurait-il pas trop plû au philosophe chrétien:

> Par ta main repoussée
> Se cache la prévention,
> Et l'erreur méprisée
> Ne nous fait plus d'illusion.[38]

Jusqu'où s'étend la «prévention» ainsi repoussée? qu'appelle-t-on alors «erreurs»?

Or il y a une pierre de touche qui permet de déceler la vraie doctrine: c'est le moment de la mort. Alors, la crainte du Dieu terrible réapparaît chez beaucoup, et les remords et le repentir. Deslandes écrit ses *Réflexions* sur cette question, mais les poèmes qui les accompagnent lui donnent un tour plus personnel. Pour lui «pantagruéliser», c'est «sans remords prendre ses ébats»,[39] et il conseille:

> Ainsi vivons *sans remords*, sans contrainte,
> Et délivrés d'*une servile crainte*,
> Bornons nos plus charmants désirs
> A jouir des tendres plaisirs.[40]

Deslandes lui-même a été à l'article de la mort; or on l'accuse d'avoir fait venir des charlatans à son chevet; cette attaque contre les charlatans est, en clair, une attaque contre certains médecins ou soi-disant tels; mais, quand Deslandes s'en prend à eux, dénonçant le «Médecin à visage blaffard», il fait rimer «blaffard» avec l'expression «dévot Papelard».[41] Ainsi, au niveau de la pensée masquée, et par le jeu de la rime, Deslandes dénonce les impostures des prêtres et des confesseurs qui s'empressent auprès du mourant. Dans la même pièce adressée «A Monsieur S***, médecin», il dénonce l'hyprocrisie intéressée de certains, et la sottise des victimes de ces hypocrites. Dans le temps où régnait la Raison

> On ne voyoit pour lors devots à gages,
> Pedants Caffards, pieux Vauriens,

[38] *Ibid.*
[39] *Réflexions . . .*, p. 168.
[40] *Ibid.*, p. 169.
[41] *Ibid.*, p. 168.

> Riches Pasteurs & sots Paroissiens,
>   Enfin tous ces menus usages
>   Qui du Vulgaire garroté
>   Fomentent la credulité.[42]

A l'instant où la maladie l'a mis en péril, Deslandes aurait donc appelé ces charlatans:

On fit courir le bruit qu'étant fort malade, j'avois consulté je ne sai quel charlatan qui pretendoit avec de simples paroles guerir les plus cruelles maladies [43] [,]

met-il en note à la pièce de vers qu'il adresse «A Monsieur B***»; s'il a su, lorsqu'il était en bonne santé, rester

>   . . . dégagé
>   D'un contagieux préjugé,[44]

pourquoi aurait-il accepté, malade, de
>   . . . se livrer és mains impures
>   Des hardis fauteurs d'impostures [45] [?]

La suite de la pièce indique nettement que ces impostures sont du domaine religieux, et non médical:

> Hardi, j'ai pensé par moi-même.
> J'ai lû, j'ai cherché, j'ai douté,
> Et tous mes soins, toutes mes peines,
> Ne m'ont rendu que plus douteux,
> Plus perplexe & plus soupçonneux.
>   Que de croyances incertaines,
> Que d'erreurs, que d'obliquitez,
> Que de fades ambiguitez,
> Rendent, helas! l'humaine engeance
> Un theatre d'extravagance!
>   Ainsi du Vulgaire hebeté
> J'ai plaint le funeste servage
> Et par un chemin écarté,
> Je me suis tiré d'esclavage.[46]

---

[42] *Ibid.*, p. 197.
[43] *Ibid.*, p. 199, note.
[44] *Ibid.*, p. 199.
[45] *Ibid.*, p. 200.
[46] *Ibid.*, pp. 200-201.

Deslandes aura beau dire: «L'interêt ni la crainte ne me feront jamais masquer», le poème ne nomme pas (c'est, à mon avis, la seule restriction que l'on puisse faire) les auteurs des «cent sornettes», dont il se raille; l'écrivain n'explique pas «ses premiers sentimens», n'indique pas le «chemin écarté», qui est le sien désormais: l'ami auquel on écrit le sait, c'est le chemin de la libre pensée.

Le code dont usent Chaulieu et Deslandes est le même; c'est celui des libertins du siècle passé: au «Vulgaire» s'opposent les sages, qui fuient les «erreurs populaires» et les «préjugés», pour suivre, «avec nonchalance», la «loi de Nature», seule guide vers le plaisir. La mort est le «dernier sommeil»; elle ne cache rien d'effrayant. Chaulieu s'en tient là.

Cette poésie épicurienne quelque peu facile et vague est dépassée dans le texte en prose des *Réflexions* par le goût que Deslandes y affiche pour un épicurisme «raisonable» et solide dont la source est Gassendi. C'est ici que l'érudition se marie à la libre pensée:

Gassendi est le Philosophe qui a mis dans un plus beau jour les sentimens d'Epicure, & c'est aussi le Philosophe moderne que j'estime le plus. Savant sans rudesse & poli par temperament, il n'a donné la Physique que pour ce qu'elle etoit, obscure, douteuse & souvent fausse. Il a plus insisté sur la Morale: c'est aussi la Science qui devroit occuper l'homme uniquement, celle qui decide & du prix & de l'usage des plaisirs. Il est etonnant qu'on s'inquiete de tant de choses inutiles, & qu'on neglige l'art de vivre agreablement. Gassendi étoit peu jaloux de ses connoissances, même de celles qu'il devoit à la penetration de son genie. Il ne le temoigna que trop naïvement à l'heure de la mort.

Un de ses amis le vint voir & l'aiant entretenu quelque tems sur sa maladie, lui demanda ce qu'il pensoit alors. Gassendi, après s'être bien assuré que personne ne pouvoit l'entendre, répondit en ces termes. *Je ne sai qui m'a mis au monde: j'ignore & quelle y étoit ma destinée & pourquoi l'on m'en retire.* On peut compter sur une ignorance, soûtenuë de l'étude de quarante années. Elle a moins de brillant que la Science presomptueuse, mais elle a plus de solidité.[47]

L'influence de P. Bayle, dont les ouvrages «sont entre les mains de tout le monde»,[48] se manifeste par la présence de certains noms de «grands hommes» que Deslandes a trouvés dans le *Dictionnaire historique et critique*, et de certaines idées sur les athées qui viennent des *Pensées diverses sur la comète*:

Un autre Savant, brûlé pour crime d'Atheïsme à Toulouse, conserva autant de gayeté qu'Etienne Dolet, quand il fut au lieu du supplice. Ce Savant est Lucilio Vanini, celebre parmi les Esprits forts modernes: on l'accusa d'en-

[47] *Ibid.*, pp. 118-120.
[48] *Ibid.*, p. 40.

seigner secrettement l'indifference des Religions, & il fut condamné au feu par un arrêt du Parlement de Toulouse. Etant sur le bucher, Vanini s'écria d'une voix distincte: *Jesus-Christ a, dit-on, craint la mort; & moi je suis intrepide en ce dernier moment.* Il couronna par ces paroles une vie assez libertine; je ne parle que d'un libertinage de sentimens. Les plus honnêtes hommes parmi les Anciens y ont été fort sujets: les Aristides, les Phocions, les Socrates, ces ames roides & vertueuses, paroissoient assez indifferens sur le chapitre de la Religion. Qu'on dise après cela que l'esprit d'incrédulité est toûjours une marque de débauche.[49]

Telle est la tradition dans laquelle s'inscrivent poèmes et textes en prose des *Réflexions*. Dans les poèmes, où cette tradition est la mieux respectée, on sent toutefois, par moments, la forme conventionnelle craquer, pour ainsi dire; c'est que les idées et la véhémence même du ton ne s'accordent plus avec elle. Tantôt Deslandes se rattache à la tradition gauloise et rabelaisienne, et il rompt par là avec le mesure et la bienséance d'un Chaulieu; tantôt il dénonce violemment les méfaits de la religion.

Voici, avec quelle agressivité peu ambiguë Deslandes oppose le «Philosophe nonchalant» au dévot:

EPITAPHE DE M***

Cy gît à la fleur de son âge,
Un Philosophe nonchalant,
Amoureux sans être galant
Et vertueux sans être sage.
Il eut peu de devotion,
Peu de soins, peu d'ambition.
Il regarda toute la vie,
Comme un songe, une reverie:
Serieux par temperament,
Studieux par amusement,
Il suivoit la loi toujours sûre
De la bonne & douce Nature.[50]

Le texte en prose, publié pourtant avant les poèmes, va bien au-delà des textes des XVIe et XVIIe siècles dont j'ai parlé, et par son irréligion, et par la clarté des positions philosophiques qui y sont prises.

Les grands hommes dont il s'agit dans les *Réflexions* n'ont rien de héros de Plutarque; toutefois, ils sont plus que de simples épicuriens égoïstement adonnés à leurs plaisirs: ce sont bien souvent des esprits forts,

[49] *Ibid.*, pp. 143-144.
[50] *Ibid.*, p. 183.

des libres penseurs, comme le marque clairement le titre de la traduction anglaise de 1713.

Quel est donc le but et la portée de ces réflexions au titre si étrange: *Réflexions sur les grands hommes qui sont morts en plaisantant*? L'auteur nous conduit d'abord sur une fausse piste; écrivant à son ami «Monsieur de la CH . . . .», il lui rappelle les «longues et agréables conversations» qu'ils avaient eues ensemble à . . . .»; l'agrément qu'ils y trouvaient surprend quelque peu quand on apprend que le sujet en était la mort. Puis il développe le paradoxe qui va être l'objet de son livre, et qui cadre assez mal avec un prétendu stoïcisme «dont [ils faisaient] tous deux profession». Deslandes se dérobe; il ne développe pas l'idée qu'il vient de présenter, sautant à ce qui fait sa fierté d'auteur débutant: ses réflexions sont «toutes nouvelles», il se fait fort de le prouver en marquant les différences qui le distinguent d'écrivains antérieurs. Ce n'est qu'à la fin de cette lettre «A Monsieur de la CH . . . .» qu'il précise:

Le veritable point de vûë où je placerois une personne qui veut bien juger du ridicule qui regne dans le monde, est le lit de la mort. C'est là qu'on se détrompe necessairement des chimeres & des sottises qui sont l'occupation des hommes.[51]

Mais cette précision, donnée dans le registre du vocabulaire religieux, reste par là même ambiguë.

Le Chapitre I est un paradoxe d'autant plus frappant qu'il a été écrit par un jeune homme de vingt-deux ans: «La mort est plus à souhaiter qu'à craindre»; c'est que la vie est une suite de vicissitudes et que «l'Homme n'est point né pour être heureux».[52] «Puis qu'il n'y a point dans le Monde de condition heureuse, on doit aisément se dégoûter de la vie».[53] D'ailleurs les rôles que nous jouons en ce Monde sont «tous également ennuyeux & ridicules. Celui qui considere ce qui se passe pendant une année, connoit ce qui se passera dans la suite des tems».[54] Cette conception désabusée de la vie allie le scepticisme du XVIIe siècle au pessimisme des moralistes classiques. Mais ce scepticisme n'est pas chrétien; il apparaît au contraire nettement libertin, quand Deslandes s'ingénie à trouver dans la mort des raisons de mieux goûter les quelques plaisirs de la vie:

L'honnête homme ne fuit point la volupté, quand elle est marquée au coin de la Sagesse. Pourquoi en frustrer ceux qui sont dans le lit d'infirmité? Est-il quelque situation dans la vie où l'on ait plus besoin de pensées badines & divertissantes? [55]

[51] *Ibid.*, pp. 4-5.
[52] *Ibid.*, p. 6.
[53] *Ibid.*, p. 13.
[54] *Ibid.*, pp. 14-15.
[55] *Ibid.*, p. 25.

Et le squelette d'argent que, durant le festin de Trimalcion, on agitait devant les convives, devait «les exciter davantage à la joie, & [. . .] les avertir que le tems du plaisir etoit court & précieux. Voilà un de ces tours adroits dont la Morale quelquefois libertine se sert, afin de ne point effaroucher nôtre amour propre».[56]

Si Ninon de Lenclos, durant sa vie entière, «nous a montré qu'il pouvoit y avoir de la délicatesse jusques dans le libertinage», c'est que son père «l'avoit excitée par de puissantes raisons à suivre le train de vie qu'elle embrassa dans la suite»:

car étant au lit de la mort, il la fit venir, & l'ayant regardée d'un œil languissant, *Ma fille*, lui dit-il, *vous voyez que tout ce qui me reste en ce moment est un souvenir fâcheux des plaisirs qui me quittent. Leur possession n'a pas été de longue durée, & c'est la seule chose dont je puis me plaindre à la Nature: mais, helas! que mes regrets sont inutiles! Vous qui avez à me survivre, profitez d'un tems précieux, & ne devenez point scrupuleuse sur le nombre, mais sur le choix de vos plaisirs.*[57]

Avec les apologistes chrétiens, Deslandes pense que le moment de la mort révèle notre vraie nature et notre vrai caractère; mais l'analyse qui le conduit à cette idée est tout à fait différente de la leur: la vie en société nous oblige à porter un masque, qui nous leurre les tout premiers. Reprenant le point de vue de La Rochefoucauld, Deslandes, par exemple, ne voit dans le courage qu'«un beau masque, qui sert à cacher une ferocité stupide & grossiere».[58] Les idées que l'on se fait de l'héroïsme «sont l'ouvrage de la vanité humaine».[59] Qui pourra nous donner le modèle d'une mort raisonnable et lucide?

J'ai plus de plaisir à étudier un Philosophe, qui, sans se troubler, tombe nonchalamment entre les bras de la Mort. Il y a dans cette espece de valeur beaucoup de délicatesse, & la valeur ordinaire est brutale.[60]

En s'appuyant sur la Nature, le philosophe doit «savoir ménager ce petit fonds de joies secrettes» qu'elle nous assure.

Comment un homme de lettres lucide peut-il se représenter la vie et la mort, à l'aube d'«un siécle aussi éclairé que le nôtre»?[61] Quelle est la leçon qu'il doit tirer des données de l'histoire? «Je prétends instruire le

---

[56] *Ibid.*, pp. 25-26.
[57] *Ibid.*, pp. 97-98.
[58] *Ibid.*, pp. 28-29. Propos que Deslandes commente ainsi: «Je tiens ces particularitez d'un homme d'esprit, qui m'a assûré les avoir apprises de Mademoiselle de Lenclos. Elle connoissoit à fond tout le prix d'une vie voluptueuse, & elle vouloit qu'on lui rendît là-dessus justice». (pp. 98-99.)
[59] *Ibid.*, p. 29.
[60] *Ibid.*, p. 29.
[61] *Ibid.*, p. 39.

Lecteur», écrit Deslandes, «& un simple Recueil de faits historiques ne serviroit qu'à l'amuser».[62] Bref, quel est le «Système» qu'il nous propose?

Pour ces grands hommes, expirer «d'une maniere conforme à leur genie & à leurs passions favorites» [63] signifie expirer en ne donnant pas dans la superstition qu'ils avaient su écarter leur vie durant, ne pas «jouër le dernier acte de la Comedie, à la maniere de l'Eglise de Rome», avec les «grimaces de Religion» [64] d'usage. S'il arrive parfois que «les esprits forts tombent en expirant dans les plus petites minuties de la Religion»,[65] c'est que «le foible d'un certain âge est la superstition. Les grands Hommes, avec toute leur adresse, ont quelquefois bien de la peine à s'en exempter».[66] Cette faiblesse de l'âme est une conséquence de la faiblesse croissante du corps; aussi Deslandes écrit-il, préludant au matérialisme qu'il développera plus tard dans d'autres textes, que l'homme lui «paroitroit veritablement habile, s'il pouvoit se mettre audessus des impressions machinales».[67] Ce n'est donc point une critique du libre penseur que fait notre auteur, lorsqu'il avoue un peu plus loin: «Les esprits forts ne sont pas toûjours ceux qui meurent avec le plus de hardiesse», car «que ne doit-on pas craindre du derangement de notre machine»? [68]

«Amie de la Raison»,[69] l'incrédulité de l'esprit fort est le signe même de sa force d'esprit: «C'est ordinairement à force d'étudier la Religion, qu'on se trouve engagé à ne rien croire. L'incertitude des grands Hommes s'établit sur les mêmes principes qui servent à convaincre le vulgaire».[70] Aussi le chapitre central des *Réflexions* est-il consacré à la mort de deux incrédules notoires, la duchesse de Mazarin et son ami Saint-Evremond.

Madame de Mazarin

fit en mourant l'aveu du monde qui prouve le mieux une indevotion enracinée. Je me ferai assez entendre, en disant qu'elle expira aussi nonchalamment que si tout alloit finir avec elle [. . .] Dans la situation où se trouvoit Madame de Mazarin, on se met aisément au dessus de ces formalitez dont les superstitieux se servent, à l'approche du trépas.[71]

Quant aux derniers jours de Saint-Evremond, ils furent réservés au badinage:

[62] *Ibid.*, p. 57.
[63] *Ibid.*, p. 105.
[64] *Ibid.*, p. 114.
[65] *Ibid.*, p. 157.
[66] *Ibid.*, pp. 101-102.
[67] *Ibid.*, p. 102.
[68] *Ibid.*, p. 112.
[69] *Ibid.*, p. 109.
[70] *Ibid.*, p. 128.
[71] *Ibid.*, pp. 93-95.

J'ai appris d'ailleurs qu'au lieu de s'affliger à la vûë de la mort, Monsieur de Saint Evremond avoit reservé toute sa gaieté pour ces derniers momens. Plus enjoüé & plus badin qu'a l'ordinaire, il plaisantoit agreablement sur sa fin prochaine. Il dit un jour *qu'il avoit grande envie de se reconcilier,* & comme on interpretoit ces paroles dans un sens devot, il s'expliqua en ajoutant *que c'étoit avec l'appetit.* Je retrouve avec plaisir dans cette saillie, le veritable caractére d'un vieillard voluptueux.[72]

En mourant, Madame de Mazarin n'avait été fâchée que de ne pas avoir ainsi l'occasion d'assister à la mort de son ami: «*Je voudrois voir,* [. . .], *s'il conservera jusqu'à la fin & cette indifference pour la vie & cet esprit libre de prejugez, dont il se fait un si grand merite*». Voici la réflexion de Deslandes qui suit, et dont j'ai déjà cité un passage:

L'évenement ne dementit point des souhaits si favorables aux Esprits forts. En effet on ne remarqua en lui aucun regret de quitter la vie, quoique son unique étude pendant plus de quarante ans eut été de courir après toutes sortes de plaisirs. Il donna tête baissée dans l'éternité, pour me servir d'une expression de Montagne, sans la considerer ni la reconnoître. L'Auteur de sa Vie n'a pas jugé à propos d'entrer dans aucun detail: mais son silence en dit assez.[73]

Les critiques religieux ne se trompèrent pas à la lecture de ce livre; ils en dénoncèrent aussitôt l'impiété. Le journaliste des *Mémoires de Trévoux* consacre un compte-rendu à l'ouvrage dès 1713:

Nous aurions négligé ce libelle impie, si nous ne sçavions que les libertins triomphent sur le silence qu'on garde en de semblables occasions, & qu'ils osent faire passer le mépris de ces ouvrages de tenebres, pour une adroite dissimulation qui cache la difficulté d'y répondre. Le Public jugera, par le compte que nous allons lui rendre de celui-ci, s'il est fort difficile de faire sentir le ridicule de ces productions de l'impiété.[74]

Il dénonce un «Auteur [qui] propose sans ménagement son dogme capital, qu'on peut & qu'on doit badiner avec la mort».[75] «Tout se tourne en preuve entre ses mains»,[76] ajoute le rédacteur, qui s'indigne en particulier de certains exemples données par l'auteur. Aussi le journaliste avoue-t-il qu'«on sera curieux de connoître l'Auteur, & l'occasion d'un livre dont le dessein est si extraordinaire».[77]

Ce petit ouvrage maladroit, confus, parfois même ridicule, est cependant intéressant à plusieurs titres: par la tradition à laquelle il se tient, il

[72] *Ibid.*, p. 96.
[73] *Ibid.*, pp. 95-96.
[74] *Mémoires de Trévoux*, janvier/mars 1713, p. 410.
[75] *Ibid.*, p. 413.
[76] *Ibid.*, p. 415.
[77] *Ibid.*, p. 412.

rattache la pensée libre du XVIIIe siècle à la libre pensée du XVIIe siècle et, par delà, à la pensée des philosophes de l'Antiquité, sceptiques et épicuriens plus précisément. Molière et Gassendi sont prisés, qui tous deux doivent tant à Epicure; référence est faite aussi à Pyrrhon, à Démocrite, etc. . . . C'est le paganisme philosophique du XVIIIe siècle qui s'annonce ici; [78] ces *Réflexions* sont le prélude à la grande entreprise que Deslandes mènera à bien vingt-cinq ans plus tard avec l'*Histoire critique de la philosophie*, qui constituera une suite de réflexions plus développées et mieux organisées. En outre, par son audace même, cet ouvrage initie un combat à découvert contre les préjugés religieux et sociaux. L'antichristianisme de Deslandes est proche parent de celui de Voltaire, cependant que sa défiance à l'égard du monde et son goût de la retraite font penser à J.-J. Rousseau. En plus, ce sont autant des réflexions sur la vie que sur la mort: Deslandes y expose un art de vivre, où lucidité et modération ont autant d'importance que les plaisirs eux-mêmes. Cette synthèse, si elle doit beaucoup à Fontenelle, est cependant plus riche et bien plus agressive.

C'est aussi un point de vue philosophique qui incite Deslandes à écrire, peu de temps après avoir donné la deuxième édition française des *Réflexions*, un *Art de ne point s'ennuyer* (1715). R. Mauzi a consacré quelques pages à analyser ce court traité, dans lequel il voit l'expression d'une morale aristocratique.[79] Dans le chapitre VI (1ère Partie), «Le bonheur philosophique», il commence par se demander «en quoi le bonheur philosophique se distingue du bonheur mondain».[80] Ce n'est pas par le contenu, mais parce que le premier est matière de connaissance et qu'on peut le proposer à tous les hommes: il n'est donc ni pur et simple idéal, ni surtout pur idéal aristocratique. Dans deux notes de bas de page, R. Mauzi trace très clairement les traits marquants du bonheur philosophique et indique les points de divergence du bonheur mondain et du bonheur philosophique:

Pour les Philosophes, la connaissance du cœur humain, dont le bonheur dépend, implique toujours: 1°. que les lois du sentiment sont une partie des lois générales de l'univers; 2°. que la plus importante des intentions de Dieu, dans l'élaboration d'une nature humaine, concerne l'établissement de la société. La sociabilité figure ainsi l'aboutissement ultime des lois du sentiment.[81]

[78] Cf. le début de mon chapitre V: Lévesque de Burigny et sa *Théologie payenne*; *La Promenade du sceptique* et l'*Essai sur les Règnes de Claude et de Néron* de Diderot, sans parler des monuscrits clandestins de la première moitié du XVIIIe siècle.
[79] R. Mauzi, *L'idée du bonheur au XVIIIe siècle*, Paris, A. Colin, 1965, pp. 227-230.
[80] *Ibid.*, p. 216.
[81] *Ibid.*, note 1. de la page 217.

Le bonheur philosophique se distingue donc du bonheur mondain par trois traits: 1°. une analyse des conditions objectives du bonheur, tirée de la connaissance des lois du sentiment; 2°. la référence à un système du monde; 3°. une certaine conception de la «sociabilité».[82]

C'est alors que R. Mauzi analyse la conception de Fontenelle, «technicien du bonheur», qu'il rattache à la fois au libertinage de Saint-Evremond et à l'esprit philosophique de Montesquieu et de Voltaire. Il voit en elle la première élaboration philosophique de l'idée du bonheur: «Partant d'une estimation assez sombre de la condition humaine, Fontenelle conclut que tout le bonheur de l'homme tient à la distance qui l'éloigne de sa condition. [...] Bonheur construit contre le rêve, ennemi de tous les mythes, surtout de ceux qui consolent. Bonheur d'évasion, de jugement, de mesure. [...] Le bonheur de Fontenelle est une création de l'esprit, qui, sans nier le monde, lui reste parallèle. [...] Mais c'est justement dans cette mesure qu'un tel bonheur mérite d'être appelé philosophique. Sans doute n'y trouve-t-on pas encore une vision d'ensemble du monde. [...] Il n'en résout pas moins certaines options essentielles: haine de l'imaginaire; refus de l'illusion, de l'exaltation, de toute expansion du moi dans le monde; méfiance envers la condition humaine comme envers la fortune, compensée par un large espoir en l'autonomie de l'homme, qui peut se protéger contre les risques de l'existence et inventer sa propre vie».[83]

R. Mauzi traite ensuite de *L'Art de ne point s'ennuyer* de Deslandes, qu'il regarde comme «un mondain philosophe»; [84] il met l'accent sur la méthode que recommande Deslandes, et note que «le vrai 'sentiment', celui qui compte pour le bonheur, n'existe que sur fond de raison».[85] R. Mauzi termine ces quelques pages par une note qui est, à mon avis, le passage le plus suggestif de son analyse:

Deslandes est également un «philosophe» dans la mesure où il esquisse une vague théorie des rapports entre la raison et la nature. Il les conçoit comme différentes: *la raison «rejette» la nature.* Cependant il existe entre elles une harmonie possible, sinon préalable, puisque *la raison imite la nature. L'Art de ne point s'ennuyer* pourrait ainsi indiquer l'instant du passage de la morale simplement mondaine à la morale «philosophique».[86]

L'intuition de R. Mauzi se trouve confirmée quand on analyse ce petit essai à la lumière des *Réflexions*, et que l'on se rappelle que, si ce dernier

[82] *Ibid.*, note 2. de la page 218.
[83] *Ibid.*, pp. 226-227.
[84] *Ibid.*, pp. 227-230.
[85] *Ibid.*, p. 229.
[86] *Ibid.*, p. 230, note 1.

ouvrage était anonyme et clandestin, le premier a été publié sous le nom de l'auteur, muni d'une approbation et d'un privilège. Les «esprits forts» et leur libertinage intellectuel et religieux sont donc généralement écartés de *L'Art de ne point s'ennuyer*; seules quelques allusions voilées sont faites ici et là: lorsque les malheurs survenus à Buchanan sont évoqués, la ville de Lisbonne est présentée par l'auteur comme un «païs où le mérite est exposé *aux fureurs d'un zele indiscret*»; [87] Deslandes parle-t-il de Descartes, il le reconnaît «capable de secoüer le joug d'une admiration *superstitieuse*»; [88] un peu plus loin, il définit la science, qui, selon lui, est «seulement destinée à distinguer un petit nombre de gens heureux, & à les *délivrer des prejugez qui aveuglent le* peuple».[89]

En revanche, on dirait que Deslandes s'amuse à signer rétrospectivement ses *Réflexions,* puisqu'il joue par endroits, dans *L'Art de ne point s'ennuyer,* avec les thèmes et le vocabulaire de l'ouvrage clandestin: la nonchalance et le badinage y sont loués très souvent, ainsi que la «gayeté naturelle» que gardent certains grands hommes dans les circonstances difficiles de leur vie:

> Je ne puis refuser mon estime à ces illustres malheureux qui ne perdent rien de leur gayeté naturelle, ou pendant un long exil ou dans une prison facheuse.[90]

La culture sur laquelle s'appuie cet *Art de ne point s'ennuyer* est la même que celle qui fonde les *Réflexions*: poètes et philosophes de l'Antiquité, qui sont nommés près de trente fois dans ce petit ouvrage, Cicéron, Horace, Virgile et Ovide dominant le lot. Là encore, le relais entre les Latins, les Grecs et les Modernes s'effectue par l'entremise de Montaigne, dont Deslandes fait un éloge chaleureux. Mais les moralistes et philosophes du XVIIe siècle ne sont pas non plus oubliés: Descartes, La Rochefoucauld et Saint-Evremond, Fontenelle et Bayle.

Les idées qui fondent la morale épicurienne et raffinée de *L'Art de ne point s'ennuyer* sont celles mêmes qui courent à travers les *Réflexions*: la fermeté stoïcienne «n'étoit qu'un beau masque, dont se servoit l'orgueil pour se déguiser»; [91] l'ambition et la soif des richesses font du monde un séjour décevant pour tout esprit éclairé. Si Deslandes fait de son ouvrage un éloge du divertissement, il se montre néanmoins plus réservé que ne

---

[87] Deslandes, *L'Art de ne point s'ennuyer*, Paris, 1715, p. 69; c'est moi qui souligne.
[88] *Ibid.*, p. 71; c'est moi qui souligne. Mais cette admiration, d'après le contexte, est celle que l'on avait pour les Anciens en général.
[89] *Ibid.*, p. 116; je souligne.
[90] *Ibid.*, p. 44.
[91] *Ibid.*, p. 10

le sera Voltaire à l'égard des passions; il lui semble en effet que ce ne sont pas elles qui font le bonheur de l'homme, mais les sentiments:

Nous avons besoin que les passions répandent sur nos sentimens un feu vif qui les excite & les anime. Mais la prudence doit nous arrêter, quand nous cherchons à en être éblouïs. Il faut pour cela qu'elle se serve d'une certaine grace qui rende son empire aimable: car l'homme paroît destiné à se renouveller chaque jour: & il tomberoit dans une indolence fade, si les passions ne le soûtenoient. Maniées delicatement, elles agitent le cœur, sans le troubler: & elles inquietent l'esprit, sans l'affoiblir.[92]

Aussi oppose-t-il «ceux qui aiment le plaisir sans aucun discernement», et qui «tombent dans un chagrin mortel, lorsqu'ils se trouvent seuls» à «ces débauchez spirituels, qui tâchent d'égayer leur raison & de la rendre libertine; partagez entre les plaisirs & les réflexions, ils sçavent l'art d'en faire un mélange heureux, l'esprit brigue souvent l'amitié du corps».[93] L'homme devrait «se contenter de joüir des avantages que lui offre la Nature»,[94] mais il est fait pour la vie en société: «Nous sommes tous nez pour la société, sensibles à ce qu'elle a d'agrémens, nous lui devons rendre un compte exact de nos actions, quelquefois même de nos pensées»; [95] Alceste a tort.

La sagesse de Deslandes serait-elle donc, comme le pense R. Mauzi, une sagesse mondaine et aristocratique? Assez peu, à mon sens; certes, Deslandes semble avoir pratiqué le monde, mais, comme il le fait dans les *Réflexions*, il en souligne ici plutôt les dangers et les inconvénients que les avantages: «Je me persuade aisément que la vie la plus delicieuse est celle qu'on passe loin des distractions du monde».[96] Après avoir parlé des *Pastorales* de Fontenelle, il rêve de la vie pastorale où l'on s'abandonne en effet à une «nonchalance délicieuse».[97] L'expression de «sage libertin» que Deslandes utilise peut se prendre alors en trois acceptions: l'une, masquée, renvoie au libertinage d'esprit; les deux autres à la libre imagination et à la liberté qu'on doit maintenir à l'égard de la société: c'est la raison pour laquelle Deslandes fait l'éloge des grandes villes, – raison très différente de celle qu'alléguera Voltaire plus tard –: c'est qu'à Rome, à Londres et à Paris le «joug [de la société] est presque imperceptible».[98] Il est vrai néanmoins que Deslandes redoute la vie de pro-

---

[92] *Ibid.*, p. 9-10.
[93] *Ibid.*, pp. 29-30.
[94] *Ibid.*, pp. 57-58.
[95] *Ibid.*, p. 65.
[96] *Ibid.*, p. 56.
[97] *Ibid.*, p. 57.
[98] *Ibid.*, p. 65.

vince, où les manières sont «trop concertées», et, ainsi, «la simple nature» corrompue; mais ce n'est pas pour l'échanger contre l'éclat de la vie de cour, c'est pour aspirer à la retraite:

Un Philosophe peut cependant choisir une retraite écartée & tranquille. Je dois cet aveu à la memoire du fameux Descartes. Capable de secoüer le joug d'une admiration superstitieuse, il osa plus que les anciens, & destiné à produire des idées neuves, il apprit aux hommes l'art de raisonner. Cette époque est la plus illustre de toutes celles qui regardent la republique des Lettres. Descartes se retira en Hollande pour se livrer tout entier à sa chere Philosophie.[99]

C'est que «l'ambition des Sçavans n'a pas été moins heureuse que celle des Heros».[100] Deslandes fait alors une profession de foi de savant et de philosophe:

Des yeux moins éclairez que vigilans m'ont quelquefois demandé compte de mon loisir; ils me faisoient un crime d'une ambition sçavante & peu necessaire aux grands établissemens. J'ay senti que la vanité leur inspiroit un pareil langage & je les en ay convaincus; mais ils s'imaginent à leur tour qu'il y a un plus grand air de vanité à mépriser leurs avis: ils se fondent sur la coûtume, & sur le préjugé géneral qui dédaigne encore les sciences, malgré la politesse où elles sont parvenuës. J'ignore l'art de me reconcilier avec eux; le public jugera si je dois l'apprendre aux dépens de mon esprit; il m'est cher, & peu-être [sic] immolerois-je tout au plaisir de le cultiver.[101]

Ce goût pour les études n'incite cependant pas Deslandes à renoncer au plaisir; il approuve au contraire l'oisiveté de Pétrone: «Instruit dans l'art de penser finement, il se partageoit entre les plaisirs & les reflexions. La volupté flatoit son attachement à l'étude, & une étude exquise redoubloit son goût pour la volupté».[102]

Quel est donc le «système que nous dicte notre cœur»? C'est un «système fondé sur ce qu'il sent, & non point sur ce qu'il pense»,[103] grâce auquel «Plus on sent, moins on s'ennuye».[104] Car, «plus on a de goûts, plus on vit heureux»;[105] mais ce n'est pas en s'abandonnant aux passions qu'on sent le mieux ce goût, c'est en pratiquant tout un art:

L'art n'ose corrompre ce que la nature offre sans contrainte; mais quand elle s'abandonne trop à elle-même: les passions s'établissent sur ses ruines, & elles causent un si grand desordre, que le goût s'évanoüit entierement. On ne sent point alors: on est entraîné.[106]

[99] *Ibid.*, p. 71.
[100] *Ibid.*, p. 75.
[101] *Ibid.*, pp. 76-77.
[102] *Ibid.*, p. 82.
[103] *Ibid.*, p. 86.
[104] *Ibid.*, p. 135.
[105] *Ibid.*, p. 87.
[106] *Ibid.*, p. 88.

Pour bien sentir, il faut rejetter toutes les passions qui viennent de la nature & en faire d'autres sur leur modelle. Ces dernieres seront moins em-
portées: & elles auront plus de raports avec nos interêts, avec notre maniere
d'agir, enfin avec les personnes dont nous recherchons l'amitié. Cette occupation n'est pas indigne d'un grand homme. Il est facile maintenant de
s'apercevoir que l'art de sentir & l'Art de ne point s'ennuyer ont des liaisons
très étroites ensemble: & ces liaisons que la volupté raisonnable caracterise,
sont le principal fondement de cet Ouvrage.[107]

Aussi le véritable bonheur se trouve-t-il dans les sentiments: «Il y paroît
revêtu de cette naïveté, que l'orgüeil n'ose corrompre: & cette naïveté,
si je l'ose dire, est la chose du monde la plus délicieuse».[108] Cet art de sentir ne consiste donc pas à utiliser les plaisirs bruts, il consiste en un artifice: forger des sentiments à partir du souvenir des plaisirs passés; la
même distance que Deslandes établissait entre son philosophe et le monde, est établie entre le sentiment de ce philosophe et les plaisirs: c'est ainsi
que se souvenir, dans la retraite, des plaisirs d'autrefois est un sentiment
qui écarte l'ennui avec plus de durable efficacité que d'éprouver dans le
monde ces plaisirs mêmes. Trente-quatre ans plus tard, en 1749, Deslandes mettra la même conception de l'art de sentir dans la bouche de
l'héroïne de son roman philosophique, l'*Histoire de la princesse de Montferrat*; voici ce que dit la princesse, alors qu'elle assiste à une fête brillante
et délicate, où cependant elle s'ennuie:

«Voyez-vous, on ne se divertit point quand on est obligé de se divertir. On
le voudroit en vain. Les plaisirs de commande ne sont ni flatteurs ni sédui-
sans. Ils ne méritent point le nom de plaisirs. Lorsque l'ame est trop agitée,
elle s'échappe à elle-même, elle ne se connoît point: la foule l'anéantit. *S'il
y a des situations heureuses, c'est l'esprit qui nous les fait découvrir, & c'est
au cœur à goûter ce qu'elles ont de charmant*».[109]

Cet art de jouir de soi-même (car c'est plus qu'un simple art de ne
point s'ennuyer) n'est pas purement empirique: il s'appuie sur une certaine conception du rôle que doit jouer la raison; cette dernière ne doit
pas tyranniser:

La raison qui veut s'assujettir les sens, expose l'homme à une suite presque
inevitable de chagrins. Il n'est plus remué. Je ne sçay quelle stupidité judi-
cieuse au fond & pleine de sagesse, s'empare de son cœur. Il se nourrit de
reflexions & s'arrache, pour ainsi dire, au commerce du monde.[110]

[107] *Ibid.*, p. 141.
[108] *Ibid.*, p. 140.
[109] *Histoire de la princesse de Montferrat*, Londres, 1749, p. 58; c'est moi qui
souligne.
[110] Deslandes, *L'Art de ne point s'ennuyer*, op. cité, pp. 138-139.

Mais les philosophes modernes ne recommandent pas «cette raison qui a fait naître tout ce qu'on voit d'inutile dans les siences [sic]».[111] Ou plutôt, il faut distinguer entre les deux emplois suivants de la raison:

J'avoûray que la raison est triste & même inutile, quand elle veut nous mettre au dessus de tout par les pensées. Elle devient flateuse & charmante, en nous ramenant à tout par les actions. Voilà proprement l'art de sentir.[112]

Ainsi, *L'Art de ne point s'ennuyer*, par ses allusions, par ses thèmes et par ses analyses, constitue bien un essai de philosophe. Il ne livre cependant toute sa signification que par recoupement avec l'ouvrage clandestin qui l'a précédé, et, comme nous allons le voir, il s'apparente encore à l'ouvrage qui le suit dans le temps, ouvrage lui aussi clandestin: le *Nouveau voyage d'Angleterre*.

En 1717, deux ans après l'*Art de ne point s'ennuyer*, paraît le petit texte anonyme intitulé *Nouveau voyage d'Angleterre*. Deslandes y pratique une technique littéraire qui avait été fréquemment utilisée au XVIIe siècle par La Fontaine, Racine et surtout par Bachaumont et Chapelle: rendre compte d'un voyage au moyen d'anecdotes et de remarques décousues, où vers et prose se mêlent librement.

Dans le *Nouveau voyage d'Angleterre* le pittoresque cède souvent la place à la réflexion. L'auteur, écartant toute recherche sur des «antiquités douteuses et souvent ridicules», y vise à «la connoissance du caractère particulier d'une Nation». Or, quel est le caractère national des Anglais?

Nés presque tous avec une profondeur de génie extraordinaire et un grand amour pour la liberté, ils ont sagement empêché qu'on ne touchât aux anciennes constitutions de l'Etat, et qu'on ne leur ravît leurs privilèges. Ce sont eux d'ailleurs qui ont le plus contribué au rétablissement des Sciences: la Physique, la Géométrie, l'Algèbre et la Médecine, leur doivent une partie des beautés dont elles ont été enrichies dans ces derniers temps. J'ose encore ajouter qu'il n'y a aucun royaume en Europe où l'art de raisonner (cet art si difficile et qui est, pour ainsi dire, la clef de toutes les sciences) soit plus cultivé qu'en Angleterre. Les auteurs ne s'y contentent point d'effleurer les matières, comme on fait en France: ils les approfondissent avec une sagacité et une force qu'on ne peut trop admirer.[113]

Continuant à analyser le caractère et les mœurs des Anglais, Deslandes note:

---

[111] *Ibid.*, p. 139.
[112] *Ibid.*, p. 137.
[113] *Nouveau voyage d'Angleterre*, op. cité, p. 228.

Ils passent la partie la plus considérable de leur vie dans les cafés. Ce sont des retraites où la liberté et la hardiesse règnent impunément; les rangs y sont confondus et c'est dans cette espèce de désordre qu'on fait ici consister tout le plaisir.[114]

Toutefois la fin de ce passage marque les limites de l'éloge que Deslandes consent à décerner: cette liberté et cette hardiesse sont celles d'«assemblées tumultueuses», et, lorsqu'il aborde le thème de la liberté d'expression, il souligne plutôt les résultats bizarres auxquels elle parvient:

On trouve ici dans les cafés plusieurs gazettes courantes que l'esprit de parti caractérise singulièrement. Comme chaque anglais peut expliquer ses pensées avec toute la liberté possible, il les confie de la même manière à la presse: elles ont un air de liberté et de hardiesse, qui touche principalement ceux qui aiment à considérer l'homme par ce qu'il a de bizarre. Plusieurs de ces gazettes sont politiques; il y en a d'autres uniquement destinées à annoncer les nouveaux ridicules qui paraissent sur la scène.[115]

Ce n'est pas dans la perspective voltairienne que Deslandes décrit la religion en Angleterre; s'il s'amuse du «comique et du burlesque» des Quakers, il ne tire pas la moindre leçon pour la France d'une «religion qui permet aux femmes de prêcher»:

> Elle s'anime, elle s'agite;
> Puis, avec un air hypocrite,
> Masquant sa voix, roulant ses yeux,
> Pousse au Ciel des cris furieux.[116]

Ajoutons qu'il ne dit guère de bien du théâtre anglais; pourtant il sera le premier Français à citer le monologue d'*Hamlet*, non dans ce *Nouveau Voyage d'Angleterre*, mais dans la version anglaise des *Réflexions*. Il écrit, juste avant de citer:

I am not unacquainted with the Celebrated Passage of the *English Sophocles*, the Immortal *Shakespear,* who makes his Prince *Hamlet* discourse in this manner about DEATH, and a future State.[117]

Suit la citation, en anglais, bien sûr, du monologue de l'Acte III. Deslandes termine comme suit son chapitre:

But, notwithstanding these Sublime Reflections I hope I may be allow'd to say, without a Crime, that such a DEATH is desirable, as is the Image of Life:

---

[114] *Ibid.*, p. 253.
[115] *Ibid.*, p. 255.
[116] *Ibid.*, p. 263.
[117] *A Philological Essay: or, Reflections on the Death of Free-Thinkers,* op. cité, p. 59.

For I mean only a Life free from Hurry, Slavish Attendance and Guilt; and therefore a DEATH exempt from Perturbation, Remorse and Fear.[118]

Il est regrettable que Deslandes n'ait pas repris ce texte dans l'édition française de 1714; mais peut-être est-il heureux qu'il n'ait pas cherché à traduire Shakespeare!

B. ESSAIS SCIENTIFIQUES

Après ces trois petits ouvrages, Deslandes va s'adonner (mais non sans partage) à la science, et à l'éloge de la science; mais il ne se contentera pas d'être un vulgarisateur, il fera ses propres expériences et participera au courant de recherche contemporain.

Membre de plusieurs Académies et correspondant de journaux scientifiques, Deslandes consacre en effet une bonne part de sa vie à recueillir des observations; [119] il les transmet à l'Académie des Sciences, qui en rend compte; il les fait paraître dans les *Mémoires de Trévoux* et dans d'autres périodiques; et il rassemble, au fil des années, les matériaux qui constitueront les éditions et rééditions successives de son *Recueil de différens traitez de physique et d'histoire naturelle.*

Dès 1713, les premières traces de cette activité de Deslandes se trouvent dans l'*Histoire de l'Académie Royale des Sciences*; elle l'occupera encore en 1753, quand il fera paraître le troisième et dernier volume du *Recueil,* quatre ans avant sa mort.

Le jeune adjoint de l'Académie des Sciences de Paris se contente d'envoyer au Secrétaire perpétuel les observations qu'il a faites, en Bretagne, dans la plupart des cas, à l'occasion des voyages qu'exige sa fonction de Commissaire de la Marine. Ces observations sont insérées dans l'*Histoire de l'Académie Royale des Sciences* par leur éditeur, et sont rédigées à la troisième personne. Voici comment débute la première observation faite par Deslandes et publiée dans le volume de l'année 1713:

Mr. Deslandes, étant en Angleterre fit sur le charbon de terre qu'on y brule deux expériences qu'il croit qui ont échappé aux Anglois.[120]

---

[118] *Ibid.*, p. 61.
[119] C'est ainsi qu'il fera, pendant plusieurs années, le relevé des marées.
[120] L'*Histoire de l'Académie Royale des Sciences* est constituée d'une suite de volumes publiés une fois par an, dont chacun comporte deux parties: 1. le recueil des Observations envoyées à l'Académie; 2. le recueil des Mémoires des Académiciens. Deslandes n'a pas fourni de Mémoires.
Histoire de l'Académie Royale des Sciences, Année 1713 (1716), p. 12. Je donne entre parenthèses l'année de parution du volume: ainsi les textes de l'année 1713 ont été édités en 1716.

Ces observations ou ces expériences ne sont accompagnées, en général, d'aucune explication, ou ne comportent qu'une explication sommaire; elles tiennent en une demi page à une page et demie, in-4.[121] Voici, à titre d'exemple, l'observation anatomique d'un enfant monstrueux:

M. Deslandes a vû à Lanvau, Village éloigné de Brest d'environ 3 lieuës sur le bord de la Mer, un Enfant bien extraordinaire. Toutes les articulations, & par consequent tous les mouvemens qui en dépendent, lui manquent, & son corps n'est qu'un os continu, & comme une petrification des articles, nerfs & tendons. Nulles Phalanges aux doigts des mains ni des pieds, nul mouvement dans le poignet, dans le coude, dans l'épaule, dans la hanche, &c. il a aussi les yeux & même les paupieres parfaitement fixes. Il avoit 22 à 23 mois, & ne pouvoit ni marcher ni boire ni manger sans le secours de sa Mere. Il pleuroit & crioit toûjours. Une si étrange conformation étoit encore accompagnée d'une douleur perpetuelle.[122]

Ces observations portent, dans bien des cas, sur la mer et tout ce qui s'y rapporte.[123] Certaines sont directement liées avec les problèmes techniques que ses fonctions de Commissaire de la Marine posent à Deslandes.[124]

Plus développés sont les observations et les extraits de lettres de Deslandes que publient les *Mémoires de Trévoux*, de 1716 à 1732; avec R. Geissler, j'en relève huit, qui traitent de singularités de la mer et de la côte bretonne.[125] Quatre observations que publient les *Mémoires de Tré-*

---

[121] «Expériences sur les teintures que donne le charbon de pierre» (*Histoire de l'Académie Royale des Sciences*, Année 1713 (1716), p. 12; «Observation sur un poumon divisé en cinq lobes», *Ibid.*, Année 1718 (1719), p. 31; «Observation sur de terribles coups de tonnerre, et sur leurs fâcheux effets, sur les clochers où l'on sonnoit», *Ibid.*, Année 1719 (1721), pp. 21-22; «Observation sur un animal pris en Barbarie, qui a des rapports avec le chien, le sanglier, le loup et le renard, et pour cela nommé cani-apro-lupo-vulpes», *Ibid.*, Année 1719 (1721), pp. 40-41; «Observation sur la différence des sangliers d'Afrique et de ceux d'Europe», *Ibid.*, Année 1719 (1721), p. 41.

[122] *Ibid.*, Année 1716 (1718), p. 25.

[123] «Observations sur les Vers de Mer qui rongent les Vaisseaux», *Ibid.*, Année 1720 (1722), pp. 26-29; «Observation sur la génération des soles et des chevrettes», *Ibid.*, Année 1722 (1724), pp. 19-20; «Observation sur le froid qu'on a éprouvé sur le grand banc de Terre-Neuve le 15 juin 1725», *Ibid.*, Année 1725 (1727), pp. 1-2; «Observation sur les maqueraux et sardines qui n'ont pas paru cette année sur les côtes de Bretagne, mais à leur place, une espèce moyenne qui tenait des deux», *Ibid.*, Année 1725 (1727), pp. 2-3. Les observations de 1725 ont été reprises et développées en 1726 (1728), pp. 14-16.

[124] «Observation sur l'organisation des vers qu'on apperçoit chaque fois que l'eau se corrompt dans les jarres, lors des longs voyages sur mer», *Ibid.*, Année 1722 (1724), pp. 9-10; «Moyen de prévenir la corruption de l'eau embarquée sur un vaisseau», *Ibid.*, Année 1722 (1724), p. 10; «Observations sur une espèce de ver singulière, extraites de Lettres écrites de Brest à M. de Réaumur», *Ibid.*, Année 1728 (1730), pp. 401-402, avec planche; «Sur les sables de mer de Saint Paul de Léon», *Ibid.*, Année 1722 (1724), pp. 7-9.

[125] Une lettre au R. P. Catrou sur le sel de la mer qui, volatilisé par un «vent furieux», vint imprégner les fruits (*Mémoires de Trévoux*, oct. 1716, pp. 1935-1937);

voux seront reprises et, pour certaines, développées ultérieurement: deux figureront à la fois dans le premier volume du *Recueil de différens traitez*, qui date de 1736, et dans l'*Essai sur la Marine des Anciens*, de 1748.[126]

Les deux dernières lettres de Deslandes que publient les *Mémoires de Trévoux* traitent d'antiquités celtiques: outre l'extrait de la lettre dont je viens de parler, citons encore l'«Extrait d'une Lettre écrite par M. D. . . sur quelques curiosités trouvées en Bretagne».[127] Deslandes s'est passionné pour la Bretagne où il vivait, pour ses coutumes, son passé et sa langue. Il a entretenu à ce sujet une correspondance avec le savant abbé Bignon, bibliothécaire du Roi, Académicien français. La Basse-Bretagne, écrit Deslandes en 1729, «est un païs assez peu connû de ses habitans mêmes, et que les étrangers qui y viennent à cause de leurs emplois, ne cherchent pas à connoître».[128] Au bénéfice de l'abbé Bignon, Deslandes procède à une enquête et travaille à rassembler des documents dûment certifiés:

A l'égard de l'Isle d'Oüessant, Monsieur, J'avois été le premier étonné de la plus-part des choses que je vous ai mandé [sic]. Les coûtumes et les manieres de cette isle sont des plus singulieres. Tout s'y décide verbalement par le Gouverneur, ou le vicaire, qui n'ont pas besoin d'une grande habileté, parce que les habitans vivent très-paisiblement les uns avec les autres. Il n'y a pas de memoire qu'aucun de ces habitans soit passé en terre ferme pour en poursuivre un autre, pour y demander justice. Ils ont peu de procès, peu de querelles entr'eux.

J'ai fait demander au Gouverneur, et au Vicaire d'Ouëssant deux certificats, l'un sur la maniere dont s'y font les mariages, et l'autre sur la securité où les habitans y vivent sans craindre le vol. Ces deux articles sont très-certainement extraordinaires, et demandent à être appuyez. Quand les certificats me

un extrait de lettres traitant de «la formation des nouvelles Isles» (*Ibid.*, sept. 1726, pp. 1643-1651) ; une «Nouvelle observation sur le Flux & le Reflux de la Mer» (*Ibid.*, mars 1730, pp. 542-551).

[126] Ce sont: les «Observations sur l'Eau de la Mer, & sur l'Eau douce qu'on embarque dans les Vaisseaux» (*Mémoires de Trévoux*, mars 1730, pp. 409-423), qui figurent sous le même titre dans le *Recueil* (*Recueil de différens traitez*, 1736, pp. 255-272), et sont reprises et développées dans le texte «Sur les propriétés générales de l'eau salée & de l'eau douce, & sur leur différence» de l'*Essai* (*Essai sur la Marine des Anciens*, pp. 215-242) ; les «Observations Physiques sur les Oiseaux de Mer, & sur les Huitres» (*Trévoux*, mai 1731, pp. 889-900), qui sont reprises dans le cinquième traité du *Recueil*: «Eclaircissement sur les Oiseaux de Mer, & sur les Huitres» (*Recueil*, 1736, pp. 197-213), et figurent sous le titre de «Remarques sur quelques propriétés des Oiseaux de mer, & sur les Vers qui se trouvent dans les Huitres» dans l'*Essai* (*Essai*, pp. 277-297). En outre, l'«Extrait d'une lettre écrite de Brest» (*Mémoires de Trévoux*, juillet 1725, pp. 1276-1287) se retrouve dans «De quelques particularités d'Histoire Naturelle» de l'*Essai* (*Essai*, pp. 177-190) ; l'«Extrait de la Lettre de Monsieur des Landes (. . .) sur une Antiquité Celtique» (*Mémoires de Trévoux*, nov. 1727, pp. 2094-2106) est donné dans le *Recueil* (*Recueil*, 1736, pp. 239-254).

[127] *Mémoires de Trévoux*, février 1732, pp. 367-372.

[128] Deslandes, *Lettres à l'abbé Bignon*, B.N., Mss. f. fr. 22.228, p. 1 recto.

seront venus, J'aurai l'honneur de vous les addresser. Cela sera assez authentique de cette maniere.[129]

Et Deslandes ne cesse, tout au long de cette correspondance, de parler de dictionnaires de celte, d'études sur la Bretagne restées manuscrites, mais qu'il compte faire envoyer à la bibliothèque du roi, d'étymologies. Il manifeste même un certain intérêt admiratif pour les monuments de la Bretagne, intérêt qui n'est guère de mode à l'époque:

Dans le voyage que j'ai fait, Monsieur, et où j'ai parcouru une grande partie des montagnes d'Avé, j'ai vû tout le brut et tout le sauvage de la Basse-Bretagne. Une seule chose m'a étonné, c'est la hauteur et la hardiesse de la plus-part des clochers qui accompagnent des Eglises d'ailleurs très-pauvres et très-malpropres. L'architecture de ces clochers est, comme vous le jugez bien, gothique, mais de ce gothique qui surprend et qui effraye, et qui efface en quelque maniere les anciens ordres de la Grece.[130]

J'ai signalé plus haut qu'un certain nombre de matières traitées dans les *Mémoires de Trévoux* avaient été reprises dans le *Recueil de différens traitez* de 1736. Ce dernier ouvrage est exclusivement consacré aux sciences et à la technique. Il contient six traités, une lettre et une observation. La lettre, l'observation et le cinquième traité nous sont déjà connus; deux traités parlent à nouveau de Marine, le quatrième: «Seconde lettre au même [Monsieur de Sainte-Bat...] sur la pêche des Saumons»,[131] le sixième: «Eclaircissement sur les Vers qui rongent le bois des Vaisseaux»;[132] deux autres traités portent sur l'Histoire Naturelle, le troisième: «Premiere lettre à Monsieur de Sainte-Bat... sur la prompte végétation des Plantes»,[133] et le second: «Observations nouvelles & Philosophiques sur la maniere de conserver les Grains».[134] Le premier traité sert en quelque sorte de préface au *Recueil*; inspiré d'une conférence latine de Musschenbroek, il s'intitule: «Discours sur la maniere la plus avantageuse de faire des expériences»;[135] c'est un long texte critique dirigé contre les faiseurs de systèmes, c'est-à-dire contre les cartésiens de l'Académie des Sciences; d'inspiration newtonienne, ce texte donne le ton au *Recueil*

---

[129] *Ibid.*, pp. 1 verso-2 recto.
[130] *Ibid.*, p. 27 recto/verso. Est-ce une réponse à la critique du gothique que La Bruyère avait faite dans *Les Caractères* («Des ouvrages de l'esprit», 15)?
[131] *Recueil de différens traitez*, 1736, pp. 161-196.
[132] *Ibid.*, pp. 214-236. Ce traité sera repris et développé dans l'*Essay sur la marine et sur le commerce*, op. cité, pp. 243-272.
[133] *Ibid.*, pp. 151-160.
[134] *Ibid.*, pp. 91-150; «philosophiques», parce que Deslandes propose, dans ce traité, une réforme de l'administration des grains, et présente une conception économique.
[135] *Ibid.*, pp. 1-86.

tout entier; j'utiliserai ici le texte de 1748, plus développé et plus clair que celui de 1736.

Le discours commence par une prise de position sans ambiguïté en faveur de la science nouvelle:

Tous ceux qui ont du goût & qui sçavent penser, conviennent aujourd'hui qu'il n'y a de véritable Physique, que la Physique Expérimentale. Elle seule peut éclairer l'esprit, & le remplir de connoissances solides, invariables, puisées dans le sein même de la nature.[136]

Reprenant le mot de «roman» utilisé par Voltaire dans les *Lettres philosophiques*, et annonçant Condillac et son *Traité des Systèmes* (1749), Diderot et la «région des Hypothèses» (*Bijoux indiserets*, 1748), Deslandes ajoute:

Les Systêmes les plus renommés, les Hypothéses les plus ingénieuses, ne sont que des Romans où le vrai est noyé dans une infinité de conjectures frivoles, & des pensées jettées au hazard. Mais autant que la Physique Expérimentale est utile & lumineuse par elle-même, autant en peut-on abuser &, j'ose le dire, autant en a-t-on abusé depuis le commencement de ce siécle.[137]

La même hostilité à l'égard des systèmes l'anime, lorsque, un peu plus loin, il évoque J. Swammerdam: «Suivant l'aveu de ses meilleurs amis, il n'a jamais établi aucun systême: mais il raisonnoit sur des Expériences réitérées, & il raprochoit avec une adresse infinie ces Expériences les unes des autres».[138] Plus loin encore, Deslandes cite Harvey: «Un systême, fût-il le plus ingénieux du monde, ne serviroit qu'à nous enorgueillir, & non à nous rendre plus sçavans».[139] Deslandes s'en prend alors à Descartes, ou plutôt aux cartésicns, qui ont systématisé et comme figé la pensée de Descartes. Il est en effet clair que Deslandes garde toute son admiration pour Descartes lui-même, que, dans l'*Histoire critique de la philosophie*, il considérera comme le fondateur de la philosophie moderne. Il le cite, quand il veut marquer la difficulté qu'il y a à faire des expériences;[140] il part du *Cogito*, comme Descartes, pour n'en venir qu'ensuite aux données des sens;[141] il cite enfin une lettre de Descartes à la Princesse Palatine sur la pesanteur, «force secrette & inséparable» des corps,[142] pour montrer à quel point Descartes avait gardé son esprit ouvert

---

[136] *Recueil de différens traitez*, 1748, vol. I, p. 175.
[137] *Ibid.*, p. 175-176.
[138] *Ibid.*, p. 178.
[139] *Ibid.*, p. 183.
[140] *Ibid.*, p. 177.
[141] *Ibid.*, p. 181.
[142] *Ibid.*, p. 192.

à des réflexions susceptibles cependant d'entrer en contradiction avec des réflexions préalables qu'il avait faites sur la même matière. Et chaque fois, ou presque, que Deslandes critique Descartes, suit un éloge qui semble racheter la critique; ainsi, après avoir reproché à Descartes de s'être trompé au sujet de la lumière, il écrit aussitôt:

Le reproche que je fais ici à M. Descartes, n'est point certainement pour ternir sa réputation. S'il a échoué contre bien des écueils: porté à cela par une hardiesse d'inventeur, du moins a-t-il ouvert les principales routes, soit en Physique, soit en Géométrie. Sa Méthode est si juste en toutes ses parties, que même pour le décréditer, il faut y avoir recours.[143]

Mais cette admiration n'empêche pas Deslandes de tenir pour dépassées la plupart des conclusions métaphysiques et physiques de Descartes. A la suite de Locke, Deslandes est sensualiste; et il l'est d'abord en savant: c'est en utilisant les différents sens pour les confirmer et les compléter les uns par les autres, que le physicien parvient à analyser la réalité. Les instruments de physique sont-ils autre chose que des sens affinés? Or, c'est grâce à ces instruments que les modernes ont réussi à faire progresser si rapidement les connaissances humaines. Deslandes se réjouit de leur nombre croissant; surtout, de leur précision; il prend plaisir à en énumérer les plus importants, formant l'ébauche non d'une histoire des sciences, mais d'une histoire des techniques scientifiques: microscopes et télescopes,[144] thermomètres, hygroscopes, baromètres,[145] pendule de Galilée, etc. Il termine son énumération en renvoyant le lecteur au *Dictionnaire des Arts* du docteur Harris.

S'il faut utiliser ces outils de connaissance que sont les sens et les instruments, il ne faut pas se fier à eux entièrement; pas plus que Locke ne le fait, Deslandes ne refuse de reconnaître à la raison le dynamisme qui la constitue:

Leur [des sens] emploi est de multiplier les observations, & de les multiplier sans cesse: le sien [de la raison] de recueillir ces observations, de les comparer les unes avec les autres, d'en tirer des conséquences heureuses, & d'élever sur ces conséquences un bâtiment solide, & qui résiste aux attaques qu'on pourroit lui porter.[146]

Il se fie avant tout aux expériences, c'est-à-dire à l'induction, et non à la pure déduction cartésienne:

[143] *Ibid.*, p. 213.
[144] *Ibid.*, p. 202.
[145] *Ibid.*, p. 203 et sq.
[146] *Ibid.*, pp. 182-183.

Le *caractére d'un Philosophe Naturaliste* étant ainsi tracé, il doit se bien convaincre qu'on ne connoît les corps que par les propriétés qui les distinguent les uns des autres, & dont les sens doivent d'abord décider.[147]

Le combat que Deslandes, avec quelques autres, livre alors, est avant tout mené contre les néo-cartésiens qui peuplent l'Académie Royale des Sciences de Paris, et dont l'esprit étroit et ratiocinateur n'a plus rien à voir avec l'audace philosophique de leur maître. P. Brunet mentionne le *Traité* de Deslandes dans son livre sur *L'introduction des théories de Newton en France au XVIIIe siècle*;[148] Deslandes en effet, après Maupertuis et Voltaire, pense que le système des tourbillons est faux et que la gravitation est une vérité démontrée par l'expérience; aussi la théorie du plein cartésien ne tient-elle plus devant les preuves de l'existence du vide qu'apportent faits et calculs.

Ces faits nouveaux vont-ils autoriser le savant à fonder un nouveau système, une nouvelle métaphysique? Certes, Deslandes est à même de distinguer maintenant neuf propriétés des corps: «l'étendue, l'impénétrabilité, le mouvement, le repos, la configuration, la gravité la cohésion qu'on pourroit nommer *nisus in contactum*, l'attraction, l'inertie ou cette force passive par laquelle la matiére continue d'elle-même dans l'état où elle est, & n'en sort jamais qu'à proportion de la puissance contraire qui agit sur elle».[149] Neuf propriétés, mais non *les* neuf propriétés:

Ces propriétés sont-elles les seules qui résident dans les corps? Ne peut-on leur en assigner d'autres d'un genre supérieur? C'est sur quoi nous n'oserions décider, nos connoissances se trouvant là bornées, & la raison ne pouvant nous conduire jusqu'à l'essence de la matiére.

Les Philosophes qui ont suivi les principes de Descartes, mettoient cette essence dans l'étendue, & croyoient en pouvoir déduire les autres propriétés des corps. Mais depuis qu'on a prouvé l'existence & la nécessité du vuide, il a fallu joindre à l'étendue l'impénétrabilité, & cette force de résistance qui empêche l'attrition des parties intégrantes de la matiére & les dérobe incessamment aux efforts qui pourroient les attenuer & les briser. Ceux qui ont depuis examiné les choses de plus près, n'ont pas trouvé ces trois propriétés plus essentielles aux corps, que la force motrice & celle qui lui est contraire, l'inertie. On doit dire la même chose des autres propriétés que j'ai nommées ci-dessus, ou de celles qu'on pourroit découvrir dans la suite & qui seront peut-être doubles ou triples de celles qu'on connoît aujourd'hui. Car enfin, si nous sommes plus éclaires que nos ancêtres ne l'ont été sur la nature des

[147] *Ibid.*, p. 181. C'est moi qui souligne.
[148] P. Brunet, *L'introduction des théories de Newton en France au XVIIIe siècle*, Paris, Librairie Scientifique Albert Blanchard, 1931, pp. 326-327.
[149] *Recueil de différens traitez*, 1748, vol. I, pp. 189-190.

corps, il y a aparence que nos descendans le seront encore plus que nous. Telle est en effet la route que doit suivre l'esprit humain.[150]

A la fin du premier paragraphe du texte que je viens de citer, Deslandes a inscrit une note: dans cette note il évoque, comme Voltaire l'avait fait dans la XIIIe des *Lettres philosophiques*, l'hypothèse de Locke, selon laquelle la matière pourrait être douée de pensée par un décret de Dieu; il conclut, comme Voltaire, par le doute que doivent nous inspirer les bornes de l'esprit humain, et il ajoute un peu plus loin, avec le même mépris que marque Voltaire pour le vocabulaire des métaphysiciens:

Si quelque cartésien me demandoit: Le vuide est-il une substance ou un accident? Je lui répondrois avec le judicieux Jean Locke: Je n'en sçai rien & je ne rougis point d'avouer mon ignorance, jusqu'à ce que vous m'ayez donné une idée claire & nette de ce que vous concevez par le mot de substance & par celui d'accident.[151]

A l'objection qu'il existerait une matière subtile, ou matière éthérée, Deslandes réplique: «Ma réponse sera que la matière subtile étant toujours matière, elle doit peser proportionnellement à sa masse».[152] Et c'est tout autant par scrupule de physicien raisonnable, que par haine des systèmes qu'il s'en tient alors au doute, dans une formule frappante:

Le doute est le plus souvent en Physique ce que la démonstration est en Géométrie, la conclusion d'un bon argument.[153]

Mais ce doute n'est point paralysant; il stimule l'esprit et pousse à la recherche; c'est lui qui incite certains physiciens à refaire pour leur compte toutes les expériences qui avaient déjà été faites par d'autres. Ce n'est qu'en usant de la même prudence que les «Philosophes Naturalistes» pourront à l'avenir dévoiler les mystères des mécanismes de la nature; il faut qu'«ils soient bien convaincus que le fond des choses, leurs principes intimes, leurs affinités, leurs différentes connexions, nous sont cachées en gros & cachées sous un voile épais; mais qu'au moyen de nos sens accoûtumés à l'observation & aidés d'instrumens fins, nous pouvons parvenir à des connoissances de détail; nous pouvons lever un coin du voile qui arrête nos foibles regards, surtout si prenant en main le fil de la Géométrie nous sçavons profiter des inductions tirées des Méchaniques».[154]

Quelle est, à la date où il écrit ce *Traité*, la tâche que Deslandes assigne

[150] *Ibid.*, pp. 190-192.
[151] *Ibid.*, p. 194.
[152] *Ibid.*, p. 196.
[153] *Ibid.*, p. 182.
[154] *Ibid.*, p. 199.

à son «Physicien naturaliste»? Après avoir tracé rapidement les principales étapes des progrès des sciences jusqu'au seuil du XVIIIe siècle, il
lui propose

de cultiver la Philosophie Expérimentale, sans s'embarrasser d'aucun systême,
de recueillir des faits bien avérés & bien certains, de faire des Expériences
en grand nombre, & de les varier de toutes les maniéres possibles; enfin, de
demeurer convaincu qu'il restera toujours plus de choses à découvrir, que
n'en découvriront jamais les génies les plus pénétrans. On croyoit il y a un
demi siécle avoir suffisamment approfondi la Nature, quand on avoit lu la
Physique de Rohault, ou celle de Régis, en y ajoûtant de surcroît les Principes de la Philosophie de Descartes. Aujourd'hui tous ces vastes Recueils qui
sont sortis des différentes Académies de l'Europe, ne peuvent passer que
pour des preliminaires. Loin de se féliciter en les étudians, qu'on verra le
bout de la Physique, les plus habiles jugent qu'elle n'a point de bout, qu'elle
est inépuisable.[155]

L'enthousiasme de cette page se retrouve dans d'autres passages du même
Traité; c'est ainsi que le philosophe chante le triomphe de la science moderne en ces termes:

Combien de Modernes occupés à des spéculations plus sublimes [que celle
d'Archimède cherchant le moyen de convaincre de fraude un orfèvre], auroient été par conséquent plus en droit de dire, *Je l'ai trouvé, je l'ai trouvé*;
un Galilée, en appliquant le premier le Télescope aux observations célestes,
& donnant le vrai systême de l'accélération des corps graves dans leur chûte;
un M. Hugens [sic], en approfondissant la nature de la cycloïde & faisant
voir qu'elle est destinée à porter la mesure du tems jusqu'à sa dernière précision; un M. Newton, en publiant son admirable Traité des Couleurs qui en
est, pour ainsi dire, l'anatomie; le même en développant le calcul des fluxions
que M. Leibnits [sic] s'est depuis approprié sous le nom de calcul intégral? [156]

En 1748, parut une deuxième édition du *Recueil de différens traitez*;
la troisième édition, «corrigée et augmentée de plusieurs nouveaux Traités», paraissait en 1750, en même temps que la première édition du
deuxième volume. En 1753 enfin, paraissaient la deuxième édition du
volume II et la première édition du volume III, qui devait être le dernier
volume de la série.

Dans la troisième édition du volume I (1750), deux traités sont supprimés, les cinquième et sixième: ce n'étaient en fait que des «éclaircisse-
mens» assez brefs, et Deslandes venait de les redonner dans l'*Essai sur la
Marine des Anciens* (1748). Il ajoute en revanche une «Préface» de
dix-huit pages, met en avant-dernière place le «Traité sur la meilleure

---

[155] *Ibid.,* p. 269.
[156] *Ibid.,* pp. 264-265.

maniére de faire des expériences», qui avait servi jusque là de préface, et il complète son ouvrage de trois traités: le quatrième traité, «Sur les Sympathies & les Antipathies, avec quelques remarques de Physique & d'Anatomie pour expliquer ce qu'elles sont»: c'est une tentative d'explication de certains symptômes physiologiques par le système nerveux, – traité sur lequel je reviendrai; le cinquième traité, «Sur diverses particularités d'Histoire Naturelle qui regardent l'Angleterre, l'Ecosse & l'Islande, tirées des Transactions Philosophiques»: c'est un traité adapté de l'anglais. Le septième et dernier traité porte «Sur les disgraces qu'essuya Galilée, pour avoir soutenu que le Soleil est placé dans le centre ou foyer commun de notre Monde Planétaire, & que la Terre tourne autour de lui».

Le champ du *Recueil* s'élargit ainsi dans deux directions: l'une scientifique, vers les sciences de la vie et les sciences naturelles, sciences qui vont devenir bientôt les sciences de pointe du XVIIIe siècle; l'autre, historique et plus proprement philosophique. Dans le dernier traité, en effet, Deslandes prétend donner les motifs authentiques, et secrets, de l'emprisonnement et du procès de Galilée: la jalousie d'un savant, et Jésuite de surcroît. Je reviendrai sur ce traité à la fin de ce chapitre III: il se rattache à l'*Histoire de la Princesse de Montferrat*, par l'emploi métaphorique que Deslandes y fait de l'histoire.

Les deux éditions (1750 et 1753) du volume II sont identiques; elles renferment une «Préface» (de 44 pages), et neuf traités. Les matières qu'abordent ces traités sont encore plus diverses que celles abordées dans la dernière édition du volume I; en outre, on n'en peut rendre compte en donnant simplement le titre de chacun d'eux: ainsi, dans le quatrième traité, intitulé traité «Qui contient des Remarques et des Expériences sur différens sujets, tirées des Transactions Philosophiques et traduites de l'Anglois», Deslandes aborde successivement la musique, la biologie (le sang humain), et la chimie (l'or, les vapeurs de la mer, «quelques mélanges de liqueurs qui produisent le même effet que la poudre à canon»); au second traité «Où l'on explique un passage curieux de Plutarque, & un point important de la manœuvre des Vaisseaux», est adjointe une «Histoire du coup de vent [. . .] de M. le Duc de Mortemart», qui ne compte pas moins de neuf pages. Cependant, une fois de plus, la mer et la marine ont la part la plus belle dans ce *Recueil*: le deuxième traité leur est consacré; le cinquième porte «Sur la Pêche des Baleines que font les Basques & sur la maniére de l'améliorer, avec quelques remarques singuliéres touchant le païs qu'ils habitent», et le même traité porte ensuite sur «quelques particularités peu connuës du païs de Labourd»; le sixième traité est constitué de trois lettres «Sur la construction des Vaisseaux», et le septième est un «Nouveau Traité des Vents».[157] Le premier et le dernier traités portent sur les armes: «I. Traité, Où l'on parle de l'Artillerie en général, & particuliérement du recul des Armes à Feu», «IX. Traité, Des Progrez successifs de l'Artillerie & du Genie». Les autres traités sont rattachés aux sciences naturelles et à l'histoire du monde et de l'humanité: «III. Traité, Sur des arrangemens singuliers de pierres, qu'on trouve en différens endroits de l'Europe [il s'agit de menhirs]», «Noms et situations des principaux volcans aujourd'hui répandus sur la terre»; «VIII. Traité, Conjectures sur le nombre des Hommes qui sont actuellement sur la Terre», cependant qu'en fin du V. Traité on trouve un «Rapport de quelques singularités trouvées en Basse-Bretagne, vers la fin de l'année 1731»: c'est la reprise du passage d'une lettre qui avait été publiée dans les *Mémoires de Trévoux*, en février 1732; Deslandes y traite, planches à l'appui, de certains morceaux de métal trouvés dans un lac breton.

Le contenu du troisième volume répond le moins au titre de *Recueil de différens traitez de Physique et d'Histoire Naturelle*: on y trouve bien un «Mémoire abrégé sur le Crystal de roche, principalement sur celui qu'on trouve en quelques endroits de la Basse-Bretagne»,[158] un «Mémoire sur quelques effets singuliers du Tonnerre»,[159] mais ces mémoires sont brefs, et ne sont pas nouveaux: c'est la reprise de textes publiés longtemps auparavant dans les *Mémoires de Trévoux*. On trouve encore, à côté d'un «Eclaircissement sur les Rames tournantes»[160] et d'une brève «Description de deux Estampes Allégoriques gravées sous les Régnes de Louis XIII & de Louis XIV»,[161] un long «Traité sur le Jardinage, où l'on fait voir les agrémens & les profits qu'on en peut retirer».[162] La marine n'est évoquée que par le biais de l'histoire, dans une «Lettre critique sur l'Histoire Navale d'Angleterre».[163] L'histoire en effet semble bien être devenue la première matière de ce *Recueil*: le premier et le dernier textes sont, l'un un «Mémoire sur l'établissement des Colonies Françoises aux Indes Orientales, avec diverses remarques sur les Isles de Mascareing & de Madagascar», l'autre un «Eclaircissement sur l'état où étoient les colo-

---

[157] Un «Traité des Vents» avait été ajouté, dès 1736, à la première édition du *Recueil*; je n'ai pas eu en main cette édition, «corrigée et augmentée d'un Traité des Vents», que cite R. Geissler dans sa bibliographie; R. Geissler, op. cité, pp. 192-193.
[158] *Recueil de différens traitez*, 1753, vol. III, pp. 53-68.
[159] *Ibid.*, pp. 69-88.
[160] *Ibid.*, pp. 89-98.
[161] *Ibid.*, pp. 99-106.
[162] *Ibid.*, pp. 167-236.
[163] *Ibid.*, pp. 237-254.

nies Portugaises aux Indes Orientales, lorsque la Royale Compagnie de France s'y établit». Mais Deslandes place au cœur de son ouvrage un texte qu'il avait déjà publié à part, en 1745, la «Lettre sur le luxe, avec l'Examen du neuvième chapitre de l'Essai Politique sur le Commerce [de Melon]».[164] Ce volume III du *Recueil* est donc nettement plus orienté vers la «philosophie» que les précédents; j'essayerai de montrer comment et pourquoi, quand je ferai le bilan, à la fin de ce chapitre, de l'activité littéraire au grand jour de Deslandes.

Outre la diversité des matières traitées et leur liaison étroite avec les centres d'intérêt cruciaux du moment, une autre particularité de ces volumes du *Recueil* retient l'attention: le nombre important des planches et des explications dont Deslandes les accompagne; le *Recueil* de 1736 en comporte deux; le premier volume de 1750, huit; le deuxième volume de 1753, sept; le troisième volume de 1753, trois seulement, en raison de la nature même des sujets traités.[165] Joindre des planches aux traités scientifiques est dans la tradition des volumes de l'*Histoire de l'Académie Royale des Sciences*, volumes dans lesquels, on se le rappelle, Deslandes avait vu paraître ses premières observations scientifiques; cette tradition relève de l'esprit encyclopédique moderne, qui se développe dans la première moitié du XVIIIe siècle, et qui s'épanouira, bien sûr, dans l'ouvrage collectif de Diderot.[166]

Relève aussi de cet esprit encyclopédique la notion d'utilité publique, sur laquelle Deslandes ne manque jamais de mettre l'accent: utilité des services que rendent les artisans, les ingénieurs, et surtout utilité des services que peut et doit rendre le philosophe.

Deux des planches du *Recueil* de 1736 représentent une pompe destinée à éteindre les feux de cheminée; une notice explicative en donne le fonctionnement.[167] Les recherches que Deslandes entreprend en tant que savant lui paraissent donc pouvoir être destinées à l'avantage des hommes; c'est ce qu'il affirme dans la «Préface» qui ouvre l'édition de 1750 du volume I du *Recueil de différens traitez*: «Les Ouvrages de la Nature sont l'unique source des connoissances utiles: je dirai quelque chose de plus, des connoissances dont l'utilité ne peut être révoquée en doute».[168]

---

[164] *Recueil de différens traitez*, 1753, vol. III, pp. 107-166.
[165] Nous trouvons aussi des planches dans l'*Essai sur la Marine des Anciens*, au nombre de sept.
[166] Cf. ma Communication au Congrès de l'Europe des Lumières, Nancy, 15-24 Juillet 1971: «L'esprit encyclopédique avant l'*Encyclopédie*: André-François Deslandes». *Studies on Voltaire and the 18th century*, éditées par Th. Besterman, vol. LXXXIX (1972), pp. 975-992.
[167] *Recueil de différens traitez*, 1736, p. 87.
[168] *Ibid.*, 1750, vol. I, p. vij.

Dans bien des titres des traités de Deslandes est marquée l'application qu'on peut en retirer: le traité «Sur la Pêche des Baleines que font les Basques» donne «la maniére de l'améliorer»; [169] le traité «Sur le jardinage [...] fait voir les agrémens & les profits qu'on en peut retirer».[170] Tel est le but de la vraie philosophie, et c'est parce qu'il propose une nouvelle et utile «maniére de conserver les Grains», que Deslandes intitule le traité où il expose cette matière «Observations [...] Philosophiques».[171]

A la fin du «Traité sur la meilleure maniére de faire des expériences», Deslandes pose trois problèmes aux hommes de science; voici l'énoncé du premier: «Il s'agit de trouver un solide, lequel étant mu dans un fluide en repos, ou dans un fluide mu lui-même uniformément, rencontre moins de résistance que tout autre solide de même grosseur & de même hauteur».[172] Ce problème théorique a, en fait, un but d'utilité pratique pour le Marine: déterminer «la figure qu'il faut donner à la partie de la proue d'un navire qui doit être dans l'eau, afin qu'il éprouve la moindre résistance possible».[173] Et, dans une note de bas de page, Deslandes s'élève contre la stérilité de certains Géomètres, qui posent ce problème sans se soucier des réalités techniques:

La plupart des Géométres qui ont traité de la Marine, l'ont fait plus curieusement pour leur réputation, qu'utilement pour une science dont ils ne connoissoient ni le principal, ni l'accessoire. En effet ils ont tous raisonné sur des suppositions arbitraires & très-éloignées de la vérité: & quoiqu'on soutienne que les erreurs de suppositions connues ne sont point erreurs en Géométrie, je demande à quoi peuvent servir des connoissances acquises de cette maniére, si ce n'est pour l'ostentation. Par exemple, M. de Bernoulli, dans son Essai d'une nouvelle théorie de la manœuvre des vaisseaux, suppose ce qui ne fût & ne sera jamais: des navires qui ont la figure de parallélogrammes ou de rectangles oblongs; des voiles plattes, quoique d'une matiére flexible & continuellement enflées par le vent; lui-même rencontrant le navire, non comme fuyant devant lui, quoique réellement il fuye, mais comme étant en repos; l'angle de la dérive, ou l'angle que fait la route avec la quille, négligé ou pris pour zéro, &c. Tout cela, dit-on, est ménagé adroitement, afin d'empêcher qu'on ne tombe dans des intégrations souvent impossibles, toujours difficiles. Mais qu'importe à la Marine qu'on évite ces intégrations, si tout bien compensé, il n'en résulte rien qui lui soit utile, rien même qui soit conforme au vrai.[174]

[169] *Ibid.*, 1753, vol. III, p. 98.
[170] *Ibid.*, p. 167.
[171] *Ibid.*, 1736, p. 91 et sq.
[172] *Ibid.*, 1750, vol. I, pp. 290-291.
[173] *Ibid.*
[174] *Ibid.*, 1750, vol. I, pp. 292-293. L'*Essai* de Bernoulli est de 1714; compte en est rendu dans l'*Histoire de l'Academie Royale des Sciences*, Année 1714 (1717), pp. 107-128.

Cette notion d'utilité aboutit à une authentique définition du vrai en science, à ce que nous appelons la réalité; c'est d'elle que le philosophe essaie de rendre compte dans les textes que je viens d'analyser.

Malgré la diversité des sujets qu'ils abordent, ces textes ont en commun un grand nombre de traits: les mêmes thèmes y réapparaissent inlassablement, qui permettent de définir une philosophie des lumières des années 30 et 40. Tout est préjugé, tant qu'un examen personnel n'a pas été conduit; l'observation prime le système, ou plutôt elle doit remplacer les systèmes et les sommes, survivances de l'esprit scolastique. La philosophie est donc recherche et progrès, mais elle se teinte toujours du scepticisme qu'exige la richesse surabondante de l'univers. Enfin la philosophie ne doit jamais être de pure spéculation; elle doit se rendre utile, et c'est avant tout parce que le luxe est nuisible que Deslandes le condamne.

Or cette mouvance de la science et de la philosophie rend compte, en partie du moins, de l'écriture de Deslandes durant cette période: il essaie les pouvoirs critiques de son esprit dans des textes courts, denses, précis; il reprend ces textes pour les compléter ou les corriger au fil des années, non parce qu'il adopte une nouvelle conception littéraire, mais parce que de nouvelles observations et de nouvelles réflexions l'y incitent. Il amplifie, il ne restructure ou plutôt il ne structure pas; organiser ces essais lui paraîtrait un péché contre l'esprit. Si l'on compare le texte du «Discours sur la meilleure maniere de faire des Expériences» de 1736 à la rédaction du «Traité sur la meilleure maniere de faire des Expériences» de 1748, on constate que les nouvelles sections développent certaines phrases des anciennes sections ou sont formées d'observations et de réflexions récemment faites. La discontinuité qui caractérise ces textes est toutefois différente de l'allure par sauts et par bonds des trois premiers ouvrages de Deslandes; les derniers textes relèvent bien, eux aussi, de l'esprit de conversation et de l'esprit de critique, mais ce n'est plus seulement la conversation badine ni la critique libertine des épicuriens du début du siècle qui est en action; c'est la conversation des techniciens des arts et beaux-arts et la critique des observateurs et des historiens. Il n'y a pas de contradiction, ni de dépassement, mais l'ancien esprit est en quelque sorte digéré par un esprit moderne, dynamique et efficace. Le jeu fait alors place à la polémique, le style fleuri, à des expressions fortes et denses, si denses parfois qu'elles en sont incorrectes.[175]

---

[175] C'est une des deux critiques que Voltaire exerce contre le style de Deslandes, mais Voltaire semble diriger les deux critiques à la fois contre les ouvrages de jeunesse et contre les ouvrages de maturité; en fait, le reproche de préciosité est pertinent pour les premiers, tandis que le reproche d'incorrection convient quelquefois aux seconds.

C. HISTOIRE ET ACTION

Deux composantes de l'esprit de Deslandes vont prendre une importance croissante au début des années 40: le goût de la recherche historique et le zèle pour l'action réformatrice. En 1743, l' *Essay sur la marine et sur le commerce* contient à la fois l'ébauche d'une histoire de la marine, et une protestation qui devait, dans l'esprit de l'auteur, permettre au ministre de la Marine de mettre sur pied une nouvelle politique maritime et économique. En 1745, la *Lettre sur le luxe* contient des aperçus historiques sur le luxe dans l'Antiquité et dans la France d'avant le XVIIIe siècle, et en même temps un plan à contre-courant pour hiérarchiser la société française en fonction du mérite et des services rendus. Les deux composantes, reliées l'une à l'autre par la notion même d'utilité, relèvent de l'esprit historique: car l'histoire minutieusement et honnêtement étudiée donne des leçons, non plus morales ou religieuses, mais pratiques.

J'ai déjà analysé, dans mon premier Chapitre,[176] quelques passages de l'*Essay sur la marine et sur le commerce*. L'ensemble de cet ouvrage a été écrit pour démontrer quatre propositions, et pour promouvoir la nouvelle politique qui en découle et débouche sur une large conception du rôle de la France dans le monde.

Les quatre propositions ne sont pas sur le même plan: les trois premières ne sont que des affirmations d'historien et de géographe, – propositions de fait; la quatrième contient les propositions de réforme. Ces quatre propositions sont démontrées successivement dans les trois premières parties de l'*Essay*; mais, comme nous allons le voir, Deslandes mêle constamment la satire et l'application à l'histoire et à la théorie. C'est une des caractéristiques du genre de l'essai d'être un «mélange» assez libre; comme le dit Deslandes dans la lettre «A Mr. le C. de B. C. M...»:

J'employe pour les prouver [les quatre propositions qu'il avance], tantôt des raisonnemens suivis, tantôt des traits d'histoire, tantôt des loüanges & des censures mêlées à propos. Ce dernier genre de preuves a quelque chose de plus vif & de plus frappant, que tous les autres.[177]

«La première proposition, c'est que tous les peuples anciens qui ont voulu remplir l'Univers du bruit de leur nom, & se distinguer par dessus les autres, ont cultivé la Marine, & que plus ils l'ont cultivée, plus ils ont acquis de puissance & d'autorité. [...] Quiconque veut dominer sur

[176] Cf. pp. 28-34.
[177] *Essay sur la marine et sur le commerce*, s.l., 1743, p. 7.

la terre, doit commencer par dominer sur la mer».[178] La seconde proposition, c'est «que depuis le commencement de la Monarchie, on a reconnu en France, l'utilité de la Marine, non seulement sous les régnes un peu éclairés, mais encore au milieu de ces révolutions dont elle a étét quelquefois agitée».[179] Hommage est alors rendu à Richelieu d'abord, puis conjointement à Louis XIV et à Colbert. La troisième proposition, c'est «que de tous les Royaumes de l'Europe, la France est d'abord celui qui a le plus de ressources & de commodités pour faire fleurir la Marine»: [180] côtes et havres. La quatrième proposition, «que la Marine soûtenue par l'autorité royale doit servir à protéger le commerce, à l'étendre, à lui donner chaque jour de nouveaux accroissemens, & que le commerce doit servir à introduire l'abondance & toute sorte de richesses dans le royaume, à le rendre aussi puissant qu'il peut être».[181]

La première partie de l'*Essay* débute par l'histoire de la naissance de la navigation; il faut l'attribuer aux Egyptiens et aux Phéniciens. L'auteur fait un éloge des premiers, et cet éloge est en même temps une critique non voilée des Français. Deslandes décrit ensuite, avec enthousiasme, les progrès conjoints de la marine et du commerce en Chine, à Tyr, chez le peuple juif du temps de Salomon. Il met l'accent sur l'intérêt que, dès la plus haute Antiquité, a présenté le commerce avec les Indes Orientales, pays où lui-même est né:

Les Indes Orientales, pays le plus peuplé qui soit au monde après la Chine, furent long-tems l'objet de toutes les courses qu'entreprenoient les Anciens, de tout le commerce qui les occupoit. Et quel commerce pouvoit être plus utilement exercé, que celui dont profiteroient d'une maniére presque égale & les vendeurs & les acheteurs! Les peuples attirés y couroient à l'envi les uns des autres, & à proportion de l'impatience, ou du talent qu'ils avoient de s'enrichir: & comme il paroît par le Periple de la mer rouge d'*Arrien,* par plusieurs remarques de *Pline*, de *Solin* & de *Philostrate*, aucune route n'étoit alors ni plus connuë ni plus fréquentée. D'ailleurs, les Indes Orientales offroient les plus habiles Négocians, tels qu'ils sont encore aujourd'hui, tant pour connoître la valeur intrinséque de l'or & de l'argent, qu'ils regardent plûtôt comme marchandise que comme monnoye, que pour faire toute sorte de calculs & presque en un clin d'œil.[182]

Qu'en est-il de la nation française? La deuxième partie de l'*Essay* commence par un éloge chaleureux du tempérament et du caractère des Gau-

[178] *Ibid.*, p. 7.
[179] *Ibid.*, pp. 7-8.
[180] *Ibid.*, p. 8.
[181] *Ibid.*, p. 9.
[182] *Ibid.*, p. 13.

lois, «impétueux, avides de changer de demeure, peu capables de se ra-
baisser aux occupations domestiques»,[183] et par conséquent doués de la
vocation maritime! La domination romaine empêcha les Gaulois d'assumer cette vocation autrement que par la piraterie; mais, dès qu'un grand
souverain, Charlemagne, eut pris en main la nation, il se fit «rendre
compte de l'état où se trouvoient les ports du Royaume», il ordonna «qu'-
on nettoyât les anciens & qu'on en ouvrit de nouveaux».[184] En note, Deslandes renvoie à l'exemple de Jules César, qui, après Pharsale, se fit rendre les mêmes comptes: «C'est ainsi que dans tous les siècles les grands
personnages ont à peu près les mêmes vuës, les mêmes pensées, les mêmes
desseins».[185] C'est avec Henri IV, c'est avec Richelieu surtout que la marine et le commerce français refleurirent. Le cardinal de Richelieu, en
effet, «génie créateur», «dont la prévoyance & l'activité embrassoient
toutes les parties de l'Etat», «commença [. . .] à jetter, non point au hazard, mais avec une pleine connoissance, les fondemens d'une Marine».[186]
Il en avait vu la nécessité de ses propres yeux au siège de La Rochelle, et
lors de la descente des Anglais dans l'île de Ré; c'est en tant que «Grand-
Maître, chef & surintendant général de la Navigation & Commerce de
France» que, dès 1626, il put «exécuter la plus grande partie de ce qu'il
avoit arrangé dans son cabinet».[187] Ce succès fut affermi et amplifié sous
Louis XIV. «Notre nation osa se flatter dès ce moment qu'elle surpassoit
toutes les autres, ou du moins qu'elle seule les contrepesoit».[188] Et Deslandes d'énumérer avec orgueil toutes les victoires navales remportées
sous Louis XIV par les Français.

La troisième partie de l'*Essay* est la suite logique des deux premières:
puisqu'une Marine puissante est nécessaire à un grand Etat, et puisque
la marine de Louis XIV avait été puissante, comment «la soutenir dans
le même état, & si par hazard elle en étoit déchuë», comment «l'y rappeler»?[189] C'est dans cette troisième partie, plus clairement encore que
dans les deux autres, que l'on voit à quel point Deslandes tient à lier la
question de la marine à celle du commerce. Il commence par faire le
point, en dénombrant les avantages «qui regardent la Marine & que la
France trouve dans son propre sein»;[190] ils sont quatre:

[183] *Ibid.*, p. 52.
[184] *Ibid.*, pp. 56-57.
[185] *Ibid.*, p. 57, Note b.
[186] *Ibid.*, pp. 86-87.
[187] *Ibid.*, p. 88.
[188] *Ibid.*, p. 92.
[189] *Ibid.*, p. 97. La première partie de cette citation est une délicate attention de
Deslandes pour Maurepas, Ministre de la Marine depuis 1723.
[190] *Ibid.*, p. 98.

le premier sans contredit est sa situation, la plus commode & la plus avantageuse qui soit au monde, tant pour attaquer que pour se défendre, tant pour troubler le Commerce des autres que pour faire fleurir le sien, envoyer en tous lieux & recevoir de toutes parts des vaisseaux marchands.[191]

Le second avantage est la sûreté des côtes de France et leur fertilité.[192] Le troisième avantage est la rapidité et la facilité avec lesquelles peuvent se faire les armements de navires; la France dispose, sur son territoire, à la fois des matériaux et des ouvriers qualifiés nécessaires. Pour les denrées qu'il faut importer, Deslandes préconise aux commerçants français de se charger eux-mêmes de ce transport en France, comme les Anglais ne permettent qu'aux vaisseaux anglais «de transporter les marchandises qui naissent dans le païs, & d'y ramener celles que produisent les païs étrangers».[193] Suit une longue «remarque» sur «la disette où l'on commence à se trouver en France des bois de construction»,[194] car on n'a pas songé à renouveler les forêts que l'on abattait. La remarque est de celles qui tiennent à cœur au technicien Deslandes; au patriote aussi, non sans tristesse, il ironise sur le manque d'esprit de suite qui caractérise notre nation:

Feu M. le Marquis de Seignelai, dont les vuës s'étendoient jusqu'à l'avenir, avoit formé le dessein de faire planter tous les bords de la mer, d'arbres propres à la construction des vaisseaux. Je ne sai quel obstacle a traversé ce dessein, digne assûrément du ministére le plus éclairé. Peut-être qu'après une mûre délibération, M. de Seignelai se défia du génie des François, qui d'abord saisissent avec ardeur les choses nouvelles, & qui les abandonnent dans la suite avec dégoût. Il craignit qu'un projet qui ne devoit réussir que dans un siécle ou un siécle & demi, ne parut un projet chimérique. Car nous autres François, par une rapidité & une intempérance de goût, nous voulons qu'on propose & qu'on exécute en même tems, qu'on invente & qu'on perfectionne. *Les ouvrages de longue haleine*, disoit le Cardinal de Richelieu, *sont peu propres à notre humeur & à nôtre naturel.*[195]

[191] *Ibid.*, pp. 98-99.
[192] En revanche Deslandes note, avec justesse, le désavantage que représente l'éloignement de nos côtes de Paris et Versailles; «en Portugal, en Moscovie, en Dannemarc, en Suéde, en Angleterre, en Hollande, dont les villes capitales», «où séjourne la Cour», «voyent de si près la mer», «on s'y apprivoise bientôt avec tout le détail qui appartient à la Marine: on y admire combien il a fallu d'art & d'intelligence, pour faire jouër les différentes parties qui la composent & les assortir les unes aux autres: on y saisit de la main, pour ainsi dire, les richesses, les commodités, tous les secours qu'elle apporte: on s'intéresse enfin à ses progrès successifs, & les plus aveugles conviennent que de sa perfection dépend le bonheur même de l'Etat». «Paris au contraire ne la connoit que par des relations tronquées, &, si j'ose ainsi les nommer, de la seconde main. On y vit dans une indolence volontaire pour tout ce qui n'est point agrément, ou plaisir: & je suis sûr que de la moitié des choses qui s'y consomment & des raretés qui y brillent, on ignore à quelle contrée ou à quelle industrie on en est heureusement redevable». (*Ibid.*, pp. 104-105.)
[193] *Ibid.*, p. 111.
[194] *Ibid.*, pp. 113 et sq.
[195] *Ibid.*, pp. 118-119.

J'ai traité du «dernier avantage» que cite Deslandes, dans mon chapitre I: il regarde l'ordre et la police de la Marine française. La troisième
partie s'achève sur les réponses que Deslandes fait à l'objection, «dont
s'éblouissent bien des personnes de mérite», que la marine entraînerait
trop de dépenses: il reconnaît en effet que des dépenses «assez étenduës»
y sont nécessaires, mais, – réponse de principe –, «*aux grandes affaires
[. . .] on ne doit jamais regarder à l'argent*».[196] C'est que, – première réponse de détail, réponse sur le plan de l'économie –, la marine «ne diffé-
re point à payer», puisqu'elle «vivifie» le commerce, «tant du dedans,
qu'au dehors du Royaume».[197] Les questions rhétoriques qui suivent dé-
notent l'intérêt enthousiasmé que Deslandes voudrait voir porté à notre
marine et à notre commerce; mais, comme on le voit par la fin du texte
que je vais citcr, il ne s'égare pas dans l'abstrait, il s'appuie sur des chiffres:

N'est-ce point elle [la marine] qui assûre nos Négocians répandus dans les
diverses parties du monde, qui les préserve au milieu des Etats du Grand-
Seigneur des pillages & des insultes à quoi ils seroient sujets, qui leur procure
des capitulations & des droits favorables sur les côtes de Barbarie & aux
Echelles du Levant, qui les fait naviger en sûreté par tout où pénétre le
pavillon François? N'est-ce point elle qui dans les tems de guerre & de
trouble, écarte les ennemis dont nos côtes seroient ravagées, & laisse un libre
cours à la navigation qui se fait d'une Province maritime à l'autre? N'est-ce
point elle enfin qui remplit d'une si grande opulence les coffres de nos Rois,
& qui donne aux Sujets un débouché favorable pour se défaire de leur superflu, pour envoyer dans les autres régions le fruit de leurs récoltes ou de leur
industrie? Mr. l'Abbé de Saint Pierre a observé dans un de ses Mémoires
Politiques, que la balance de notre commerce avec les étrangers va au moins
à cent cinquante millions par an: ce qui fait chaque mois, l'un portant l'autrc,
12. millions 500. mille livres. N'est-ce point à la Marine de conserver cette
balance, & en la conservant, de soûtenir notre crédit, toujours à la veille de
tomber par la jalousie de nos voisins? [198]

Deuxième réponse, réponse sur le plan de la politique étrangère: «la principale richesse d'un Etat est la réputation»; or la marine, toujours selon
Richelieu, est l'un des deux moyens qui permettent d'asseoir cette réputation.[199] Troisième réponse enfin, réponse sur le plan intérieur et social:
un certain excès dans les dépenses pourrait être supprimé, si l'on acceptait
de renoncer au luxe d'«aujourd'hui [,où] tout est devenu faste & décoration».[200]

[196] *Ibid.*, pp. 181-182.
[197] *Ibid.*, p. 182.
[198] *Ibid.*, pp. 128-130.
[199] *Ibid.*, pp. 130-131.
[200] *Ibid.*, p. 132.

Dans la quatrième partie de son *Essay,* Deslandes s'efforce d'éclairer certains endroits de son travail, qui lui semblent moins nets que d'autres; en fait, il se donne ainsi l'occasion de mettre l'accent sur des idées qu'il illustre personnellement; il lui paraît bon que «le commerce se distingue quelquefois jusqu'à procurer des titres de Noblesse»,[201] comme il en a procuré effectivement à son père et à son grand-père; s'il rapelle la distinction qui existe entre la marine royale (c'est-à-dire nationale et de guerre) et la marine privée, qui fait le commerce, c'est qu'il tient à souligner que le commerce contribue «à l'abondance, à la félicité publique».

Suit un passage, où Deslandes décrit l'organisation de la Marine française, et que j'ai déjà cité dans le Chapitre Ier. L'auteur en vient alors à analyser les différentes sortes de commerce de mer, dans lesquels la France peut exceller: commerce de cabotage (qui, en France, peut se faire toute l'année); commerce en Europe, par lequel s'écoulent les productions du sol et des manufactures:

La France a dans les chanvres & les toiles de Bretagne, dans les sels de Broüage, de Marennes & du Croisic, dans les vins rouges de Bourdeaux, dans les vins blancs d'Anjou, dans les eaux-de-vie de Nantes, de Cognac & de l'île de Ré, dans les papiers d'Auvergne & d'Angoulême, dans les parchemins de Normandie, dans les brocards d'or & d'argent fabriqués à Lyon, dans les grains de toutes les sortes, blés, orges, avoines, seigles, des ressources assurées de commerce qui ne peuvent lui manquer. J'avoüe que depuis la révocation de l'Edit de Nantes, sur laquelle on doit tirer le rideau comme sur le plus facheux événement du régne de Louis XIV, J'avoüe, dis-je, que plusieurs de nos Manufactures se sont naturalisées dans les païs étrangers. Mais il en reste encore assez dans le Royaume, quand elles seront bien conduites, & pour l'occuper & pour l'enrichir.[202]

Enfin, «le véritable commerce de mer est celui qui embrasse les trois autres parties du monde»; et Deslandes, comme Voltaire, chante ce commerce où l'on s'enrichit en prenant des risques, d'une richesse acquise «par des voyes légitimes, & qu'il faut bien se garder de confondre avec ces fortunes rapides & odieuses, nées des miséres publiques & teintes du sang d'une infinité de malheureux».[203] Ce sont les Anglais qui ont pratiqué ce commerce avec le plus d'intelligence, car la domination des Espagnols en Amérique paraît trop vaste à Deslandes:

Depuis un demi-siécle les Anglois ont sçu prendre le véritable tour d'esprit, qui convient en Amérique, & sans lequel on n'y peut réussir. Toutes leurs allures y sont ménagées avec la derniére prudence: ils s'y arrangent peu à

[201] *Ibid.,* p. 139.
[202] *Ibid.,* p. 147.
[203] *Ibid.,* p. 149.

peu, ils embrassent toutes les ouvertures de commerce, ils perfectionnent leurs anciennes Colonies & s'en procurent de nouvelles, ils agissent enfin comme si la fortune leur destinoit quelque jour l'empire de ces vastes climats. On assure que Cromwell s'en flattoit dans ses visions politiques, & qu'il disoit souvent qu'il vouloit ôter au Roi d'Espagne ses deux yeux, savoir, l'Amerique & l'Inquisition.[204]

Grâce à l'ambition parfois clairvoyante de Cromwell, «les Anglois ont eux seuls aujourd'hui plus de navires dans l'Amerique & de navires qu'ils y ont fait construire, que tous les autres peuples ensemble. [...] C'est aux Anglois qu'apartient présentement la supériorité sur mer, que l'empire en est attribué».[205] Deslandes ajoute en note une réflexion sur la politique, non plus seulement maritime, mais générale de l'Europe: «Pour se convaincre de ce que je dis, il suffit de jetter les yeux sur le sistème présent des affaires de l'Europe. Quelle autorité, quelle Puissance les Anglois soûtenus de leur Marine, n'y ont-ils pas acquise»?[206] Les Français, qui «ont de tout tems entretenu quelque commerce hors de l'Europe & avec les trois autres parties du monde», n'ont qu'à suivre leur tradition et l'exemple anglais. Deslandes esquisse alors une histoire de notre commerce depuis la fin du Moyen-Age, reconnaissant cependant qu'une de ses caractéristiques est d'avoir subi «bien des vuides & des interruptions», dus principalement au système des «compagnies particuliéres». A la suite de Colbert, Deslandes croit en effet aux bienfaits des compagnies régies par l'Etat: elles seules permettent les projets cohérents et à long terme; les défauts du capitalisme naissant sont décrits ici avec une assez grande clairvoyance, bien que Deslandes les attribue au caractère français; le premier défaut essentiel de ces compagnies particulières d'autrefois «étoit de vouloir recueillir presque au même tems qu'elle semoient»,[207] alors qu'il est plus profitable d'investir les bénéfices, «mais les François se hâtent de jouïr, & ils ne savent point faire céder à un intérêt éloigné, mais plus considérable, un intérêt présent, mais beaucoup plus petit».[208] Le second défaut, dont l'origine est la même, – «gagner plus excessivement», si l'on peut dire... –, était d'importer des marchandises de l'étranger en quantité trop importante pour la consommation intérieure. «Le dernier & le plus grand défaut, c'est que les vuës particuliéres de ces Compagnies, l'emportoient sur l'avantage commun & général».[209]

Il s'agit là du passé; la nouvelle Compagnie des Indes «est appuyée sur

[204] *Ibid.*, pp. 151-152.
[205] *Ibid.*, p. 155.
[206] *Ibid.*, pp. 155-156, note n.
[207] *Ibid.*, p. 158.
[208] *Ibid.*, p. 159.
[209] *Ibid.*, p. 160.

des fondemens qui paroissent solides»; [210] on peut douter toutefois que cette dernière phrase de Deslandes soit tout à fait sincère, car il ajoute aussitôt que la Compagnie embrasse un commerce trop étendu, à son avis, et emploie «sans choix des hommes de toute espèce»; il se demande si elle ne viendra pas «à subir le même sort qu'ont eu les anciennes Compagnies».[211]

Deslandes corrobore enfin l'argumentation de son *Essay* par quelques réflexions supplémentaires sur l'exemple qu'ont donné certaines villes, qui n'ont dû leur puissance qu'à la marine et au commerce: Amsterdam, Londres, Hambourg d'abord; puis, revenant à l'histoire, il développe l'exemple de l'Alexandrie antique (pp. 163-165), celui de la «*Hanse Teutonique*» de l'Empire allemand (pp. 165-168), de Venise (pp. 168-169) et d'Amsterdam (pp. 169-171), qui «paroît aujourd'hui remplacer Alexandrie & Venise, par l'étendue de son commerce».[212] Au passage, Deslandes est tout heureux de faire remarquer au lecteur qu'Amsterdam, toute riche qu'elle est, ne donne pas dans le luxe:

> J'ajouterai ici qu'une des merveilles d'Amsterdam, c'est que dans le sein même de l'opulence, le luxe est ignoré: j'entens ce luxe qui va à braver ses concitoyens, & à les éblouïr par une vaine ostentation de richesses mal employées. La magnificence y est reservée pour les bâtimens publics: le particulier se contente de l'agréable & du commode. Les Magistrats n'y traînent point après eux une suite pleine de faste, leur probité les distingue assez.[213]

Mais la merveille des merveilles reste, selon Deslandes, la ville d'Ormus, à l'entrée du golfe persique (pp. 171-174), parce que cette ville ne tire que du commerce son opulence et l'agrément que l'on trouve à y séjourner: le pays autrement est misérable, le climat affreux. Mais Ormus est «l'entrepos & l'asile commun de tous les marchands de l'Orient».[214]

L'*Essay sur la marine et sur le commerce* se termine assez abruptement par le regret que Deslandes manifeste à voir toujours les moins compétents en poste, par l'effet de la brigue et de l'argent.

Le débat sur le luxe est, en 1745, un vieux débat. Dès 1734, Melon en effet avait exposé son point de vue dans un *Essai politique sur le commerce,* qui avait eu un grand retentissement. L'ouvrage avait été largement diffusé, et réédité en 1736. A. Morize, après avoir analysé les idées de Mandeville, a montré l'originalité de la thèse de Melon, qui se plaçait dé-

---

[210] *Ibid.*, p. 161.
[211] *Ibid.*, p. 162.
[212] *Ibid.*, p. 169.
[213] *Ibid.*, p. 171.
[214] *Ibid.*, p. 172.

sormais, non sur le plan de la morale individuelle, mais sur le plan des réalités économiques modernes.[215] Dans son *Essai politique,* Melon affirme que la richesse d'un pays consiste dans l'argent ou l'or monnayés qu'il possède; il préconise une balance des achats et des ventes (importations/exportations), recommandant que les matières premières du pays ne soient pas exportées. Le Chapitre IX de cet *Essai* est un des plus importants; Melon y défend le luxe, que l'Etat se doit de «tourner à son profit».[216] Il distingue entre le «luxe de mode», ct une nouvelle forme de luxe, le luxe de commerce, «encore plus grand qui fait aisément oublier le premier»; [217] ce luxe est une nécessité de l'économie de la France de Louis XV; c'est lui qui donne du pain à toutes sortes d'artisans, délivrés ainsi des risques du chômage. Melon pense même qu'il est préférable que les artisans travaillent à des produits de luxe, plutôt que de s'expatrier aux colonies.

Deslandes reprend la question en 1745 en écrivant sa *Lettre sur le luxe.* Il donne la définition du luxe suivante:

Le Luxe est une superfluité agréable ou brillante, qu'on ajoûte aux besoins indispensables de la vie: c'est un bien, un avantage dont on pourroit absolument se passer, mais qu'on se procure tantôt par vanité, par intempérance de goût, tantôt par un fort attachement à la mode: c'est enfin un excès dont le prix, le mérite dépend de l'imagination, & qui n'a rien en lui-même de réel, ni d'effectif.[218]

Cette définition est déjà clairement critique, ou du moins restrictive; en outre, le fait même que Deslandes donne une définition du luxe, et le distingue de ce qu'il nomme abondance, ouvre la porte à la critique. Melon, tout au contraire, en venait à refuser au luxe une existence autonome:

Le terme de luxe est un vain nom qu'il faut bannir de toutes les opérations de police et de commerce, parce qu'il ne porte que des idées vagues, confuses, fausses, dont l'abus peut arrêter l'industrie même dans sa source.[219]

Deslandes, qui ne veut pas en rester aux idées vagues, passe à la distinction qui va fonder son raisonnement; il y a, selon lui, deux sortes de luxes,

[215] A. Morize, *L'Apologie du luxe au XVIIIe siècle, et le Mondain de Voltaire*, Paris, Didier, 1909.
[216] Melon, *Essai politique sur le commerce*, s.l., 1734, Ch. IX: «Le vague se trouvera toujours dans la politique lorsqu'elle ne sera point ramenée à ses principes simples et généraux, qui sont susceptibles de toute la démonstration que la morale peut comporter». (p. 744, in *Economistes financiers du XVIIIe siècle*, éd. de M. Eu. Daire, Paris, Guillaumin, 1843.)
[217] Cité in Morize, op. cité, p. 122.
[218] *Lettre sur le luxe*, Francfort, J.-A. Vanebben, 1745, pp. 2-3.
[219] Melon, op. cité, p. 744.

l'un de génie, si j'ose ainsi parler, & l'autre de mœurs: l'un qui consiste dans la perfection de certains Arts utiles, & l'autre qui est fondé sur des bagatelles, sur des niaiseries, & qui loin de rendre le goût meilleur, ne peut servir qu'à le gâter & le corrompre, *en affoiblissant l'ame*, comme dit l'Auteur des Essais de Morale.[220]

Quel est donc ce luxe de génie, si utile à la nation?

Le Luxe de génie marque dans la nation qui y est attachée, un amour général pour le beau & le parfait, un caractére de supériorité qui se répand de proche en proche & se communique jusqu'au peuple. Ce Luxe non-seulement doit être admis & approuvé, mais encore excité par des distinctions, encouragé par des récompenses. Telle est la situation des Arts qui demandent des ouvriers intelligens & accoûtumés à réfléchir, de l'Horlogerie par exemple, & de l'Orfévrerie.[221]

Ces artisans enrichissent leur propre pays; les horlogers: «Combien l'Angleterre n'a-t'elle point été enrichie par ses Montres, & combien ne l'est-elle point encore»?[222] Les orfèvres: «Ils peuvent faire entrer des sommes considérables dans le Royaume; ils entretiennent un travail qui augmente chaque jour; ils font naître une sorte d'émulation».[223]

Relèvent du luxe de génie les «Arts plus nobles, comme la Peinture & la Sculpture, dont la perfection fait tant d'honneur à un Etat».[224] Il en va de même des imprimeurs, grâce auxquels le philosophe du XVIIIe siècle peut se constituer un cabinet:

On doit souhaiter que l'Imprimerie avec les Arts qui en dépendent, se perfectionne de jour en jour [. . .]. Les Curieux ,d'un certain rang entraînés par un Luxe de génie, veulent encore des Livres où brille toute l'Intelligence, où se fait remarquer toute l'industrie des ETIENNES, des ELZEVIRES, des ALDES-MANUCES [. . .]. Ils tâchent enfin de rassembler tous ces Livres dans un lieu choisi, qui soit bien éclairé, qui soit orné de tableaux, d'estampes, & de différentes singularites d'Histoire naturelle.[225]

En revanche, Deslandes condamne le «Luxe de mœurs», dont il distingue trois sortes: le luxe de table, le luxe d'habits, et le luxe «de meubles & autres ornemens superflus».[226] C'est ce luxe qui doit être, non supprimé, mais borné. Objecte-t-on à Deslandes que ce luxe fait marcher, par exemple, les manufactures de draps? Il rétorque que, pour répondre à l'engouement du public, ces manufactures en viennent à produire quantité de

[220] *Lettre sur le luxe*, p. 3. L'auteur des *Essais de Morale* est Nicole.
[221] *Ibid.*, p. 4.
[222] *Ibid.*
[223] *Ibid.*, p. 5.
[224] *Ibid.*, p. 7.
[225] *Ibid.*, pp. 8-9.
[226] *Ibid.*, p. 9.

draps dont la qualité baisse rapidement, et dont, par suite, l'exportation est de plus en plus difficile: c'est ainsi que les draps du Languedoc ont cessé de se vendre au Levant, et que les Anglais ont pu s'emparer du marché. Cependant «les Manufactures utiles s'abatardissent».[227]

La *Lettre sur le luxe* est suivie, dans l'édition anonyme de 1745, d'un «Examen du IX. Chapitre de l'*Essai politique sur le commerce,* lequel renferme une espece d'Apologie du Luxe». Ce sont des remarques très précises et très concrètes, d'un ton souvent fort vif. Deslandes cite un grand nombre de passages du Chapitre IX de l'essai de Melon, et, à chaque fois, exerce sa critique. La deuxième remarque de cet *Examen* révèle le point de vue où Deslandes se place pour critiquer Melon: alors que ce dernier, inspiré par Mandeville, voit en l'homme un loup, Deslandes est convaincu de l'existence d'une religion naturelle, ou tout au moins d'un sens moral inné que confirme la raison. Alors que Melon estime qu' aucune action ne peut être menée pour policer l'économie, Deslandes est convaincu que les magistrats et une bonne «police» peuvent régler cette économie, pour qu'elle serve l'intérêt de l'ensemble de la nation. Ce n'est pas le luxe, c'est l'abondance qui «est la véritable marque d'un gouvernement bien réglé, d'une société policée».[228] Melon était allé jusqu'à écrire:

Lorsqu'un état a les hommes nécessaires pour les terres, pour la guerre & pour les manufactures, il est utile que le surplus s'emploie aux ouvrages du Luxe.[229]

Deslandes répond, avec bon sens et réalisme, en suggérant une intervention du gouvernement, dans l'intérêt général:

Je doute: 1° que quand les terres seront bien cultivées, les troupes complètes, les manufactures remplies d'ouvriers, il y ait des hommes de surplus, dans un état tel qu'il soit. 2° En supposant même qu'il y ait des hommes de surplus, manque-t-il d'ouvrages publics où l'on puisse les employer? de nouveaux chemins à applanir, des ponts à bâtir, des hôpitaux à relever, des communications de rivieres à pratiquer.[230] Toute la ressource est donc le Luxe, on ne peut autrement éviter l'oisiveté; Est-ce là parler en Législateur? [231]

---

[227] *Ibid.*, p. 28.
[228] *Ibid.*, p. 38.
[229] Melon cité in «Examen du IX. Chapitre», etc., p. 40.
[230] L'importance des rivières et des canaux tient à cœur à Deslandes; voici ce qu'il en disait, en 1743, dans l'*Essay sur la marine et sur le commerce*, après avoir parlé du canal du Danube au Rhin que Charlemagne aurait fait creuser: «Il est bon de remarquer ici que sous tous les régnes un peu forts & un peu éclaires, on a travaillé en France à rendre les riviéres navigables, & à joindre ensemble l'Océan & la Méditerrannée [sic]». (p. 62.)
[231] *Lettre sur le luxe*, p. 40.

C'est que, toujours selon Deslandes, «le Luxe & la bonne Police sont deux choses incompatibles».[232]

Certains critiques estiment que les idées de Deslandes sur le luxe sont à la fois obscures et utopiques. Obscures, parce qu'il semble à la fois critiquer et louer le luxe; utopiques, parce qu'il envisage de promouvoir de ces lois somptuaires que les gouvernements d'aucun pays n'ont jamais pu faire appliquer.

L'obscurité s'évanouit si l'on se rappelle quelle est la situation de Deslandes dans la société du XVIIIe siècle: c'est un gentilhomme, dont la famille vient d'être anoblie pour services rendus à l'Etat; c'est un ancien haut fonctionnaire de cet Etat, que ne l'a pas récompensé selon ses mérites. Pourquoi le roi et ses ministres se sont-ils détournés, et se détournent-ils encore, pense-t-il, des objectifs utiles qu'un philosophe comme lui leur avait fait apercevoir? Pourquoi, par exemple, ont-ils négligé l'armement d'une puissante marine de guerre? C'est, en partie, que le goût du superflu et de l'agréable, le goût du luxe de mœurs, les en ont détournés. Et Deslandes en vient à craindre que ce luxe, qui étonne si fort les étrangers, ne soit pas un signe de la puissance de la France, mais plutôt un des signes avant-coureurs de sa décadence:

Ce qu'on appelle prospérité d'un Etat pourroit bien être le tems de sa décadence, ou du-moins le tems où naissent les troubles & les desordres qui doivent l'affoiblir.[233]

Il se développe alors un nouvel esprit dans la nation française:

La France est aujourd'hui le Païs du faste & de la décoration. Les mœurs simples & conformes à la nature, en sont bannies. L'air de décence & de modestie y est méprisé, & on veut à sa place je ne sçai quoi d'insolent & d'audacieux, une contenance de petit Maître. Chacun aspire à un rang plus élevé qu'il ne doit, chacun s'applique à paroître plus qu'il n'est, & à faire plus de dépenses, à mener un plus grand train qu'il ne peut. On trompe: on est trompé. Ce n'est point l'homme qu'on cherche en France, ce n'est point à lui qu'on s'attache; c'est une espece de fantôme orné d'une certaine maniere & plié suivant la mode & ce qui se nomme le bel usage; c'est un masque, un acteur de théatre qu'on demande & sur lequel on jette les yeux.[234]

Cet esprit de luxe détourne les Français des grandes entreprises; Deslandes, après avoir cité Mézeray, ajoute, pour son compte:

---

[232] *Ibid.*, p. 43.
[233] *Ibid.*, p. 16.
[234] *Ibid.*, p. 20. On notera la véhémence philosophique du passage, qui n'est pas sans annoncer le ton de J.-J. Rousseau.

J'ai remarqué que plus les regnes ont été forts et serieux, & moins le Luxe des habits a eu la vogue. Tout au contraire, plus les regnes ont été foibles & amortis, plus le Luxe a triomphé, & avec le Luxe qui d'abord inonde tout, plus il y a eu de gens d'affaires entraînés par une folle avidité, plus de Fermiers Généraux qui ont tyrannisé les peuples, enfin, plus de dissipation des Finances de la part du Prince.[235]

Ces «nouveaux parvenus», ce sont en effet les Fermiers généraux, les traitants, les banquiers; ce sont eux, plus encore que les nobles et les ecclésiastiques de Cour, qui ont autorisé le luxe des mœurs. La *Lettre sur le luxe* se termine par la satire de ces nouveaux riches:

Ce luxe est encore autorisé, tant par les fortunes immenses & subites qu'on fait dans le royaume, que par l'opulence mal reglée de tous ces hommes nouveaux qui paroissent tout-à coup sur la scene, & qui le plus souvent sortent de la plus basse origine. C'est les ménager que de ne point parler de leur naissance, ni de leur éducation.[236]

Quelques années plus tard, Deslandes reprendra cette satire dans son conte allégorique, *La Fortune, Histoire critique,* publié en 1751 (mais rédigé en 1749), et dans son roman, *Histoire de la Princesse de Montferrat* (1749).

Une des conséquences les plus déplorables de ce luxe est, pour Deslandes, que les rangs se mêlent, et que par conséquent le mérite n'a plus guère son rôle à jouer dans l'ascension sociale des individus:

L'homme d'esprit, l'homme de mérite échappe presque toujours, tandis que celui qui ne s'occupe que de son extérieur, est remarqué: & s'il s'apperçoit qu'on ne le remarque pas assez promptement, il en avertit.[237]

Le Luxe des habits est un vrai désordre dans un Etat, dès que ce Luxe va à confondre tous les rangs, & à mettre de niveau ceux que la naissance ou *les emplois* doivent nécessairement distinguer.[238]

Le luxe tapageur que chante Voltaire ne permet plus en effet de distinguer le courtisan inutile du bon «employé» de l'Etat. Ce dernier, qui ne cherche pas à se pousser mais à être utile, n'avance pas; aussi n'est-il pas étonnant que le quatrième texte que nous trouvons dans l'édition de 1745 de la *Lettre sur le luxe* soit un court «Dialogue. Pourquoi il est si difficile aux personnes d'un certain mérite de s'avancer dans le monde». Ariste, – le meilleur, – vient de se voir «dérober un Emploi qui [lui] étoit dû»; [239]

[235] *Ibid.,* pp. 21-22.
[236] *Ibid.,* pp. 33-34.
[237] *Ibid.,* p. 21.
[238] *Ibid.,* p. 24; c'est moi qui souligne.
[239] *Ibid.,* p. 69.

le philosophe Théagène ne s'en étonne pas. Ariste désigne les responsables de cette injustice:

Hé quoi! voudriez-vous me faire approuver toute la bigarrure qui régne & à la Cour & à la Ville? [...] La plûpart des personnes ne siéent ni à leurs places ni à leur opulence.[240]

Le troisième texte de l'édition de 1745 s'intitule «Fragmens d'un auteur grec, traduits en François»; l'auteur y décrit l'état de la Grèce, après la mort d'Alexandre-le-Grand; il faut lire Louis-le-Grand et la France. Comme dans l'*Histoire de la Princesse de Montferrat,* Deslandes utilise les événements du passé pour faire la critique des événements du présent. «Quelques années après la mort d'Alexandre-le-Grand» donc, «toute la Grèce [...] se trouva dans une confusion terrible».

Le Luxe qui va toujours en augmentant, l'oubli des devoirs les plus essentiels, les dépenses accumulées sans ordre & sans goût, l'amour du bien public, tout en un mot avoit perdu & défiguré les différentes Républiques & les Villes libres dont la Gréce étoit composée.[241]

A Athènes même (c'est-à-dire à Paris), «tous les rangs étoient détruits».[242]

Les conséquences du luxe sont alors décrites en un tableau qui évoque irrésistiblement la France du XVIIIe siècle: les prêtres?

désaccoûtumés d'une vie sobre, frugale & sédentaire, [ils] ne respiroient qu'ambition & qu'avarice, sacrifioient tous les égards de leur condition véritablement respectable, aux préjugés de ceux qui pouvoient les enrichir & augmenter leurs revenus.[243]

Les magistrats? leur Aréopage «n'offroit presque plus que des jeunes gens dont le caprice régloit & la forme & le fond des jugemens qui s'y rendoient».

Les Citoyens indigens étoient rebutés, ils réclamoient envain l'autorité gênée & restreinte des loix [...]. Les riches au contraire opprimoient sans rien craindre, ils plioient les juges dociles & intimidés, souvent susceptibles d'un certain appas de gain, à leurs volontés particuliéres.[244]

Les hommes de guerre eux-mêmes

perdent les plus belles occasions de combattre, par l'usage où ils sont de passer une partie du jour à table & toute la nuit dans leur lit.[245]

[240] *Ibid.,* p. 72.
[241] *Ibid.,* p. 55.
[242] *Ibid.,* p. 56.
[243] *Ibid.,* pp. 57-58.
[244] *Ibid.,* p. 58.
[245] *Ibid.,* p. 59.

Deslandes propose ensuite «les moyens qui peuvent contribuer à faire fleurir un Etat»: 1. «l'exacte observation de toutes les Loix établies & enregistrées dans les villes principales».[246] 2. «la bonne éducation donnée à la jeunesse»,[247] c'est-à-dire une éducation par laquelle on apprenne à distinguer «parfaitement la Religion naturelle, gravée dans tous les cœurs, des pratiques & des cérémonies introduites en différens tems»; [248] 3. «balancer toutes les conditions de manière qu'on puisse s'y soûtenir avec honneur, sans faire de ces fortunes rapides & extraordinaires qui suprennent ceux même qui les ont faites. Dès que la porte dans un état est ouverte aux gains illicites, dès qu'on y peut devenir riche en peu de tems, qu'on y adore ceux qui possédent ces richesses d'autant plus mal acquises qu'elles le sont avec rapidité, il ne faut point douter que la corruption ne devienne bientôt générale. Le Luxe inonde tout, & traîne à sa suite une foule de désordres».[249]

Sans doute faut-il reconnaître que le plan de gouvernement que propose là Deslandes est, en 1745, tout à fait irréalisable: les financiers tout comme les philosophes; les courtisans, les magistrats, le haut clergé tout comme le roi, sa favorite et leurs ministres vivent dans et de ce luxe que condamne notre auteur. Faire appel aux grands exemples donnés par Colbert et par Sully, par Louis XIV et par Henri IV, c'est rêver de faire revenir l'âge d'or. Les réformes que préconise Deslandes sont pourtant de celles que quelques ministres tentaient dès lors de réaliser, et que d'autres ministres allaient entreprendre, durant la deuxième moitié du XVIIIe.

Le cas particulier de Deslandes révèle surtout les antagonismes qui opposent certaines catégories de bourgeois (car c'est à cette catégorie de citoyens qu'il faut encore rattacher ce fonctionnaire): à l'ascension ruineuse des hommes d'argent, Deslandes voudrait opposer l'ascension utile des négociants (et non des traitants!) et des fonctionnaires. C'est pourquoi il est favorable à une forte autorité de l'Etat, que le roi l'exerce directement ou non; ainsi chacun serait-il placé où son mérite personnel le rendrait le plus utile. Cette société serait hiérarchisée, mais non selon la hiérarchie de la noblesses traditionnelle; cette nouvelle hiérarchie établirait en quelque sorte une noblesse du mérite, dont l'ancienne noblesse des armes pourrait être partie prenante, à la condition de renoncer au luxe nuisible de la vie de Cour; les nobles ne dérogeraient plus en faisant du commerce, puisqu'aussi bien certaines formes de commerce pourraient anoblir, comme

[246] *Ibid.*, p. 61.
[247] *Ibid.*, p. 62.
[248] *Ibid.*, p. 63.
[249] *Ibid.*, p. 63-64.

c'était encore le cas au début du XVIIIe siécle. Utopie? Mais à beaucoup d'égards, c'est là le schéma que dessinaient Richelieu et Colbert.

D. LE RECOURS À LA FICTION

Les armes de la polémique et de l'histoire ont échoué dans le combat que le philosophe Deslandes avait livré, non pas au gouvernement en soi, mais aux forces obscurantistes qui détenaient encore le pouvoir au début des années 40. Le philosophe prend alors le masque de la fiction, masque qu'il a déjà porté quand il a composé le conte de *Pigmalion, ou la Statue animée* (1741): il écrit un roman satirique et philosophique: l'*Histoire de la princesse de Montferrat* (1749), et un conte allégorique et satirique: *La Fortune, Histoire critique* (1751).

L'*Histoire de la Princesse de Montferrat* s'ouvre sur une «Préface», où l'auteur fait l'éloge de l'histoire, à la fois comme science et comme «source féconde de plaisir & d'instruction». Il distingue entre trois sortes d'histoire: l'histoire générale «remonte à l'origine, &, pour ainsi-dire, aux premiers bégayemens d'une Nation»; elle «suit les progrès & les diverses formes de son gouvernement, de ses Loix, de sa politique, de la Jurisprudence établie, & de la Religion observée; [elle] fait voir que par des changemens imperceptibles cette Religion s'altére de siécle en siécle, & qu'enfin elle ne ressemble plus à l'ancienne».[250]

L'histoire particulière traite en détail des hommes illustres, pour pénétrer dans leur esprit et dans leur cœur; eux seuls méritent d'être l'objet d'une telle étude détaillée.

«L'Histoire plus particuliere encore» ne s'attache qu'à un point des histoires particulières: par exemple, au «démêlé de Philippes-le-Bel [sic] avec Boniface VIII.»; ce peut-être «quelque exemple mémorable, soit de vertu, soit de crime, qui frape les Souverains, & leur aprenne que, malgré les suports qui apuyent une couronne, il faut peu de chose pour l'ébranler».[251]

L'*Histoire de la Princesse de Montferrat* relève de cette dernière catégorie: «J'ai voulu faire voir qu'un Prince qui abandonne les intérêts de la vérité & de la justice, tombe nécessairement dans un décri universel, & devient d'autant plus malheureux que le pouvoir qu'il exerce est plus absolu».[252]

Une des sources de Deslandes est l'*Histoire de la décadence de l'Empire*

---

[250] *Histoire de la Princesse de Montferrat*, Londres, 1749, p. 3 (non numérotée).
[251] *Ibid.*, p. 14 (non num.).
[252] *Ibid.*, pp. 14-15 (non num.).

après Charlemagne du père Louis Maimbourg; dans le Livre II, où il traite d'Othon III, le Jésuite parle de «l'Impératrice Marie d'Arragon, de qui la vie estoit fort déreglée», et qui s'était vue rebutée par un jeune comte «aussi beau & aussi chaste que Joseph»; Maimbourg ne nomme pas le comte, et, après nous avoir appris en quelques mots qu'il fut dédoncé par l'impératrice et mis à mort, il met l'accent sur la ruse de la femme du comte: elle se présente devant l'empereur, alors qu'il rend la justice; elle lui demande raison de la mort de son mari, mais sans se nommer; et, comme l'empereur la lui promet, elle se dévoile et les accuse, lui et l'impératrice, du meurtre de son mari. L'empereur se reconnaît coupable, et . . . punit sa femme, qu'il fait condamner au feu. Le moraliste jésuite conclut:

Terrible exemple [. . .], qui fait voir l'horreur qu'on doit avoir d'un pareil crime, que Dieu ne manque gueres de punir d'une fin tragique, soit d'une maniere éclatante devant les hommes, comme on le vit en cette occasion, soit d'une autre d'autant plus funeste, qu'elle n'est connuë que de celuy qui punit quelquefois les pecheurs endurcis & scandaleux du plus formidable de tous les chastimens, en les faisant mourir dans leur peché.[253]

La récit de cette histoire tient en deux pages chez Maimbourg. Deslandes va la développer de deux manières: partant des faits, puisque le fonds en est «réel & tiré des Auteurs contemporains», il va la dramatiser; multipliant une fois encore les «réflexions», il va la transformer en essai satirique et critique.

Pour animer son récit, Deslandes fait «agir & parler ceux qu'[il] aura introduits sur la scène, comme il y a apparence qu'ils ont agi & parlé dans les diverses situations où la fortune les a établis».[254] Il ne s'agit donc pas pour lui de fabriquer «un Roman mêlé de vrai & de faux, dans le goût de ceux qui furent publiés il y a environ un demi siècle»,[255] mais de suivre la tradition des «Harangues de Tite-Live, & [des] conjectures politiques de Tacite».[256] En outre, Deslandes assaisonnera l'histoire «de réflexions qui reviennent au sujet & s'y unissent intimement»,[257] et ces réflexions auront un but, non pas religieux ou même moral, mais philosophique et politique:

---

[253] Père Louis Maimbourg, *Œuvres*, Paris, 1686, vol. VII: *Histoire de la décadence de l'Empire aprés Charlemagne*, pp. 109-110.
[254] *Histoire de la princesse de Montferrat*, op. cité, p. 17 (non num.).
[255] *Ibid.*, p. 16 (non num.).
[256] *Ibid.*, p. 17 (non num.).
[257] *Ibid.*, p. 15 (non num.).

Qu'on éclaire ceux qui gouvernent, qu'on les instruise de leurs devoirs, bientôt les Peuples obéïssans & dociles seront aussi éclairés & aussi instruits qu'ils doivent l'être.[258]

Pour dramatiser le récit, pour en faire une histoire au sens romanesque du terme, Deslandes en campe les personnages en portraits violemment contrastés, il le circonstancie, il en anime dramatiquement les épisodes, qu'il accompagne d'analyses psychologiques rapides, mais incisives.

Dans un premier diptyque, Deslandes oppose Othon Ier, décoré, comme Charlemagne, «du titre de Grand», à Othon III, un des héros de cette *Histoire*. Othon Ier, jaloux de son autorité, acceptait cependant d'être éclairé et «ne rougissoit point d'avoir eu tort»; [259] de peur d'être victime de la tromperie des puissances ecclésiastiques, il avait étudié «par lui-même la Religion», dont le but devait être, selon lui, de «resserrer les nœuds de la société», et non de «mettre toujours les armes à la main, [et d'engager les hommes] à se détruire, à se contrarier mutuellement».[260] Othon III, en revanche, est décrit comme un empereur inégal; éclairé, parce qu'il avait été élevé par le savant Gerbert, il lui arrivait cependant de s'égarer; mais s'il tombait, il «se relevoit dès que ses chutes lui étoient connues».[261] Le meurtre du prince de Montferrat est une de ces chutes.

Le portrait de l'impératrice, Marie d'Aragon, est assez cru. L'éducation qu'elle reçoit de sa tante s'oppose à celle que Mme de Chartres avait donnée à la future princesse de Clèves: après une enfance passée dans un monastère de Saragosse, où elle avait appris «toutes les singularités, tous les caprices, toutes les menues pratiques de la Religion, sans y apprendre la Religion elle-même & sans la connoître»,[262] Marie d'Aragon se forme à la conversation de cette tante, fille naturelle du roi d'Aragon; conversation amusante, mais singulière: elle croyait en effet

qu'il y avoit deux sortes d'amours; l'un qui sert à lier intimément les esprits, & l'autre qui unit les corps. «Le premier, disoit-elle, vient de l'estime, s'augmente par les soins qu'inspire la vertu, & se perfectionne par les sentimens qui remplissent le cœur. [. . .] Le second ne doit passer que pour un sentiment qui ne suppose aucun mérite dans l'objet qui le fait naître. Il faut le regarder, ajoutoit-elle, comme un goût rapide & fondé sur les sens, comme un caprice, dont la durée ne dépend point de soi, caprice d'ailleurs sujet à l'ennui & au répentir. Cet amour ne se soutient que par l'espérance & l'imagination: son bonheur se dissipe dès qu'il s'obtient; la réalité est son tombeau».[263]

[258] *Ibid.*, pp. 18-19 (non num.).
[259] *Ibid.*, p. 19.
[260] *Ibid.*, pp. 18-19.
[261] *Ibid.*, p. 21.
[262] *Ibid.*, p. 28.
[263] *Ibid.*, pp. 29-30.

Dans ces maximes d'amour le caprice joue le même rôle que dans la dévotion superstitieuse qui les a précédées . . . Elles vont devenir les règles de
vie de Marie d'Aragon, qui se partage dès lors entre une dévotion de mi-
nutie et des plaisirs déréglés.

A ces deux portraits inquiétants répondent les portraits exemplaires du
prince et de la princesse de Montferrat; autant l'empereur et sa femme
sont désunis dans leur mariage, autant le prince et la princesse vivent l'un
pour l'autre. En outre, le prince gouverne avec sagesse, en assurant son
autorité sur l'Eglise et l'armée; la princesse, «belle sans aucun secours de
l'art», possède toutes les vertus qui manquent à l'impératrice: «Sans
orgueil dans l'esprit, sans inégalité dans l'humeur, sans caprices dans sa
maniere de vivre, elle étoit douce, compatissante, & même familiere à
propos».[264] Elle vivait retirée dans son palais, «environnée de tableaux
excellents & de livres choisis» et ne comptait pour rien le luxe et les fêtes.

Les portraits de ces deux couples, presque antithétiques, font pressentir le conflit qui naîtra de leur rencontre. L'auteur détaille lentement les
circonstances de la tragédie qui se noue; alors que Maimbourg allait tout
de suite à la scène finale, Deslandes nous montre l'empereur instruit des
qualités éminentes du prince, cherchant à le rencontrer, et le faisant venir
à sa cour. Le prince s'y impose par le goût – le caprice? – qu'Othon III
lui marque. Un caprice amoureux s'empare de l'impératrice, caprice qui
se tourne en passion, quand elle se voit dédaignée par le jeune homme.
Le drame se noue alors et se dénoue très rapidement: Marie d'Aragon
accuse le prince d'avoir tenté de la séduire, et l'empereur, sans s'informer
plus avant, le fait décapiter.

La cinquième partie de cette *Histoire* est pathétique et haute en couleurs: un vieillard vient annoncer à la princesse, qui était restée dans le
Montferrat, la mort de son mari; il lui apporte la tête du prince, enfer-
mée dans une cassette. Dès lors, la princesse ne vit plus que pour la ven-
geance; elle se rend à l'un des lits de justice que tenait l'empereur, en présence de l'impératrice, et où tout sujet pouvait venir se plaindre. Voilée,
elle prend au piège Othon, en obtenant de lui qu'il jure de punir les cou-
pables qu'elle va dénoncer:

La Princesse tira la tête de son mari qu'elle tenoit cachée sous sa mante, &
la présentant à l'Empereur: «Reconnoissez, lui dit elle, reconnoissez le
Prince de Montferrat: je suis la femme de cet illustre malheureux, & vous
êtes son Meurtrier. Que l'innocence reçoive une réparation autentique, &
meure le coupable».[265]

264 *Ibid.*, p. 55.
265 *Ibid.*, p. 119.

La princesse demande alors à être soumise à l'épreuve du feu et de l'huile
bouillante; elle l'affronte victorieusement le lendemain. La véhémence de
la princesse ne fait que croître; – elle est un de ces caractères énergiques
que Stendhal admirera dans la Renaissance italienne. Voici les ordres
qu'elle donne à l'empereur:

«Descendez donc, lui dit la Princesse justifiée, descendez du Trône où vous
êtes assis, & montez sur l'échaffaut où mon mari a été assassiné. [...] Pour
l'Impératrice, je lui laisse le choix de la punition qu'elle a méritée».[266]

L'impératrice se jette alors dans les flammes du «brasier ardent qui avoit
été préparé pour l'épreuve de la Princesse»;[267] l'empereur, confondu, ne
voit d'échappatoire que dans l'offre de sa main à la princesse; elle refuse,
et, saisie d'une inspiration prophétique, annonce à l'empereur qu'il mour-
ra dans les deux ans; elle lui donne alors de philosophiques conseils de
gouvernement.

L'analyse des mouvements du cœur des personnages, et des «égare-
ments» de certains d'entre eux, présente l'intérêt de poser de façon juste
et complexe les questions que se posent les philosophes du siècle des Lumières. Le prince de Montferrat est un prince éclairé et vertueux jusqu'au
sacrifice; mais il n'est pas niais, pas même naïf: il mesure du premier
coup d'œil les risques qu'il prend en se rendant dans une cour, où, comme
en toute cour, l'intrigue est seule puissante, parce que les passions y règnent. L'amour de la vérité, qui semble animer un moment Othon III,
n'est en fait (nous l'avons déjà noté) qu'une passion de caprice. Les deux
personnages les plus intéressants sont la princesse de Montferrat et l'impératrice Marie d'Aragon: la princesse de Montferrat est elle aussi un
modèle de vertu philosophique; elle est bienfaisante avec discrétion, elle
aime la retraite, et non le faste; elle s'ennuie au milieu des fêtes. Elle est
surtout un modèle de courage et d'énergie. L'impératrice Marie d'Aragon
est un personnage complexe: à la fois dévote et voluptueuse; délicatement
fidèle en amitié, mais changeant cyniquement d'amants,[268] elle se prend
de passion pour le prince de Montferrat parce qu'il refuse de lui céder.
Bien des passages où Deslandes analyse les mouvements du cœur de l'impératrice ont la précise et spirituelle sécheresse sans illusion des analyses
de Voltaire et de Crébillon fils:

---

[266] *Ibid.*, pp. 122-123.
[267] *Ibid.*, p. 124 (numérotée 114, par erreur.).
[268] «J'entre dans un parterre émaillé de fleurs. Elles flattent toutes ma vûe. J'en
«cueille une & la mets sur mon sein. Cette fleur cueillie m'a-t-elle quelque obligation?
«Peu d'heures après je la rejette sans conséquence: elle est fanée». (p. 41.)

L'Impératrice y [aux eaux] venoit tous les matins, dans un deshabillé galant & entourée de ses femmes, qui se retiroient par respect l'une après l'autre, lorsque le Prince arrivoit. Alors se lioient des conversations, où il mettoit plus d'esprit que de sentiment, & elle plus de sentiment que d'esprit. Le visage du Prince avoit toujours quelque chose d'austere, & celui de l'Impératrice n'offroit rien que de vif & de passionné. Souvent elle affectoit de s'oublier, & montroit nonchalamment des beautés & des graces que tout autre que le Prince auroit dévorées des yeux. Mais les siens paroissoient distraits, & il ne faisoit que louer. L'Impératrice piquée l'en punissoit par des plaisanteries. Mais qu'est-ce que des plaisanteries pour toucher un indifférent? Rien ne l'éveille.[269]

Cette absence d'illusion est sans doute ce qui détruit le plus sûrement toute illusion romanesque, et qui fait de cette *Histoire* une tragédie.

Tragédie métaphorique? L'échec inévitable du prince n'est-il pas l'échec même des philosophes que le pouvoir dédaigne ou poursuit? Si Zadig, en 1747, finit par devenir roi et par épouser Astarté, l'*Histoire de la princesse de Montferrat* n'a pas du tout le même dénouement: l'accent est mis sur la corruption du pouvoir: le prince est assassiné, et la princesse refuse la main de l'empereur, pour jouir, dans son petit royaume, d'une retraite obscure et philosophique.

Ce sont les développements ouvertement philosophiques qui constituent de loin la part la plus importante de l'ouvrage; sur les cinq parties que comporte l'*Histoire,* les deux premières sont presque entièrement consacrées à des réflexions et la troisième contient plus de préliminaires, matière à réflexions, que de faits. La première phrase de la première partie renseigne assez bien sur l'ensemble de l'ouvrage: «Les Rois ne s'attirent nos respects qu'autant qu'ils sont justes, & ils ne sont justes qu'autant qu'ils aiment la vérité».[270] D'assez nombreuses remarques viennent couper le récit ou l'analyse, tel ce morceau par lequel s'achève la première partie:

Je vais faire une réflexion. Tout se réunit aujourd'hui pour affoiblir, pour rabbaisser le caractere heureux & docile des femmes: on ne leur inspire que le goût du frivole, de l'agréable, des plaisirs qui amolissent le cœur, & qui détournent l'esprit des occupations sérieuses; cependant quel tort les hommes ne leur font-ils pas, & par contrecoup ne se font-ils pas à eux-mêmes? Les charmes d'une société douce, polie, spirituelle, où président l'honnêteté & la décence, leur marquent assez combien ils ont besoin de femmes raisonnables. Et pourquoi les entretiennent-ils dans des sentimens tout opposés? C'est aux femmes à secouer un joug si importun, & par une conduite prudente & circonspecte, à se faire rendre la justice qui leur est dûe.[271]

[269] *Ibid.*, pp. 82-83.
[270] *Ibid.*, p. 1.
[271] *Ibid.*, pp. 9-10. Dans le même esprit, Deslandes avait déjà présenté la «Statue animée» de son Pigmalion comme libérée des préjugés religieux du mariage.

On voit réapparaître tous les thèmes qui avaient animé, mais de façon plus dévoilée, l'*Essai sur la marine et sur le commerce* ainsi que la *Lettre sur le luxe*. La cour est dénoncée, lieu où l'«on n'est ni long-temps [. . .] ni impunément honnête homme».[272] Le tableau qui en est tracé au début de l'*Histoire* est d'ailleurs plus précis qu'une vague dénonciation des cours en général; c'est, me semble-t-il, une satire appuyée de la cour de Louis XV de la fin des années 40; ainsi, dans ce passage où Gerbert parle au futur empereur son élève: «Le malheur des Rois, lui disoit Gerbert, est de se renfermer dans un petit cercle de Conseillers souples & adulateurs, à qui ils donnent toute leur confiance. Aucune affaire, quelque importante qu'elle soit, ne leur vient que par le canal de ces Conseillers, souvent choisis au hazard, plus souvent encore pris de la main de quelque Femme intriguante».[273] Dès les premières pages de l'*Histoire* est tracé le tableau le plus large et le plus sévère de ce que Deslandes appelle une «espéce d'interrégne»:

D'un côté, la flatterie adroite & ingénieuse à peindre le vice des couleurs de la vertu, les assiége sans cesse, se plie à tous leurs penchans, & à tous leurs travers, les force de s'oublier insensiblement. De l'autre, l'amour des plaisirs qu'ils n'ont pas le peine de souhaiter, souvent même l'art d'assaisonner, leur inspire un dégoût invincible pour les affaires, dont le sérieux les gêne; & la variété les éblouit. Toujours ennuyés, toujours mécontens d'eux-mêmes, ils recherchent les Fêtes bruyantes & les Spectacles licencieux: ils ne se plaisent que dans les festins où la gayeté dégénere en un murmure confus. Et si quelquefois un Prince ainsi égaré fait des réflexions sur sa conduite, & qu'il veuille rentrer dans le Temple de la gloire, un malheureux penchant l'en détourne, & le ramene à celui de la volupté.

Pendant cette espéce d'interrégne, tout s'ébranle, tout s'altere, tout se dispose à une ruïne prochaine. L'autorité qui devroit être réunie sous un seul & même Chef, se partage entre plusieurs Ministres Subalternes, ordinairement d'une capacité médiocre, & jaloux les uns des autres. Leur mésintelligence qui augmente chaque jour, met le désordre dans toutes les parties de l'Etat, & détruit peu-à-peu les liaisons intimes qui étoient entr'elles. Cette chaîne une fois rompue, le débordement devient général & sans remede.[274]

Encore plus brutal est le mot de tyran, qui apparaît à la fin du passage:

Au milieu de tant de troubles, & de troubles qui naissent les uns des autres, la vérité craintive & dédaignée ne s'approche plus du Trône, elle qui en étoit le plus ferme appui. A sa place succedent les louanges insensées,

---

[272] *Ibid.*, p. 87.
[273] *Ibid.*, p. 34.
[274] *Ibid.*, pp. 2-4.

les délations, les faux rapports, enfin tous les rafinements de l'art de nuire: & plus la vérité s'obscurcit, plus la justice, sa compagne fidelle, est avilie & négligée. On condamne sans examen, on haït sans raison, on punit sans avoir observé aucune des formes que prescrit l'équité. Les Rois ne sont plus que des Tirans; ils devoient faire le bonheur des hommes, ils travaillent à leur perte, à leur destruction; ils les dépouillent de leurs biens, de leurs familles, & de cette liberté qui est le plus précieux de tous les avantages dont ils jouissent.[275]

La seconde satire, qui court à travers tout le récit, s'exerce contre le luxe: tantôt le sage Gerbert conseille à son élève d'éviter ce vice; tantôt Deslandes lui-même nous explique le pourquoi du règne d'or du prince de Montferrat: «Point de Financiers avides, qui s'attribuent furtivement la moitié des impôts, pour se payer de la peine qu'ils ont eu [sic] de les lever. Hommes certainement punissables, si leur faste & leur orgueil ne les engageoient à se punir eux-mêmes, en consumant dans mille dépenses frivoles des trésors acquis sans aucun titre de justice ni de raison»;[276] tantôt l'auteur nous montre les conséquences déplorables de l'avidité:

Les Finances épuisées par des largesses excessives & non méritées, s'épuisent encore davantage par des largesses nouvelles, & ceux qui y ont le plus de part, sont ou des Courtisans artificieux qui sçavent raffiner sur les plaisirs, en les aiguisant de mille manières differentes, ou des Pontifes séducteurs qui trahissent la vertu, en applanissant les routes qui menent à la volupté, & les sement de fleurs agréables.[277]

Toutefois la satire qui est faite le plus fréquemment dans cette *Histoire* est celle des errances de l'esprit religieux, et plus encore celle de l'Eglise. L'éducation superstitieuse de Marie d'Aragon est décrite sur un ton de réprobation méprisante; dans «le Monastère superbement bâti» où elle fut élevée, elle apprit «toutes les singularités, tous les caprices, toutes les menues pratiques de la Religion, sans y apprendre la Religion elle-même, & sans la connoître. Aussi fut-elle toute sa vie extrêmement dévote: & ce qui n'étonne point en Italie & en Espagne, elle le fut au milieu des plus grands désordres. Les Pélerinages lui plaisoient sur-tout, les Processions, les plantements de Croix, & elle s'y faisoit accompagner par tout ce qu'il y avoit de plus leste & de plus galant à la Cour».[278] C'est une telle dévotion minutieuse qui rendait l'impératrice si curieuse de miracles: «Si elle apprenoit qu'un Hermite fît des miracles, ou qu'une Religieuse eût des révélations, elle y couroit aussitôt: mais toujours inu-

---

[275] *Ibid.*, pp. 5-6.
[276] *Ibid.*, pp. 45-46.
[277] *Ibid.*, pp. 4-5.
[278] *Ibid.*, pp. 27-28.

tilement. Il y a apparence qu'on se défioit d'elle, & qu'on lui croyoit de trop bons yeux pour se laisser surprendre aux prodiges qu'on lui avoit racontés. La crédulité n'entre que dans un esprit foible & imbécile, dans un esprit qui se prête «aux divinations de* l'erreur, aux augures trompeurs & aux songes des méchans qui ne sont que vanité».[279] (*Salomon).

Les attaques les plus vives et les plus constantes sont dirigées contre les ecclésiastiques. A la cour, les «Pontifes séducteurs [. . .] trahissent la vertu»; [280] lorsque les successeurs de Charlemagne laissèrent se dégrader leur autorité, les ecclésiastiques «profiterent & de l'esclavage où les uns étoient réduits, & de l'insolente autorité que les autres avoient usurpée: en même tems leurs mœurs se corrompoient, toute leur conduite ne fut plus qu'un tissu d'irrégularités».[281] A Rome cependant, «le Saint Siége flétri par la maniere scandaleuse dont ils [les Papes] vécurent après y être montés, effraya le monde entier, accoutumé à voir respecter la Religion, ou du moins à en voir sauver les apparences».[282] Aussi, lorsqu'Othon III organise des Assemblées en Allemagne et en Italie, n'y fait-il pas entrer d'ecclésiastique; [283] c'est que, selon Gerbert, «les Prêtres [. . .] sont assujetis par leur état aux «fonctions séparées du Sacerdoce. Qu'ils s'en acquittent avec prudence & discrétion, on ne leur en demande pas davantage».[284]

L'*Histoire de la princesse de Montferrat* est donc avant tout un essai philosophique et politique; l'organisation même de l'ouvrage le fait apparaître: si le récit commence si tard, c'est qu'il faut expliquer d'abord les mérites d'Othon Ier, et donner les raisons de la décadence qui a suivi; si le récit est interrompu si souvent par des réflexions, c'est que telle est l'allure de l'essai. L'importance des remarques critiques est d'ailleurs soulignée par la place qui leur est souvent réservée: en début et en fin des parties. L'importance et l'audace de ces remarques ressortent enfin de la nécessité où Deslandes s'est trouvé d'utiliser le masque d'une histoire pour dénoncer les abus de la cour et des ministres de Louis XV; dénonciation toutefois qui ne serait pas sans espoir secret, puisque, après avoir fait l'élogne du prince modèle, Deslandes semble encourager le prince de son propre pays à se corriger:

[279] *Ibid.*, pp. 42-43.
[280] *Ibid.*, pp. 4-5.
[281] *Ibid.*, pp. 14-15.
[282] *Ibid.*, pp. 15-16.
[283] *Ibid.*, p. 36.
[284] *Ibid.*, pp. 24-25.

Heureux encore, & peut-être plus heureux le Prince, qui, ayant succombé à des passions violentes, obtient tout-à-coup sur elles une pleine victoire; qui s'étant mollement reposé entre les bras des plaisirs qui découragent, ouvre les yeux & se réveille comme d'un profond assoupissement! Ses erreurs lui servent de leçons utiles, & ses fautes de préservatif pour n'en plus commettre: il se laisse persuader, & par son expérience, & par des réflexions continuées, que les Rois ne s'attirent nos respects, qu'autant qu'ils sont justes, & qu'ils ne sont justes qu'autant qu'ils aiment la vérité.[285]

C'est le même amour de la vérité qui incite la déesse de la Fortune à descendre sur terre pour découvrir par elle-même ce qui s'y passe, dans l'ouvrage suivant de Deslandes: *La Fortune, Histoire critique* (1751); mais cette fois-ci c'est sous le masque de la mythologie que Deslandes va exercer sa «critique».

Dans le chapitre Ier nous pénétrons chez les Dieux, où les choses sont bien changées depuis quelque temps; la description que Deslandes fait du Ciel a plutôt l'air d'une description de la France contemporaine, durant «cette espece d'interregne» dénoncé déjà dans l'*Histoire de la princesse de Montferrat*.[286]

La Fortune décide alors de se rendre sur terre et elle se fait accompagner de Mercure. Ils vont en Grèce, c'est-à-dire en France comme on le verra, «*région du monde la plus florissante: celle où l'on s'intrigue, où l'on s'agite davantage, où l'on employe toutes sortes de moyens pour s'avancer & pour s'enrichir*».[287] Et en effet les Athéniens qu'ils vont visiter en premier (Chap. II) ne souhaitent que d'avoir de l'argent. Seuls, une douzaine de prêtres de Mercure consacrent leur vie aux Beaux-Arts. La satire se développe alors, par le jeu de l'allégorie philosophique.

Dans le Chapitre III, la satire continue, indirectement, par l'exemple de vertu et de tranquillité d'âme que donne Athénagore, général disgrâcié. Il refuse les richesses que lui propose la Fortune, et demande seulement qu'elle lui laisse ce qu'il a pu sauver du naufrage: «*Je serai plus heureux que tous les Monopoleurs qui gouvernent les revenus de la République, & qui l'appauvrissent, en s'enrichissant par des exactions continuelles*».[288] La Fortune et Mercure se rendent alors dans la maison luxueuse de Cleodyme, le parvenu, qui a appris dans sa jeunesse, – et il s'en vante –, «à être souple & adroit, à plier sous la volonté de ceux qui pouvoient [l'] avancer dans le monde, à étudier leurs goûts, & à flatter

---

[285] *La Fortune, Histoire critique*, 1751, p. 7.
[286] *Ibid.*, p. 5; *Histoire de la princesse de Montferrat*, op. cité, p. 3.
[287] *La Fortune, Histoire critique*, p. 24.
[288] *Ibid.*, p. 55.

tous leurs caprices; à rechercher enfin les voies les plus abrégées pour [s'] enrichir».[289] Il a réussi.

Honteuse d'avoir favorisé un tel homme, la Fortune s'en va; elle se rend dans une maison proche, où on la présente à la «sage Cleïs», que l'on veut marier de force à un jeune homme plat et commun, mais dont la famille est très riche. La Fortune survient au moment où Cleon, amant de Cleïs, est sur le point de la tuer et de se tuer après elle. La déesse, bien sûr, arrange tout, et la première partie du Chapitre III s'achève sur l'exigence nouvelle et bien surprenante de la Fortune qu'on lui sacrifie désormais en l'appelant Fortune... éclairée.

Dans la suite du Chapitre III, Deslandes élève le débat; il pose, une fois de plus, l'irritant problème du luxe. Au Conseil d'Athènes, un des membres «des plus accrédités», a posé cette question: *«Dans un Etat bien réglé doit-il y avoir des moyens de s'enrichir, tels qu'un particulier en s'enrichissant se porte au-dessus de ses Concitoyens, & les brave par un luxe immodéré & mal-entendu?»* On sait que Deslandes a déjà répondu par la négative; mais il donne ici les arguments de ses adversaires: «Les jeunes gens disoient que si ces moyens étoient ôtés, l'émulation & l'industrie cesseroient entierement».[290] Ils reconnaissent bien qu'Agenor étale «des thrésors rapidement acquis», que les Critons n'ont approvisionné les magasins en temps de guerre que pour «bâtir des superbes Palais», que «tous les Exacteurs des dettes de l'Etat [. . .], tous les Receveurs des deniers publics» n'ont d'autre but que «de s'enfler de leur opulence en la portant au-delà des bornes permises»,[291] mais ils affirment que «ces excès, tout condamnables qu'ils sont, servent à la circulation des especes, & donnent une sorte de vie & de mouvement à la République, qui seroit sans cela languissante & comme morte».[292] Les vieillards, en revanche, voyaient dans ce luxe la ruine de la probité et de l'honneur; ils le jugeaient contagieux, ridicule; ils le rendaient responsable du dépérissement des arts, «parce que le goût lui-même est éteint».[293]

Lar Fortune, qui décidément est devenue une divinité éclairée, pèse le pour et le contre, estime finalement que les moyens de s'enrichir «doivent être proportionnés & au tems qu'on emploie, & aux soins qu'on se donne pour y réüssir».[294] A la deuxième question posée au Conseil: *«Dans un Etat bien réglé, doit-il y avoir des professions purement lucra-*

[289] *Ibid.*, pp. 63-64.
[290] *Ibid.*, p. 82.
[291] *Ibid.*, p. 83.
[292] *Ibid.*, p. 84.
[293] *Ibid.*, p. 85.
[294] *Ibid.*, p. 87.

tives; &, supposé qu'il y en ait de telles, ces professions doivent-elles jamais être honorées»? [295] – c'est-à-dire à la question qui porte sur la vénalité des charges et des emplois –, Mercure répond non, et Deslandes ajoute en note une référence au Livre XIII de l'*Esprit des Lois,* qui était paru quelques années seulement auparavant.[296]

Le Chapitre IV nous éloigne de l'ensemble de la nation, pour nous présenter à nouveau un sage, philosophe platonicien, et deux vaineus de la société contemporaine: des ministres disgrâciés.

Durant cette visite des placets ont été apportés au temple de Mercure, domicile de la Fortune: dans le premier, la jeune Iphise se plaint d'être retenue en esclavage parmi les prêtresses de Junon; un «léger revenu» suffirait à la libérer, en particulier des «discours trompeurs & insinuans de ces Etrangers qui ne viennent à Athènes que pour se faire admirer & pour séduire les jeunes personnes».[297] Le second placet vient d'une autre jeune fille, que ses parents vont livrer à un riche vieillard; la Fortune reçoit favorablement les deux requêtes et corrige ainsi deux vices de la société . . .

La déesse se rend ensuite auprès des deux ministres disgrâciés que le sage platonicien lui avait nommés, mais, des deux ministres l'un était déjà résigné, et l'autre ne faisait que maudire la Fortune par regret des plaisirs de la Cour: aussi la Fortune les laisse-t-elle tous deux à leur sort.

Dans le Chapitre V, on suit la Fortune dans ses visites auprès de différentes familles athéniennes, dont chacune «compose une République particuliere»; or elles jouent un rôle important dans l'Etat, car par familles, comme nous allons le voir, Deslandes entend ici Sociétés, catégories sociales. «Toutes ces familles réünies [. . .] donnent le ton & la forme au gouvernement».[298] La première famille visitée est de celles «où l'on ne voyoit que des hommes occupés à remuer de l'or & de l'argent, où l'usure étoit comme sur son throne».[299] Dans cette famille on rend un culte fervent à la Fortune, parce que cette dernière a toujours favorisé le maître de maison; au contraire, chez l'alchimiste la Fortune se voit refuser les dons qu'elle vient proposer: le vieillard, disciple d'Hermès, est convaincu qu'il va atteindre par ses propres moyens au grand œuvre; autant les membres de la première famille sont nuisibles, autant ceux de la seconde sont d'inoffensifs rêveurs. Les deux familles suivantes donnent lieu à un nouveau contraste: la Fortune entre dans une maison qui n'est habitée

[295] *Ibid.*, p. 91.
[296] *Ibid.*, note 1 de la page 92.
[297] *Ibid.*, p. 113.
[298] *Ibid.*, pp. 127-128.
[299] *Ibid.*, p. 129.

«que par des Femmes & des Filles consacrées au culte du Feu», et dont la vie n'a «rien que de triste & de gênant, parce que leurs occupations [sont] toujours les mêmes»; mais

elles corrigeoient pourtant une partie de l'ennui qui les dévoroit, par de pe-tites intrigues & par des riens qu'elles érigeoient en affaires sérieuses. Elles se dédommageoient de la contrainte où elles vivoient, en médisant de tous les autres états de la vie: & ces médisances étoient à leur amour-propre, ce que les rafinemens de la bonne chere sont à un goût malade & usé.[300]

Vis-à-vis de ce couvent s'élève le palais des prêtresses de Vénus; l'art et l'amour règnent dans cette maison fondée par Alcibiade. Suit l'éloge d'Alcibiade, présenté ici comme un bon disciple de Socrate, qui lui a en effet appris «à connoître la Religion naturelle qui mene, sans détour, à la révélée, & à mépriser les opinions frivoles & indécentes dont les Athé-niens étoient si prévenus». C'est la dernière partie de la phrase qui comp-te, et c'est bien pour avoir raillé de telles opinions qu'Alcibiade se vit per-sécuté par «ces hommes impérieux, qui veulent qu'on respecte toutes leurs folies, & pardonnent rarement à ceux qui les dédaignent».[301] Après la mort de Socrate, Alcibiade devait se retrouver à la tête de l'école de philosophie qu'avait fondée Socrate, mais il la céda à Platon, pour se con-sacrer aux affaires de l'Etat. Le portrait d'Alcibiade qui suit ne corres-pond guère à celui que nous avons l'habitude de tracer; mais c'est celui d'un sage du XVIIIe siècle en butte aux mauvais traitements d'un peuple encore peu éclairé:

Le peuple le chassa d'Athenes, & l'y rappella tour-à-tour. Il en sortit, & il y rentra avec une tranquillité qui marquoit la grandeur de son ame. Les mauvais traitemens n'abbatirent point son courage, comme les distinctions les plus glorieuses ne l'éleverent point. [. . .] Il tira de la Philosophie tout l'avan-tage qu'en tirent les esprits bien faits, qui est de savoir vivre avec les hom-mes, de glisser sur leurs défauts, & de profiter de leurs bonnes qualités, s'ils en ont quelques-unes.[302]

Après cet éloge, une des prêtresses explique la vie plaisante et en même temps convenable qu'on mène dans ce temple de Vénus; Mercure deman-de à la prêtresse si l'on y fait des vœux:

«Eh! qu'est-ce que des vœux, répondit-elle? Rien ne nous force à en faire, rien ne nous y oblige. D'ailleurs peut-on se promettre d'avoir demain la même façon de penser qu'on a aujourd'hui? . . . Non, Mercure, nous ne faisons point de vœux».[303]

[300] *Ibid.*, p. 142.
[301] *Ibid.*, p. 149.
[302] *Ibid.*, pp. 151-152.
[303] *Ibid.*, p. 155.

Sur ces entrefaites, survient la mort de Platon, dont l'éloge est assez ridiculement fait par la plupart des assistants; quelques personnes se promènent dans les jardins de l'Académie, loin de la foule et l'un des sages qui sont là se lamente sur la décadence présente:

Nous sommes encore dans l'enfance de toute chose: dans l'enfance de la Religion, elle est tous les jours attaquée par des ennemis foibles, à la vérité, mais qui prennent insolemment le titre d'esprits forts; dans l'enfance des lois, on les tourne de cent façons différentes, les anciennes sont abrogées & d'autres succedent en leur place; on fait, on défait, on refait; dans l'enfance de la Morale, à peine en connoissons-nous les premiers principes, nous les suivons encore moins; enfin dans l'enfance des devoirs de la société, tout est mode, caprice, bisarrerie, jusqu'à la haine & à l'amitié.[304]

En butte à de nouvelles sollicitations, La Fortune, quelque peu secouée par tous les exemples d'injustice et de sottise qu'elle vient de voir, résout alors «d'abandonner la terre infectée de tant de desordres»,[305] résolution renforcée par la lecture d'un papier cacheté que Mercure lui présente:

«Voilà un Mémoire, lequel contient les noms de tous ceux, qui, dans la République occupent sans mérite & sans vertu, des places importantes, & qui abusent à la honte de l'humanité, de leur pouvoir & de leur crédit portés trop loin».[306]

Dès lors, la Fortune laisse «le monde aller *comme il va*».[306]bis

Le chapitre de conclusion contient le compte du voyage que la déesse rend à Jupiter.

Le jugement final que la Fortune porte sur l'humanité n'est guère optimiste: l'homme est un composé de bon et de mauvais, de lucidité et d'aveuglement; il «appelle hasard ce qu'il ne connoît pas. Il se croit libre, parce qu'il suit volontairement les ordres de la Destinée auxquels il est assujetti».[307]

L'Histoire se termine sur ce bilan établi par le métaphorique Jupiter, porte-parole du Destin et de Deslandes! Est-il possible de dégager de cet ouvrage les opinions métaphysiques les plus probables de l'auteur? Est-il possible, à partir de ce passage et de quelques autres, de démasquer Deslandes, et de proposer en clair l'idée qu'il se fait ici de la Fortune, c'est à-dire au bout du compte l'idée qu'il se fait de l'univers et de la matière? ou du moins de proposer une lecture de *La Fortune, Histoire critique?*

[304] *Ibid.*, pp. 165-166.
[305] *Ibid.*, p. 177.
[306] *Ibid.*, pp. 177-178.
[307] *Ibid.*, p. 192.

La lecture de ce texte est en effet plus difficile que celle de l'*Histoire de la princesse de Montferrat*: dans ce dernier ouvrage, les réflexions de l'auteur, nombreuses, se distinguaient assez nettement du récit, qu'elles précédaient pour la plupart; de plus, la dichotomie des personnages en bons et mauvais faisait clairement des premiers les porte-parole de l'auteur. La situation n'est plus la même ici; la part de l'auteur est réduite: il n'intervient que dans la «Lettre préliminaire», et encore le fait-il en historien et en philologue plutôt qu'en philosophe: surtout, les personnages sont et bien plus nombreux et beaucoup plus ambigus. Ce n'est pas parce que le sage platonicien vit une vie exemplaire que Deslandes est lui-même platonicien. Quant au personnage de la Fortune, c'est un outil littéraire que l'auteur utilise successivement à plusieurs fins. Tantôt il définit la Fortune suivant la définition courante, et il ne voit en elle qu'une déesse aveugle et capricieuse: elle lui sert à montrer les inégalités et les injustices qui règnent parmi les Français du XVIIIe siècle; le financier avide lui consacre un autel dans sa demeure pour la remercier des faveurs insensées dont elle le gratifie. Elle est alors l'outil de la satire. Tantôt au contraire, elle est présentée comme un personnage qui veut être éclairé, et agir en divinité juste et sensée; elle accueille favorablement les placets qu'on lui présente, elle fuit la foule des adorateurs intéressés pour rencontrer, en des lieux écartés, sages et désabusés. A plusieurs reprises Mercure et elle philosophent gravement ou approuvent les réflexions philosophiques qui, par exemple, ponctuent le récit des vies d'Alcibiade et de Périclès. Enfin, Jupiter, père des Dieux, explique le fonctionnement de l'univers, *sub specie æternitatis,* au début et à la fin de l'*Histoire critique.*

Avec les Anciens, Deslandes admet l'existence d'un Etre suprême, pierre angulaire d'une théologie que les «premiers Législateurs [. . .] avoient tirée du sein même de la Nature».[308] Le Panthéon grec et latin n'est qu'une galerie d'allégories et de symboles édifiée pour «faire agréer au peuple» cette théologie primitive et simple. Jupiter n'est donc qu'une autre façon de dire Dieu, l'Etre suprême. Dans la «Lettre préliminaire» Deslandes présente, d'après une traduction de Vossius,[309] les trois systèmes de philosophie des Anciens destinés à «expliquer l'ordre & le gouvernement de ce monde»: «ceux qui croyoient que tout avoit été réglé par un Etre suprême, & qu'il étoit conduit par une Providence spéciale, adoroient Minerve, qui représentoit l'intelligence Divine. Ceux dont l'aveuglement d'esprit étoit assez grand pour penser que tout arrivoit au hasard, & qu'il n'y avoit point de cause première, adoroient la

---

[308] *Ibid.*, pp. 5-6 de la «Lettre preliminaire».
[309] Vossius, *De Idolatria liber*, traduction de Maimonides.

Fortune ou une Déesse volage & capricieuse qui agissoit sans discernement. Ceux enfin qui s'imaginoient que tout arrivoit nécessairement & par l'ordre invariable du Destin, adoroient les Parques que rien ne pouvoit fléchir».[310] Nous savons déjà que, sur le plan scientifique, Deslandes rejette le deuxième système; les Païens rendaient un culte à la Fortune parce qu'ils étaient «aveuglés par leurs passions, & peu attentifs à cet ordre merveilleux qu'a établi la Providence».[311] Le mot de Providence utilisé dans cette dernière phrase pourrait nous inciter à penser que Deslandes adopte pour sa part le premier système, celui des déistes, ou peut-être même des Chrétiens. En fait, la formule conventionnelle qu'il utilise ici lui est dictée par la prudence (il veut obtenir la permission tacite!), non par la conviction: en effet, dans le reste de l'*Histoire critique* le système auquel l'auteur se rallie est le troisième. Le palais que Jupiter habite s'appelle le Palais des Destinées; dans la première cour de ce palais on trouve les trois Parques qui coupent les fils des fuseaux des destinées humaines, et l'«on ne gagne rien sur ces trois Sœurs inexorables; on ne peut point les toucher. Leurs ciseaux coupent chaque fil à l'endroit précisément où il doit être coupé».[312] Toutefois le passage suivant du texte, passage qui nous introduit dans la seconde cour du Palais, est embarrassant; on voit là d'une part les représentations de tous les mondes possibles, et d'autre part «la représentation du monde actuel & créé, le meilleur de tous», celui où «la bonté de Dieu s'accorde avec sa justice», et où «les loix de la Nature sont simples, constantes & regulieres».[313] L'éloge newtonien des lois de la nature se retrouve constamment chez Deslandes; [314] il cadre avec un système du monde où règne la nécessité, mais le reste du passage est d'esprit Wolfien et renvoie à la Providence du Christianisme. Cependant, quelques pages plus loin, Jupiter, qui reçoit la Fortune, est en train de feuilleter le grand Livre des Destinées, et il «y puisoit les regles, qui ne changent point, de sa conduite & de ses projets. Car, [ajoute Deslandes] quoiqu'il soit le plus grand des Dieux, il n'est pourtant que

[310] *Ibid.*, pp. 8-10 de la «Lettre preliminaire».
[311] *Ibid.*, p. 20 de la même lettre. Deslandes profite de la critique qu'il exerce contre certains païens pour donner un coup de patte à certains Juifs qui rendirent eux aussi un culte à la Fortune, «pendant le cours d'un de ces égaremens auxquels ils étoient si sujets. Ils dresserent une Table à la Fortune & lui sacrifierent, en l'appellant la Reine du Ciel, & la Dominatrice de l'Univers. Ils disoient, en même-tems à Jeremie: «O «Prophete: Nous ne voulons plus écouter vos discours. Nous en ferons à notre volonté. «Nous sacrifierons à la Reine du Ciel, & nous lui ferons des effusions, comme ont fait «nos Peres, nos Princes & nos Rois. Tout nous réussissoit alors: Nous regorgions de «biens». (*Ibid.*, pp. 20-22 de la «Lettre preliminaire».)
[312] *Ibid.* p. 11.
[313] *Ibid.*, pp. 12-13.
[314] Cf. *supra*, mes analyses du *Recueil de différens traitez de physique et d'histoire naturelle.*

l'exécuteur de leurs ordres & de leurs décrets invariables. Tout arrive, parce qu'il doit arriver; & l'ordre dans lequel il doit arriver, ne peut souffrir aucune altération ni aucun délai. Le Livre des Destinées contient & ce qui a été, & ce qui est, & ce qui sera. Jupiter y voit l'avenir, qui est enchaîné au présent, comme le présent est enchaîné au passé. Tout est bien: car tout est à sa place. Les évenemens se succedent à point nommé les uns aux autres, ou, pour mieux dire, se développent & naissent les uns des autres».[315]

Ce texte, par sa clarté, par l'insistance avec laquelle Deslandes présente le déterminisme exact des événements, rend manifeste à quel point la Providence nommée plus haut n'est pas celle qui exauce les prières des hommes, mais celle qui, suivant l'étymologie, prévoit: voit d'avance.

Mercure explique pourquoi il y a une infinité de mondes: c'est qu'il y a une matière infiniment étendue; «il a donc fallu, pour *éviter* l'uniformité toujours désagréable, *diversifier* ces mondes à l'infini, & leur *donner* à chacun des habitans qui n'eussent entre eux aucune ressemblance».[316] On a noté l'emploi de verbes actifs (que j'ai soulignés); il y a donc un ou des Dieux, qui président à l'organisation de ces mondes? Ou l'utilisation de tels verbes est-elle métaphorique? Deslandes croit-il réellement à l'existence d'une intelligence personnelle et supérieure, l'Etre suprême? Je reprendrai cette question dans mon Chapitre V, car, au niveau d'écriture où nous sommes dans *La Fortune, Histoire critique,* je ne peux répondre.

La Fortune, qui avait hésité d'abord à s'adresser au prêtre, approuve Mercure, lorsque ce dernier a achevé son discours; elle apporte des précisions sur la matière et sur la vie:

[Les Dieux] n'ont pû agir sur la matiere, sans l'animer, pour ainsi dire, & la rendre toute vivante.[317]

Iphicrate, philosophe platonicien, reprendra la même idée (fort peu platonicienne!): «il examinoit comment l'Etre suprème a imprimé une force intrinseque, un principe de vie, à la matiere, & comment les lui ayant imprimés par sa puissance infinie, il l'a rendue propre par sa sagesse également infinie, à exécuter les effets les plus admirables».[318] La vie est donc présentée comme intrinsèque à la matière, et l'on pourrait fort bien se passer de Dieu dans un pareil système; mais, une fois encore, Iphicrate

---

[315] *La Fortune, Histoire critique*, op. cité, pp. 18-19. Et Deslandes cite en note, à la fin de la dernière phrase, le *Et ineluctabile fatum* . . . de Virgile.
[316] *Ibid.*, pp. 40-41.
[317] *Ibid.*, p. 45.
[318] *Ibid.*, p. 102.

remonte «vers la cause premiere, dont toutes les autres dérivent»,[319] l'Etre suprême. Nous avons donc encore à faire à un déisme net, où, encore plus que dans tout autre déisme, Dieu est cependant inutile ... Déisme marqué, ou athéisme masqué?

E. DEUX COUPS DE CAVEÇON CONTRE LES JÉSUITES

Pour achever d'ouvrir et de découvrir l'éventail des écrits de Deslandes, je rends compte maintenant de deux petits textes, dont l'un a paru dans la réédition du volume I du *Recueil de différens traitez de physique et d'histoire naturelle* de 1748, et l'autre, de 1756, s'intitule *Histoire de M. Constance, premier ministre du Roi de Siam.* Tous deux sont dirigés contre les Jésuites, et nous avons là une preuve supplémentaire que Deslandes, s'il n'a pas directement participé au combat en faveur de l'*Encyclopédie,* a du moins livré bataille aux mêmes adversaires, au même moment.

Le «Traité sur les disgraces qu'essuya Galilée, pour avoir soutenu que le Soleil est placé dans le centre ou foyer commun de notre Monde Planétaire, & que la Terre tourne autour de lui» est le VIIe et dernier traité du volume I du *Recueil de différens traitez.* Dans la «Préface», Deslandes présente, comme une figure symbolique de la liberté philosophique en butte aux persécutions, «Galilée qu'on doit regarder comme un des restaurateurs de l'esprit Philosophique».[320]

Le Père Bourgerel, de l'Oratoire, avait fait publier en 1737 une *Vie de Pierre Gassendi*; dans cet ouvrage se trouvait un récit «de l'emprisonnement de Galilée, & des mauvais traitemens que lui fit essuyer le trop redoutable Tribunal de l'Inquisition».[321] C'est ce récit, jugé tronqué par Deslandes, que notre auteur veut ici rétablir «dans toutes ses circonstances»; il en profite pour railler et critiquer quelques Jésuites. Il s'amuse d'abord de leur attachement aveugle à Aristote: le père Scheïner ayant observé des taches sur le soleil, dès 1611, se voit sèchement réfuté par son Provincial, le père Théodore Busée, pour la raison suivante:

Il [le père Busée] avoit lû deux fois tous les Ouvrages d'Aristote & [...] il n'y avoit rien trouvé sur ces prétendues tâches du Soleil; [...] il lui [au père Scheïner] enjoignoit de supprimer cette observation & comme inutile, & plus encore comme opposée à la doctrine infaillible d'Aristote.[322]

[319] *Ibid.,* pp. 101-102.
[320] *Recueil de différens traitez de physique et d'histoire naturelle,* vol. I, 1748, p. xxiv.
[321] *Ibid.,* p. 305.
[322] *Ibid.,* pp. 306-307.

Finalement, le père Scheïner parvint à faire paraître une *Rosa Ursina,* où il donnait la théorie des taches du soleil. C'est alors qu'il rencontra Galilée, qui se vantait d'avoir découvert ces taches le premier, dès 1610. Scheïner «en appella à tous les Tribunaux Littéraires», mais Galilée se moqua de lui durement dans quatre dialogues, et il «traita le Jesuite avec le dernier mépris».[323] Scheïner dènonça ces dialogues à l'Inquisition; il leur reprochait d'être favorables au système de Copernic. Deslandes présente ainsi le Jésuite Scheïner comme un dénonciateur, et l'ensemble de la Société de Jésus comme une force rétrograde luttant contre le progrès des sciences. Il joint à l'apologie de Galilée un nouveau plaidoyer pour les lois de Kepler et de Newton; «à l'égard de ceux qui pensent autrement, ou c'est une vaine superstition qui leur ferme les yeux, ou ils craignent les attaques des Cleantes modernes,[324] que ne sont pas, à vrai dire, ni moins hardis ni moins dangereux que les Anciens».[325]

L'*Histoire de M. Constance* est une réponse aux divers récits que les Jésuites avaient donnés de la vie et mort de cet extraordinaire aventurier et politique du XVIIe siècle que fut Constantin Phaulkon, qui s'appelait lui-même Constance. Il est probable que l'occasion de cette réponse avait été offerte à Deslandes par la réédition, en 1754, de l'*Histoire de M. Constance* du père jésuite d'Orléans.

Il s'agit d'un épisode des tentatives de pénétration française au Siam durant la fin du XVIIe siècle, à l'occasion du développement de la Compagnie des Indes Orientales. Un assez grand nombre de religieux, surtout Jésuites, avaient pris part à ces tentatives; le but proclamé était l'enseignement des Mathématiques et de l'Astronomie, sous le couvert de l'autorité de l'Académie Royale des Sciences de Paris; leur but plus lointain était, bien sûr, d'évangélisation. Dès son retour en France, l'abbé de Choisy avait fait paraître son *Journal du voyage de Siam fait en 1685 et 1686*;[326] le père Tachard donnait successivement un *Voyage de Siam des Pères Jésuites envoyez par le Roi aux Indes et à la Chine, avec leurs Observations* (1686), et un *Second voyage du Père Tachard* (1689).[327] Le père d'Orléans tirait ensuite de ces ouvrages la matière qui concernait

---

[323] *Ibid.*, p. 310.

[324] Pour se venger d'Aristarque de Samos, Cléante l'accusa d'impiété et de sacrilège envers les Dieux; cette anecdote est tirée de Plutarque, traduction d'Amyot.

[325] *Ibid.*, p. 310.

[326] Abbé François-Timoléon de Choisy, *Journal du voyage de Siam fait en 1685 et 1686, par M.L.D.C.*, Paris, 1687.

[327] Père Guy Tachard, *Voyage de Siam des Pères Jésuites envoyez par le Roi aux Indes et à la Chine, avec leurs Observations . . .*, Paris, 1686. Id., *Second voyage du Père Tachard et des jésuites envoyez par le Roi au royaume de Siam, avec leurs Observations . . .*, Paris, 1689.

Constance, et complétait son histoire, en racontant la révolution de Siam, qui devait causer la mort de Constance: il faisait paraître, en 1690, un ouvrage peu volumineux, intitulé *Histoire de M. Constance*.[328]

Dans la partie de l'histoire qu'ils traitent l'un et l'autre, les différences entre le père d'Orléans et le père Tachard sont minimes; tous deux mettent l'accent sur le catholicisme de Constance, et ils le présentent comme un zélé propagandiste de la foi. Le ton est donné dans l'épître par laquelle le père d'Orléans adresse son livre au pape Alexandre III:

> S'il [Constance] pouvoit se survivre à lui-même, il viendroit avec joie offrir au Vicaire de JESUS-CHRIST la mort précieuse qu'il a soufferte, pour avoir voulu établir le culte du vrai Dieu dans le Royaume de Siam.[329]

Quelle est donc, selon les pères jésuites, l'histoire de Constance Phaulkon, qui devint le premier ministre tout puissant du roi de Siam dans les années 80 du XVIIe siècle? Voici ses origines et sa «carrière», d'après le père Tachard:

> Le Seigneur Constance s'appelle proprement Constantin Phaulkon, & c'est ainsi qu'il signe. Il est Grec de nation, né à Céphalonie d'un noble Vénitien, fils du Gouverneur de cette Isle, & d'une fille des plus anciennes familles du païs. Environ l'an mi six cens soixante, n'étant âgé que de dix ans, il eût assez de discernement pour connoître le mauvais état où ses parens avoient mis les affaires de sa Maison.[330]

Il décide alors de travailler pour la Compagnie d'Angleterre, pour laquelle il passe quelques années au Siam. Il y obtient la confiance du Barcalon, c'est-à-dire du premier ministre du royaume, et bientôt il rend des services importants; à la mort du Barcalon, le roi lui offre le poste, mais Constance en refuse le titre pour en exercer seulement les pouvoirs; en 1686, le père Tachard peut écrire que «tout lui passe présentement par les mains, & [qu']il ne se fait plus rien sans luy».[331] Or M. Constance, après avoir été protestant, s'était converti au catholicisme des mains du père jésuite Thomas, en 1682. Le père d'Orléans insiste lui aussi sur le zèle catholique du converti qui, «disoit aux assistans [de son abjuration] que [. . .]il tâcheroit dorénavant de se rendre utile à la Religion dans le royaume de Siam, & d'y procurer aux autres le même bonheur qu'il venoit d'y recevoir».[332] Et en effet, lors de l'ambassade du chevalier de

---

[328] Père Pierre-Joseph d'Orléans, *Histoire de M. Constance, Premier Ministre du Roi de Siam, et de la dernière révolution de cet Etat*, Paris, 1690; Lyon, 1754.
[329] *Ibid.*, éd. 1754, p. iv.
[330] Père Guy Tachard, *Voyage de Siam*, pp. 187-188.
[331] *Ibid.*, p. 193.
[332] Père d'Orléans, op. cité, p. 20.

Chaumont, en 1685, c'est lui qui présente les Jésuites au roi et qui, de concert avec les Jésuites, dresse les plans de la christianisation du Siam. Constance ira même jusqu'à haranguer le roi de Siam, pour l'inciter à accepter le cadeau que Louis XIV veut lui faire: la religion chrétienne, qui a été la source de tous les succès du roi de France. Le roi décide cependant de rester fidèle à la religion traditionnelle, mais il est ébranlé. Le père Tachard conclut qu'«on ne doit pas desespérer de luy faire connoître & embrasser la vérité».[333]

Dans le *Second voyage du père Tachard,* on verra le premier ministre multiplier les conférences avec les Jésuites, les amener à nouveau auprès du roi, leur bâtir une chapelle à Louvo, «dans une ville Capitale de la plus superstitieuse Nation de l'Orient».[334] Aussi est-ce à cette protection que Constance et le roi de Siam accordaient aux catholiques que les Jésuites attribuent la révolution qui éclata en 1688.

Cette révolution fut menée par un mandarin de l'ordre religieux des Opras, du nom de Pitracha; c'était, selon le père d'Orléans, un «faux dévot, [qui] couvroit une grande ambition». Pitracha réussit son coup d'état, se fait nommer Régent du Royaume, et, peu après la révolution, massacre les chrétiens. Il exécute Constance, dont la mort exemplaire fait de lui un martyr.[335]

L'ouvrage de Deslandes est très court; il ne compte que cinquante-et-une pages: son seul but est de réfuter l'interprétation chrétienne présentée par les Jésuites. Il le fait avec une très grande vivacité, puisqu'il appelle le père Tachard et l'abbé de Choisy «deux des plus insignes Charlatans qu'on puisse lire».[336] Dans l'«Avertissement» et au début de l'*Histoire de M. Constance,* Deslandes parle des sources auxquelles ont puisé les autres auteurs, «mais soit qu'ils ayent eu de mauvais Mémoires, soit qu'un certain merveilleux attaché aux objets éloignés leur ait plû par-dessus tout le reste, ils n'ont presque débité que des mensonges».[337]

Le père d'Orléans ne nommait pas ses sources; Deslandes le fait: ce sont les *Mémoires,* qu'il a entre les mains, de François Martin, son grand-père, et deux lettres d'André Deslandes, son père, gendre de Fr. Martin. Rappelons que «M. le Chevalier Martin [avait été] Gouverneur de Pondichéri & Directeur général de la Royale Compagnie des Indes Orien-

[333] Père Tachard, op. cité, p. 314.
[334] Père Tachard, *Second voyage du Père Tachard*, p. 212.
[335] Ajoutons que Mme Constance, qui était japonaise, appartenait pourtant à une famille qui avait compté des martyrs parmi ses membres; entourée et soutenue par des Jésuites, elle résista chrétiennement aux mauvais traitements qu'elle eut à subir du fils de Pitracha.
[336] *Ibid.*, p. 12.
[337] *Ibid.*, p. 10.

tales»,[338] et qu'André Deslandes avait mené à Siam la première négo-
ciation. «Sources pures», parce que Fr. Martin «a connu tous ceux qui
y [à la révolution de Siam] ont eu part» et que, «comme il étoit d'un
grand sens, & que rien n'échappoit à sa pénétration, ses Mémoires [. . .]
sont aussi curieux que sincérement écrits».[339]

Pour le père d'Orléans, comme nous l'avons vu, Pitracha était un faux
dévot ambitieux; pour Deslandes, c'est Constance Phaulkon. Voici le
portrait qu'il donne de lui, au début de son *Histoire de M. Constance:*

Il avoit l'air haut, & les maniéres nobles, mais méprisantes. Son esprit étoit
étendu & capable de grandes choses. Il n'oublioit rien de ce qu'il avoit à faire,
& le faisoit promptement. Sa libéralité n'avoit point de bornes, surtout dans
les occasions où il vouloit paroître & briller. C'étoit l'effet d'une vanité in-
supportable, qui s'étoit encore accruë depuis son avénement à la place de
premier Ministre.

Les Siamois naturellement esclaves, & que l'esclavage rendoit bas & ram-
pans, sans aucun amour pour la liberté, craignoient M. Constance & le
haïssoient en même tems. Aussi les traitoit-il avec une hauteur qui appro-
choit de la cruauté.[340]

Selon Deslandes, il n'y eut jamais d'entente solide entre les Français et
Constance, à partir du moment où ce dernier eut le pouvoir; l'ambassade
de 1687 n'aboutit à aucun résultat vraiment durable.

Deslandes établit la biographie de Constance à peu près comme le
père d'Orléans, mais le ton qu'il utilise est désinvolte, – c'est celui qui
convient lorsqu'on parle d'un aventurier,[341] – et la critique affleure à
chaque occasion. Ainsi, après avoir raconté l'ascension de Constance au
pouvoir, Deslandes note:

Dès ce moment, tout plia devant lui: sa volonté fut la seule régle & la seule
loi de l'Etat. Il n'écoutoit personne; tout lui étoit suspect: il n'avançoit dans
les charges & les emplois de Mandarins que ceux qui lui obéïssoient aveuglé-
ment.[342]

---

[338] *Ibid.*, p. iij.
[339] *Ibid.*, p. iv.
[340] Deslandes, *Histoire de M. Constance, premier Ministre du Roi de Siam,* 1756,
pp. 10-11.
[341] Après avoir dit qu'on ne sait pas quels étaient les parents de Constance, Deslandes écrit: «Il y a apparence que les voyant hors d'état de lui procurer aucun avancement, il chercha fortune ailleurs & se livra à un Capitaine Anglois, qui le prit en
amitié». (p. 12) Un peu plus loin, Deslandes nous apprend que le roi de Siam a remis
ses intérêts entre les mains de M. Constance: «Ambitieux comme il [Constance] étoit,
il dut voir du premier coup d'œil que sa fortune alloit prendre une face nouvelle, & il
ajouta à son nom celui de Phaulkon, sans qu'on sçache d'où il lui venoit, ni par quelle
raison il l'avoit choisi». (pp. 14-15.)
[342] *Ibid.,* pp. 15-16.

C'est ce despotisme qui explique, selon Deslandes, la révolution qui survint. Certes, Constance avait essayé de se garantir contre les ennemis siamois qu'il se suscitait, en s'appuyant sur les Français, et d'abord sur un fonctionnaire de la Compagnie des Indes, le propre père de notre auteur, André Deslandes; mais il avait échoué, car A. Deslandes s'était défié du ministre: sortant de Siam, «il annonça même en partant, tous les malheurs qui y arrivérent dans la suite: ce qu'on peut voir dans deux Lettres qu'il écrivit à M. le Marquis de Seignelai, où ces malheurs étoient naïvement tracés».[343] Constance s'en remit alors aux missionnaires jésuites et organisa sur leur conseil une ambassade à Louis XIV, qui périt corps et bien. Le roi de France, à qui l'on «fit accroire que le Roi de Siam avoit de grandes dispositions à embrasser le Christianisme, & à le faire embrasser à tous ses Sujets»,[344] envoya le chevalier de Chaumont, l'abbé de Choisy et le père Tachard en ambassade. Fastueusement reçu par Constance, que Louis XIV venait de nommer comte de Phaulkon, le chevalier de Chaumont dut cependant constater que le roi de Siam n'avait aucune intention de se convertir: «il en témoigna son mécontentement à M. Constance, & lui fit sentir qu'on s'étoit joué de la Cour de France, facile à tromper sous prétexte de Religion». On voit que les faits rapportés par Deslandes sont à peu près les mêmes que ceux que rapportent les Jésuites, mais les petites différences qui existent en rendent toute l'interprétation différente: «Le Roi de Siam n'avoit jamais songé à se faire Chrétien»,[345] Constance est un menteur et un intrigant.

En 1688, l'escadre de de Vaudricourt amène un gros corps de troupes françaises, destinées à occuper, suivant les traités, Merguy et Bangkok, «les deux clefs du Royaume de Siam». Constance comprend alors la faute qu'il a faite, faute d'autant plus grande que le peuple siamois murmure: on voyait avec peine dans le pays «que des étrangers étoient presque maîtres du Royaume, & qu'un étranger gouvernoit les affaires impérieusement. Plus la France le soutenoit, & plus il se faisoit haïr».[346] Deslandes présente donc la révolution de Siam comme un soulèvement patriotique: le roi étant tombé malade, un complot se fomente: «L'Auteur de cette conspiration étoit O-Pra-Pitracha, un des premiers Mandarins, homme d'esprit, entreprenant & courageux».[347] Inquiet, Constance cherche à s'appuyer à nouveau sur les Français, qu'il s'était pourtant mis à rebuter depuis quelque temps; mais le chef militaire français, Des-

---

[343] *Ibid.*, pp. 16-17.
[344] *Ibid.* p. 18.
[345] *Ibid.*, p. 21.
[346] *Ibid.*, p. 32.
[347] *Ibid.*, p. 43.

farges, se conduit comme un lâche et abandonne Constance. Le complot de Pitracha réussit; il chasse alors les Français de Bangkok, sans même avoir à en faire le siège (11.1688). La mort de Constance est racontée par Deslandes en quelques lignes, et aucune allusion n'est faite à la religion du personnage:

A l'égard de M. Constance, après qu'on lui eut fait souffrir des tourmens inouis, on le conduisit dans un bois voisin de Louvo; & là, les bourreaux armés de sabres le massacrèrent inhumainement.[348]

Si une partie de l'*Histoire de M. Constance* de Deslandes est consacrée à détruire la légende du martyre chrétien de ce ministre ambitieux, une partie tout aussi importante a pour but une autre démystification: il s'agit de montrer que le comportement des officiers français n'a été bien souvent ni courageux, ni surtout très intelligent: rivalité entre deux chefs, inconscience de l'un, lâcheté et incompétence de l'autre.

Ce chapitre m'a permis de mettre en relief la variété des registres de l'œuvre de Deslandes; le chapitre V en fera découvrir l'unité secrète. Notons pour l'instant, dans un bilan partiel, que Deslandes a poursuivi toute sa vie les mêmes recherches; il n'a pas sauté de l'une à l'autre au gré de la mode, il les a menées de front:
– recherches scientifiques tout d'abord, depuis les «Observations» communiquées à l'Académie des Sciences jusqu'à la dernière édition du *Recueil de différens traitez* (1753). Or ces recherches sont à la pointe des recherches du temps; elles s'orientent de plus en plus vers la «physique expérimentale» et les sciences naturelles. Deslandes y marque l'opposition qui va s'accentuer vers et après 1760 entre l'esprit mathématique à la d'Alembert et l'esprit expérimental selon Diderot. D'autre part, Deslandes est un des premiers à insister sur l'importance et l'utilité des arts et techniques, préludant par là à l'esprit de l'*Encyclopédie*. De toutes ces expériences Deslandes tire encore une leçon de méthode: après avoir médit lui aussi des «systèmes», il découvre le rôle de l'hypothèse scientifique qui permet d'expliquer les faits, et non pas seulement de les cataloguer à la façon de Réaumur. Il annonce ainsi les *Pensées sur l'interprétation de la nature* de Diderot.[349] Physique et métaphysique sont décidément inséparables, à la condition qu'on ne voie pas dans la métaphysique un système de dogmes établis pour toujours, mais bien un outil dont le scepticisme du savant permet de maintenir la souplesse.

[348] *Ibid.*, p. 46.
[349] Cf. les pages de J. Roger sur ce texte de Diderot, in J. Roger, *Les sciences de la vie dans la pensée française du XVIIIe s.*, Paris, A. Colin, 1963, pp. 599 et sq.

— recherches historiques destinées à rétablir des faits que la déformation partisane de certains esprits religieux a transformés en légende; ou tout simplement destinées à établir des faits que le gouvernement et certains philosophes préféraient ne pas examiner de peur d'avoir à en tirer des réformes. Voltaire tentera le même effort dans quelques chapitres du *Siècle de Louis XIV*, en particulier dans ceux consacrés à la marine et au commerce. A. Adam a noté que l'ouvrage de Voltaire était animé par le patriotisme.[350] Il ne s'agit pas simplement d'un patriotisme cocardier, mais d'un effort pour rendre à la patrie son dynamisme d'antan, à partir de l'analyse des faits. Voltaire tentera d'obtenir de Deslandes quelques-uns de ces faits qui lui manquaient sur le gouvernement de Louis XIV.

— dénonciation satirique, parfois violente, des hommes et des Compagnies qui ralentissent les recherches de la science et de l'histoire: grands dignitaires de l'Eglise, favorites et favoris, courtisans avides, traitants, et autres ... Cette satire affleure jusque dans les recueils où le ton froid de la science domine; elle éclate dans les deux textes de 1749, à la veille des premiers grands combats philosophiques: l'*Histoire de la Princesse de Montferrat* et *La Fortune, Histoire critique*. Aussi n'est-il pas étonnant que le nom de Deslandes figure à la fin du *Discours préliminaire à l'Encyclopédie* parmi les noms des futurs collaborateurs de l'entreprise de d'Alembert et Diderot.

Ces trois directions de recherches convergent en une philosophie; comme c'est le cas pour Diderot et Voltaire, le combat que mène Deslandes est en effet sous-tendu par une vision cohérente du monde. Or on ne pouvait que la pressentir dans les textes que j'ai analysés dans ce Chapitre III; car cette vision est si peu conforme à celle de l'univers catholique dans lequel Deslandes a vécu et travaillé qu'il a dû la masquer dans des ouvrages à «approbation» et à «approbation tacite». D'autres ouvrages, clandestins et prohibés ceux-là, donneront la clef de sa philosophie. C'est à faire tomber ce masque et à analyser cette philosophie que je consacre mes deux derniers chapitres.

---

[350] Dans son «Introduction» à l'édition qu'il a donnée du *Siècle de Louis XIV*, Classiques Garnier-Flammarion.

CHAPITRE IV

MASQUE ET AMBIGUÏTÉ DU LANGAGE

> *Souvenez-vous,* dit Cœlius Rhodiginus, *que pour percer dans les secrets de l'ancienne Philosophie, il ne faut rien prendre littéralement, il ne faut rien expliquer à la rigueur.*
> Deslandes, *Histoire critique de la philosophie,* vol. III, p. 162.

Le censure et le contrôle des livres incitent l'écrivain du XVIIIe siècle à taire la part essentielle de sa pensée, quand elle constitue une déviance de la norme. Du moins en est-il ainsi dans les ouvrages pour lesquels il sollicite l'approbation d'un censeur et le privilège royal, et, à un moindre degré, dans ceux pour lesquels il se contente d'une permission tacite. Aux manuscrits et aux imprimés clandestins sont réservées les polémiques et les audaces intellectuelles: *Piscis hic non est omnium,* comme Deslandes l'écrit, en 1741, dans son *Pigmalion,* publié anonymement.[1] Toutefois, beaucoup d'auteurs de cette époque jouent avec les ressources d'ambiguïté qu'offre le langage, pour se libérer d'une distinction aussi tranchée: ils portent le masque.

Deslandes, comme bien d'autres, pratique cette politique d'écriture; je l'ai montré en passant dans mon chapitre III. Mais l'intérêt particulier qu'offre cet auteur est qu'il fait en quelque sorte la théorie de cette notion. Il l'examine au niveau de la civilisation (histoire et évolution de l'humanité), aussi bien qu'au niveau du langage (structure de l'esprit humain). Le but de ce chapitre IV est triple: faire, avec et à propos de Deslandes, la théorie du masque durant les années 30 et 40; donner ainsi la clef qui permette d'ouvrir l'ouvrage le plus secret, mais aussi le plus important de Deslandes, son *Histoire critique de la philosophie*; par voie de conséquence, situer les ouvrages que nous avons et aurons analysés dans la vision cohérente que notre philosophe se fait du monde.

Le masque est un phénomène complexe, qu'on doit analyser à différents niveaux. Emblème du comédien grec, il souligne la stylisation du théâtre naissant et permet au spectateur d'interpréter sans retard le discours du comédien: au masque douloureux de la tragédie s'oppose le masque railleur et satirique de la comédie. Mais comédien se dit en grec ὑποϰριτής, ce qui signifie aussi hypocrite. Etymologiquement, le masque

---

[1] *Pigmalion, ou la Statue animée,* 1741, p. vij. On se rappelle que cette phrase est aussi en exergue des *Pensées philosophiques* de Diderot, en 1746.

comporte une ambiguïté; il est à la fois l'outil qu'utilise l'acteur pour faire savoir, en clair, où se situe stylistiquement le drame, et l'instrument d'un mensonge qui se voudrait indéchiffrable. Dualité de la pensée. C'est dans le premier sens du mot qu'il faut interprêter le masque dont La Rochefoucault dépouille Sénèque dans le frontispice de ses *Maximes*; Deslandes, qui n'aime guère les Stoïciens, reprend la même critique, lorsqu'il avoue, contredisant par avance Diderot et son *Essai sur les règnes de Claude et de Néron,* «que l'austérité dont se pare Sénèque, est toute sur ses lévres»;[2] il se demande en effet: «Qu'est-ce [. . .] que son Sage, qu'une idée ambitieuse & chimérique, qu'un masque de raison, qu'un homme qui est toujours en contradiction avec lui-même»?[3]

A la limite, le masque est indéchiffrable, si celui qui le porte utilise sans faille le vocabulaire conventionnel; s'il ne laisse même pas entendre que ce dernier puisse être redéfini. On a affaire à une imposture soutenue, qui reste dans le secret de la conscience, ou que son auteur révèle parfois à une poignée d'initiés. Telle fut bien, durant des années, l'attitude intellectuelle de Spinoza, dont la *Correspondance* est révélatrice à cet égard. Telle fut, au XVIIIe siècle, la situation du curé Meslier, qui dut monter en chaire toute sa vie pour annoncer une religion qu'il tenait pour radicalement fausse. Toutefois, il est rare qu'un écrivain, dans tous ses écrits, conserve un tel masque, car, dès lors, à quoi bon écrire! Un ouvrage fait parfois tomber le masque d'un autre ouvrage; ou encore, à l'intérieur d'un même ouvrage apparaissent quelques contradictions qui dénoncent au lecteur attentif l'effort mensonger.[4] L'écrivain n'est pas toujours conscient de ces contradictions: il suffit parfois qu'il pousse une analyse neuve, pour qu'éclate le système conventionnel auquel il reste fidèle ailleurs. Le problème de la sincérité de l'auteur est alors dépassé (même s'il reste passionnant); ce qui compte désormais, c'est la lecture cohérente que l'on peut faire d'une œuvre qui devient gibier de critique. Et c'est bien ainsi que Deslandes a décidé de lire les philosophes passés et présents; il s'efforce de décrypter leur langage obscur. Mais la méthode qu'il applique à autrui vaut en premier lieu pour lui-même. . .

Lorsque Deslandes, en tête du volume IV de l'*Histoire critique de la philosophie,* définit le rôle du critique, ce sont les grandes lignes de cette méthode qu'il révèle ainsi. Pour «développer le Génie des anciens Philosophes», «il ne faut point juger d'eux, ni de leur doctrine, sur quelques passages pris au hazard dans leurs Ouvrages. Souvent ces passages se con-

---

[2] Deslandes, *Histoire critique de la philosophie,* 1756, vol. III, p. 55.
[3] *Ibid.,* vol. III, pp. 54-55.
[4] Cf. les analyses de Léo Strauss, in *Persecution and the Art of Writing.*

tredisent les uns les autres; plus souvent encore ils sont enveloppés d'expressions métaphoriques, qui séduisent & trompent au premier abord».[5]

Je distinguerai trois niveaux dans l'art du masque que pratique Deslandes: le masque du mensonge, le masque de la fable, le masque de l'ambiguïté inhérente au langage. Il s'agit là, en fait, d'un approfondissement des ressources du langage, que l'esprit critique du XVIIIe siècle étudie avec un soin grandissant.

A. MENSONGES ET CONTRADICTIONS

Une remarque préalable s'impose: qu'un philosophe des Lumières se plaise et complaise à porter le masque constitue en soi un beau paradoxe! Deslandes en a pleine conscience; il marque parfois la gêne qu'il en éprouve. C'est que les politiques et les faux dévots le portent eux aussi. Va-t-on confondre les philosophes avec ces gens-là? C'est que le rôle du philosophe moderne est de faire éclater la lumière. Ne trahit-il pas sa mission, lorsqu'il ment ou du moins qu'il présente des vérités tronquées et obscurcies?

Dès le début du volume I de l'*Histoire critique de la philosophie*, Deslandes condamne le mensonge en termes très vigoureux, puisque seule la vérité permet de tisser et de serrer d'authentiques liens dans la société. Parmi ceux qui se masquent, nombreux donc sont les politiques et les religieux, qui cherchent par là à exercer un empire souverain sur le peuple et même sur les esprits éclairés. Pourquoi les «Prêtres Payens» feignent-ils que le feu ait été apporté du ciel et qu'il se nourrisse de lui-même? C'est que «les Prêtres Payens toûjours fourbes & imposteurs, entretenoient ce feu secretement, & faisoient accroire au Peuple qu'il étoit inaltérable & se nourrissoit de lui-même».[6] La satire ne vise pas seulement les prêtres de l'Antiquité; traitant de la croyance superstitieuse en la fin du monde, Deslandes porte cette condamnation: «Il n'y a gueres de siecles où l'on ne trouve sur cela quelque opinion extravagante, née le plus souvent dans le sein de la Religion, & au milieu des austérités du Cloître. Combien de fois de pieux Imposteurs ont fait courir le bruit que la terre alloit se dissoudre, pour intimider les Peuples & s'enrichir de leur frayeur»![7] Comme Bayle l'avait déjà noté, «le plus souvent un Auteur, faute de s'instruire ou d'avoir une certaine étendue de génie, est trompé le premier, & trompe ensuite les autres». Mais, ajoute aussitôt Deslandes, «peut-on pardonner à ceux qui abandonnent lâchement les intérêts de la vérité, & qui pour

---

[5] *Ibid.*, vol. **IV**, pp. 3-4.
[6] *Ibid.*, vol. **I**, p. 116. Cf. aussi vol. **III**, p. 111.
[7] *Ibid.*, vol. **I**, p. 242.

s'attirer des admirateurs, ou plaire aux personnes qui veulent s'assujettir les esprits, débitent avec un air d'assurance ce qu'ils sont fort éloignés de croire»? [8]

Quelle doit être l'attitude du philosophe? Dénoncer les fourbes et leurs mensonges, et établir la vérité? du moins présenter au grand jour les doutes que la raison et l'expérience dictent aux amis de la sagesse? ou au contraire suivre l'exemple de Cicéron, «qui sçavoit être incrédule par principe de Philosophie», mais qui était «quelquefois tout le contraire par politique?»[9] Deslandes remarque que la premiere façon d'agir n'a pas été celle de la plupart des philosophes païens; il explique pourquoi, à son avis, ils ont bien fait de dissimuler la vérité:

Il n'y avoit parmi les Anciens qu'un très-petit nombre de Sages qui connussent la Vérité: & peut-être que le nombre de ceux qui la connoissent parmi nous, est plus petit encore. Si quelqu'un de ces Sages touché de compassion pour le genre humain, osoit découvrir la moindre Vérité; loin d'être remercié, il s'attiroit une aversion presque générale: tant les préjugés tiennent au cœur de la multitude, tant elle a de peine à se déprévenir. On haïssoit ce Sage qui avoit parlé; on le poursuivoit sans aucun ménagement. N'est-ce point là ce qu'on voit malheureusement rapporté dans l'Histoire de la Philosophie ancienne? [10]

Le philosophe qui exposerait clairement quelque vérité importante courrait ainsi des risques inutiles; [11] en outre, il romprait en quelque sorte les liens de la société établie, en soulevant, par exemple, «le voile sacré de la Religion»; [12] il commettrait par là même une action immorale et nuisible.

Aussi la plupart des philosophes de l'Antiquité ont-ils porté systématiquement le masque; l'*Histoire critique de la philosophie,* lue sous cet angle, décrit inlassablement, et non sans amertume, la mascarade de l'esprit humain à travers les âges.

Tout au long de l'*Histoire critique de la philosophie,* Deslandes énumère donc les philosophes qui, selon lui, ont porté le masque. Ainsi, Pythagore recommandait «à ses disciples de ne point souffrir d'hirondelles dans leurs maisons, c'est-à-dire, des causeurs & des espions qui divulguent les secrets domestiques, & ce qui doit être éternellement caché».[13] Il semble, écrit Cicéron (que Deslandes cite), que le but d'Héraclite «*ait été qu'on*

---

[8] *Ibid.,* vol. I, p. 124.
[9] *Ibid.,* vol. I, p. 346.
[10] *Ibid.,* vol. IV, pp. 10-11.
[11] *Ibid.,* vol. III, p. 344. C'est la fin du volume III; Deslandes ne parle pas en son nom, certes: il analyse la pensée de Paracelse, mais . . .
[12] *Ibid.,* vol. I, p. 240.
[13] *Ibid.,* vol. II, p. 46.

ne l'entendit point».[14] C'est qu' «on peut au-dedans de soi-même penser tout ce qu'on veut, & pourvû qu'on ajuste son extérieur à ce qui se pratique parmi les hommes avec lesquels on vit, les hommes n'ont rien de plus à nous demander: c'est tout ce qu'on leur doit».[15]

Les philosophes modernes, eux aussi, ont pratiqué systématiquement cet art de se cacher:

Il s'agissoit de sçavoir si l'on pouvoit assurer comme Philosophe ce qu'on nioit comme Chrétien. Par exemple, j'assure comme Philosophe que l'ame périt avec le corps, que tout est matiere, & je le nie comme Chrétien. Ce fut Pomponace qui le premier agita cette question, & qui apprit aux jeunes gens à *se servir avec adresse de ce faux-fuyant* qui les sauvoit de tout reproche en leur faisant dire qu'ils parloient comme Philosophes & non comme Chrétiens. Il est vrai que Pomponace étoit soupçonné d'Athéisme, & que le même soupçon tomboit sur ses principaux Disciples.[16]

Jérôme Frascator, qui était «le disciple favori de Pomponace», observoit toutes les bienséances de la société, dont la premiere est la Religion»; il se montrait encore plus prudent que son maître, «dont la plume indiscrete hazardoit la vérité que les ennemis de la vérité ne vouloient point écouter. Il ne faut point les heurter de front».[17]

Les raisons que Deslandes vient de donner pour justifier les mensonges que font, – ou du moins le secret que gardent –, les philosophes du passé, justifient sans doute à ses yeux les professions de foi de christianisme dont il ponctue son *Histoire critique*. Une des éditions de 1737 débute par une épître de l'éditeur hollandais, qui présente notre auteur comme un bon chrétien. Dans la «Préface» qui suit, Deslandes lui-même, décrivant les âges successifs de la philosophie, affirme que le troisième de ces âges, celui du Christianisme, «est le plus marqué de tous».[18] Or, comme nous le verrons dans le Chapitre V, il affirme ailleurs que ce n'est même pas un âge philosophique! [19]

[14] *Ibid.*, vol. II, p. 338.
[15] *Ibid.*, vol. I, p. 354.
[16] *Ibid.*, vol. IV, p. 102. C'est moi qui souligne.
[17] *Ibid.*, vol. IV, p. 108. On aura noté les présents de l'indicatif que Deslandes utilise ici pour parler en son propre nom; il termine malicieusement le paragraphe en citant Saint Augustin: «*Utile est* [. . .] *ut taceatur aliquod verum propter incapaces.*» Autres philosophes: lorsque Deslandes a noté que Cremonini soutenait «qu'il falloit avoir recours à la Religion, pour se convaincre de l'immortalité de l'ame», il ajoute qu'«il ne paroit pourtant pas que Cremonin en fut trop persuadé» (p. 110), et, traitant de Donat de Vérone, il écrit que ce philosophe «persuadé que l'ame périt avec le corps, ne doit pourtant point l'avoüer en public à cause des conséquences dangereuses, & qu'il doit plutôt tromper le monde qui n'est fait que pour être trompé, que de chercher à l'éclairer, suivant l'axiome Latin: *mendacium humano generi plusquam veritas prodest*». (pp. 112-113).
[18] *Histoire critique de la philosophie,* 1737, vol. I, p. xxxiv.
[19] Cf. Ch. V, p. 204 et sq.

Certains passages privilégiés de l'*Histoire critique* sont réservés à des professions de foi chrétiennes très solennelles: le Livre I s'achève sur une prière à Dieu et une citation de Saint Paul; l'affirmation que «la raison aidée de la Foi» triomphe «& triomphe avec éclat» de «difficultés insurmontables»[20] clôt et le Livre II et le premier volume. Le début du Livre VII, consacré au christianisme, présente Jésus-Christ comme «le premier qui ait établi des connoissances sûres & invariables».[21] Dans le volume IV, – qui, on se le rappelle, ne parut qu'en 1756 –, les mêmes propos reviennent: la religion est seule susceptible de nous convaincre, par exemple, que l'âme est immortelle (vol. IV, p. 115); le Livre X forme l'essentiel de ce volume et se conclut par cette remarque apparemment toute chrétienne:

Ces derniers [les philosophes modernes] ont eu des secours certains, qui ont manqué aux premiers, je veux dire la Religion, qui a abrégé bien des disputes, & les connoissances Mathématiques, qui ont ouvert la porte de l'infini.[22]

Mais c'est dans le volume II, consacré surtout à la philosophie des Grecs, que la profession de foi chrétienne est la plus nette:

Je ne crois point que les Grecs, ni les Barbares qui ont précédé les Grecs, aient eu aucune Science sous le nom respectable de Théologie. Une pareille Science tient nécessairement à la vraie Religion, à celle qui est révélée de Dieu, & elle ne peut subsister sans son secours immédiat.[23]

Du temps des Grecs, en effet,

Celui qui devoit être la lumiere du Monde, le Dieu fort, le Pere du siécle futur, dont le nom seul produit tant de merveilles, ne s'étoit pas encore montré. A lui commence un nouvel enchaînement, un nouvel ordre de choses. Tous les peuples de l'Univers ne forment plus qu'un seul peuple, & la vérité jusques-là couverte d'épaisses ténébres, est répandue sans aucun choix & sans aucunes bornes.[24]

L'insistance de ces déclarations, leur ton rhétorique qui tranche sur le ton froid et analytique du reste de l'ouvrage, en rendent la sincérité très suspecte. La preuve de l'inauthenticité de ces passages est apportée par d'autres œuvres du même Deslandes: les *Réflexions sur les grands hommes qui sont morts en plaisantant* (1714), que j'ai analysées dans le chapitre précédent, montrent que Deslandes ne croit pas aux dogmes fondamentaux de cette religion, à la survie de l'âme après la mort, par exemple. On ne

---

[20] Deslandes, *Histoire critique de la philosophie,* 1756, vol. I, p. 372.
[21] *Ibid.,* vol. III, p. 77.
[22] *Ibid.,* vol. IV, p. 187.
[23] *Ibid.,* vol. II, p. 397.
[24] *Ibid.,* vol. II, pp. 398-399.

peut songer à une conversion postérieure à 1714, car l'incrédulité de notre auteur est réaffirmée, en 1756, dans la pièce de vers qui clôt le volume IV de l'*Histoire critique de la philosophie*; en voici les deux dernières strophes:

> Sans regretter la vie,
> Puissé-je à *peu d'amis discrets,*
> *De ma philosophie*
> *Transmettre en mourant les secrets!*
>
> Doux sommeil, dernier terme,
> Que le sage attend sans effroi,
> Je verrai d'un œil ferme
> Tout passer, tout s'enfuir de moi.[25]

Comme je l'ai déjà signalé, la présence d'un âge du Christianisme parmi les âges de la philosophie relève d'une prudence ironique. Pas de rupture de ton dans ce cas: bien au contraire, l'âge du Christianisme est présenté, dans la «Préface», avec la même froideur analytique que l'âge de la philosophie grecque. Mais au lecteur de prêter attention: quand on recoupe ce passage avec des passages du corps de l'ouvrage, on constate qu'il en ressort une contradiction impossible à résoudre. Dans ces derniers passages en effet, Deslandes observe que le Christianisme ne constitue pas un «Système nouveau de Philosophie».[26] Or le premier passage est très général et de principe, alors que les autres sont d'une critique fort précise. Ce sont eux qui donnent la clef du sens de l'œuvre.

Si la religion est étrangère à la philosophie, c'est que philosophie et religion ont chacune leur domaine propre. Les dogmes théologiques ne relèvent pas plus de la raison que les analyses philosophiques ne relèvent de de la foi. Cette distinction radicale entre raison et foi remonte aux racines mêmes du christianisme; on l'appelle le fidéisme, conception que l'église catholique ne condamnera qu'au XIXe siècle. Le fidéisme a connu un regain de faveur durant la Renaissance italienne, comme le note Deslandes; [27] R. Pintard en signale l'importance dans la France du XVIIe siècle.[28] La critique s'est souvent interrogée sur la sincérité du fidéisme de tel ou tel auteur: Montaigne, P. Bayle par exemple.[29] C'est que le fidéisme pourrait bien être aussi une forme masquée d'athéisme, ou du moins de

---

[25] *Ibid.*, vol. IV, p. 199. C'est moi qui souligne.
[26] *Ibid.*, vol. II, p. 443; cf. aussi p. 445.
[27] Cf. mon Chapitre V, p. 204 et sq.
[28] R. Pintard, op. cité, pp. 65-66; 141-142; 486-487, entre autres.
[29] Se reporter aux travaux d'E. Labrousse, W. Rex et P. Rétat pour une lecture de Bayle moins orientée que celle que donne Deslandes.

déisme. La religion serait d'une nature si à part, – si sacrée au sens étymologique du mot –, qu'il y aurait lieu de la reléguer dans le temple et qu'elle ne serait plus que l'affaire des prêtres et du peuple: dévots et fanatiques. L'affaire des politiques aussi, sans doute . . . Mais l'homme, dans sa quête de la vérité, ne devrait utiliser que des outils à sa portée: raison et expérience, quitte à marquer son scepticisme à l'égard des résultats que de tels outils pourraient donner. Le fidéisme peut donc signifier l'exaltation sincère de Dieu et de ses mystères; il peut constituer également une clause de style avancée pour éliminer la religion des discussions philosophiques.

Toutefois, démasquer l'écriture d'un ouvrage ne doit pas tourner à l'obsession hypercritique. La lecture fidéiste d'un texte est acceptable, me semble-t-il, si elle est cohérente et précise. C'est ainsi que fidéisme et scepticisme se marient très bien ensemble; je serais assez favorable à l'authenticité d'une lecture fidéiste des *Essais* de Montaigne. Au contraire, lorsqu'un auteur proclame son fidéisme et qu'en même temps il met l'accent sur les pouvoirs de la raison et les progrès de la science, ce fidéisme est suspect et risque fort de n'être qu'un leurre.

Deslandes prolonge le fidéisme de Montaigne; mais, dans le contexte de son œuvre, ce fidéisme sonne faux. Il établit une distinction radicale entre philosophie et théologie; selon lui, il n'y a pas de théologie naturelle:

La question de la spiritualité & de l'immortalité de l'ame tient absolument à la religion, & en dépend. Les lumieres naturelles ne peuvent nous en rien apprendre de positif. Il est vrai qu'elles nous repaissent quelquefois de l'espérance flateuse que nous survivrons au Corps, & qu'un bonheur interminable nous attend après cette vie. La Religion seule peut nous convaincre que l'ame est immortelle, sans cependant nous en donner d'autres preuves que la volonté de Dieu: volonté toute-puissante, & à laquelle rien ne résiste. Que s'ensuit-il de là? c'est qu'on ne trouve dans tous les pays où la Religion n'a point encore pénétré, que des Peuples ignorans & grossiers qui bornent toutes leurs espérances à cette vie, & ne se promettent rien au-delà. Aussi affrontent-ils le trépas, non seulement avec courage, mais même avec joye: c'est le terme de toutes les miseres & de toutes les duretés, qui les ont poursuivis. On ne craint point la mort, quand on la regarde, ou comme la fin de tout, ou comme une nouvelle vie qui va recommencer.[30]

Cette «fin de tout», dont les peuples prétendument «ignorans & grossiers» étaient convaincus, est justement ce qu'affirme Deslandes dans le poème que j'ai cité un peu plus haut. Le fidéisme lui permet donc de présenter les opinions naturelles qu'inspirent la raison et l'expérience humaines.

[30] *Ibid.,* vol. **IV**, p. 115.

Or, dans d'autres passages de son œuvre, Deslandes révoque en doute la distinction qu'il avait établie, en bon fidéiste, entre la philosophie et la religion chrétienne; il dénonce le *Credo quia absurdum* de cette dernière. Voici comment il résume certains passages des *Lois* de Platon: «Un homme en se servant des forces de son entendement, pourra sçavoir en quoi consiste la religion qui lui est essentielle».[31] Il présente la même idée dans la «Préface» qu'il a rédigée pour le traité clandestin, adapté de l'anglais, *De la certitude des connoissances humaines* (1741), lorsqu'il écrit, toujours avec Platon, que «L'Etre infiniment sage & infiniment parfait, n'a point créé des êtres raisonnables pour leur prescrire des choses ridicules & contraires à la raison qu'il leur a donnée».[32]

C'est encore une forme de masque que le mensonge par omission. Lorsque, en tête du volume IV, Deslandes offre à ses lecteurs une anthologie de pensées philosophiques tirées des Anciens, il ne dit nulle part qu'il approuve ou désapprouve ces opinions. Toutefois, cette partie de l'«Avertissement» intitulée «De quelques pensées & de quelques axiomes propres à découvrir le fond de la Philosophie des Anciens» présente une conception de la divinité si cohérente et si proche d'affirmations avancées ailleurs par Deslandes, qu'on peut difficilement n'y voir qu'un résumé de conceptions que notre critique jugerait périmées depuis le christianisme. La tactique qui consiste à attribuer à autrui des opinions peu orthodoxes, à ne pas les réfuter et, par là même, à les approuver implicitement, avait été en usage dans l'Italie de la Renaissance; elle était chère en particulier à Cremonini, que Deslandes connaît bien.

Ainsi, comme les auteurs de bien des manuscrits clandestins de la première moitié du XVIIIe siècle, Deslandes utilise fréquemment «les Anciens en général» comme porte-parole, sinon de toutes ses opinions personnelles, du moins d'opinions «sur le vrai ton de l'ancienne Philosophie»,[33] dont il approuve ainsi la méthode et qu'il tient pour probables.

Je m'en suis tenu surtout, jusqu'à présent, à confronter des textes du même ouvrage. En fait, si l'on veut démasquer pleinement Deslandes, il faut lire l'ouvrage relativement prudent qu'est l'*Histoire critique* à la lumière d'un ouvrage clandestin, le *Pigmalion, ou la Statue animée*. Com-

---

[31] Ibid., vol. IV, p. 8 (non numérotée).

[32] Ibid., vol. IV, p. 10 (non numérotée). De même, un peu plus loin, est-ce à partir d'Aristote que Deslandes écrit une phrase qui sonne comme du Montesquieu ou du Voltaire: «S'il y a un Dieu, il n'agit point arbitrairement: mais il suit la convenance morale des choses, c'est-à-dire que Dieu nous ayant accordé la raison pour nous conduire pendant les bornes étroites de cette vie, il ne peut nous rien ordonner de contraire à cette raison, *Aristot. Metaphys. 1. 1. & 2*». (*Ibid.*, vol. IV, pp. 10-11, non numérotées.)

[33] *Ibid.*, vol. II, p. 98.

me je le montrerai dans le chapitre V, toutes les «opinions des Anciens» analysées dans l'*Histoire critique* portent sur les rapports qui existent entre Dieu et la matière, la matière et l'homme; elles tendent toutes vers le matérialisme. Or c'est le même matérialisme que Deslandes développe, – et clairement à son propre compte cette fois-ci –, dans *Pigmalion*. Je n'en donnerai maintenant que deux exemples, me réservant de préciser ce point de philosophie dans le chapitre V. Dans le «Discours, Où l'on examine ce que les anciens Philosophes pensoient de la Divinité» (vol. IV de l'*Histoire critique*), la section VII commence par cette affirmation: «Le Tout, l'Univers, le composé de Dieu & de la Matiere est infini».[34] Un peu plus loin, Deslandes parle des «Disciples adroits de Spinoza», qui soutiennent que les attributs de Dieu «sont les parties de [l']Univers, ou les Etres déterminés à représenter Dieu de telle ou telle maniere, c'est-à-dire, la Nature comme un *Tout* dans lequel ils sont & ils existent, & où ils ne peuvent cesser d'être & d'exister».[35] Or, Deslandes reprend la même phrase à son compte, dans *Pigmalion*:

Il y a des Etres sans nombre, qui existent tous à leur maniere, qui vivent & meurent tour à tour; mais tous ces êtres n'en composent qu'un seul, qui est le Tout, qu'on appelle Dieu, la Nature & l'Univers. Tous les êtres particuliers tiennent à ce premier Etre, & participent plus ou moins à la Vie universelle. [. . .] Il y a apparence que le Tout, que le vrai Etre doit contenir toutes les modifications possibles; & par conséquent il ne doit pas moins avoir des sentimens qu'être figuré, &c.[36]

Interrogé par sa statue animée sur la nature de la pensée, Pigmalion propose cette réponse:

Sachez [. . .] que pour nous autres qui pensons, vivre c'est se ressouvenir, c'est pouvoir joindre ensemble quelques idées que se suivent les unes les autres, et qui ne sont interrompues que par de courts intervalles. Quand le fil de ces idées est rompu, cela s'appelle mourir. Mais on revit d'une autre manière, et alors recommence une nouvelle suite d'idées qui n'ont aucun rapport avec les premières.[37]

Comparons ce texte avec un passage de la Section VI du «Discours de 1756:

Mais qu'est-ce que vivre? c'est se ressouvenir, c'est pouvoir lier ensemble un certain nombre d'idées, d'actions, de mouvemens. Si ces mouvemens, ces actions, ces idées ne sont coupées que par de courtes [sic] intervalles: cette interruption s'appelle sommeil. Si elle est sans retour, on la nomme mort,

[34] *Ibid.*, vol. IV, p. 22.
[35] *Ibid.*, vol. IV, p. 31.
[36] *Pigmalion, ou la Statue animée*, 1741, pp. 43-45.
[37] *Ibid.*, 1742, pp. 70-71.

& elle peut passer pour le plus long de tous les sommeils qui regardent un seul & même être. Mais on ne doit pas s'imaginer pour cela que cet être meurt en effet & tombe dans l'anéantissement, il se reveille au contraire & revit d'une autre façon.[38]

La clef d'interprétation de l'*Histoire critique de la philosophie* est toute trouvée: lorsque l'expression des «Anciens en général» apparaît, c'est que Deslandes va exposer une «opinion» appuyée sur les armes naturelles dont l'homme dispose, – la raison et l'expérience. De telles «opinions» gardent donc toute leur valeur au XVIIIe siècle, surtout quand les progrès de la science moderne viennent les confirmer.

Deslandes en effet ramène souvent certaines opinions des Anciens à un point de vue moderne qu'il fait sien; ce n'est certes pas pratiquer la bonne méthode historique, mais ainsi nous sommes renseignés assez clairement sur ses propres idées. Par exemple, sur le point de traiter des opinions contradictoires d'Empédocle et de Xénophane touchant le mouvement, Deslandes dégage d'abord la leçon, – à ses yeux, chose la plus importante –, que sa critique lui permet de tirer: «Il y avoit parmi les Anciens deux opinions contradictoires, qui menoient cependant au même but, je veux dire, à l'art de douter».[39] Après compte rendu de ces opinions, Deslandes donne la parole à Bayle pour conclure avec lui, semble-t-il, par une condamnation: «Voilà, remarque M. Bayle, dans son Dictionnaire Critique, comment le dogme de l'unité & de l'immobilité de toutes choses a produit le Pyrrhonisme le plus outré»; en fait, il n'adopte pas cette conclusion, puisqu'il ajoute: «Pyrrhonisme qu'on seroit tenté de révoquer en doute, si l'on n'avoit un exemple presque semblable à la Chine, où une Secte entiere ne reçoit que ces deux principes, le Vuide & le Néant. [...] Cette Secte doit sa naissance à Fo ou Foë, qui en mourant répéta plusiers fois à ses Disciples: je vous ai trompés jusqu'ici, je vous ai parlé autrement que je ne pensois. C'est du néant que tout est sorti, c'est dans le néant que tout doit retomber. Voilà la fin de nos espérances».[40] La dernière phrase est d'une railleuse ambiguïté (Deslandes aurait pu la mettre entre guillemets, parce que c'est le genre de phrases, à la fois ironiques et indignées, que Bayle utilise souvent); elle semble dire: ce seraient en effet la fin des espérances chrétiennes, si ces gens-là avaient raison; mais, Dieu merci, ils n'ont pas raison! Toutefois, Deslandes n'a pas mis de guillemets; il assume l'idée pour se masquer, puisque nous savons qu'il pense tout le contraire. Ironie sur l'ironie!

[38] Deslandes, *Histoire critique de la philosophie,* 1756, vol. IV, pp. 20-21.
[39] *Ibid.,* vol. II, p. 305.
[40] *Ibid.,* vol. II, p. 309. Tout ce passage serait-il aussi une allusion au *Testament* du curé Meslier, qui circulait vers 1737?

Parfois encore le masque est à moitié levé; Deslandes adopte alors une autre tactique; il présente l'opinion hétérodoxe, longuement et avec toute sa force; il la condamne ensuite rhétoriquement en quelques mots et sans l'ombre d'un argument, puis il revient sur l'opinion condamnée avec un «pourtant», qui lui permet de développer plus ou moins l'approbation, apparemment perplexe, qu'il ne peut que donner à certains traits de cette opinion.[41] Ainsi, le système de Spinoza, auquel le *Pigmalion* de Deslandes renvoie clairement, est condamné catégoriquement dans l'*Histoire critique,* par une phrase qui débute de la façon suivante: «Quoique le sistème de Spinoza soit de la derniere absurdité aussi faux dans ses principes que dans ses conséquences», mais la phrase s'achève sur un «cependant» restrictif et railleur: «il est cependant certain qu'on l'a jusqu'ici très-mal réfuté, soit que ceux qui l'ont voulu faire, ne l'ayent pas bien entendu, soit qu'ils ayent agi de mauvaise foi: ce qu'on reproche à quelques-uns de ses Critiques. Les objections qu'ils tirent de Spinoza, sont plus fortes que les réponses affectées qu'ils y font. *On diroit qu'ils veulent se jouer de la crédulité des Lecteurs peu attentifs».*[42]

Ailleurs, Deslandes s'en prend à l'athéisme. Il commence par écrire: «L'Athéisme est le monstre qui avilit le plus & deshonore l'humanité: c'est le néant de toutes les Religion»; – peut-être l'évocation de ce «néant de toutes les Religions» comporte-t-elle déjà une part de malice! –, puis la phrase s'enfle: «Si l'on pouvoit le pardonner, ce ne seroit tout au plus qu'à ces hommes bruts & grossiers à qui le bienfait salutaire de la raison a été refusé, & qui ne vivent que d'instinct comme les animaux les plus sauvages». Elle se fait pressante, oratoire: «Mais que des hommes sensés & judicieux, que des Philosophes qui se piquent de réfléchir, méconnoissent l'Etre suprême qui s'est peint avec tant de hauteur dans tous ses ouvrages, & qui les conserve avec tant d'intelligence; c'est ce qui est inconcevable.» Ce qui n'est pas une réfutation . . . Toutefois, aussitôt après, le ton change; des arguments viennent mettre en question le pieux dogmatisme: «Il faut avouer cependant qu'il y a un grand choix à faire dans les preuves qu'on apporte de l'existence de Dieu».[43] Et la suite du passage manifeste la réserve de Deslandes, sinon son scepticisme, dans le domaine des démonstrations de l'existence de Dieu. Il énumère en effet les différentes sortes de preuves de cette existence; la deuxième s'appuie sur la con-

---

[41] *Ibid.,* vol. II, p. 443, au sujet des Chrétiens.
[42] *Ibid.,* vol. IV, pp. 30-31; c'est moi qui souligne. Il s'agit sans doute de la réfutation clandestine de Boulainvilliers. On sait que, comme Deslandes l'écrit ici, le but de Boulinvilliers n'était pas de réfuter, mais bien de présenter avec approbation le système de Spinoza.
[43] *Ibid.,* vol. IV, pp. 33-34.

templation des merveilles de la nature. Nous connaissons cette preuve, chère aux déistes aussi bien qu'aux chrétiens des XVIIe et XVIIIe siècles, d'Abbadie à l'abbé Pluche; mais les «Philosophes habiles», ajoute Deslandes, pensent «que par [le] moyen [de ces preuves] on ne peut prouver que Dieu est infini, & qu'il a des perfections infinies».[44] Or, nous savons, toujours par *Pigmalion,* que l'infini caractérise l'Univers aussi bien que Dieu, que Dieu et l'Univers sons un même grand Tout. C'est encore en utilisant fréquemment une rhétorique conventionnelle et mensongère que Deslandes se démarque de positions philosophiques qu'il désapprouve; c'est, de sa part, une ruse stylistique, que me permet de souligner une fois de plus la difficulté que présente la lecture des textes masqués: la rhétorique dont je vais donner quelques exemples tirés de l'*Histoire critique* est celle même que pratique Bayle contre les catholiques et toutes sortes de superstitieux, quand ce dernier veut indiquer un désaccord indigné. Chez Deslandes, la même rhétorique met un point d'arrêt à des passages qui, développés, auraient pu devenir hétérodoxes et dangereux. C'est qu'un argument qui s'articule dans une certaine vision du monde n'a pas la même portée que le même argument s'articulant dans une tout autre vision. On ne peut parler ici d'«influence» de Bayle; le mot de pastiche me semble préférable, mais pastiche qui vise un but que l'analyse de l'ensemble de la vision cohérente d'un auteur détermine.

Dans un ouvrage soumis à l'approbation tacite d'un censeur, même s'il s'agit de l'abbé de Condillac, Deslandes ne pouvait guère faire l'apologie des idées de Spinoza. Il expose pourtant assez souvent les points de vue de ce philosophe; après un de ces exposés, il n'ajoute d'autre commentaire que deux questions, que je tiens pour rhétoriques:

Mais les Juifs ne devoient-ils point sentir toutes les conséquences d'un système si absurde? Et comment un homme d'esprit tel que Spinoza, (car il faut rendre justice aux talens, même à ceux dont on abuse) a-t-il pu le renouveller? [45]

Aucune explication, aucune réfutation ne suivent ces deux interrogations.

De même, lorsque Deslandes a évoqué la morale d'Aristippe, que «portoit sans détour à la volupté», en profite-t-il pour parler d'un hérésiarque du IVe siècle après Jésus-Christ, «qu'on nomma l'Aristippe & l'Epicure des Chrétiens, parce qu'il osoit soutenir que la Religion & la Volupté n'étoient point incompatibles»; [46] voici la condamnation que Deslandes porte (j'en souligne le vocabulaire indigné, et fort peu rationnel):

[44] *Ibid.,* vol. IV, p. 34.
[45] *Ibid.,* vol. I, p. 180.
[46] *Ibid.,* vol. III, p. 174.

paradoxe qu'il coloroit de *spécieux prétextes,* en dégageant d'une part la Volupté de ce qu'elle a de plus grossier, & de l'autre en réduisant toutes les pratiques de la Religion à de simples actes de charité. Cette *espece de système,* quoique destitué de preuves & avancé au hazard, *séduisit* néanmoins beaucoup de gens, sur tout des Prêtres & des Vierges consacrées à Dieu. Mais Saint Jérôme attaqua ouvertement *le perfide Hérésiarque,* & sa victoire fut aussi brillante que complette. Vous croyez, lui disoit-il, avoir persuadé ceux qui marchent sur vos traces. Détrompez-vous; ils étoient déjà persuadés par les penchans secrets de leur cœur; ils ne cherchoient que l'occasion de *pousser au-dehors le venin mortel, qui les rongeoient* [sic] *au-dedans.*[47]

On aimerait toutefois connaître les arguments qui permirent à Saint Jérôme de remporter cette victoire «aussi brillante que complette» (ou aussi peu complète que peu brillante?) En outre, le court développement dans lequel Deslandes oppose les deux morales de la volupté d'Aristippe ct d'Epicure permet à notre auteur de présenter la morale de «la Volupté debout» d'Aristippe, qui «regardoit comme une obligation indispensable de se mêler des affaires publiques, de s'assujettir dès sa jeunesse à la Société, en possédant des charges & des emplois, en remplissant tous les devoirs de la vie civile»;[48] ces préceptes correspondent à ceux mêmes que Deslandes a appliqués à sa propre vie de Commissaire de la Marine. Il semble donc que l'avertissement de vigilance intellectuelle soit donnée ici au lecteur, juste avant le passage rhétorique et masqué sur l'hérésiarque du IVe siècle.

Cette rhétorique prend souvent la forme d'exclamations indignées, surtout lorsqu'il s'agit d'athéisme ou de matérialisme. Là encore, à défaut d'arguments et de preuves, on rencontre de tels passages: «Mais en supposant un tel Etre, un Etre assujetti à suivre toujours le même plan, on le dégrade: en supposant qu'il agisse pour une fin, on fait voir qu'il lui manque quelque chose, qu'il est limité. Donc il n'y a point d'autre Etre que la Matiere surmontée par la Nature. *Quels principes! Quelles Conséquences!*»:[49] Après avoir parlé d'Apollonius de Tyane, Deslandes parle des Païens qui ont établi un parallèle entre ce dernier et le Christ: «Mais en voyant un si indigne parallele, s'écrie Saint Augustin, peut-on retenir son

---

[47] *Ibid.,* vol. III, pp. 174-175.
[48] *Ibid.,* vol. III, p. 173.
[49] *Ibid.,* vol. II, p. 298; c'est moi qui souligne. Voici deux autres exemples: traitant du système de Xénophane, Deslandes résume et conclut ainsi: «Donc toutes les idées composent toute la Divinité: donc elle est répandue partout, & subsiste dans tous les Entendemens. *Quel système!*» (vol. II, pp. 312-313). Sur le système de Démocrite: «Qu'est-ce en effet que cette Divinité répandue par-tout, & qui émane sans cesse des moindres objets? Quel homme est assez extravagant pour s'imaginer & que chaque atome est un Dieu, & qu'où il y a plus d'atomes, là reside plus éminemment la Divinité? *Que de conséquences absurdes découlent de ce principe, qui même n'en est point un!*» (vol. II, pp. 328-329). C'est moi qui souligne.

courroux? *Quelle extravagance, de mettre en regard avec Jesus-Christ de simples Philosophes! Est-il possible de leur trouver aucun trait de ressemblance?*»[50] C'est sans doute pousser l'indignation de Saint Augustin jusqu'au niveau de l'ironie.

Pourquoi donc Deslandes tient-il tellement à porter le masque chrétien? Est-ce seulement pour éviter les interdits de la censure? Il y a une autre raison, me semble-t-il: Deslandes maintient ainsi le dialogue avec les Chrétiens. Il entre dans leur jeu, puis exige d'eux qu'ils en respectent les règles. Dans bien des cas en effet c'est l'idée de communication efficace qui est l'idée-clef. L'auteur connaît les fondements de la société dans laquelle il vit (monarchie, catholicisme, etc . . .) ; il est, pour sa part, matérialiste, nous le verrons; mais il ne cherche pas, dans certains textes du moins, à convaincre le lecteur de son erreur. Il lui suffit de montrer que, en admettant tels et tels présupposés, on ne peut admettre certaines choses que le gouvernement et l'église imposent pourtant au XVIIIe siècle. La critique protestante et la critique biblique ont joué leur rôle aussi: Deslandes utilise complaisamment leurs arguments pour forcer le catholique à remonter à l'origine et à la pureté de sa religion. La critique implicite que notre auteur fait de la religion de son temps et de son pays ne l'empêche pas toutefois de se «rendre aux temples», comme Epicure s'y rendait «malgré [ses] sentimens si contraires à la Religion»:

Comme ce Philosophe rapportoit tout à l'union, à la correspondance mutuelle qui doit régner entre les hommes, il recommandoit sans cesse de se prêter aux cérémonies publiques & aux actes imposans de la Religion, quand même on n'en seroit pas pénétré au fond du cœur, ainsi que les Payens, gens d'esprit, ne pouvoient gueres être convaincus de toutes les Traditions fabuleuses qu'on leur présentoit. Ces cérémonies, continuoit Epicure, servent principalement à entretenir la paix & la douceur parmi ceux d'un même pays; elles les engagent à se tolérer mutuellement, & à pardonner l'intérieur qu'on cache, en faveur de l'extérieur qu'on met à l'unisson de celui de ses compatriotes.[51]

Et ce sont l'esprit charitable du Christianisme primitif et le scepticisme propre aux philosophes, qu'il unit alors pour regretter que la tolérance des premiers temps ait disparu:

Que je regrette les premiers & les plus beaux jours du Christianisme, où les Orthodoxes indulgens à ceux qui avoient des doutes & des difficultés les traitoient humainement, & les recevoient dans leurs maisons & à leur table! On plaignoit les égaremens, & on supportoit avec patience ceux qui s'étoient égarés. Les larmes & les priéres, une douceur bienfaisante & qui

---

[50] *Ibid.,* vol. III, pp. 115-116. Je souligne.
[51] *Ibid.,* vol. II, pp. 346-347.

engageoit plus qu'elle ne commandoit, étoient les seules armes dont on se servoit contre ses adversaires. Personne ne croyoit avoir droit de se scandaliser, personne ne s'attribuoit le funeste mérite de nuire aux autres. Jours heureux, ne reviendrez-vous point parmi les Chrétiens? [52]

L'ironie se mêle sans doute ici à un éloge de l'authentique esprit chrétien. Le problème du masque-mensonge est loin d'avoir une solution unique et simple !

B. LE MASQUE DE LA FABLE ET DE L'ALLÉGORIE

> J'interpréte ici d'une maniére allégorique le dogme de la Métempsychose: car c'est ainsi que les Pythagoriciens déliés l'interprétoient eux-mêmes.
>
> *Histoire critique de la philosophie,* vol. III, p. 162.

Plus que le masque-mensonge, c'est le masque de la fable qui intéresse Deslandes. Il lui semble en effet que l'histoire de la philosophie doit se lire métaphoriquement; les légendes que les différentes traditions nous ont laissées peuvent être interprêtées. Après Fontenelle, Deslandes s'interroge sur l'origine des fables; mais il s'efforce de leur donner une signification rationnelle, – but la plupart du temps étranger à Fontenelle.

C'est une question que se posaient déjà les Chrétiens. Depuis les progrès de l'histoire des religions et la multiplication des récits de voyage, certains chrétiens étaient arrivés à la conclusion que beaucoup de peuples du bassin méditerranéen avaient emprunté aux Juifs leurs traditions et leur vocabulaire; tel était le point de vue de l'évêque d'Avranches, Monseigneur Huet. Deslandes s'élève contre une telle conception; il suit en cela Fréret et les recherches des Académiciens de l'Académie des Inscriptions et Belles-Lettres:

Des Auteurs Chrétiens n'ont-ils pas cru que toute l'Histoire Poetique n'étoit que l'Histoire même de Moïse, mais un peu altérée, mais changée de la maniere que le tems change toutes les traditions qui passent d'une main à l'autre? N'ont-ils pas dit que Moïse est le Dieu devant lequel se sont prosternés tous les Peuples, même les Américains, quoique ces derniers semblent n'avoir eu aucun commerce avec le Monde ancien? N'ont-ils pas tenté d'ajuster les vérités saintes aux fictions les plus indécentes, comme à celles qui regardent Venus, Pan, Priape, Bacchus? D'autres Auteurs ont encore été plus loin, & ils se sont efforcés de trouver le Messie dans toute l'Histoire Poëtique, même dans l'Histoire de Ganymede qui prit la place d'Hébé pour verser à boire aux Dieux. Ganymede est Jesus-Christ qui répare la faute d'Eve, déchue imprudemment de l'état où elle avoit été créée.[53]

[52] *Ibid.,* vol. II, p. 347.
[53] *Ibid.,* vol. I, pp. 167-168. Dans la marge, on lit: «Don Huetius, in Demonstr. Evanlegicâ».

Deslandes rejette également l'interprétation allégorique de l'Ancien Testament; selon lui, c'est le commerce que les Juifs eurent avec les Egyptiens qui leur causa l'«extrême préjudice [. . . d'] expliquer allegoriquement toute l'Ecriture».[54] Le juif Philon est responsable de ces explications allégoriques, qui furent adoptées par les «Peres Grecs des quatre premiers siécles de l'Eglise, & en particulier [par] Origéne, le plus habile homme qui soit sorti de l'Ecole d'Alexandrie: mais en même tems le plus excessif, le plus outré de tous les Allégoristes».[55]

Nouveau refus de Deslandes, quand il s'agit d'utiliser l'allégorie pour christianiser les philosophes païens; avec Richard Simon, «judicieux critique» moderne, il traite ces interprétations de chimériques.[56] On voit que nombreux furent dans le passé, et sont au XVIIIe siècle, les Chrétiens qui tentèrent d'interprêter ainsi Platon; s'appuyant ensuite sur le protestant «M. le Clerc», Deslandes conclut:

Comme Platon a parlé quelquefois de Dieu d'une maniere assez noble & assez solide, on s'est enhardi à lui faire honneur de beaucoup de choses auxquelles il n'a jamais pensé. Les allégories des Philosophes ont beaucoup de ressemblances avec les fictions des Poëtes: on les détourne les unes & les autres au sens qu'on veut. M. le Clerc s'énonce à peu près de la même maniere dans ses Lettres Critiques & Théologiques. Son jugement est d'un grand poids.[57]

En revanche, si Deslandes se refuse à adopter toute interprétation allégorique des Testaments, il pense que la philosophie des deux premiers âges doit être explicitée métaphoriquement. Dans le «Discours» du volume IV, il expose assez longuement le pourquoi des «fables, des métaphores, des allégories, des fictions»[58] de la mythologie. Il oppose aux «Amis de la Sagesse», qui connaissent les secrets de la religion, le peuple «incapable de réflexions».

La vérité avoit un éclat trop vif, une lumiere trop forte, pour lui plaire & lui convenir. Des vûes si courtes ne pouvoient s'y prêter, des yeux si mauvais ne pouvoient s'en accommoder. Il fallût diminuer cet éclat, tantôt par des ombres qui couvrissent certains objets, tantôt par des nuages au travers desquels on en pût voir d'autres extrêmement déguisés.[59]

---

[54] *Ibid.,* vol. II, p. 439.
[55] *Ibid.,* vol. II, p. 442. Cf. une autre critique d'Origène, vol. II, p. 65.
[56] Cf. vol. II, p. 223; en marge, on lit: «Sim. Hist. Crit. du Vieux Test. 1. 3».
[57] *Ibid.,* vol. II, p. 224. Deslandes ajoute, dans un autre passage: «De quel droit ose-t-on christianiser les anciens Philosophes, & mettre leur Morale en paralléle avec celle que Jesus-Christ nous a enseignée.» (vol. II, p. 400).
[58] *Ibid.,* vol. IV, p. 11.
[59] *Ibid.,* vol. IV, pp. 8-9.

«Le voile sacré de la religion»,[60] (dont on doit user, mais non pas abuser), est levé par le philosophe critique; ce dernier détient les clefs du Paganisme théologique et métaphysique.[61] Après avoir montré que les premiers philosophes, dits bien à tort barbares par les Grecs, exerçaient une grande influence sur les rois et les peuples, Deslandes fait un long développement sur la façon dont ils enveloppaient leur propre philosophie de mystère:

Ce grand crédit, cette réputation qu'avoit la Philosophie chez les Barbares, furent cause qu'on l'enveloppa d'une infinité de symboles, d'allégories, d'énigmes & de métaphores. Les Prêtres & ceux de la Famille Royale en avoient seuls la clé; & de peur qu'ils ne s'oubliassent quelquefois, il leur étoit défendu de boire du vin, de se prêter à cette liqueur enchanteresse qui trahit tous les secrets, & met les convives de niveau les uns avec les autres. Si par hazard s'offroit quelque Etranger d'un grand nom, on le recevoit d'abord poliment: mais on ne l'initioit aux mysteres de la Philosophie qu'après beaucoup de soumissions & de respects. La chose même arrivoit très-rarement, & passoit au-dehors pour une faveur signalée. Ainsi les Grecs qui vont en Egypte & à Babylone, dit Origene, n'en rapportent aucune connoissance ni aucune découverte, à moins qu'ils n'ayent été instruits de leurs secrets. Tous les autres sont condamnés à une ignorance humiliante & générale.

[. . .]Rien n'étoit plus répandu dans l'Antiquité que ce goût de Philosophie énigmatique. Chaque Peuple avoit deux sortes de Doctrines, l'une de parade & à portée de tout le monde, l'autre de réserve & à l'usage particulier des Rois & des Prêtres. Eux seuls pouvoient percer dans l'intérieur de la Philosophie: eux seuls pouvoient se familiariser avec ses mysteres. Un voile impénétrable la déroboit aux yeux du plus grand nombre, qui sans cesse occupé de voluptés basses & grossieres, ne paroissoit pas propre à regarder fixement la vérité. L'Histoire du Bœuf Apis, par exemple, servoit à jetter le Peuple dans l'idolâtrie: les Sçavans au contraire y découvroient un Roi juste, appliqué, bienfaisant, & qui pendant sa vie avoit fait fleurir l'Agriculture & les Arts qui en dépendent. [. . .]

On a encore des exemples de cette espece de superstition, en plusieurs endroits de l'empire du Mogol. Les grands chemins, les portes des principaux Pagodes, y sont ornées de bœufs de pierre qu'on a travaillés avec beaucoup d'industrie. Le Peuple y court en foule, & croit honorer le Dieu *Ram* ou *Rama,* qu'il regarde comme son Bienfaiteur, comme celui qui a retiré les premiers hommes de la vie dure & laborieuse qu'ils menoient au milieu des forêts & parmi les bêtes farouches. Ainsi dans l'Antiquité, les uns prenoient au pied de la lettre les Fables Assyriennes dont parle Lucien, ou les Traditions mystiques d'Orphée & d'Hésiode sur l'origine & la généalogie des Dieux: pendant que les autres en devinoient le sens caché, & pénétroient au travers des fictions, dont il étoit obscurci. C'est ce que les Egyptiens toujours mystérieux dans leur conduite, avoient voulu faire entendre, en mettant des figures de Sphinx à l'entrée de leurs Temples & de leurs Ecoles. Tout s'y pas-

[60] *Ibid.,* vol. I, p. 240.
[61] Cf. vol. I, p. 141.

se, disoient-ils, tout s'y enseigne d'une maniere énigmatique: peu de gens saisissent & ce qu'ils voyent & ce qu'ils entendent. En effet, plus on parle au Peuple avec obscurité, plus le Peuple soumis & incapable d'examen se prête à l'admiration: & de l'admiration au respect, le chemin est très court & très-facile. J'ajoûterai ici d'après Plutarque, que le nom de Jupiter en langue Egyptienne est *Amoun,* qui signifie obscur, caché, inconnu: & comme Jupiter ou le Pere des Dieux ne differe point de la Nature Universelle, les Egyptiens concluoient sans peine qu'il faloit cacher adroitement & les mysteres des Dieux & les secrets de la Nature.[62]

Après les prêtres, les poètes donnent naissance aux mythes de la religion: Atlas était un roi-philosophe, «fort appliqué à l'Astronomie»; «à cause de cette étude, & suivant le génie de la Fable, les Poëtes feignirent qu'il portoit le Ciel sur ses épaules: fardeau dont il se déchargea une fois en faveur d'Hercule, qui étoit aussi Astronome, Philosophe & Médecin. Il ne falloit pas de moindres qualités, dit agréablement Grotius, pour remplacer Atlas. Cette triple connoissance que possédoit Hercule, fit aussi dire aux Poëtes qu'il avoit arraché des sombres cavernes de l'Achéron le chien Cerbere, ce monstre aux trois têtes qui marquoient les trois Regnes où s'exécute tout le jeu de la Nature, le végétal, le minéral & l'animal. Tant il est vrai que les Fables dépouillées de leur écorce, offrent presque toujours quelque vérité historique: *Vera sunt quæ liquuntur Poetæ, sed obtentu aliquo specieque velata».*[63]

Les représentations symboliques sont, selon Deslandes, caractéristiques de l'Antiquité. Ainsi, les Mages des Perses, à la fois théologiens et philosophes, «entant que Philosophes rapportoient l'origine du Monde, la théorie des Astres, la formation des élémens, sous les noms empruntés & la généalogie des Dieux. Ils chantoient même au milieu de leurs sacrifices une espece de Théogonie ou de Poëme sacré sur la maniere dont tout ce qui existoit avoit insensiblement pris naissance. Cette Théogonie réduite à peu de termes, & dépouillée d'un certain faste poëtique étoit une véritable Cosmogonie; ce qui avoit fait dire à Plutarque, excellent connoisseur en ces matieres, que toute la Théologie des Anciens ne renfermoit au fond que des Traités de Phisique enveloppés de Fables».[64]

Le danger de cette théologie fabuleuse est de conduire les peuples, et même les sages, à l'idolatrie. A l'instar de Bayle, Deslandes présente ce crime contre Dieu comme plus grand encore que l'athéisme. La même analyse est reprise en tête du volume IV de l'*Histoire critique,* et elle est rattachée au masque:

[62] *Ibid.,* vol. I, pp. 16-20.
[63] *Ibid.,* vol. I, pp. 65-66.
[64] *Ibid.,* vol. I, pp. 105-106.

Quoique Saint Augustin ait approuvé l'usage où étoient les Anciens de couvrir la Vérité sous les voiles des fables, des métaphores, des allégories, des fictions, & qu'il ait avancé comme un principe certain que *necesse est ut taceatur aliquod verum propter incapaces*: il faut avouer cependant que toutes ces enveloppes mistérieuses donnerent lieu à l'idolâtrie. Et quelle idolâtrie encore! la plus plus vile & la plus méprisable de toutes, celle qui regarde les plantes & les animaux comme l'objet d'un culte public. Passe encore pour l'adoration du Soleil. Si l'on peut pardonner quelque idolâtrie aux hommes, c'est assurément celle-là, qui ne manque point d'une certaine noblesse. Car où la Divinité s'est-elle mieux peinte, que dans ce globe immense de feu & de lumiere? [65]

Dans le volume II, Deslandes renvoie au *Cratyle* de Platon, dialogue dans lequel on parle de l'adoration des astres; les premiers Grecs, voyant «que les Astres étoient emportés par un mouvement rapide & continuel [...], les appellerent Θεούς, du mot Grec Θεῖν, qui signifie courir».[66] «Plusieurs personnes très-instruites dans les Langues Orientales, conviennent que toute l'Asie n'a adoré sous divers noms que les mêmes Déités, c'est-à-dire, les Astres. Elles ajoutent que ces divers noms, en remontant à leurs racines, signifient *la promptitude, la vitesse, se hater, aller toûjours*: ce qui donne l'intelligence d'un grand nombre de cérémonies & de pratiques de Religion, qui étoient observées par les Orientaux; comme de faire des pélerinages, de danser en rond autour des statues de leurs Dieux, de les élever sur des chars de triomphe, & de traîner ces chars de Village en Village; enfin de se bâtir des demeures au sommet des montagnes les plus escarpées».[67] Deslandes insiste sur le fait que la majorité des peuples anciens croyaient à l'existence réelle de cette *«Milice du Ciel»*: «Encore si ces expressions avoient été poëtiques & figurées, on pourroit les excuser en faveur de leur noblesse ou de leur agrément. Mais les Anciens les prenoient au pied de la lettre, & dans toute la rigueur philosophique».[68] Les Anciens, mais non les philosophes anciens . . .

Avec l'Anglais Hyde, Deslandes décrit le passage d'un culte pour ainsi dire philosophique des astres et du feu à un culte proprement idolatrique; c'est un de ces exemples de la régression qui caractérise parfois la pensée humaine, et dont profitent les politiques. Chez les Chaldéens, ce culte s'appelait le Sabaïsme; Hyde en distingue deux sortes:

Selon lui, l'ancien n'avoit rien de bas ni de criminel: il consistoit à adorer l'Etre Suprême en présence des Astres & du Feu; ce que les Platoniciens appellerent depuis adorer le Dieu invisible en présence des Dieux visibles. Trop

[65] *Ibid.*, vol. IV, pp. 11-2.
[66] *Ibid.*, vol. I, p. 110. Platon, *Cratyle,* 397 c-d.
[67] *Ibid.*, vol. I, pp. 111-112.
[68] *Ibid.*, vol. I, p. 112.

grand, trop pur, trop élevé au-dessus des hommes, les Sabéens ne croyoient pas pouvoir communiquer par eux-mêmes avec cet Etre. Dans cette vûe, ils chercherent des Médiateurs pour s'en approcher humblement, & pour en obtenir des bienfaits. [...] Mais cet ancien Sabaïsme dégénéra peu à peu: ce que les yeux ne pouvoient appercevoir fut oublié, & tous les respects se tournerent vers ce qu'on voyoit. De là vint le culte religieux qu'on rendit aux Astres.[69]

Deslandes s'attache souvent à appliquer la fable à l'histoire, en décryptant chaque fable par le moyen d'autres fables comparables et avec l'aide des connaissances scientifiques modernes: selon lui, le déluge a réellement eu lieu (cf. vol. I, p. 185, p. 188) ; Zoroastre, Mercure, Orphée, etc. n'ont sans doute jamais existé, mais «on rappelloit sous certains noms tout ce qui pouvoit enorgueillir un même Peuple. Il seroit aisé de démontrer ce que j'avance ici, si l'on avoit les racines de toutes les Langues sçavantes. La Chaldaïque, suivant le Pere Kircher, fait voir que le nom de Zoroastre veut dire la représentation des choses secrettes & cachées».[70] «Qu'est-ce que Jupiter, demande Gérard-Jean Vossius, sinon un titre honorable pour marquer des Rois extrêmement riches & puissans, qui ne songeoient à la maniere des Dieux, qu'à ramener leurs Sujets au goût du vrai & du bien? Et combien n'y a-t-il point eu de Jupiters depuis le Déluge, jusqu'au tems de la Guerre de Troye. Mais l'ignorance qui confond tout, les a réduits à un seul, qu'elle s'est fait un mérite de placer dans l'Isle de Créte, & à qui elle a attribué toutes les actions, toutes les aventures des autres».[71] Deslandes fait même une incursion dans l'histoire du peuple juif: il explique le buisson ardent de Moïse par la vénération que tous les Anciens portaient au feu: «L'Ange qui remit au nom du Seigneur la Loi à Moïse sur le Mont Sinaï, se fit voir parmi les flâmes, les éclairs, les tonnerres. Ainsi la conversation d'Elie & d'Elisée fut suspendue par un char attelé de chevaux de feu qui les sépara tout à coup, & Elie monta au Ciel enveloppé d'un tourbillon de lumiere».[72] L'histoire de l'humanité s'efface donc au profit d'archétypes syncrétiques, qui dessinent l'esprit de l'humanité: «La clé que je propose ici est d'une utilité extrême. Sans elle on ne pourroit rien comprendre ni dans l'histoire de Zoroastre, ni dans l'histoire de Mercure Trismégiste».[73]

Je pourrais multiplier les exemples d'explications données par notre auteur au sujet de cette philosophie ou religion fabuleuse des premiers

[69] *Ibid.*, vol. I, pp. 122-123.
[70] *Ibid.*, vol. I, p. 220.
[71] *Ibid.*, vol. I, pp. 221-222. Deslandes utilise à nouveau l'exemple d'Hercule, revient sur celui de Zoroastre, et passe à celui d'Hermès ou Mercure Trismégiste.
[72] *Ibid.*, vol. I, p. 224.
[73] *Ibid.*, vol. I, pp. 222-223.

temps de la philosophie;[74] voici comment il explique, dans *Pigmalion*, ce qu'il appelle l'histoire de l'arbre de la science du bien et du mal: «Toutes nos Histoires commencent par la découverte de ce plaisir [de l'amour]. C'est la premiere qui ait été faite: on l'a masquée sous différens emblêmes. Le principal est celui d'une Pomme, qui contenoit la science du Bien & du Mal».[75]

La fable devient allégorie, quand on aborde la philosophie grecque. Deslandes s'attache alors à décrire le masque-allégorie; il met sur le même plan savants et esprits forts pour mieux les opposer au peuple. Il s'appuie sur une pensée de Platon rapportée par Clément d'Alexandrie (*Stromates*) et sur une référence à Saint Augustin:

Quelque Système qu'on embrasse, il faut que le Peuple soit séduit, & il veut lui-même être séduit. Orphée en parlant de Dieu, disoit: *Je ne le vois point; car il y a un nuage autour de lui qui me le dérobe.*

Cette attention à cacher la vérité, & pour ainsi dire, à ne la point profaner en la rendant trop commune, étoit poussée à l'extrême chez les Anciens & principalement chez les Grecs. *Il est très-difficile,* remarque Platon, *de connoître le Pere, le Souverain Arbitre de cet Univers; mais si vous avez le bonheur de la connoître, gardez-vous bien d'en parler au Peuple.* Tout cela rendoit de plus en plus le secours des Fables nécessaire. Elles avoient deux sens; un littéral, ajusté à la portée des esprits foibles; & un allégorique, mais infiniment plus relevé, à l'usage des Sçavans & des Esprits forts. Aussi y avoit-il autrefois trois classes de Dieux, rangées avec beaucoup d'adresse: les Poëtiques, les Politiques, & les Philosophiques. C'est la division qu'en fait le Grand Pontife Scévola, qui se trouvant à la tête de tous les Ministres de la superstition, ne devoit point s'y méprendre. Les Dieux Poëtiques sembloient abandonnés au Vulgaire, qui se repaît de fictions: les Politiques servoient dans les occurences délicates, où il falloit relever les courages abattus, les manier avec dextérité, leur donner une nouvelle force: les Philosophiques enfin n'offroient rien que de noble, de pur, de convenable à ce petit nombre d'honnêtes-gens qui parmi les Payens sçavoient penser.[76]

L'analyse critique de Deslandes ne s'exerce pas seulement sur le masque-allégorie de chaque philosophie particulière; selon lui, toutes ces allégories constituent un discours cohérent, et, pour qui sait le lire, un «Système»:

Après avoir exposé le plus fidelement que j'ai pu, quelle étoit la situation des Philosophes Barbares, ou qui ont précédé les Grecs, & quels secours ils avoient eus de leurs Maîtres & de leurs Instituteurs; je vais travailler main-

[74] Cf. les textes sur la Cabbale: I, 202; Typhon: I, 22-227; le développement sur le Millénarisme (qu'il faut prendre comme une allégorie): I, 246; le passage sur l'Alcoran: III, 236.
[75] *Pigmalion, ou la Statue animée,* 1741, p. 57.
[76] Deslandes, *Histoire critique de la philosophie,* 1756, vol. I, pp. 288-289.

tenant à réduire en Système leurs principales pensées, tant sur la formation de la terre, que sur l'origine des hommes.[77]

Deslandes établit alors certains «principes» (au sens que Montesquieu donnera à ce mot dans l'*Esprit des Lois*), qui structurent le système des premiers philosophes. Ces principes donnent la clef des théologies fabuleuses; ils permettent de découvrir quelles connaissances métaphysiques, et surtout quelles connaissances physiques, – scientifiques –, possédaient les Anciens:

> Ces trois principes ainsi établis, on n'aura point de peine à se prêter aux différens Systêmes des Egyptiens & des Phéniciens; on distinguera du premier coup d'œil ce qu'il y a de fabuleux dans ces systêmes, d'avec ce qu'il y a de probable.[78]

Dans le chapitre V, je reviendrai sur cette philosophie générale des Anciens. Notons ici que l'analyse de la fable et de l'allégorie des temps anciens ne conduit pas Deslandes à juger que cet âge ait été par nature irrationnel et anti-scientifique. Le philosophe moderne peut en tirer profit, s'il parvient à lire le message codé que le philosophe ancien destine à sa raison. Toutefois, le peuple au XVIIIe siècle étant toujours aussi peu éclairé et restant entre les mains des prêtres, il importe au philosophe moderne d'user encore de la fable. C'est ainsi que, comme nous l'avons vu dans le Chapitre III, notre auteur confie aux allégories de la Fortune, de Mercure et de Jupiter le soin d'exposer sa propre conception de la nécessité; je montrerai, dans le Chapitre V, qu'il transmet son opinion sur la matière animée et sur l'Univers par le biais de la fable de *Pigmalion*.

C. L'AMBIGUÏTÉ DU LANGAGE

Ces fables, inventées par des hommes qui «devoient avoir le double caractére de Philosophes & de Poëtes»,[79] ont joué leur rôle dans les progrès de l'esprit humain et dans la propagation des connaissances utiles:

La Poesie dans son origine a été plus noble & plus sérieuse que peut-être on ne le croit aujourd'hui, ou qu'on n'affecte de le croire. Elle servoit, non à remuer l'esprit & à toucher le cœur par des traits vifs, passionnés, harmonieux; mais à faire respecter les vérités fortes & solides dont les hommes ont tant de besoin pour être contens de leur destinée. Aussi trouve-t-on qu'elle a été d'usage chez presque tous les Peuples du monde, même chez ceux qui paroissent aujourd'hui y avoir le moins de disposition & de goût. [. . .] La Poësie a servi

[77] *Ibid.*, vol. I, p. 227.
[78] *Ibid.*, vol. I, p. 231.
[79] *Ibid.*, vol. I, p. 291.

utilement pour conserver la mémoire de l'origine du monde & des diverses
révolutions par où il a passé, avant que de parvenir à l'état fixe, à l'état orga-
nique dans lequel il se trouve aujourd'hui. [. . .] Cette ancienne Poësie ne
consistoit point dans un détail souvent puérile [sic] de rimes, comme tous les
Vers modernes; ni dans un certain nombre de syllabes mesurées & jointes les
unes aux autres avec art, comme les Vers Grecs & Latins. Elle consistoit uniquement, (ce qui décide de l'essence de la Poësie) dans les images vives &
fortes, dans les figures hardies, dans les comparaisons fréquentes, dans un
choix d'expressions convenables, enfin dans le talent d'intéresser l'homme en
excitant ses passions, du moins jusqu'à un certain point. Tels sont les morceaux
qui nous restent de la Poësie Hébraïque, les Pseaumes [sic]. On voit que tout
y est plein de métaphores & d'allégories, que tout y est figure, & qu'on passe
brusquement de l'une à l'autre sans songer à se ménager des transitions; qu'il
y a beaucoup de pensées sousentendues, & que les Personnages qu'on fait
parler, s'interrompent souvent & semblent presque agir. [. . .] J'ajouterai
[. . .] que la Poësie ne différoit de la Prose que par les figures nobles, frappan-
tes, dont elle étoit comme pénétrée: & ces figures sembloient d'autant plus
propres à l'instruction, que sans un pareil secours rien n'est plus sec ni plus
inanimé.[80]

La poésie a donc eu son heure d'utilité; mais le temps de la prose est
venu, c'est-à-dire le temps de la réflexion critique sur le langage adopté
par les premiers philosophes.

L'*Histoire critique de la philosophie* contient les éléments d'un essai,
à la fois théorique et historique, sur l'origine du langage philosophique.
Pour Deslandes, «les paroles ou les sons articulés [ne sont] que des signes
arbitraires des idées que nous avons dans l'esprit».[81] En sensualiste, Deslandes nie que les idées soient innées; elles nous viennent des sens, dont
nous combinons peu à peu les données en faisant nous-mêmes des «re-
fléxions» et en profitant de toutes les réflexions d'autrui, que le commerce
de la société nous offre. C'est dans le *Pigmalion* de 1741 que Deslandes
développe ce point de vue; le sculpteur parle à la statue qui vient de
s'animer:

Pigmalion lui expliqua [. . .] comment s'instruisent les Enfans, comment ils
acquierent leurs connoissances & leurs idées, comment, de Statues qu'ils étoient, ils deviennent raisonnables. D'abord, ils reçoivent ces idées & ces connoissances par leurs Sens: ils voyent, ils entendent, ils touchent, ils sentent. Les
autres hommes leur apprennent ensuite ce que les Sens n'ont fait que leur
montrer, que leur indiquer. Ils combinent enfin eux-mêmes ce qu'ils ont en-
trevû & ce qu'on leur a apris; c'est le fruit des réfléxions. Par-là se forment
les idées, s'acquiérent des connoissances. Un enfant privé du commerce des

---

[80] *Ibid.*, vol. I, pp. 292-295.
[81] *Ibid.*, vol. I, p. 213.

autres hommes ne sortiroit point de l'enfance de l'esprit, ne penseroit guére plus que du marbre, ne connoîtroit rien ou presque rien.[82]

Il ne s'agit pas là d'un sensualisme simpliste; place est faite à l'activité de l'esprit; c'est lui qui forme les «réfléxions», qui «combine» les expériences et les mots. La statue de Deslandes n'est pas une *tabula rasa*, comme on juge souvent qu'est celle de Condillac. Certes, Deslandes ne conclut pas sur la nature, – l'essence –, de cette activité. Son scepticisme le lui interdit. Mais il l'observe en savant; il s'efforce de décrire les archétypes qu'elle suscite: «En bien comme en mal, les hommes n'ont point assez d'étoffe pour imaginer toûjours de nouvelles choses: ce ne sont presque que les anciennes vérités ou les anciennes erreurs qu'on rajeunit».[83] Il existe en effet une opposition fondamentale entre la définition fabuleuse des termes métaphysiques, à laquelle se fixent les esprits faibles, et la définition qu'en donnent les philosophes; ces derniers s'appuient, autant qu'ils le peuvent, sur l'observation, et se refusent par conséquent à être plus précis que les bornes de l'esprit humain le leur permettent. Aussi Deslandes ne peut-il souscrire à la rigueur des définitions proposées par Spinoza.

Deslandes n'étudie pas la naissance du langage en général, mais celle du langage philosophique, en donnant à philosophie l'acception la plus large: non seulement sagesse, mais religion et science à leurs débuts. Le vocabulaire utilisé alors par les sages aurait été celui même de l'observation et de l'expérience; comme je l'ai déjà mentionné, ce sont des astronomes qui ont inventé le mot de «dieux» (Θεοὺς), et qui l'ont appliqué proprement aux astres, parce que ces derniers «couraient» (Θεῖν) à travers le ciel. Ce n'est qu'après ce stade, que le vocabulaire philosophique a été détourné de son sens par les idolatres et qu'il est devenu un vocabulaire magique, ne reposant plus sur les réalités de l'observation, mais sur les mirages et les impostures d'une imagination abstraite. Aux yeux du philosophe, le vocabulaire de l'idolatre doit donc être redéfini, quand c'est possible, à partir des connaissances que l'histoire et l'étymologie nous apportent. Deslandes n'a pas le sentiment que le philosophe, quand il procède à ces redéfinitions, élucide enfin le vocabulaire religieux pour instituer un authentique vocabulaire philosophique (encore une fois, c'est là le point de vue de Spinoza), mais bien au contraire que le philosophe restitue aux mots leur sens premier et naturel. Ce sens n'est aucunement métaphorique, mais descriptif. Ainsi procède Deslandes lorsqu'il fait intervenir Jupiter (*La Fortune, Histoire critique*), ou même Dieu

---

[82] *Pigmalion, ou la Statue animée,* 1741, pp. 48-49.
[83] Deslandes, *Histoire critique de la philosophie,* 1756, vol. I, p. 154.

(*Histoire critique de la philosophie*) : le lecteur peut croire qu'il s'agit du Jupiter des Latins ; du Dieu d'Abraham, d'Isaac et de Jacob, créateur du monde à partir du néant, protecteur jaloux du seul peuple d'Israël. Il n'en est rien: ce mot de Dieu n'est qu'un mot commode pour parler de la Nature, – du Tout –, comme Vénus n'est, pour Lucrèce, que le synonyme poétique de Nature, – soit encore de la totalité des atomes.

Ecrire l'histoire de la philosophie c'est en fin de compte mener une enquête sur la définition qu'il faut donner au mot Dieu, puisque la philosophie «développe en quelque sorte les secrets impénétrables, & l'intelligence même du souverain Arbitre de la nature».[84] Certes, rien n'est plus difficile que cet acte de définir; c'est dans ce domaine que les scolastiques, par exemple, ont commis leurs plus lourdes bévues, – et c'est la raison pour laquelle Deslandes les condamne sans appel; Saint Thomas «n'avoit qu'une méthode très-confuse & très-embrouillée: car on s'apperçoit qu'il manque à ce qu'elle a de plus essentiel, je veux dire, qu'il ne définit rien».[85] Telles sont les subtilités des scolastiques; «ils se jetterent dans le raisonnement, inventerent des mots barbares & le plus souvent inintelligibles; en un mot, ils subtiliserent à l'infini. Voilà la source de toutes les erreurs, des conceptions arbitraires & obscures, qui s'introduisirent dans la Scholastique, devenue dès-lors une Science à part & différente de toutes les autres, qui du moins ont pour but d'éclairer l'esprit & de donner quelque enseignement quelque instruction».[86]

La difficulté que l'on rencontre à définir les termes fondamentaux de la philosophie tient à la nature même du langage, qui est ambigu. Les Chinois «se servent tous du même langage, ils employent les mêmes termes: mais les idées qu'ils attachent à ces termes, sont différentes, sont plus ou moins justes & précises».[87] De même les Brachmanes se servent-ils d'une «espece de Grammaire, qui contient les principes & les fondemens du Grandham», qui est «la langue privilégiée dont ils se servent pour écrire, & pour converser ensemble».[88] C'est ainsi que l'on passe du masque-allégorie au masque-langage.

Deslandes remarque que «rien n'est plus vague que le terme de Nature»;[89] Aristote s'efforce de le distinguer du terme de Dieu, mais Pline «insinuoit que Dieu, la Nature, le Sort, le Hazard ne sont qu'une même chose».[90] Pour le philosophe, donner des définitions tirées de la réalité est

[84] *Ibid.*, vol. I, p. iii.
[85] *Ibid.*, vol. III, p. 280.
[86] *Ibid.*, vol. III, p. 302.
[87] *Ibid.*, vol. I, p. 20.
[88] *Ibid.*, vol. I, p .102.
[89] *Ibid.*, vol. I, p. 84.
[90] *Ibid.*, vol. I, p. 85.

chose ardue du fait de la nature même de cette réalité: «La Nature aime
à se cacher, & l'Auteur de la Nature, quel qu'il soit, reste toujours voilé
à nos yeux».[91] On comprend dès lors le soutien que Deslandes apporte à
l'attaque de Sextus Empiricus contre les bâtisseurs de systèmes: «Avec
quelle confiance, par exemple, ne parlent-ils point de Dieu, lui qui paroît
avoir pris pour sa devise, qu'il est le Dieu caché, l'Etre invisible»?[92]
Ce sont des hommes qui «posent mal [les] principes, ils les posent sans
réflexion, & entraînés par un vain amas de préjugés».[93] En revanche,
il approuve «les Payens [qui] n'adoroient point plusieurs Dieux indépen-
dans les uns des autres. Ils adoroient un Dieu suprême, mais *incompré-
hensible, innominable, inconnu*».[94] Il ajoute ailleurs, «d'après Plutarque,
que le nom de Jupiter en langue Egyptienne est *Amoun*, qui signifie
obscur, caché, inconnu».[95]

Quelle est donc cette «Religion naturelle qui n'a point appellé les
Fables à son secours»?[96] Une religion, où l'on adore «le Pere, le Dieu
de toute chose, *en esprit & en vérité*»;[97] que signifie d'autre cette dernière formule sinon qu'il faut trouver la définition authentique de Dieu?
Or la philosophie païenne nous aide à établir cette définition, une fois
qu'on en a ôté le masque; on trouve, dans l'œuvre de Deslandes, des
remarques critiques, faites en passant, qui sont révélatrices de la définition
à laquelle il se range: parlant de Jupiter, il écrit que «Jupiter ou le Pere
des Dieux ne differe point de la Nature Universelle»,[98] confirmant ce
que révèle l'analyse de *La Fortune, Histoire critique*; ailleurs, il écrit que
«l'Ame & la Vie [ne sont] que des termes synonymes»,[99] et, dans un
développement sur les Esséniens, il présente la Providence comme synonyme de la fatalité (ou nécessité): «les Esseniens avoient une idée si
haute & si décisive de la Providence, qu'ils croyoient que tout arrive par
une fatalité inévitable, & suivant l'ordre que cette Providence a établi,
& qui ne change jamais».[100]

[91] *Ibid.*, vol. I, p. 323.
[92] *Ibid.*, vol. II, p. 377.
[93] *Ibid.*, vol. II, p. 274.
[94] *Ibid.*, vol. IV, p. 16; et Deslandes poursuit, revenant sur la notion de masque-
allégorie: «[. . .] auquel étoient soûmis tous les Dieux subalternes, tous les Demi-Dieux.
Leur nombre augmentoit ou diminuoit suivant les besoins différens des Peuples, & les
idées différentes des Philosophes. Ils étoient souvent obligés de se prêter à ce que la
multitude exigeoit d'eux, & de créer, pour ainsi dire, de nouveaux Etres». (*Ibid.*, vol.
IV, p. 16.)
[95] *Ibid.*, vol. I, p. 19.
[96] *Ibid.*, vol. IV, p. 12.
[97] *Ibid.*, vol. IV, p. 13; c'est moi qui souligne.
[98] *Ibid.*, vol. I, p. 19; cf. les Mages perses, qui «se prosternoient devant Jupiter,
c'est-à-dire, devant le Ciel même». (*Ibid.*, vol. I, p. 105.)
[99] *Ibid.*, vol. IV, p. 20.
[100] *Ibid.*, vol. I, p. 201; c'est cette conception de la Providence que Deslandes dé-

Il s'agit, pour le philosophe moderne, non de «mettre les mots à la place des choses»,[101] comme l'avaient fait les scolastiques, mais de mettre différents mots sur les faits que l'on a soigneusement observés, – car «les faits sont décisifs, & les raisonnemens toujours contestés»,[102] – et de se donner à soi-même les définitions de ces mots, qui correspondent aux différents niveaux de lecteurs. Ainsi le philosophe établit-il, pour lui-même, un réseau de synonymes, par l'emploi métaphorique qu'il fait de certains mots (Dieu, la Providence, etc.), et il ne découvre ce réseau que dans ses textes clandestins. Voici le passage qui donne la clef principale de l'*Histoire critique de la philosophie*, – c'est un extrait du *Pigmalion* –: à la statue qui demande: «Qu'est-ce qu'une Divinité? Qu'est-ce que la Nature?», Pigmalion répond: «Il y a des Etres sans nombre, qui existent tous à leur maniere, qui vivent & meurent tour à tour; mais tous ces êtres n'en composent qu'un seul, qui est le *Tout*, qu'on appelle Dieu, la Nature & l'Univers».[103] Ce «Tout» est «le vrai Etre». Or cette institution d'un réseau secret de synonymes détruit l'opposition établie ouvertement entre parler philosophiquement et parler théologiquement, entre la lumière naturelle et la Révélation, et rend dérisoire le fidéisme affiché par Deslandes. Si le discours théologique de la Révélation doit être interprêté métaphoriquement, il n'existe plus pour lui-même; il ne reste que le discours du philosophe. Toutefois, le discours théologique garde son utilité: il est orienté vers la société, dont il maintient les liens. Il n'est pas même mensonger (et le philosophe résout ainsi la contradiction apparente que j'avais présentée au début de ce chapitre: haine du mensonge/ discours masqué), il est figuré.

L'insistance avec laquelle Deslandes traite des différentes formes de masques, portés à toutes les époques par presque tous les philosophes, montre que c'est, pour notre auteur, la perspective que le critique doit adopter

veloppe un peu plus loin dans un passage dont l'esprit est très proche de celui du *Traité sur la Tolérance* (1763): «Les Prêtres en général paroissoient fort piqués contre ce Philosophe [Phérécide], de ce qu'il enseignoit à ses Disciples, que les Dieux toûjours justes regardent les hommes avec la même tranquillité; qu'ils ne leur demandent ni vœux, ni offrandes, ni sacrifices; qu'ils ne favorisent point les uns par préférence aux autres; qu'ils nous jugeront enfin, non sur l'encens que nous aurons fait fumer sur leurs Autels, mais sur les vertus que nous aurons réellement pratiqués [sic]. Ce système devoit faire un tort infini à toute la Religion extérieure, elle y perdoit trop: mais au fond c'étoit celui de presque tous les Sçavant du Paganisme. Ils croyoient que rien ne pouvoit changer ce que les Dieux avoient une fois ordonné; & les Dieux eux-mêmes, ils les croyoient assujettis à cet ordre immuable qui jamais ne s'interrompt». (*Ibid.*, vol. I, pp. 347-348.)
[101] *Ibid.*, vol. II, pp. 290-291.
[102] *Ibid.*, vol. III, p. 281.
[103] *Pigmalion, ou la Statue animé*, 1741, pp. 40-41.

pour décrire et expliquer les progrès et les reculs de l'esprit humain. Mais il nous donne aussi de cette façon la clef qui permet d'ouvrir son œuvre, et tout particulièrement son *Histoire critique de la philosophie*; il nous permet ainsi de «reconstituer la logique interne [de sa] pensée».[104]

---

[104] J. Ehrard, *L'idée de Nature en France dans la première moitié du XVIIIe siècle*, Paris, S.E.V.P.E.N., 1963, p. 87.

CHAPITRE V

UNE PHILOSOPHIE DES LUMIÈRES: LE «NATURALISME MATÉRIALISTE»

Entre 1737 et 1741, Deslandes met au point une vision historique et métaphysique du monde, à la fois cohérente et originale. Toutefois, il ne peut pas le faire au grand jour. La lecture de l'*Histoire critique de la philosophie* nécessite donc un décryptage que certains autres textes de notre auteur vont autoriser et permettre.

Cette histoire de la philosophie est d'abord une philosophie de l'histoire. Deslandes s'y attache à suivre l'évolution de l'esprit humain à travers les âges; un des premiers, il dégage la notion de progrès et analyse en détail les étapes que cet esprit a franchies à partir de l'origine des temps et que, depuis la Renaissance, il est de mieux en mieux armé pour franchir plus rapidement. C'est le thème rationaliste que d'Alembert orchestrera et schématisera, quatorze ans plus tard, dans le «Discours préliminaire à l'*Encyclopédie*» (1751).

D'autre part, les trois premiers volumes de l'*Histoire critique* mettent en relief avec obstination un système d'«opinions des Anciens» fort peu orthodoxes, – l'animation de la matière et l'éternité du monde, en particulier. C'est que ces opinions sont celles de Deslandes lui-même; en 1741, dans le conte anonyme de *Pigmalion, ou la Statue animée*, il affiche en effet l'hypothèse d'un «naturalisme matérialiste», qui donne une clef pour lire l'*Histoire critique de la philosophie*. Le masque tombé, l'audace et la nouveauté de cette philosophie sautent aux yeux: le *Pigmalion* paraît six ans avant l'*Homme machine* de La Mettrie (1747), huit ans avant la *Lettre sur les aveugles* de Diderot (1749), treize ans avant le *Traité des sensations* de Condillac (1754), – traité où revient le thème de la Statue –, et environ vingt-huit ans avant que Diderot ne rédige le *Rêve de d'Alembert* . . .

A. LA PHILOSOPHIE DE L'HISTOIRE

1. Le plan de l'ouvrage

Le plan même que Deslandes adopte pour son *Histoire critique de la philosophie* a une signification philosophique. Il s'agit d'applaudir à l'avènement de l'âge moderne, en opposant ce dernier âge à l'âge barbare qui a précédé et en le rattachant à l'âge des philosophies grecque et latine. La démarche de Deslandes est ainsi de décrire la montée de l'esprit humain vers ce quatrième âge. Non que ce soit celui de la pleine lumière: Deslandes est conscient des trop faibles résultats auxquels on est encore parvenu (c'est là son scepticisme); mais c'est l'âge des progrès auxquels mènent les recherches critiques dont son *Histoire* constitue une étape (c'est là son scepticisme constructif). Les chapitres successifs de l'*Histoire critique de la philosophie* ne sont donc pas purement descriptifs; ils mettent en relief les idées-clefs de progrès et de critique.

A première vue pourtant, ce plan n'est guère original. Deslandes reprend les trois âges que Saint Augustin distinguait dans la *Cité de Dieu*: [1] le premier va du Déluge universel jusqu'à la philosophie grecque; le second est celui des philosophies grecque et latine; l'avènement du Christianisme ouvre le troisième âge.

Là s'arrêtent les ressemblances. Pour Deslandes en effet, au troisième âge en a succédé un quatrième, qui marque un progrès décisif sur les trois précédents. Ce quatrième âge restaure et intronise la notion de critique; c'est l'âge de la Renaissance. Non seulement les Belles-Lettres ont été restituées alors, mais surtout la bonne philosophie à l'antique, que le Moyen-Age avait à peu près totalement obscurcie. Grâce à ce renouveau, le progrès a pu reprendre dans tous les domaines du savoir et de la sagesse; l'âge des Lumières commence.

Deslandes expose le plan qu'il va adopter dans la «Préface» de son ouvrage. Il fait remarquer qu'il ne trace pas un plan qui ait pour seul but la clarté de l'exposé. Ce plan est naturel; il suit le développement historique de l'esprit humain. Deslandes est amené à ébaucher la définition du terme même de philosophie, ou plutôt les définitions successives qu'on doit donner au terme, puisqu'il est impossible d'en donner une définition abstraite, en dehors du courant de l'histoire. Le plan, que Deslandes ap-

---

[1] Saint Augustin, *Cité de Dieu*, Livre VIII, Ch. ix; cf. E. Bréhier, *Histoire de la philosophie*, Paris, P.U.F., 1963-1968.

pelle un «extrait [,] tiendra lieu de définition générale: car c'est définir en quelque sorte, que de préparer au détail, que de le renfermer en peu de mots».[2]

2. Progrès et esprit critique: les âges de la philosophie

a. Le premier âge de la philosophie

La philosophie est née avec le monde, de l'admiration que les hommes ont éprouvée pour les phénomènes naturels, «non point [de] cette admiration stérile & passagere qui se contente d'avoir vû; mais [de] cette admiration vive & agissante, qui cherche à connoître & à expliquer ce qu'on a vû avec plaisir».[3] Aussi est-ce parce que «les hommes ont de tout tems pensé, réfléchi, médité» qu'ils ont tous dû «avoir quelque teinture & quelque connoissance»[4] de la philosophie. Dès le début, la philosophie est opposée à la révélation, comme l'activité naturelle et universelle s'oppose à la grâce répandue sur une seule nation.

Parlant des premiers sages de l'Antiquité, Deslandes nomme ceux d'Egypte, de Lybie, de Perse, d'Assyrie, des Indes, les Scythes, les Gaulois et les Espagnols. «Deux choses contribuoient principalement à donner extrême considération» à ces premiers philosophes: «1. Ils étoient les seuls Prêtres, les seuls Théologiens, les Dépositaires de tous les secrets de la Religion»;[5] 2. Ils étaient «ce qu'il y avoit de plus distingué dans chaque Nation»;[6] parfois ils devenaient rois, on écoutait leurs conseils, on les érigeait même, dans certains cas, en tribunal suprême. Aussi la philosophie était-elle alors «toute différente de ce qu'elle est aujourd'hui. Elle tenoit d'un côté à la Religion, & de l'autre à la Politique».[7]

Cette première philosophie est à la fois historique et fabuleuse, la fable ne faisant que présenter sous forme populaire les événements de l'histoire. Après le déluge,[8] de nouveaux législateurs «établirent de grands systèmes où la Philosophie, la Religion, la Politique étoient confondues ensemble & représentées sous différentes Fables, quelques-unes assez puériles & assez bizarres, quelques autres qui sembloient faire allusion à des vérités

---

[2] Deslandes, *Histoire critique de la philosophie,* 1756, vol. I, p. xxix.
[3] *Ibid.,* vol. I, p. 3.
[4] *Ibid.,* vol. I, p. 2.
[5] *Ibid.,* vol. I, p. 6.
[6] *Ibid.,* vol. I, p. 7.
[7] *Ibid.,* vol. I, p. 14.
[8] Déluge qui, selon Deslandes, a réellement eu lieu; cf. les remarques de sciences naturelles que l'auteur multiplie: vol. I, pp. 51-54 et pp. 183-189.

plus anciennes».[9] D'autres philosophes «s'attacherent à découvrir les premiers principes des Sciences & des Arts utiles, comme de l'Agriculture, de l'Astronomie, de la Médecine, de la Musique, &c. & je ne vois aucun de ces Inventeurs que la Fable n'ait pris plaisir à consacrer. Elle feignit qu'Atlas portoit le Ciel sur ses épaules, parce qu'il avoit commencé à éclaircir l'Astronomie, & à démêler ce nombre prodigieux de globes qui roulent sur nos têtes».[10]

Deslandes suit un ordre de présentation des philosophies à la fois géographique et logique; au Nord, les Scythes (dont la philosophie est la moins développée); au Sud, les Ethiopiens; à l'Ouest, les Celtes; les Indiens, vers l'Est. Deslandes attribue la plus grande antiquité aux philosophies de l'Orient; il cite un passage d'un dialogue de Lucien, intitulé *Les Fugitifs*, d'où, – remarquons-le en passant –, la nation juive est exclue. C'est la Philosophie qui parle:

«Je n'allois pas d'abord, dit-elle, chez les Grecs; mais je commençai par la
«cure la plus épineuse & la plus difficile, qui étoit celle des Barbares. Je
«tournai donc mes pas vers les Indiens qui composent un Peuple immense, &
«que je fis humblement descendre de leurs Eléphans, pour m'écouter: &
«toute la Nation des Brachmanes voisine des Nécréens & des Oxydraques,
«reçût ma Doctrine & vit encore sous mes Loix, admirée & respectée de
«tout le monde. Au sortir des Indes j'allai en Ethiopie, & de-là chez les Egyp-
«tiens où j'enseignai le culte des Dieux à leurs Prêtres & à leurs Prophetes.
«Ensuite je passai à Babylone, pour instruire les Chaldéens & les Mages: puis
«je m'arrêtai en Scythie quelque-tems; d'où revenant par la Thrace, je con-
«versai avec Eumolpe & Orphée, & les envoyai devant moi en Grece, avec
«ordre au premier d'instruire les Grecs dans mes mysteres, & à l'autre de leur
«apprendre la Musique. Je ne tardai point à les suivre». Ainsi la Philosophie
a éclairé successivement les principales parties du monde, & les Peuples qui
paroissent aujourd'hui les plus abondonnés à l'ignorance & aux désordres
qu'elle traîne à sa suite, n'en ont pas été les moins favorisés.[11]

Durant son enquête, Deslandes s'efforce de dégager les progrès que chaque époque de la philosophie a fait faire à l'humanité. Le Chapitre ii du Livre I est consacré aux Scythes, aux Ethiopiens et aux Celtes; aux Scythes, on ne peut guère que reconnaître l'intrépidité et l'énergie; ils n'ont laissé aucun monument. Quant aux Celtes, le temps «nous a ravi presque tous [leurs] monumens», mais Deslandes pense qu'ils avaient une religion fondée sur l'adoration d'un Jupiter, souverain des Dieux, qu'ils appelaient Tharamis; qu'ils croyaient en une sorte de Palingénésie de l'Univers, qui se dissoudrait pour renaître ensuite. En revanche, les Gym-

[9] *Ibid.,* vol. I, p. 215.
[10] *Ibid.,* vol. I, p. 216.
[11] *Ibid.,* col. I, pp. 37-38.

nosophistes des Ethiopiens ont inventé «la vivifiante Ecriture», sous la forme des hiéroglyphes.

Toutefois le bilan est encore assez mince, comme le constate Deslandes, lorsqu'il débute son Chapitre iii. En Orient naissent des philosophies plus estimables et plus importantes, parce qu'elles renferment «un certain fil d'idées, précieux même lorsque ces idées sont défectueuses».[12] Sous le nom d'Indiens Deslandes comprend «un grand nombre de Peuples. Tels sont les Séres, les Phéniciens, les Indiens proprement dits, les Perses, les Chaldéens, & les Egyptiens». L'ordre dans lequel ces peuples sont cités «n'est point arbitraire ni de caprice, comme on pourroit le croire; j'ai tâché de le conformer aux différentes liaisons de pensées & de découvertes que ces Peuples ont eues les uns avec les autres, & qui devoient les unir encore plus que le besoin des choses nécessaires à la vie». Les progrès de la philosophie suivent un ordre rationnel.

Le Chapitre iii est donc consacré aux Sères (les Chinois), aux Phéniciens, aux Indiens, aux Perses et aux Arabes. Deslandes y rappelle, s'appuyant sur les *Nouveaux Mémoires de la Chine*, la diversité des sectes chinoises; mais il remarque surtout le «naturalisme» de la secte que «professent tous les Nobles & tous les Sçavans».[13] Le témoignage philosophique des Chinois est d'autant plus important qu'il remonte à la plus haute antiquité, et que la transmission de leur savoir s'est faite «sans aucun changement, ni aucune altération».[14] Les Phéniciens, à l'inverse des Chinois, «étoient généreux et communicatifs. Ce furent eux qui se répandant dans la Grece à la suite de Cadmus, la tirerent de l'affreuse barbarie où elle languissoit, & qui lui inspirerent le premier goût de la Philosophie».[15] Les Mages de la Perse «rapportoient l'origine du Monde, la théorie des Astres, la formation des élémens [en] une véritable Cosmogonie».[16] Comme on le voit, chaque étape de la philosophie apporte quelque vérité utile nouvelle.

Le Chapitre v porte sur la nation juive; c'est un des chapitres les plus critiques. En contraste avec les nations qu'il vient de décrire, Deslandes présente la nation juive comme peu savante et fort récente; nous connaissons ce refrain de Voltaire! A la manière de bien des docteurs de l'Eglise, prétend Deslandes, (mais nous pensons à Spinoza) il oppose science à morale: «L'Ecriture Sainte ne nous a point été donnée pour nous rendre sçavans; [. . .]. Ce qu'on y doit chercher, c'est la Science tout

[12] *Ibid.,* vol. I, pp. 79-80.
[13] *Ibid.,* vol. I, p. 81.
[14] *Ibid.,* vol. I, p. 87.
[15] *Ibid.,* vol. I, p. 91.
[16] *Ibid.,* vol. I, pp. 105-106.

ensemble sublime & consolante de l'unique nécessaire: c'est la source invariable de la Doctrine & des mœurs».[17] En ce sens, les Juifs ne furent
pas philosophes: «Ainsi je croi qu'on ne doit pas s'autoriser de l'Ecriture
Sainte, ni l'appeller à son secours dans des Traités de Physique ou d'Astronomie, dans des discussions d'Histoire Naturelle».[18] «Par conséquent
on ne peut bâtir aucun Système de Philosophie sur l'Ecriture Sainte».
C'est que «tout y répugne à l'expérience: tout y combat ce que nous ap-
percevons de la Nature, ou plutôt de la surface extérieure qu'elle nous
présente».[19] Les Hébreux n'avaient même «aucune teinture des Sciences
exactes & [. . .] ils se trompoient grossiérement sur tous les Articles qui en
dépendent».[20] Il est intéressant de voir comment Deslandes analyse ce
qu'il tient pour l'anti-philosophie de l'Antiquité:

> Mais pour la Physique & le détail immense qui lui appartient pour les
> diverses parties de l'Histoire Naturelle, il est certain que les Hébreux n'en
> avoient aucune connoissance. Ils croyoient que tout arrive dans la Nature
> par des volontés particulieres de Dieu; que c'est l'Archange Michel qui pré-
> side à la formation de l'homme, qui développe le fétus, qui lui donne l'accrois-
> sement qui envoye l'ame lorsqu'il en est tems; que la matiere est stérile par
> elle-même, incapable de rien produire, ayant même je ne sçai quelle répug-
> nance à être mue; que l'or, l'argent, le fer, le cuivre, les pierres précieuses,
> les perles, ne se forment que lorsque Dieu le leur ordonne & subitement; que
> tous les météores sont des effets miraculeux, des signes infaillibles de la bonté
> ou de la colere Céleste, &c. au lieu que tous ces phénomenes ne sont qu'une
> suite des Loix générales du mouvement, une dépendance du Systême où Dieu
> a voulu faire connoître ses attributs de la maniere la plus digne de sa puis-
> sance infinie.[21]

C'est à la religion du peuple juif qu'il attribue la notion de miracle perpétuel, qui est le contraire même de l'esprit de raison et d'expérience dont il
cherche la trace à travers les âges. Deslandes ajoute que la notion de
création (autre miracle!) fonde la Loi de Moïse: «On regardoit comme
des Hérétiques, comme des gens indignes de vivre dans le sein d'Israël,
tous ceux qui se portoient à dire que la matiere est de niveau avec l'Etre
Souverain, & qu'elle ne tient point de lui son existence».[22] Or cette dernière conception, Deslandes l'a montré et va le montrer encore plus loin,
était celle de la plupart des philosophes de l'Antiquité.

Les Chapitres vi et vii portent sur des questions générales: formation
de la terre, origine des hommes, matière, deux principes du bien et du

[17] *Ibid.*, vol. I, p. 169.
[18] *Ibid.*, vol. I, p. 169.
[19] *Ibid.*, vol. I, p. 172.
[20] *Ibid.*, vol. I, p. 174.
[21] *Ibid.*, vol. I, p. 175.
[22] *Ibid.*, vol. I, p. 177.

mal. On y prend du champ par rapport aux philosophies particulières: la leçon de scepticisme qui se dégage des premières philosophies est mise en relief par l'auteur. Voici comment il oppose les dogmes de la révélation juive aux «opinions douteuses & incertaines» auxquelles on parvient par le simple exercice des facultés naturelles:

De tous les Peuples dont j'ai parlé jusqu'ici, les Juifs sont les seuls qui ayent possédé des connoissances fixe, invariables, & qui de surcroît ayent sçu que ces connoissances leur venoient immédiatement de Dieu. Les autres n'offroient que des opinions douteuses & incertaines, qu'ils avoient acquises par leur propre travail, ou qu'ils tenoient de main en main, sans en trop reconnoître la source.[23]

En apparence, ce paragraphe est à l'éloge de la révélation. Il est dans la tradition du fidéisme sceptique, si cher aux lecteurs de Montaigne. Un tel fidéisme peut se proclamer chrétien et l'être. Mais on en connaît aussi l'ambiguïté: qui trop distingue les connaissances qui viennent immédiatement de Dieu des connaissances «acquises par [le] propre travail» des hommes, établit une telle distinction pour ne pas être inquiété par l'Eglise. Tout fidéisme peut être accusé d'ironie.

b. Les philosophies grecque et latine

Le second âge de la philosophie est l'âge des systèmes. A partir du Livre II et jusqu'au Livre VII inclus, Deslandes analyse la philosophie des Grecs et de ceux qui ont eu les Grecs pour maîtres. C'est la partie la plus longue de l'*Histoire critique de la philosophie*, la plus importante aussi, parce qu'à cette matière philosophique s'applique la raison humaine. Après Lévesque de Burigny, et sa *Théologie Païenne* (1724), Deslandes traite de toutes les sectes de l'Antiquité.

Au début du Livre II, il fait le bilan de l'apport des Barbares aux progrès de l'esprit humain:

Les Barbares avoient commencé toutes les Sciences. Les Grecs qui vinrent ensuite, pleins d'un génie vif & ambitieux, profiterent de leurs travaux & réunirent leurs talens partagés. La République des Lettres est un Pays où, loin de souffrir aucune diminution, les richesses augmentent chaque jour, & où ceux qui pensent ont droit à la succession de tous ceux qui ont pensé avant eux. La Phénicie communiqua aux Grecs l'Art de naviger, le Commerce & l'Ecriture sans quoi toute Science est morte. Ils s'approprierent les Dieux qu'on adoroit en Syrie, & avec ces Dieux, le culte pompeux dont la Religion y étoit revêtue. L'Egypte & la Chaldée les mirent en possession de la Philosophie, de la Morale, de la Jurisprudence qui est une Morale toute de détail &

---

[23] *Ibid.*, vol. I, p. 208.

conforme au génie de chaque Peuple. Enfin la Grece nettoyée, pour ainsi dire, & accrue par tant de secours étrangers, s'appliqua aux Arts qui ont l'agrément pour objet & y réussit.[24]

Deslandes distingue deux âges à l'intérieur de l'Age de la Philosophie grecque: le premier de ces âges est celui des «Poëtes Philosophes», qui tirèrent des connaissances sérieuses des «Nations sçavantes chez qui ils allerent puiser tous les grands principes qui leur manquoient»: [25] il s'agit d'Orphée, d'Homère, des Sept Sages. Deslandes achève le Livre II par des réflexions critiques sur la conception que les Anciens se faisaient de l'âme, sujet sur lequel je reviendrai.

Le Livre III et les suivants traitent du deuxième âge de la philosophie grecque, l'âge des sectes. Thalès et Pythagore ont fait faire à la philosophie un pas en avant décisif, parce qu'«ils avoient [. . .] le génie de système, génie heureux, & qui sert à rassembler sous un seul coup d'œil toutes les faces d'un objet. [. . .] Il y a je ne sçai quelle fatalité dans la marche des Sciences, qui se fait encore avec une si prodigieuse lenteur: il faut que tout le chimérique, tout le ridicule, tout l'inutile s'épuise avant qu'on arrive à quelque chose de précis & de réglé: il faut qu'une infinité d'hommes se trompent, afin que les autres hommes ne se trompent plus».[26] Ce passage me paraît important, non seulement parce que Deslandes y évoque une fois de plus la notion de progrès, – sans toutefois diminuer les Anciens –, mais surtout parce qu'un tel passage est en dissonance avec la conception de la plupart des philosophes contemporains de notre auteur; certes, il condamne lui aussi l'esprit de système quand il s'exerce de son temps, mais il en reconnaît l'importance historique; cet esprit constitue une de ces étapes nécessaires que le déterminisme historique naissant distingue dans l'aventure des hommes.

Le plan que suit Deslandes a pour but de décrire l'élaboration progressive de la science que les modernes ont héritée: il suffit pour s'en convaincre de regarder la table des chapitres du volume II, c'est-à-dire des Livres III-VI, et du volume III pour le Livre VII: Chapitres xiii et xiv consacrés à Pythagore et à ses disciples; dans le Livre IV, chapitres sur Socrate, sur Phédon, Euclide, Aristippe, les Cyniques; deux chapitres sur Platon (Ch. xx et xxi), un chapitre sur Aristote (Ch. xxii). Le Livre V contient l'analyse des philosophies «De la secte Eléatique, d'Héraclite, de Pyrrhon, de Démocrite, d'Epicure, &c.»; le Livre VI n'est composé que d'un chapitre, où Deslandes présente les «Philosophes qui ont fleuri à

[24] *Ibid.,* vol. I, pp. 279-280.
[25] *Ibid.,* vol. I, p. 286.
[26] *Ibid.,* vol. II, p. 4.

Alexandrie sous les Ptolémées». Je reviendrai sur certaines de ces analyses dans la deuxième partie de ce chapitre, parce qu'elles permettent de déterminer les préférences, puis les choix philosophiques de notre auteur.

Dans le Livre VII du volume III, Deslandes présente la doctrine de Lucrèce, mais il ne s'agit que d'un abrégé de trois pages. Ni la philosophie des Stoïciens, ni celle de Sénèque, ni même celle de Cicéron ne sont décrites en détail. L'ensemble du livre ne comporte que soixante-douze pages.

c. L'âge du christianisme

Les Livres VIII et IX traitent de l'âge du christianisme. En quoi est-ce un âge philosophique? C'est, note notre philosophe soi-disant chrétien, que Jésus «répandit une foule de vérités qui fixoient pour jamais toutes nos inquiétudes»,[27] sur l'existence de Dieu, l'origine récente du monde, la «passiveté» de la matière, le péché originel, l'immortalité de l'âme, les peines et récompenses de l'autre vie, etc. . . . Comme la religion juive, la religion chrétienne n'est donc pas à son origine une philosophie qui se pare des prestiges du mythe. C'est une révélation où l'autorité du Christ fait loi. La critique est implicite.

En outre, ajoute aussitôt Deslandes, on ne tira pas de ces vérités «tout le fruit qu'on se flattoit d'en tirer», parce que certains chrétiens voulurent «ajuster la révélation avec les sentimens fabuleux des Grecs», et qu'ils «ne furent ni Philosophes, ni Chrétiens»; d'autres cependant «préférèrent au solide plaisir de penser, le métier laborieux de traduire & de commenter»;[28] d'autres enfin, les scolastiques, «aussi obscurs dans la maniere de saisir les choses, que barbares dans la maniere de les exprimer, & par-là doublement inintelligibles, acheverent d'altérer & de corrompre ce qui restoit de bon sens dans le monde».[29] Tel est le tableau de l'âge chrétien, que Deslandes achève de cette phrase: «Une nuit sombre déroboit entierement les rayons du soleil».[30] Il semble donc qu'on ait assisté à un obscurcissement des deux premiers âges. Il y a une fausse fenêtre dans le plan de l'*Histoire critique de la philosophie*. Alors que Deslandes définit une philosophie de l'âge des philosophes barbares, une philosophie de l'âge des philosophes grecs et latins, il juge qu'il n'y a pas d'authentique philosophie de l'âge du christianisme; en réalité, cet âge est un âge de négation de la philosophie, la religion révélée s'opposant à toute phi-

[27] *Ibid.*, vol. I, p. xxxiv.
[28] *Ibid.*, vol. I, p. xxxv.
[29] *Ibid.*, vol. I, pp. xxxv-xxxvi.
[30] *Ibid.*, vol. I, p. xxxvi.

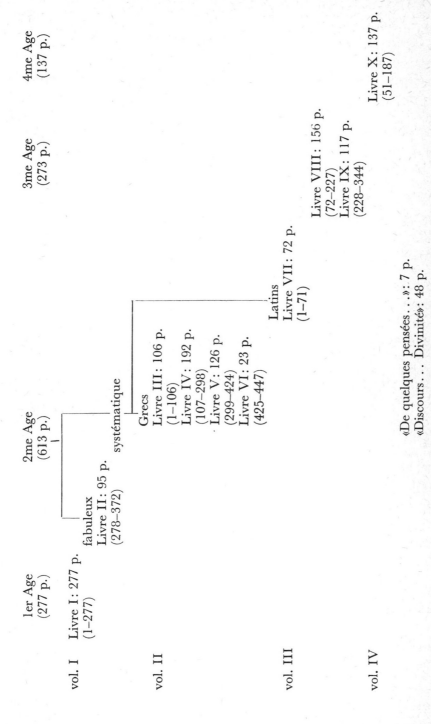

1er Age
(277 p.)

2me Age
(613 p.)

3me Age
(273 p.)

4me Age
(137 p.)

vol. I   Livre I: 277 p.
(1–277)

fabuleux
Livre II: 95 p.
(278–372)

systématique

Grecs
Livre III: 106 p.
(1–106)
Livre IV: 192 p.
(107–298)
Livre V: 126 p.
(299–424)
Livre VI: 23 p.
(425–447)

Latins
Livre VII: 72 p.
(1–71)

Livre VIII: 156 p.
(72–227)
Livre IX: 117 p.
(228–344)

Livre X: 137 p.
(51–187)

vol. II

vol. III

vol. IV

«De quelques pensées...»: 7 p.
«Discours... Divinité»: 48 p.

945 pages sur la philosophie païenne, sur 1356 pages (sans compter la «Préface»).

losophie naturelle. Dans la dernière section du Livre VII, Deslandes anticipait sur l'âge de la Révélation pour expliquer que les Païens ont, bien à tort, regardé le christianisme comme une secte philosophique, comme un «Système nouveau de Philosophie».[31] Certains chrétiens, et néanmoins philosophes, donnèrent dans des explications de l'Ancien Testament de type allégorique: tel fut Origène. Deslandes s'amuse à utiliser contre ce père de l'Eglise le jugement d'un autre père de l'Eglise, Tertullien; reprenant la profession de foi fidéiste, par laquelle le prétendu philosophe chrétien qu'il est distingue entre la Nature et la Grâce, notre auteur montre que Tertullien «finit par établir irrévocablement la différence qui se trouve entre un Chrétien, & un Philosophe».[32] Puis vint le temps où «le titre de Philosophie ne fut plus appliqué qu'à cette Science qui cultive la Physique, les Arts, l'Histoire naturelle. C'est-là proprement son appanage, c'est-là son domaine».[33]

En fait, la plus grande part des Livres VIII et IX n'est pas consacrée au Christianisme ou à la philosophie scolastique, mais soit aux survivances de la philosophie païenne, soit aux philosophies des non-chrétiens du Moyen-Age.

Une des formes les plus paradoxales de la survie des philosophies païennes est leur introduction dans la religion chrétienne. Deslandes l'explique de la façon suivante:

L'Eglise s'étant accruë d'une foule innombrable de Payens, les Philosophes mêmes les plus sublimes se faisant gloire d'y entrer, alors il fut nécessaire de donner plus de jour à la Religion, & de la relever par des preuves brillantes, & sur-tout par celles que la Philosophie pouvoit fournir. On tâcha donc de remonter à ses premiers principes. On en tira tous les secours qu'il sembloit permis à la Révélation d'en tirer: mais peut-être cela fut-il poussé trop loin, non-seulement de la part des Hérétiques, qui vouloient ruïner le dogme de la foi & substituer à sa place leurs visions chimériques, mais encore de la part des Peres même de l'Eglise, qui pour ne point perdre les connoissances qu'ils avoient acquises, les introduisirent dans le Christianisme, & se glorifierent de les y introduire avec plus d'éclat souvent que de prudence. A les entendre parler, il paroissoit que la foi n'étoit qu'une explication, ou plutôt qu'un accroissement d'une doctrine plus ancienne, & répanduë même parmi les Payens.[34]

De la philosophie d'Aristote ou de celle de Platon, laquelle adopter? Aristote paraissait aux Chrétiens trop «naturel»; il niait l'immortalité de l'âme, il niait la création *ex nihilo* et la Providence. Platon, en revanche,

[31] *Ibid.,* vol. II, p. 443.
[32] *Ibid.,* vol. II, p. 443.
[33] *Ibid.,* vol. II, p. 445.
[34] *Ibid.,* vol. III, pp. 144-145.

par son spiritualisme, attirait davantage. Quelle fut l'influence du platonisme? «Si maintenant on examine de quelle maniére en [de Jésus-Christ] ont parlé nos premiers Auteurs, on verra qu'ils ont tous attribué à Jesus-Christ ce que les Platoniciens avoient dit du Monde intelligible».[35] La liste que Deslandes donne alors de ces «premiers Auteurs» est à peu près la même que celle qu'il avait donnée un peu plus haut: Saint Justin, Tatien, Théophile d'Antioche, Clément d'Alexandrie, Tertullien, Origène, Arnobe et Lactance (vol. III, p. 156). Il ajoute cette remarque critique: «On ne peut que louër un pareil projet [concilier platonisme et christianisme]: mais il étoit difficile de l'exécuter, sans se servir d'expressions philosophiques, & par-là même peu mesurées».[36] Et Deslandes constate, pour terminer: «Le mystère de la Trinité [. . .] ne se vit clairement annoncé que lorsqu'on appela dans la Religion la Philosophie Platonicienne».[37]

Deslandes se plaît ensuite à rappeler malicieusement «quelques autres erreurs, où l'on est tombé dans les trois premiers siécles de l'Eglise»,[38] erreurs signifiant ici opinions qui ne sont pas conformes à la philosophie scolastique, ni aux dogmes imposés par les conciles successifs. Erreurs chrétiennes qui sont des vérités païennes:

Telles sont, l'éternité de la Matiére, ou, comme l'explique Saint Irénée, son émanation de la propre substance de Dieu; les divers ordres des Anges, & leurs fonctions multipliées à l'infini: la pré-existence [sic] des ames, & leur infusion dans les corps, &c. Toutes ces erreurs tirent leur naissance de la Philosophie de Pythagore & de Platon, qui régnoit alors & à laquelle chacun tâchoit de se conformer. Car la Philosophie dominante influe sur toutes les autres Sciences, & leur communique ses erreurs.[39]

Vérités païennes dont certaines sont des hypothèses philosophiques modernes . . .

Deslandes trace ensuite à grands traits l'établissement officiel du christianisme sous Constantin, empereur à la fois chrétien et savant. Surviennent «les premiers flots de Barbares»:[40] «Chacun peut juger si les Sciences devoient être cultivées dans des tems si malheureux».[41] «Tout dégénéroit».[42] «Le mal augmenta de plus en plus»,[43] jusqu'à Charlemagne:

[35] Ibid., vol. III, p. 155.
[36] Ibid., vol. III, p. 157.
[37] Ibid., vol. III, p. 158.
[38] Ibid., vol. III, p. 160.
[39] Ibid., vol. III, pp. 160-161.
[40] Ibid., vol. III, p. 182.
[41] Ibid., vol. III, p. 183.
[42] Ibid., vol. III, p. 184.
[43] Ibid., vol. III, p. 189.

Il n'y avoit alors aucun goût de Critique, quoiqu'elle soit si nécessaire pour la solide érudition. Personne ne savoit distinguer les Pieces fausses des véritables, les Canons originaux des Décrétales fabriquées à plaisir, l'ancienne Discipline de l'Eglise des usages nouvellement introduits: ce qui multiplioit ces usages avec d'autant plus de péril, qu'ils étoient reçus avec moins de connoissance. Un obscurcissement si général enfanta toutes les manies qui régnent encore en beaucoup de pays, ou du moins qui n'y sont pas assez dédaignées.[44]

Les quelques rares savants qui subsistaient ne pouvaient se communiquer leurs recherches, qui étaient ainsi perdues: «On sait [. . .] que les Savans ne deviennent tels que par les liaisons de génie qu'ils se procurent avec les autres Savans, que par les lumieres qu'ils s'entrecommuniquent sans détour & sans jalousie».[45]

Cependant l'Empire d'Orient subsistait, et la philosophie païenne avec lui. Toutefois aux philosophes de cette période «on [n']attribue aucune découverte particuliere», car «toute leur habileté consistoit à entendre Platon, & à l'expliquer d'une maniére allégorique».[46] Quant aux Chrétiens, leurs hérésies «étoient moins des erreurs, que des subtilités, des rafinements d'une imagination échauffée, que la passion grossissoit ensuite».

Revenant à l'Occident, Deslandes constate que la barbarie y «dura jusqu'au quinziéme siécle: non point que la Nature ne fit de tems en tems quelques efforts pour produire des génies relevés; mais faute de culture, ces génies se manquoient à eux-mêmes; ils périssoient au milieu des ronces & des épines, dont ils étoient environnés».[47]

Les premiers chapitres du Livre IX portent sur les Arabes; après un long développement sur l'Imposteur Mahomet et sur le Coran, Deslandes note qu'«à cause de leur religion, les Mahométans ne cultivèrent pas toutes les parties de la philosophie; il «rapporte [leurs occupations littéraires] à la Philosophie, aux Mathématiques, & à la Médecine. Ces trois Sciences rentrent l'une dans l'autre, & se prêtent mutuellement la main [. . .]. Un bon Philosophe n'ignore point la Langue du Médecin, ni celle du Géometre».[48] Deslandes analyse ensuite les travaux d'Alfarabe et d'Averroès sur la physique d'Aristote. Il critique la médecine des Arabes: «Comme ils s'étoient contentés d'étudier la Physique dans les livres d'Aristote, ils se contenterent aussi d'étudier la Médecine dans ceux d'Hippocrate. Par-là même ils manquerent leur principal objet, qui est la con-

[44] *Ibid.*, vol. III, p. 191.
[45] *Ibid.*, vol. III, pp. 192-193.
[46] *Ibid.*, vol. III, p. 196.
[47] *Ibid.*, vol. III, p. 226.
[48] *Ibid.*, vol. III, p. 225.

noissance du corps humain; de cette machine si délicate & si casuelle, qui par les liqueurs est hydraulique, par les poumons & la trachée-artere est pneumatique; qui enfin par les muscles, les nerfs & les tendons, représente des cordes, des poids & des contrepoids ajustés ensemble».[49]

Avec le Chapitre xlii, Deslandes s'attaque à la scolastique. Dès la première phrase il se montre réticent et critique:

Il semble qu'on s'étoit donné le mot, pour parler un langage inintelligible, & pour ensevelir la raison sous une multitude d'argumens subtils, captieux, toûjours exposés sous la même forme syllogistique. La peine d'un voyageur qui traverse des campagnes arides & incultes, n'est pas plus grande que celle d'un esprit raisonnable, qui est obligé par devoir de se donner aux Scholastiques, de lire ou les vingt & un volumes *in-folio* d'Albert le Grand, ou les douze de Jean Scot, ou les dix-sept attribués à St. Thomas d'Aquin.[50]

C'est ce que Leibnitz appelle le «fumier de l'Ecole». Après ce jugement énergique, Deslandes fait l'histoire de la scolastique. Il distingue trois âges:

La Scholastique, quoique née dans le VIII. siècle, fut long-tems à se perfectionner. Je distingue trois âges par où elle passa, sans compter les secours que lui prêterent les Arabes, trop remplis de la doctrine d'Aristote, & qui proposoient sur le texte de l'Alcoran les mêmes questions à peu près que les Chrétiens ont proposées depuis sur celui de l'Ecriture. Le premier âge de la Scholastique commence à Lanfranc Archevêque de Cantorberi & Primat d'Angleterre, & se termine à Albert le Grand, Directeur des études de Saint Thomas: c'est-à-dire qu'il dura depuis l'an de Jesus-Christ 1070. jusqu'à la fin du douzième siècle. Le second renferme tout l'espace écoulé depuis Albert le Grand jusqu'à l'an 1333; & le dernier enfin, tout celui écoulé depuis Durand jusqu'à Gabriël Biel Chanoine Régulier mort en 1495.[51]
Les nouveaux Scholastiques (j'appelle ainsi ceux du second et troisième Age) doivent leur origine à Saint Thomas; esprit véritablement sublime, mais qui n'avoit qu'une méthode très-confuse & très-embrouillée.[52]

Au reproche d'avoir voulu «marier la Théologie avec la Philosophie»,[53] -- reproche que fait Saint Bernard, bien avant Deslandes! --, notre critique ajoute celui d'avoir fait «disparoître l'application qu'on devoit aux études positives [. . .]. On mettoit les raisonnements à la place des faits, sans songer que les faits sont décisifs, & les raisonnements toujours contestés».[54] Deslandes s'amuse à montrer que l'étude d'Aristote était très suspecte au pape et aux cardinaux, durant le XIIIe siècle, et parce que cette

[49] *Ibid.,* vol. III, pp. 259-260.
[50] *Ibid.,* vol. III, pp. 269-270.
[51] *Ibid.,* vol. III, p. 276.
[52] *Ibid.,* vol. III, p. 280.
[53] *Ibid.,* vol. III, p. 279.
[54] *Ibid.,* vol. III, p. 281.

étude passait par les travaux des Arabes, et parce que la physique et la métaphysique d'Aristote devaient être préalablement «nettoyées de toutes les erreurs qui y étoient répandues»,[55] de l'avis de Grégoire IX, en 1231. Saint Thomas pourtant «crut pouvoir étendre ses droits, & jouir de la liberté que la Nature a accordée à chaque homme de lire tel ou tel ouvrage, de s'appliquer à tel ou tel genre d'étude».[56] Et voici avec quelle ironie méprisante Deslandes introduit son analyse du thomisme:

Il n'y a point d'opinion, quelque ridicule, quelque absurde qu'elle soit, qui ne puisse espérer de devenir l'opinion dominante: comme en revanche, il n'y en a point de si raisonnable, de laquelle on ne puisse dire que les hommes ne la suivront jamais.[57]

A partir de 1366, la doctrine d'Aristote s'impose: «je ne sai par quel enchantement, tous les esprits se tournerent de son côté»,[58] non après examen, mais par dogme:

Il suffisoit que quelque dogme portât son nom: on y souscrivoit sans résistance, & sans se donner le loisir de l'examiner. Jamais la Vérité elle-même n'a joüi d'un si beau privilége. On parvint enfin jusqu'à croire qu'on ne pouvoit penser que d'après Aristote, ni montrer de l'esprit qu'autant qu'on l'empruntoit de ses Ouvrages; qu'il n'y avoit d'autre Physique que celle qu'il avoit enseignée; en un mot, qu'il étoit inutile de recourir à l'expérience & de consulter la Nature en elle-même.[59]

Dans le Chapitre xliii Deslandes établit le constat de l'échec de la prétendue philosophie des scolastiques; il montre «que les Scholastiques n'ont point sû faire un juste accord de la Philosophie & de la Théologie». Il traite «Des premiers Scholastiques. [...] De leurs erreurs & de leurs subtiltés», «Des disputes sans fin qui agiterent les Ecoles, jusqu'à la renaissance des bonnes Etudes». En effet, selon sa tactique habituelle, Deslandes s'appuie sur Saint Augustin pour montrer l'inanité de la doctrine de ses adversaires chrétiens:

La Philosophie & la Théologie ont leurs intérêts & leurs droits séparés: elles ne sont, à proprement dire, ni amies ni ennemies, quoiqu'elles soient peut-être les deux ensemble. Avant que de monter à ce que la Révélation enseigne, il est juste de se procurer toutes les connoissances qui dépendent de la lumiere naturelle. Ce premier pas est absolument nécessaire: & Saint Augustin applaudit à ceux qui l'ont fait dans leur jeunesse, & qui ont su distinguer ce qui est essentiel & indispensable dans les vérités philosophiques, d'avec ce

[55] Ibid., vol. III, p. 287.
[56] Ibid., vol. III, p. 288.
[57] Ibid., vol. III, p. 289.
[58] Ibid., vol. III, p. 289.
[59] Ibid., vol. III, pp. 289-290.

qui ne l'est point. En effet, l'homme veut être conduit par degrés: on le rebute, dès qu'on presse trop sa marche. Et comment aura-t-il une véritable soumission d'esprit, s'il n'a auparavant essayé toutes ses forces, s'il n'a reconnu par lui-même combien son intelligence est courte, chancelante, bornée? Où s'arrête la Philosophie, c'est-là précisément que la Théologie commence.[60]

Le titre de scolastique s'était d'abord donné «par une rare distinction»; [61] l'Université de Paris était alors brillante, – et c'est dans ce chapitre que se trouve la note sur l'Université de Paris que Voltaire cite par deux fois dans sa Correspondance.[62] «Dans la suite, on n'appella plus Scholastique, que ce genre de Théologie qui discute les principales vérités de la Religion par le secours du raisonnement, ou, comme s'explique le Cardinal du Perron, *par la forme & les organes de la Dialectique & de la Métaphysique*. Tout se prit à ce piége flatteur, & qui laissoit chacun en droit de décider, ou du moins de parler autant qu'il le jugeoit à propos».[63] C'est que les scolastiques

se jetterent dans le raisonnement, inventerent des mots barbares & le plus souvent inintelligibles; en un mot, ils subtiliserent à l'infini. [. . .]
 Je pourrois sur cela me livrer à un très-long détail, & faire voir que tout étoit alors contesté, que tout prenoit un air problématique entre les mains de gens qui attaquoient tout indifféremment. Mais il suffira d'établir ici comme un principe certain & décisif, que de ces premiers Scholastiques, il n'y en a aucun qui n'ait été accusé, ou du moins soupçonné de quelque erreur capitale. On reprochoit aux uns d'employer des expressions nouvelles & inconnues à toute l'Antiquité: ce que Saint Augustin nomme un crime impardonnable en Théologie. Les autres étoient blâmés de ce qu'ils mettoient les vérités éternelles & nécessaires de niveau avec leurs propres idées, souvent vaines & chimériques, & de ce qu'ils demandoient pour les unes & les autres le même degré de soumission.[64]

Tous ceux qui osèrent s'opposer à la scolastique dominante furent condamnés: «Gautier, sixiéme Prieur de Saint Victor»,[65] Pierre Abailard, Pierre Lombard. Au contraire, les seconds scolastiques, qui subtilisèrent «plus que jamais», furent gratifiés de noms très élogieux; Deslandes s'en moque dans une énumération qui reprend les railleries de Voltaire dans les *Lettres philosophiques*:

 [60] *Ibid.*, vol. III, pp. 295-296.
 [61] *Ibid.*, vol. III, p. 298.
 [62] «Autant que l'Université de Paris étoit autrefois célébre & brillante, autant est-elle tombée dans l'avilissement. La Faculté de Théologie sur-tout me paroît le Corps le plus méprisable qui soit dans le Royaume». (*Ibid.*, vol. III, p. 299.)
 [63] *Ibid.*, vol. III, p. 299.
 [64] *Ibid.*, vol. III, pp. 302-303.
 [65] *Ibid.*, vol. III, p. 306.

Alexandre de Hales fut nommé l'Irréfragable, Saint Bonaventure le Séra-
phique, Saint Thomas l'Angélique. Henri de Gand le Solemnel, Gilles de
Rome le très-bien fondé, Alain de l'Isle l'Universel, Richard de Middleton
le Solide, Scot le Subtil, Ockam le Singulier, Grégoire de Rimini l'Autentique, Durand de Saint Porcien le très-Résolutif, &c.[66]

Ainsi, le troisième âge de la philosophie devient, au fur et à mesure que
la scolastique s'impose, le négatif de l'âge précédent et de l'âge qui va
suivre ; il est dogmatique et non critique, rhétorique et non «factuel» ; il
n'est plus animé d'aucun esprit philosophique. C'est pourquoi le quatrième âge est présenté comme une rupture avec l'âge précédent et salué
comme une renaissance des premier et deuxième âges.

d. L'âge moderne

Toute l'*Histoire critique de la philosophie* est orientée par son auteur vers
le quatrième âge, qui marque un progrès décisif de la philosophie. Le
Livre X traite «De la renaissance des Lettres en Italie, et successivement
dans les autres Royaumes de l'Europe».

Comme Deslandes l'écrit dans sa «Préface», «le genre humain se
trouva comme renouvellé, & il le fut d'une maniere encore plus distinguée, plus intime, puisqu'il s'agissoit de la renaissance des esprits, qu'il ne
l'avoit été après le déluge».[67] Cet âge est salué avec enthousiasme par
notre auteur, qui lui applique le vocabulaire des Lumières :

> Ici commence le quatrieme Age de la Philosophie : cet Age favorable, &
> dont toutes les époques sont marquées, ou par quelque invention brillante,
> ou par la découverte de quelque erreur ancienne, ou par des projets de sys-
> tême qui serviront un jour à former le systême général de l'Univers, ou du
> moins à faire voir qu'il ne peut point se former. Tout parut alors se revêtir
> d'un nouvel éclat : le monde philosophique sortit, pour ainsi dire, de son
> cahos ; & la Nature si admirable en tous lieux ; mais qu'on n'admire jamais
> autant qu'elle le mérite, paya avec usure les soins & les travaux de ceux qui,
> par un courage d'esprit auquel cédent toutes les difficultés, s'étudierent à
> découvrir ce qu'elle avoit de plus obscur & de plus caché.[68]

On voit que cet âge se caractérise par l'étude critique de la nature, étude
fondée sur l'observation et la raison ; non sur l'acceptation aveugle de
dogmes révélés. Certes, Deslandes semble admettre que ces dogmes de la
révélation sont des principes qui étayent les nouvelles découvertes, mais
lorsqu'il cherche à définir le nouvel esprit, il met l'accent sur «le génie
d'observation & de détail», et il conclut en dégageant l'originalité de ce

[66] *Ibid.*, vol. III, p. 310.
[67] *Ibid.*, vol. I, pp. xxxvi-xxxvii.
[68] *Ibid.*, vol. I, p. xxxvii.

quatrième âge et les progrès décisifs qu'il marque sur les deux premiers, – le troisième étant tout à fait négligé, par mépris.

Après quelques précurseurs encore incertains,[69] viennent les philosophes du nouvel âge: «Les Arts & les sciences commencerent à refleurir, lorsque Jean Reuchlin vint au monde»;[70] le Chapitre xlvi décrit la «renaissance des Lettres»:

Après la nuit obscure qui avoit enveloppé toute l'Europe, nous sommes parvenus enfin à ces tems clairs & sereins, qui font tant d'honneur à l'humanité. Le monde parut sortir pour la seconde fois du cahos. J'appelle ainsi ces tems heureux qui virent renaître & refleurir les sciences, les arts, les talens, d'abord en Italie, peu après en France & de proche en proche, dans tout le reste de l'Europe: qui ramenerent le goût perdu depuis si long-tems, & avec le goût, les agrémens de la vie, les conversations polies, les spectacles, les plaisirs mêmes répandus sans crime & sans indécence.[71]

Deslandes dégage trois causes principales qui ont présidé à la renaissance européenne: outre l'art de l'imprimerie, l'exemple de «quelques personnes d'esprit & de goût, qui dès le quatorziéme commencerent à se sentir, & à secoüer le joug de la barbarie»:[72] Dante, Pétrarque, Boccace; la protection de papes et de princes éclairés; enfin l'arrivée à Venise de quelques Grecs expatriés.

Quel est l'apport du XVe siècle italien au renouveau? Ce n'est pas à proprement parler un siècle philosophique, mais «si l'on n'y trouve point cette exactitude & cette sévérité de raison qui brillerent depuis, & qu'un siécle plus philosophique fit généralement approuver, on y trouve du moins des lumieres vives, une diction pure & châtiée, une éloquence belle, agréable & ingénieuse».[73] C'est un apport déjà très important; en outre, cette étape littéraire et littérale de l'étude des Anciens permit les progrès qui menèrent à l'étape suivante, celle de la renaissance de l'esprit philosophique:

La gradation des études fut telle précisément qu'elle devoit être.[74] Quand on eut appris à bien parler le Latin & le Crec, qu'on eut des éditions correctes des anciens Auteurs, qu'on restitua les passages qui leur manquoient, qu'on les eût éclaircis par des Commentaires où brilloient peut-être trop d'érudition, qu'on eût enfin décrié les Scolastiques & les Sophistes qui employoient un jargon brut & inintelligible, comme firent avec succès

---

[69] Deslandes nomme Corneille Agrippa, l'abbé Trithème, Pic de la Mirandole, Jérôme Cardan.
[70] *Ibid.*, vol. **IV**, p. 60.
[71] *Ibid.*, vol. **IV**, pp. 69-70.
[72] *Ibid.*, vol. **IV**, p. 70.
[73] *Ibid.*, vol. **IV**, p. 73.
[74] *Ibid.*, vol. **IV**, p. 85.

Laurent Valla & Hermolaüs Barbarus, Patriarche d'Aquilée: quand, dis-je, on en fut venu où les Anciens étoient restés, on commenca hardiment à prendre l'essor, & à penser par soi-même.

Ainsi, à la renaissance des Lettres, on ne fut occupé qu'à retrouver le fil qu'on avoit perdu, & à le noüer à celui qu'on y vouloit joindre. On faisoit par ce moyen un tout suivi. Quand ce fil fut noüé avec toute l'adresse dont on fut capable: ce qui dura deux siécles: la raison reprit ses droits, & on commença à voir par ses propres yeux ce qu'on ne voyoit que par les yeux d'autrui.[75]

Mais tous ces préliminaires étoient d'une nécessité absolue. [. . .] Quand des hazards heureux donnerent lieu aux sciences de se renouveller, on fut obligé de recommencer dès les premiers élémens: on se trouva justement où l'on en étoit resté un siécle après le regne d'Auguste: on ressembla à un malade qui long-tems privé de sa raison, revient à son bon sens. Ainsi le plus grand mérite du quinziéme & du seiziéme siécle fut d'avoir lu & commenté les Anciens, d'avoir approfondi les beautés de leurs ouvrages, d'avoir en un mot sçu les imiter soit en vers, soit en prose.

Mais enfin on sentît qu'on avoit assez bien réussi à suivre pas à pas les Anciens, pour marcher à côté d'eux, & même pour les dévancer. On s'apperçut qu'on pouvoit raisonner & écrire indépendamment d'eux. Les premieres tentatives ne réussirent point. On devint ensuite plus fort & plus courageux. Les lumieres s'accrurent, à mesure que le raisonnement arriva dans les études au commencement du dix-septiéme siécle: & quoiqu'il fut encore assez bien fourni de Commentateurs & d'Interprétes, on en faisoit moins de cas qu'auparavant.

L'esprit philosophique commençoit à s'établir sur leurs ruines: & ce siécle fut tout-à-fait différent des deux qui le précéderent. La raison prit la place de l'aveugle admiration, & du préjugé idolâtre. C'est à cette raison, c'est à cette exactitude qu'elle prescrit, c'est aux principes surs & infaillibles qu'elle a établis, que doivent se rapporter tous les bons ouvrages.[76]

Après ces considérations, critiques, Deslandes rend hommage aux principaux philosophes et aux principales écoles de philosophie, auxquels les modernes sont redevables, en particulier aux universités de Padoue et de Pise (IV, pp. 87-88). Parmi les philosophes italiens, détachons François Patrizzio, dont les *Discussiones peripateticæ* sont pleines «d'une critique peu ménagée» contre Aristote et la scolastique: «Quand on [les] lit [. . .] ou même qu'on ne fait que les effleurer, on s'aperçoit sans peine qu'il est le précurseur de Gassendi, de Descartes, de Malbranche [sic] & des autres modernes qui, peut-être sans avoir lu Aristote, l'ont décrié, & lui ont supposé une doctrine qu'il n'a jamais soutenuë».[77]

Sous le pape Léon X «la liberté de philosopher fut poussée à l'ex-

[75] *Ibid.*, vol. IV, p. 76.
[76] *Ibid.*, vol. IV, pp. 86-87.
[77] *Ibid.*, vol. IV, p. 95.

trême»; [78] certains allaient jusqu'à nier l'immortalité de l'âme, d'autres assûraient «que l'entendement de tous les hommes est une seule & même substance».[79] Une des questions en suspens était «de sçavoir si l'on pouvoit assurer comme Philosophe que l'ame périt avec le corps, que tout est matiere, & [...] le [nier] comme Chrétien».[80] Cette opinion fut condamnée par Léon X, en 1513; néanmoins, pendant tout le XVIe siècle, «on se querella vivement sur l'immortalité de l'ame».[81] Deslandes résume alors les principaux sentiments de Pomponace, sur lesquels je reviendrai un peu plus loin. La plupart des philosophes dont il analyse les opinions sont fort peu orthodoxes: presque tous nient l'immortalité de l'âme et mettent en avant la notion de Nature, non le Dieu des Chrétiens (Zarabella, Cremonini, André Césalpin, et, sans doute aussi, Bernardin Donat de Vérone). A vrai dire, certains d'entre eux ne nient pas cette immortalité en leur propre nom; ils affirment seulement qu'Aristote la nie. Deslandes s'impatiente de ce faux-fuyant, car il tient à mettre l'accent sur l'importance de l'esprit de critique:

Quand je songe combien on a perdu de tems à disputer si Aristote a cru l'immortalité de l'ame ou s'il ne l'a pas cru, je ne puis m'empêcher de plaindre les Philosophes opiniâtres, qui se rendent, pour ainsi dire, les esclaves des sentimens d'autrui. J'avouë que quand on a trouvé une vérité importante, il est fort agréable de voir qu'on est d'accord avec les hommes éclairés qui ont travaillé sur la même matiere. Mais en supposant qu'on ait le courage d'esprit nécessaire pour penser par soi-même; on ne doit point s'embarasser [sic] si un autre a une telle opinion, on doit seulement s'embarasser si cette opinion est conforme à la vérité; elle seule mérite qu'on lui soumette sans reserve toutes ses lumieres.
Ainsi je ne connois point comment on a pu s'occuper servilement de la question, si Aristote croyoit l'immortalité de l'ame, & en cas qu'il ne l'eût pas cruë, si on pouvoit aller contre son sentiment & la croire en bonne Philosophie.[82]

Mais Deslandes ajoute aussitôt après, et non sans malice, qu'aucun philosophe de l'Antiquité – même Aristote – n'a jamais regardé l'âme «comme une substance spirituelle, capable de penser & de raisonner, susceptible après cette vie de peines & de recompenses».[83] Cependant Laurent Valla «rappelait» la philosophie d'Epicure, «éteinte depuis plusieurs siécles».[84]

[78] *Ibid.*, vol. **IV**, p. 101.
[79] *Ibid.*, vol. **IV**, pp. 101-102.
[80] *Ibid.*, vol. **IV**, p. 102.
[81] *Ibid.*, vol. **IV**, p. 103.
[82] *Ibid.*, vol. **IV**, p. 113.
[83] *Ibid.*, vol. **IV**, p. 114.
[84] *Ibid.*, vol. **IV**, p. 116.

Le Chapitre xlix traite de la «renaissance des Lettres en Allemagne»: Rodolphe Agricola; George Agricola, qui «fit plusieurs découvertes sur cette partie de l'Histoire Naturelle qui regarde les métaux & les fossiles» [85] (*Métallurgie*). Certes, des recherches philosophiques naquirent beaucoup d'hérésies, mais ces hérésies «firent en un sens beaucoup de bien à l'Eglise»,[86] qu'elles réveillèrent de ses désordres et de sa torpeur théologique.[87] Deslandes cite ensuite Erasme, ennemi de l'intolérance; Mélanchton, qui penchait vers le Pyrrhonisme, «tant il craignoit de se tromper, & de tromper les autres»; [88] Joachim Camerarius. Il déclare qu'il ne parlera pas de Zwingle, mais il fait allusion à l'«erreur pélagienne» de ce dernier: «La conclusion de ce principe étoit (& Zwingle l'admettoit expressément) que tous les hommes vertueux du Paganisme, & sur-tout les Philosophes avoient gagné le Ciel & par la droiture de leur morale & par la noblesse de leurs procédés, & par la pureté des vues qui les faisoient agir».[89] Il ajoute cette réflexion, qui rappelle La Mothe le Vayer et Bayle:

Oh! que nos jugemens sont divers & bizarres! Il y a eu des Catholiques qui ont regardé les anciens Philosophes, comme des gens prédestinez, parce que les principales vérités du Christianisme leur avoient été révélées. Voici au contraire un chef d'hérétiques qui croit que cette révélation leur étoit inutile, & que les bonnes actions leur en tenoient lieu. Ce mérite actif, je veux dire celui de bien vivre, vaut certainement mieux que celui de croire.[90]

Le Chapitre li porte sur «la renaissance des Lettres en Angleterre»: «On ne sçauroit parler des Anglois qu'avec une forte estime & une sorte de respect. La liberté qu'ils chérissent, les rend hardis à penser & courageux à exprimer leurs pensées».[91] «Depuis le regne de Henri VIII, l'Angleterre & été fertile en hommes excellens & versés dans presque toutes les sciences. On peut même dire qu'elles y ont fait des progrès plus extraordinaires que dans les autres pays».[92] Deslandes rend un hommage très

---

[85] *Ibid.*, vol. IV, p. 120.
[86] *Ibid.*, vol. IV, p. 123.
[87] Ici se trouve un éloge de Luther, adversaire de la scolastique: «Je dois remarquer ici que Luther & les autres premiers réformateurs se déchaînerent contre Aristote, & parlerent de sa Logique avec beaucoup de mépris. Ils la regardoient comme la partie de la Philosophie la plus chimérique, & comme la source de toutes les subtilités & de tous les faux raisonnemens de l'école. Ils se plaignoient que la jeunesse y perdoit un tems précieux, & qu'au lieu de devenir Théologien, on devenoit sophiste & querelleur». (*Ibid.*, vol. IV, p. 124.)
[88] *Ibid.*, vol. IV, p. 128.
[89] *Ibid.*, vol. IV, p. 131.
[90] *Ibid.*, vol. IV, p. 131.
[91] *Ibid.*, vol. IV, p. 135.
[92] *Ibid.*, vol. IV, p. 136.

chaleureux à Roger Bacon, «le Pere de la Philosophie expérimentale»; [93] il célèbre Thomas Hobbes, «l'un des plus forts esprits du seiziéme & du dix-septiéme siécle»,[94] qu'on accusa d'athéisme et de matérialisme. Deslandes termine son chapitre par deux réflexions sur la philosophie anglaise: «Elle se tourna au profit du bien public»; «un pas important qu'ils ont fait, & plus important qu'on ne pense, est d'avoir renoncé à l'esprit de système, aussi dangereux dans l'étude de la Philosophie que dans le maniment des affaires».[95]

Le Chapitre lii contient des «remarques sur l'Espagne», qui «ne fut pas aussi heureuse ni aussi avide que l'Italie & l'Allemagne à prendre le goût des sciences, & surtout de la Philosophie. Il paroît même qu'elle y est aujourd'hui à peine connuë, & que les esprits fermés à la lumiere, n'ont point encore secoüé le joug imposé par les Scholastiques, & entretenu par la sévére Inquisition».[96] Toutefois Louis Vivès «s'acquit une grande réputation par son Traité de la Corruption & de la décadence des Arts & des Sciences: *De Corruptione Artium*».[97] C'était un éclectique proche du scepticisme. Le Chapitre liii enfin traite «Du renouvellement des Lettres & des beaux Arts en France»:

Un Allemand, juste appréciateur des choses de goût, a observé que la protection que François I. donna aux sciences, excita les esprits, & les porta aux réflexions. Ce qui procura la naissance de la Philosophie: de sorte que depuis le regne de ce Prince, la France a été le Royaume de l'Europe le plus éclairé, le plus philosophe & le plus fertile en hommes qui pensent.[98]

Deslandes cite trois hommes célèbres pour avoir avancé la philosophie: Jean Fernel, médecin de Henri II; Jules-César Scaliger; Guillaume Rondelet. Tout le Chapitre lv est réservé à Pierre Ramus, adversaire d'Aristote, et qui fut finalement condamné, quand les juges se furent aperçus «que la voye du raisonnement n'étoit point à leur avantage».[99]

Le Chapitre lvi devait servir de transition entre le Livre X et le Livre XI, où Deslandes se proposait de traiter de la philosophie moderne; il constitue une mise au point très intéressante de la conception que Deslandes se fait de la philosophie et de ses progrès. Ce texte confirme ce que nous savons déjà des idées de Deslandes par le *Recueil de différens traitez*

---

[93] *Ibid.*, vol. **IV**, p. 142.
[94] *Ibid.*, vol. **IV**, p. 143.
[95] *Ibid.*, vol. **IV**, p. 146.
[96] *Ibid.*, vol. **IV**, p. 147.
[97] *Ibid.*, vol. **IV**, p. 149.
[98] *Ibid.*, vol. **IV**, p. 157; en marge: «Jonsius; pag. 129».
[99] *Ibid.*, vol. **IV**, p. 171.

de physique et d'histoire naturelle. Quelle est cette «nouvelle Philosophie» dont la Renaissance a permis l'avènement?

C'est à Descartes que nous devons non-seulement l'origine de la nouvelle Philosophie, mais le rétablissement entier de la bonne méthode d'étudier. [...]
Quoique je fixe à Descartes l'époque de la nouvelle Philosophie, & que je le regarde comme le restaurateur de toutes les sciences exactes, je reprendrai cependant les choses de plus haut. En effet, il y a eu dans le seizieme siecle des précurseurs de la vérité, des hommes qui la cherchoient avec ardeur, & la préféroient aux richesses, aux honneurs, à ce qu'on prise davantage dans le monde. [...]
Il faut convenir cependant qu'il y a aujourd'hui des François qui refusent à Descartes les louanges qui lui sont duës; des Communautez, des Ordres religieux, qui en parlent avec mépris, ou du moins avec hauteur. C'est un effet de l'ignorance, ou de la vanité monastique. J'avoue qu'il est tombé dans quelques erreurs, & que suivant ses principes mêmes, une partie de sa Philosophie, du moins ce qui en est sistématique, se trouve hors d'usage. Il lui a fallu inventer: il commençoit une carriere épineuse: il étoit de toutes parts enveloppé de ténébres épaisses. Mais soutenu par son courage & par une application persévérante, il nous a appris à penser & à raisonner, dans un tems sur-tout où l'habitude en étoit perdue: & ce n'est point seulement aux Mathématiques, à la perfection des Arts, à la Physique, qu'il s'est attaché, mais encore aux Belles Lettres, à toutes les sciences dont l'agrément fait le principal objet. Il y a introduit l'esprit Philosophique, cet esprit qui met chaque chose à sa place, qui fait que les pensées qui doivent plaire, en plaisent encore davantage par ce fil simple & imperceptible qui les lie.[100]

Deslandes ne présente pas Descartes comme un innovateur en tous points, mais d'abord comme un «restaurateur» à l'origine du «rétablissement» de «la bonne méthode» des Anciens (voilà qui, sans doute, n'aurait pas trop plu à Descartes!), mais c'est qu'il tient à décrire la continuité des progrès de la raison.

Il compare ensuite les philosophes du XVIe à ceux du XVIIe siècle. Ce qui caractérise le second siècle, c'est qu'on y «a préféré les critiques du sens, si l'on peut parler de la sorte, aux critiques des paroles: on a négligé l'Orateur pour saisir le Consul, & l'Auteur des Commentaires pour arriver jusqu'au Général d'armée & au Maître de la République. Dans le seiziéme siecle on se piquoit d'une vaste & profonde Littérature; l'érudition étoit ennuyeuse, à force d'être chargée d'un détail inutile; on lisoit, mais on ne sentoit point ce qu'on lisoit. Dans le dix-septiéme siecle, l'étude de la nouvelle Philosophie & des langues vivantes ont fait naître un goût réfléchi: on a eu plus de jugement & moins d'étendue de scien-

---

[100] *Ibid.*, vol. IV, pp. 174-177.

ce: on a enfin été le maître des anciens, de ceux qu'on regardoit comme ses maîtres».[101]

Pour finir, Deslandes résume les cinq points essentiels à la nouvelle philosophie: 1. la raison y règne; mais il s'agit d'une raison appliquée à la nature: ainsi la «physique particuliere» ne fut connue «que lorsqu'on commença à réfléchir & à faire des expériences. On voit bien que la Philosophie n'auroit jamais fait aucun progrès, tant qu'on auroit suivi les traces des anciens: on se seroit contenté de disputer éternellement sur leurs idées qui n'étoient point fondées en raison, & on n'auroit rien avancé. En effet quelles expériences faire ou sur les idées de Platon, ou sur les qualitez d'Aristote? Quelles conséquences tirer de ces principes, si même ce sont-là des principes? Il fallut donc un homme qui eût la hardiesse de se soustraire au joug de l'autorité, & qui bravant les préjugez les plus imposans, apprit aux mortels qui avoient des yeux, à s'en servir & à observer la Nature soigneusement. Et cet homme fut Descartes».[102] 2. «En apprenant à penser, on apprit à ne se servir que d'idées claires & nettes, qui à leur tour enfanterent l'esprit d'examen & de discussion si nécessaires à l'avancement des sciences».[103] 3. la nouvelle science est désormais mathématique; ce que la philosophie moderne a dit de la matière «a été fondé sur les Mathématiques que Descartes a fort cultivées, lui-mêmc grand Mathématicien & précurseur de toutes les nouvelles méthodes qui ont eu l'infini pour objet».[104] 4. la nouvelle science s'appuie sur l'immense progrès des techniques: «Ce qui a de plus en plus accrédité la nouvelle Physique, ce sont tant d'inventions modernes, tant de machines ingénieusement construites, tant de vuës heureuses ajoutées les unes aux autres»,[105] télescopes et microscopes. 5. la nouvelle philosophie a «rassemblé» les sciences dispersées du XVIe siècle: «Ainsi un Philosophe, dit le Chancelier Bacon, doit renfermer dans l'objet de ses études, toutes les sciences exactes & utiles, & s'en former une espece d'Encyclopédie».

L'*Histoire critique de la philosophie* s'achève donc sur un éloge de la philosophie expérimentale, c'est-à-dire de la science expérimentale, et sur un appel au développement de l'esprit encyclopédique, qui présidait, à l'époque même où ces lignes furent publiées, à l'entreprise de d'Alembert et de Diderot. A beaucoup d'égards, le *Discours préliminaire à l'Encyclopédie* constituera un résumé de l'*Histoire critique de la philosophie* de Deslandes.

---

[101] *Ibid.*, vol. IV, pp. 177-178.
[102] *Ibid.*, vol. IV, pp. 180-181.
[103] *Ibid.*, vol. IV, p. 181.
[104] *Ibid.*, vol. IV, p. 182.
[105] *Ibid.*, vol. IV, p. 182.

L'histoire de la philosophie telle que la conçoit Deslandes ne se borne pas à un rationalisme critique. Son auteur suggère, sous le masque des grands philosophes païens, une «interprétation de la Nature» matérialiste. Dès 1737, et clairement en 1741 et 1756, il la fait sienne.

Afin de démasquer l'*Histoire critique de la philosophie*, j'utiliserai principalement le texte prohibé de *Pigmalion, ou la Statue animée* (1741) et le volume IV de l'*Histoire critique* (1756), volume qui ne put paraître en 1737. Ce décryptage éclaire d'une lumière contemporaine les nombreux passages de l'*Histoire critique*, où notre auteur ne se propose, à première vue, que de rendre compte des «opinions des Anciens» «en général». Deslandes estime en effet que la plupart des Anciens ont professé la même opinion sur des points essentiels de métaphysique: mortalité de l'âme, animation de la matière, éternité du monde, Dieu synonyme de Nature. Mais ces Anciens représentent et présentent l'opinion du moderne Deslandes.

1. La mortalité de l'âme

Un des sujets rebattus durant la première moitié du XVIIIe siècle est celui de l'immortalité de l'âme. On connaît la position prise par Voltaire dans les *Lettres philosophiques*; c'est aussi celle que prennent, avec plus de virulence encore, les auteurs de maint ouvrage clandestin, dont *L'Ame matérielle* qu'A. Niderst a éditée récemment.[106] La démonstration de ces auteurs s'appuie sur les opinions des Anciens plutôt que sur le passage fameux de l'*Essai philosophique concernant l'entendement humain* de John Locke.

Avec une évidente complaisance, Deslandes multiplie à son tour les analyses du même genre; selon lui, «ni Aristote, ni aucun autre Philosophe de l'Antiquité, n'ont eu de l'ame l'idée que nous en avons; [...] ils ne l'ont point regardée comme une substance spirituelle, capable de penser & de raisonner, susceptible après cette vie de peines & de recompenses».[107] Cette opinion d'Aristote lui semble enracinée dans la nature humaine, puisqu'existent «des Peuples ignorans & grossiers qui bornent toutes leurs espérances à cette vie, & ne se promettent rien au de-là». Pour ignorants et grossiers que soient ces peuples, ils n'en sont pas moins

---

[106] *L'Ame matérielle, (ouvrage anonyme),* éd. A. Niderst, Publications de l'Université de Rouen, Rouen, 1969.
[107] *Ibid.,* vol. IV, p. 114.

plus près de la droite raison que les superstitieux, témoin la façon dont ils conçoivent la mort: «Aussi affrontent-ils le trépas non seulement avec courage, mais même avec joye: c'est le terme de toutes les miseres & de toutes les duretés, qui les ont poursuivis. On ne craint point la mort, quand on la regarde, ou comme la fin de tout, ou comme une nouvelle vie qu'on va recommencer».[108] On notera l'ambiguïté voulue de la dernière phrase; cette absence de crainte de la mort, au cas où elle serait le terme de tout, est un des thèmes, on se le rappelle, des *Réflexions sur les grands hommes qui sont morts en plaisantant*. Deslandes n'envisage donc pas une «nouvelle vie qu'on va recommencer» . . .

Phérécide, le premier, répandit en Grèce «la conjecture» de l'immortalité de l'âme, mais il fut l'exception; ni Cicéron, ni Saint Augustin, qui rapportent le fait, «ne nous détaillent [. . .] les preuves dont il se servoit».[109] En général, «ni les Grecs ni les Romains n'étoient pas [sic] trop persuadés que l'ame survécût au corps».[110] «Les Anciens parloient hautement contre l'immortalité de l'ame. César d'un côté s'en moquoit au milieu du Sénat, où il est si nécessaire d'intimider le Peuple crédule; & de l'autre côté, Cicéron publioit des Ouvrages de parade, où il osoit dire: Quelle est la femmelette, ou quel est l'ignorant qui craigne encore aujourd'hui tout ce qu'on raconte de l'autre vie? Dans un Ouvrage plus naïf, il avance sans hésiter, que si l'ame ne meurt point avec le corps, elle doit être nécessairement heureuse».[111] Les poètes parlaient bien de l'autre monde, mais Deslandes pense que l'on peut conclure «de plusieurs Passages d'Homere, d'Hésiode, de Pindare, de Callimaque, &c. de Lucrece, de Virgile, d'Ovide, de Juvénal, de Lucain, &c. que toute la Doctrine de l'autre monde étoit problématique chez les Anciens; qu'on pouvoit la recevoir ou la rejetter à son choix; qu'il n'y avoit sur cette matiere aucune créance générale & autorisée».[112] «Diodore de Sicile nous apprend que ce fut des Egyptiens que les Grecs enprunterent tout le systême fabuleux de l'autre Monde»,[113] mais, ajoute-t-il aussitôt, «au fond c'étoient des coutumes politiques».[114] A ces raisons religieuses et politiques Deslandes ajoute trois raisons philosophiques: les Anciens regardaient la mort avec indifférence, et, du temps de Néron, jugeaient que la doctrine de l'autre monde énervait les courages; ceux des Anciens qui parlaient en faveur de

---

[108] *Ibid.*, vol. IV, p. 115.
[109] *Ibid.*, vol. I, p. 351.
[110] *Ibid.*, vol. I, p. 352.
[111] *Ibid.*, vol. I, p. 354.
[112] *Ibid.*, vol. I, p. 355.
[113] *Ibid.*, vol. I, pp. 356-357.
[114] *Ibid.*, vol. I, p. 357.

l'immortalité de l'âme apportaient des arguments très faibles, et donnaient des définitions et des localisations de l'âme fantaisistes; enfin les Anciens rattachaient la question de l'âme à celle de l'ensemble de l'Univers; or, comme nous le verrons, ils ne croyaient, selon Deslandes, qu'à une seule substance et jugeaient «que la spiritualité & la matérialité étoient ses deux principaux attributs».[115] Deslandes avance quatre propositions, dont dépendrait toute preuve de l'immortalité, s'il y en avait quelqu'une:

1°. Que la substance étendue est totalement distinguée de la substance pensante. 2°. Que ces deux substances n'ont aucun rapport l'une à l'autre, & sont, pour ainsi dire, incommensurables, la premiere n'étant susceptible que de masses, figures, mouvemens; & la seconde pouvant penser & se replier sur sa pensée. 3°. Qu'il a fallu un Décret de la volonté suprême de Dieu, pour unir ces deux substances ensemble, & pour établir entr'elles un rapport si juste, que de certains mouvemens du corps naquissent certaines pensées de l'ame, & réciproquement que de certaines pensées de l'ame naquissent certains mouvemens du corps. 4°. Que ce concours merveilleux de nos pensées & de nos mouvemens, cette communication mutuelle & qui jamais ne manque, ne vient point d'une harmonie préétablie, qui feroit du corps & de l'ame un ouvrage de pieces de rapport; mais d'une harmonie réelle & véritable, qui compose un tout parfait de deux substances si dissemblables, si peu homogenes.[116]

Ces quatre propositions, qui constituent un pot-pourri de Descartes, Malebranche et Leibnitz, sont aussitôt critiquées, – et par Descartes en personne:

Quelle qu'ait été cependant la pénétration de M. Descartes, il convient avec cet air de modestie qui sied si bien aux plus grands Philosophes, que sans la Révélation il seroit toûjours demeuré dans l'incertitude. Voici en effet comme il écrit à la fameuse Elisabeth, Princesse Palatine: «Pour ce qui est de «l'état de l'ame après cette vie, j'en ai bien moins de connoissance que Mon-«sieur Digby; car laissant à part ce que la Foi nous enseigne, je confesse que «par la seule raison naturelle nous pouvons bien faire beaucoup de conjec-«tures à notre avantage, & avoir de flatteuses espérances, mais non point «aucune assurance».[117]

Ce qui incite Deslandes à conclure, revenant à son point de départ: «telle étoit la situation des Payens & même des Juifs. On sçait que ces derniers bornoient toutes leurs vûes aux biens temporels, au court espace de cette vie, & que pour nier l'immortalité de l'ame on n'en étoit pas moins admis dans les Synagogues, ni revêtu des premieres Dignités du

---

[115] *Ibid.*, vol. I, p. 366.
[116] *Ibid.*, vol. I, p. 367.
[117] *Ibid.*, vol. I, p. 368.

Sacerdoce».[118] Le premier volume de l'*Histoire critique* s'achève donc sur un de ces textes fidéistes qui, chez Deslandes, ne font de concession qu'apparente, comme nous le verrons bientôt.

Il serait fastidieux de citer tous les philosophes qui ont nié l'immortalité de l'âme. Je mentionnerai seulement quelques philosophes que l'on considère d'habitude comme des défenseurs de cette immortalité, mais qui, selon Deslandes, n'en sont pas: «On prouve d'après Aristote, que l'ame est mortelle, ou du moins qu'elle passe d'un corps à l'autre».[119] Socrate lui-même, et Platon, – selon notre critique –, ne croyaient pas non plus à l'immortalité de l'âme. Les derniers entretiens de Socrate roulèrent sur elle: «Il la prouve à la vérité par des argumens peu certains, peu décisifs [. . .]: il avoue lui-même qu'il s'enchante de cette espérance favorable, & qu'il court avec plaisir le risque de l'avenir».[120] Ailleurs, Deslandes écrit encore: «Pour Socrate, quoiqu'il ait employé les derniers jours de sa vie à parler sur l'immortalité de l'ame, il paroît cependant qu'il la souhaitoit plus qu'il ne la croyoit, & qu'il se faisoit un devoir de s'abandonner à cette douce pensée».[121]

A la renaissance de la philosophie, les mêmes doutes réapparaissent, – que Deslandes se complaît à souligner: «Sous le Pontificat de Leon X [. . .] les uns nioient l'immortalité de l'ame, ou disoient du moins qu'on ne pouvoit la prouver par les lumieres naturelles. Les autres à l'exemple d'Averroes, soutenoient que l'entendement de tous les hommes est une seule & même substance, inégalement repandue dans chaque individu, que toutes les ames par conséquent ne forment qu'une ame générale & commune, dont rien ne se perd & où tout retourne».[122] Deslandes mentionne ensuite Pomponace, qui, dans son *Traité de l'Immortalité de l'Ame*, affirmait «qu'en suivant les principes d'Aristote, on est obligé de convenir que l'ame meurt avec le corps & que rien ne reste après lui».[123] Sans la Révélation, «ajoute Pomponace, sans son autorité, j'affirmerois hardiment que tout périt avec moi».[124] Donat de Vérone également mon-

[118] *Ibid.*, vol. I, pp. 368-369.
[119] *Ibid.*, vol. II, p. 285.
[120] *Ibid.*, vol. II, p. 138.
[121] *Ibid.*, vol. I, p. 352.
[122] *Ibid.*, vol. IV, pp. 101-102.
[123] *Ibid.*, vol. IV, p. 106.
[124] *Ibid.*, vol. IV, pp. 106-107. Et Deslandes de continuer: Niphus «croyoit à peine à l'immortalité de l'ame» (p. 107) ; «Jacques Zabarella se pénétra si vivement de la lecture d'Aristote, qu'il soutint avec lui que les ames sont mortelles» (pp. 108-109) ; Cremonini «fut au nombre de ces Italiens, qui soutinrent que par les principes de la Philosophie d'Aristote on ne pouvoit démontrer l'immortalité de l'ame, & qu'il falloit avoir recours à la Religion qui seul [sic] semble nous convaincre de cette immortalité. Il ne paroît pourtant pas que Cremonin en fut trop persuadé: & l'épitaphe qu'il se

tre «qu'Aristote n'a point connu que l'ame est immortelle, & qu'il lui étoit impossible de le prouver par les lumieres naturelles. Mais il ajoute qu'un Philosophe persuadé que l'ame périt avec le corps, ne doit pourtant point l'avoüer en public à cause des conséquences dangereuses, & qu'il doit plutôt tromper le monde qui n'est fait que pour être trompé, que de chercher à l'éclairer, suivant l'axiome Latin: *mendacium humano generi plusquam veritas prodest*».[125] Une des raisons du fidéisme de parade professé par Deslandes est explicitement donnée dans ce passage.

Deslandes s'amuse ensuite à rappeler, avec une surprise et une indignation feintes, que les premiers chrétiens n'étaient pas persuadés non plus de l'immortalité de l'âme: «Combien de reproches ne méritent point sur cela les Ecrivains qui ont vêcu dans les quatre premiers siecles de l'Eglise? Quelles fausses idées n'avoient-ils point de la spiritualité de l'ame? S. Jerôme a très-bien représenté leurs variations dans cette Lettre si connue, adressée au Tribun Marcellin, & qu'on croit avoir été écrite l'an de Jesus-Christ 411. Il y parle entr'autres choses d'une opinion qui se répandoit déja dans tout l'Occident, trompé par je ne sçai quel air de vraisemblance, & qui dura jusqu'au Concile de Latran. Cette opinion consistoit à dire que les ames naissent les unes des autres, & que l'ame d'un enfant qui commence à respirer, est une production moyenne de celle de son pere & de sa mere».[126]

Or cette opinion, aux yeux de Deslandes, n'a pas seulement un «air de vraisemblance»; elle est l'opinion qu'il adopte dans *Pigmalion*. Déjà, dans le «Discours sur la meilleure maniére de faire des expériences» du *Recueil de différens traitez de physique et d'histoire naturelle*, notre philosophe expérimental s'était refusé à donner une définition exhaustive de la matière. L'attribut pensée pourrait convenir à cette dernière. Nous savons en outre, par les poèmes qui accompagnent les *Réflexions sur les grands hommes qui sont morts en plaisantant*, que la mort est pour lui le «dernier terme», le sommeil éternel. Mais c'est dans le texte à découvert de *Pigmalion, ou la Statue animée* que la matérialité et, par conséquent, la mortalité de l'âme sont avancées sans ambiguïté fidéiste.

S'adressant «A Madame la Comtesse de G.», Deslandes lui annonce l'histoire «de la Matiere qui passe par plusieurs essais, qui reçoit différentes modifications, qui se meut, qui a des sentimens: une Divinité puis-

---

composa, marque un homme qui ne craint ni n'espére rien après cette vie». (p. 110) André Césalpin croyoit que les âmes «étoient des portions de matiere plus ou moins parfaites». (p. 111).
[125] *Ibid.*, vol. IV, pp. 112-113.
[126] *Ibid.*, vol. I, p. 369.

sante qui lui accorde jusqu'à la faculté de penser, & de raisonner»!
Est-ce là une histoire révoltante?

Mais, MADAME, mettons un peu les préjugez à part, & raisonnons ensemble.
Qu'est-ce que la Matiere? En quoi consiste son essence? Avouons-le de
bonne foi: nous n'en sçavons rien. Un voile obscur couvre nos yeux, & les
couvrira, selon les apparences long-tems. Il est vrai, que nous connoissons
quelques propriétés de la Matiere; mais ces propriétés sont-elles les seules qui
lui appartiennent? N'y en a-t-il point d'autres, & même d'un rang supérieur?
   Déja quelques Philosophes tombent d'accord que l'impénétrabilité, que la
pesanteur ou la tendance vers un centre, ne sont point essentielles à la
Matiere: témoin le Feu, & peut-être l'Air. Qu'est-ce donc qui lui est essentiel? Encore une fois, MADAME, nous n'en sçavons rien; & le peu qui nous est
connu, le peu qu'apperçoivent nos foibles regards, n'exclud point *la Pensée*.
Le gros des Théologiens & des Philosophes se récriera contre cette décision,
toute modeste qu'elle est; mais laissons-les s'occuper de vaines Chimêres,
laissons-les prendre leurs Syllogismes pour des Oracles, & leurs idées superstitieuses pour la Religion.[127]

Après avoir sculpté sa Vénus, Pigmalion s'interroge sur le prétendu
«vuide infini» qu'il y aurait entre son existence à lui et celle de sa statue:

*Qui peut communiquer la pensée & le sentiment à du marbre? Mais qui me
les a communiquez à moi-même? Qu'étois-je dans le premier instant où j'ai
commencé à penser & à sentir? Que suis-je encore maintenant? Je vis, je
respire, je pense, j'ai des sentimens: n'en peut-il point arriver autant à cette
Statue? Tout dépend peut-être d'un peu plus ou d'un peu moins de mouvement, d'un certain arrangement de parties. Un corps dur peut devenir fléxi-
ble, le cahos peut recevoir une forme plus réguliere. Ici la matiere est étendue, là elle pese, plus loin elle se meut, plus loin encore elle pense. Ce ne sont
peut-être là que différentes modifications qui concourrent à former un tout
parfait.*[128]

Au fil du récit, la statue s'anime; la matière devient âme. La statue commence par faire «quelques mouvemens, & quelques infléxions de tête»;[129]
le sculpteur «épioit, pour ainsi dire, le moment favorable où sa Statue
devoit cesser de l'être, où la matiere étendue devoit passer à un état plus
parfait ou du moins plus perfectionné, où elle devoit penser. Ce changement ne se fait point brusquement & par sauts: il se fait par degrés, par
nuances, par des mouvemens insensibles. Il y a un éloignement infini d'un
état à l'autre; mais cet infini s'acheve dans un tems très-fini».[130] Puis les

---

[127] *Pigmalion, ou la Statue animée*, 1741, pp. iij-vij.
[128] *Ibid.*, pp. 30-31. On notera la progression: «là elle pese, plus loin elle se meut»,
qui est du même type que la progression qu'évoque Diderot dans l'*Entretien entre
d'Alembert et Diderot*.
[129] *Ibid.*, p. 32.
[130] *Ibid.*, pp. 33-34.

progrès se font de plus en plus sensibles: «On auroit dit qu'elle s'essayoit à respirer, à vivre, à marcher, &, encore plus qu'elle s'essayoit à penser».[131] Cette ascension vers la pensée se fait «par degrez»; la statue esquisse quelques mouvements, puis elle se met à marcher, puis,

après tous ces préliminaires, se déclara la pensée, comme un trait de lumiere qui éclate dans une nuit obscure. La Statue, non plus Statue, pensa, & dans le même moment elle s'écria: *Que suis-je, & qu'étois-je il n'y a qu'une instant? Je ne me comprends point: je ne me connois point. A quoi suis-je destinée? Pourquoi m'a-t-on tirée du néant? Tout ce que j'apperçois, tout ce qu'il m'est permis de connoître, c'est que j'existe & que je sens que j'existe. Mais d'où vient ma pensée? Qu'est-ce que penser? Je me replie sur moimême, & je ne connois rien à mon être. O pensée! vous m'appartenez en propre: vous êtes le Sceau de mon existence: mais j'ignore tout le reste.*[132]

Après ces méditations si peu cartésiennes de la statue, Deslandes développe une conception sensualiste de l'acquisition des connaissances; toutefois, il ne néglige pas pour autant l'importance des «réfléxions», c'est-à-dire de l'activité spontanée de l'esprit humain. Puis il met l'accent sur le rôle de la vie de société, qui fait sortir l'être humain de l'enfance. Mais l'éducation, pour une belle statue devenue de chair, c'est encore l'apprentissage du plaisir! Le *Pigmalion* de Deslandes joue alors au roman libertin, d'un libertinage souriant et amusé. La citation que je vais donner ici est un peu en marge de mon propos, mais elle ne manque ni d'humour ni de sensualité. Sensualité et sensualisme en harmonie d'ailleurs avec le *Traité des sensations* de Condillac:

Jusqu'ici la Statue étoit demeurée assise sur son Pié-destal. Pigmalion n'avoit osé l'approcher, & il la regardoit avec le même respect qu'un Prêtre, non encore aguerri aux choses saintes, auroit regardé une Divinité. Mais enfin il s'enhardit, & lui prenant la main, il promena des regards avides & perçans sur le plus beau corps qu'on pût voir. Que de beautez s'offrirent à ses yeux, & de beautez encore, dont les unes s'embellissoient par leur voisinage, les autres par leur contraste! Tout étoit proportionné de la maniere la plus parfaite: & une certaine fleur d'agrément, plus rare encore que la beauté, faisoit sentir ce que la Nature avoit si bien arrangé. Plus Pigmalion regardoit attentivement, plus il redoubloit d'attention: & moins il sçavoit ce qui convenoit le plus d'être regardé. Les mains dociles suivent si aisément ce qui a d'abord plû aux yeux, que Pigmalion ne pouvoit se lasser de se rendre propres par le toucher, les beautez qu'il avoit saisies par des regards ardens. Grands Dieux! quel [sic] fermeté! quel embonpoint! Chaque partie avoit les charmes & les attroits qui lui sont destinez. Une gorge soutenue des mains de la Nature, & qui repoussoit celles qu'on lui opposoit, une gorge avant-

[131] *Ibid.*, p. 35.
[132] *Ibid.*, pp. 38-40.

couriere d'autres beautez plus secrettes, engageoit Pigmalion à rechercher ces mêmes beautez. A peine put-il s'en assurer. Quels obstacles ne rencontra-t-il point? Et quel desir de les vaincre!

Pigmalion, tout hors de lui-même, (& qui ne le seroit à moins?) appuya des baisers pleins de flamme sur la bouche de sa Statue. *Que prétendez-vous,* s'écria-t-elle, *& quels mouvemens inconnus me faites-vous sentir? Je me connois encore moins, que je ne faisois il y a quelques heures. A peine je vis, & vous voulez que je meure. Mais quelle mort, & qu'elle me semble douce! Comment appellez-vous, & les mouvemens que vous vous donnez, & ceux que vous me forcez à me donner moi-même? Parlez: arrêtez-vous: ne vous arrêtez pas: je cede à vos transports, mais quel nom leur donnez-vous? ... Plaisir, plaisir,* répondit Pigmalion d'une voix entrecoupée, *& le plus grand de tous les plaisirs! Peut-on y résister? Quelle félicité! Qu'elle est extrême! Achevez, grands Dieux! achevez mon bonheur ... La voix me manque ... je suis heureux.*

Cette volupté éprouvée, pour la premiere fois, plut extrêmement à la Statue; & comme elle étoit renversée sur un lit de repos & couchée favorablement, elle invita Pigmalion à la répéter.[133] Il obéit, il se prêta d'autant plus volontiers, que la Statue se prêtoit elle-même avec de nouveaux agrémens. Il sembloit que les secousses réitérées de cette espece de plaisir augmentoient, pour ainsi parler, & perfectionnoient son ame. *A présent,* disoit-elle, *je ne puis douter que je ne vive. Ce que vous appelez plaisir acheve de me convaincre de mon être, & de me persuader sa réalité. Je vis certainement, puisque j'en suis enyvrée.*[134]

Les progrès de la statue symbolisent ceux des enfants; son âme est comme l'âme humaine, matérielle et mortelle:

C'est ainsi qu'un enfant au berceau ressemble à quelque chose de brut, & de plus brut encore, de plus informe que du marbre. La machine se développe peu à peu, ses ressorts jouent les uns contre les autres, les fluides & les solides se combattent & résistent tour à tour, c'est une action & une réaction continuelle. Enfin la Machine acquiert toute sa perfection, on voit la pensée & le raisonnement prendre des accroissemens successifs, on leur voit plus de force, de netteté, plus d'union & de sympathie. Ensuite, la machine décroît, s'use, se détraque, périt. *L'Ame ressent les mêmes diminutions: elle n'étoit d'abord rien, elle devient quelque chose, elle se fortifie; elle retombe peu à peu dans un état d'anéantissement, elle s'anéantit enfin. Voilà la vie de l'Ame peu différente de la vie du corps. Il ne faut point qu'on s'y trompe.*[135]

---

[133] Note de bas de page de l'édition de 1742: «Le R.P. Castel a dit en propres termes dans sa Mathématique universelle, etc. *Un n'est rien, deux sont quelque chose, trois sont beaucoup, et quatre sont trop.* Pigmalion avoit bien une autre Arithmétique, et, ce me semble, plus au goût des Dames».

[134] *Ibid.,* pp. 50-56.

[135] *Ibid.,* pp. 35-47; c'est moi qui souligne.

2. *L'animation de la matière*

La question de la nature du mouvement qui anime la matière est étroitement liée à la question de l'immortalité de l'âme. On vient de voir la
réponse de Deslandes dans *Pigmalion*: la matière peut s'animer progres-
sivement de mouvements qui, dans certains cas, conduiront à la sensibi-
lité, puis à la pensée et aux réflexions. Or c'est une opinion des Anciens
que la pensée n'est qu'une forme du mouvement et que le mouvement
est inhérent à la matière. A l'Académie d'Athènes, «on [. . .] croyoit que
le mouvement est essentiel à la matiere».[136] «On croit que ce fut en
Egypte que Platon s'appropria le dogme si fertile en conséquences, que
non-seulement le total de la matiere, mais encore chacune de ses parties,
est dans un mouvement continuel; de sorte que d'un instant à l'autre, on
peut dire qu'une chose existe & n'existe point: elle existe, parce qu'elle a
eu un certain arrangement; & elle n'existe plus, parce qu'au premier
arrangement en a d'abord succédé un nouveau. Cette doctrine n'est pas
fort éloignée des sentimens de la plupart des Philosophes d'aujourd'hui:
soit de ceux qui supposent que toutes les parties de la matiere, jusqu'aux
plus petites, pésent les unes sur les autres, ou s'attirent les unes les autres,
la *gravitation* en étant une qualité inséparable: soit de ceux qui soutiennent que toutes ces mêmes parties se meuvent autour d'un centre commun, de maniere cependant que par la force centrifuge les unes s'en éloig-
nent, tandis que les autres s'en approchent par la force centripete».[137]
«L'ancienne Philosophie confondoit la spiritualité & la matérialité, ne
mettant entr'elles d'autre différence que celle qu'on met d'ordinaire entre
les modifications d'une même substance; croyant de plus que *ce qui est
matériel peut devenir insensiblement spirituel, & le devient en effet*; les
Peres de l'Eglise se liérent à ce systême».[138] «On ne doit pas croire [. . .]
que la Matiere soit quelque chose de mort, & d'inanimé. Elle est au
contraire vivante & pénétrée d'une force interne, d'une vigueur secrete &
à nous inconnuë, qui la rend capable de passer par toutes les formes possibles, suivant les diverses loix de gravité, d'attraction, d'électricité, de
magnétisme, de simpatie ou d'affinité &c. Elle est pleine de vies particulieres, d'ames indivisibles, incorruptibles, ne devant jamais périr. *Tota
Natura*, remarque Pline, *animata est. Et quæ videntur animâ carere ani-
mam etiam habent. Nihil enim sine eâ vivit.* Ces ames sont de différentes
espéces; les unes sensitives, les autres agissantes sans connoître leur ac-

[136] Deslandes, *Histoire critique de la philosophie,* 1756, vol. II, p. 216.
[137] *Ibid.,* vol. II, pp. 248-249.
[138] *Ibid.,* vol. III, p. 167; c'est moi qui souligne.

tion, ou les principes de leur action, les autres douées de sentimens, mais sans réflexion: ce qui va jusqu'à l'infinie, & depuis le plus petit animal, le plus vil insecte, jusqu'à l'Homme».[139] Ce dernier passage est essentiel pour comprendre, non plus la pensée des Anciens, mais celle de Deslandes; il est extrait du «Discours, Où l'on examine ce que les anciens Philosophes pensoient de la Divinité», mais la présence des termes de «loix de gravité, d'attraction, d'électricité», etc. . . . montre que c'est le philosophe moderne aussi qui y parle.

La notion d'âme du monde, d'âme universelle, est très fréquemment évoquée dans l'*Histoire critique de la philosophie*. L'intérêt que Deslandes y marque permet de distinguer ce philosophe de matérialistes comme Lucrèce. «En général, les Anciens croyoient que tout ce qui se meut de lui-même & d'une maniere réguliere, participe bien sûrement à la Divinité».[140] Selon Platon, le monde possède une âme «placée dans son centre: elle se communique à toutes ses parties, elle les pénétre & les anime. C'est un ressort incorruptible, un principe de vie que rien ne peut affoiblir; c'est la source de toutes les ames particulieres, & de toute la vertu de produire. Alors on a pu dire que le Monde étoit un animal heureux, qui se connoît, qui se suffit à lui-même, qui trouve dans son propre fonds de quoi se renouveller à jamais».[141] On sait que la conception de l'âme du monde fut adoptée par les Stoïciens, et que c'était le sens que Sénèque donnait au mot de Dieu; dans la page où Deslandes traite de Sénèque, il établit le lien qui existe entre la matière qui «agit par elle-même» et l'âme du monde:

Suivant la doctrine des Stoïciens, Sénéque croyoit que Dieu est l'ame du Monde, & que cette ame également répanduë agite & vivifie tout l'Univers. Il suit de-là, disoit-il, que chaque élement a une vie qui lui est propre; que l'air se meut de lui-même, & que tantôt il se dilate, tantôt il se resserre & occupe moins d'espace; que l'eau se nourrit à sa maniere & en s'imbibant de toutes les vapeurs; que le feu qui dévore & consume les choses les plus dures, produit cependant une infinité de plantes & d'animaux, &c. Ainsi la matiére agit par elle-même, & le mouvement lui est essentiel.[142]

De même les Arabes pensaient-ils que toutes les parties de l'Univers «participent à la même ame»; Deslandes établit ainsi le rapport qui existe, selon eux, entre les âmes particulières et l'âme universelle:

Cette ame subsiste toujours, mais divisée en un nombre infini de portions attribuées à chaque Etre: portions qui rentrent dans la masse générale, lorsque

[139] *Ibid.*, vol. **IV**, pp. 18-19.
[140] *Ibid.*, vol. **I**, p. 110.
[141] *Ibid.*, vol. **II**, pp. 208-209.
[142] *Ibid.*, vol. **III**, p. 56.

l'Etre se décompose. C'étoit-là sur tout le sentiment d'Averroës, & ses ennemis y trouvoient une forte teinture d'Athéisme, d'autant plus qu'il ne recon-
noissoit pour toute Divinité que cette intelligence universelle, que cet Océan
d'Esprits partagés entre chaque homme.[143]

C'est la conception même que Deslandes soutient dans le «Discours» qui
est en tête du volume IV de 1756, lorsqu'il parle «de cette âme universelle qui meut, qui pénetre tout, qui donne à la matiere une vie que rien
ne peut altérer».[144] Un peu plus loin dans le même texte, il précise, pour
son propre compte, le rapport particulier/général que nous venons de
mentionner à propos des Arabes:

Mais qu'est-ce que l'Homme, qu'est-ce que les substances intelligentes dont
je parle, il faut pour bien les connoître, remonter à la force active de la
Matiere, à la cause universelle qui anime tout & qui agit par tout, & qu'on
doit regarder comme la vie générale, la vie des vies particulieres.[145]

Or, c'est avec le même vocabulaire que Deslandes s'exprime dans *Pigmalion*, lorsqu'il nomme «l'Univers»: *«Tous les êtres particuliers tiennent à ce premier Etre, & participent plus ou moins à la Vie universelle.
Vous étiez statue il n'y a que peu d'instans, & vous pensez maintenant».*[146] Le système des Anciens qui accorde âme et mouvement à la
matière est celui de Deslandes.

3. *L'éternité du Monde*

Mais d'où vient cette matière? Doit-elle son mouvement à quelque Etre
supérieur? Les philosophes anciens répondent pour la plupart qu'elle est
éternelle; la notion chrétienne de création *ex nihilo* leur est étrangère.

Résumant les «principales pensées» des philosophes barbares, Deslandes considère que de leurs «trois principes décisifs», «le premier, c'est que
tous ces Philosophes Barbares, & depuis les Philosophes Grecs n'ont eu
aucune idée de la création ni de l'anéantissement [. . .]. Aristote, en pous-
sant ses spéculations plus loin, ajoûte que les premiers Habitans du monde ont toujours jugé que la Matiere existoit par elle-même, & sans dé-
pendre d'aucune cause extérieure».[147]

Toutefois cette éternité de la matière ne signifie pas, pour la plupart
des Anciens, que Dieu n'existe pas; la matière est présentée par eux comme co-éternelle avec Dieu, ou «comme l'explique Saint Irénée, [com-

---

[143] *Ibid.*, vol. III, pp. 257-258.
[144] *Ibid.*, vol. IV, p. 9.
[145] *Ibid.*, vol. IV, p. 19.
[146] *Pigmalion, ou la Statue animée*, p. 44.
[147] Deslandes, *Histoire critique de la philosophie*, 1756, vol. I, p. 228.

me . . .] émanation de la propre substance de Dieu».[148] Au commencement était le Chaos, qu'une Intelligence a débrouillé depuis: «Les Philosophes Barbares tomboient [. . .] d'accord qu'un premier Moteur, que
Dieu avoit présidé à la formation de la Terre».[149] C'est l'opinion de Platon, d'après Deslandes.

D'autres philosophes rejettent toute forme de création. Straton, par
exemple, prouvait «qu'un Etre intelligent n'a jamais pu créer le Monde,
& qu'il ne peut point le gouverner»;[150] c'est qu'il «admit la Nature pour
toute Divinité: & sans trop éclaircir ce que ce peut être au fond que cette
Nature, il la regardoit comme une force répandue par-tout, & essentielle
à la Matiere; comme une espece de sympathie, qui lie tous les corps &
les tient dans l'équilibre; comme une puissance qui sans se décomposer
elle-même, a le secret merveilleux de varier les Etres à l'infini; comme un
principe d'ordre & de régularité, qui produit éminemment tout ce qui se
peut produire dans l'Univers. La plupart des Athées qui sont venus après
Straton, éblouis par des discours dont le détail est séduisant, quoique
frivole, ont embrassé son systême; & encore aujourd'hui la nombreuse
Secte des Lettrés à la Chine n'en a point d'autre, & elle y rapporte, non-
seulement la Religion, mais encore la Politique de ce vaste Royaume».[151]
Tel est le «Matérialisme» de Straton.

Tel est aussi le matérialisme de Deslandes. Je ne peux toutefois citer de
passage du *Pigmalion*, qui le prouve; mais la réponse que donne notre
auteur à la question de la nature de Dieu va montrer qu'il n'est ni chrétien (création *ex nihilo*), ni matérialiste à la façon de Straton ou de
Lucrèce, car ce dernier matérialisme détruit la liberté humaine au profit
d'une nécessité aveugle; surtout, un tel matérialisme ne reconnaît pas les
lois immuables de la nature, lois que la science découvre avec une précision mathématique chaque jour plus grande.

4. Deus sive Natura

Dans le «Discours, Où l'on examine ce que les anciens Philosophes pensoient de la Divinité», – discours qui ouvre le volume IV de 1756 –,
Deslandes analyse de façon serrée l'opinion que la majorité des Anciens se
faisaient de Dieu. Il me semble qu'il y suggère assez clairement sa propre
opinion.

[148] *Ibid.*, vol. III, p. 160.
[149] *Ibid.*, vol. I, p. 229.
[150] *Ibid.*, vol. II, p. 297.
[151] *Ibid.*, vol. II, pp. 296-297.

A plusieurs reprises, dans les trois premiers volumes de l'*Histoire criti-que*, il avait parlé d'«adorer le Pere, le Dieu de toutes choses en esprit & en vérité»; [152] dans le «Discours», il regrette que trop de fables aient masqué la Nature, «la force universelle, où [sic], si j'ose ainsi parler, [...] cette ame universelle qui meut, qui pénetre tout, qui donne à la matiere une vie que rien ne peut altérer». [153] Que signifie donc pour Deslandes le mot Dieu, qu'il utilise sans cesse dans l'ensemble de son ouvrage, en ayant l'air de lui donner un sens chrétien? Quel masque porte-t-il?

Il distingue deux sortes de philosophies de l'Antiquité: celle des méta-physiciens et physiciens qui confondent Dieu et la matière; celle des philo-sophes «plus raisonnables», qui établissent une différence fondamentale entre les deux.

Les premiers excluent par leur système, «si pourtant il mérite ce nom», toute substance spirituelle, et se renferment «dans la Matiere assujettie à la destinée». [154] Ce sont les «panthéistes», qui, «disoient seulement que tout ce qui frappe nos yeux, tout ce qui arrive, se termine à des modifica-tions tirées du sein de la Matiere, qui ne durent qu'un certain tems & qui s'écoulent aussi-tôt par une suite d'effets nécessaires & imprévûs». [155] Il s'agit là d'un «Naturalisme très-grossier & très-confus». [156]

Les Anciens Philosophes qui ont cru que tout l'univers n'est qu'une sub-stance, & que Dieu & le Monde ne sont qu'un seul être: *omnia sunt Deus, Deus est omnia*: ces Philosophes, dis je, soûtenoient que tout ce qu'on voit, tout ce qui a été produit & se produit de nouveau, est Dieu; enfin, que lui, les hommes, & la masse réünie des êtres, soit animés, soit inanimés, sont tou-tes choses. Ils ne reconnoissoient aucune providence: ils ne demandoient, ils ne craignoient, ils ne souhaitoient rien, tout arrivant selon eux par une succession invariable, & par une nécessité que rien ne peut changer. La substance unique est immobile & inaltérable: elle n'est susceptible que de modifications, qui cependant peuvent se nommer dans un sens des substances passageres & momentanées. Et ce sont ces modifications qui s'entre-suivent les unes les autres, comme par hazard & sans effort, d'où dépendent le jeu, le méchanisme & je ne sçais quel ordre apparent de ce vaste Univers. [157]

Ce que Deslandes n'accepte pas dans cette conception, c'est l'idée que les modifications «s'entresuivent les unes les autres, *comme par hazard*», que les effets soient *«imprévûs»*, — c'est-à-dire que toute science y soit impossible. Sa préférence va à l'autre système, selon lequel Dieu est dis-tingué de la matière; toutefois cette distinction ne s'opère pas à la manière chrétienne. Ces philosophes

[152] *Ibid.*, vol. IV, p. 13.
[153] *Ibid.*, vol. IV, p. 9.
[154] *Ibid.*, vol. IV, p. 29.
[155] *Ibid.*, vol. IV, p. 24.
[156] *Ibid.*, vol. IV, p. 25.
[157] *Ibid.*, vol. IV, pp. 26-27.

croyoient que Dieu & la Matiere, sont les deux premiers principes, & qu'ils formoient par des nœuds éternels & qui ne pouvoient se délier, le Tout, l'Univers. Dieu est l'intelligence suprême, disoient ces Philosophes: la Matiere est l'organe immédiat de Dieu. Il vit parce qu'il agit, & il agit parce qu'il a une Matiere soûmise à son action. Desunies, ce sont deux substances incompletes, & pour ainsi dire, non-existentes [sic]. Leur union constituë le tout, qui seul mérite le nom de substance. Dieu est l'Etre par soi, & la cause universelle: & ne pouvant y avoir de cause sans effet, la Matiere est l'effet, Dieu la cause. Le lien qui les assujettit l'une à l'autre, est la Nature bien-faisante. La Nature est quelque chose de réel: c'est l'action de Dieu, à laquelle répond à point nommé la réaction de la Matiere: c'est le changement continuel des formes toutes tirées du même fond, qui naissant, renaissent & semblent s'anéantir tour à tour. *Opus Naturæ,* remarquoit Aristote, *est opus intelligentiæ.*[158]

Une fois de plus, nous allons avoir confirmation que la conception des «Anciens Philosophes» que Deslandes a présentée dans son *Histoire critique*, est sa propre conception, en lisant un passage de *Pigmalion.* Tous les êtres particuliers

n'en composent qu'un seul, qui est le Tout, *qu'on appelle Dieu, la Nature & l'Univers. Tous les êtres particuliers tiennent à ce premier Etre, & participent plus ou moins à la Vie universelle. [. . .] Il y a apparence que le* Tout, *que le vrai Etre doit contenir toutes les modifications possibles; & par conséquent il ne doit pas moins penser qu'être étendu, moins raisonner que se mouvoir, moins avoir des sentimens qu'être figuré &c.*[159]

S'agit-il là d'un spinozisme? Deslandes affirme qu'on a «jusqu'ici trèsmal réfuté»[160] le système de Spinoza. Il donne deux exemples «des tours de pensée» propres à ce philosophe: «Il [Spinoza] déclare 1°. que par le mot de Dieu, il entend une substance composée d'attributs qui ne peuvent se distraire & se séparer, chacun desquels renfermant l'idée de l'Eternel & de l'Infini».[161] Au nom des «disciples adroits» de Spinoza, Deslandes répond aux objections qu'on a présentées, –et il le fait en utilisant son propre vocabulaire:

Les Disciples adroits de Spinoza repliquent que ces attributs sont les parties de cet Univers, ou les Etres déterminés à représenter Dieu de telle ou telle

---

[158] *Ibid.,* vol. IV, pp. 14-15.

[159] *Pigmalion, ou la Statue animée,* pp. 44-45. La même conception de l'univers est présentée dans l'*Histoire de la Princesse de Montferrat* (p. 99 et sq.; p. 102), et dans *La Fortune, Histoire critique* (p. 6).

[160] Deslandes, *Histoire critique de la philosophie,* vol. IV, p. 30. Sans doute Deslandes fait-il allusion à Boulainvilliers, lorsqu'il écrit ensuite: «très-mal réfuté, soit que ceux qui l'ont voulu faire, ne l'ayent pas bien entendu, soit qu'ils ayent agi de mauvaise foi: ce qu'on reproche à quelques-uns de ses Critiques. Les objections qu'ils tirent de Spinoza, sont plus fortes que les réponses qu'ils y font. On diroit qu'ils veulent se jouer de la crédulité des Lecteurs peu attentifs». (*Ibid.,* vol. IV, p. 30-31.)

[161] *Ibid.,* vol. IV, p. 30.

maniere, c'est-à-dire la Nature comme un *Tout* dans lequel ils sont & ils existent, & où ils ne peuvent cesser d'exister.[162]

P. Vernière a analysé l'influence que Spinoza aurait exercée sur Deslandes; il a montré qu'on ne pouvait parler d'authentique spinozisme de l'*Histoire critique de la philosophie*.[163] En effet le naturalisme expérimental de notre auteur s'éloigne du dogmatisme géométrique de l'auteur de l'*Ethique*.

La notion de Tout est centrale dans la conception de Deslandes; toutefois, si Deslandes tient à garder le mot Dieu, c'est en partie parce qu'il explicite l'intelligibilité du monde: la matière n'est pas chaos. Grâce à cette intelligibilité, la science du «Philosophe naturaliste» est possible; Dieu constitue en quelque sorte le postulat de la raison humaine, – non pas pratique, mais scientifique. Mais une telle intelligibilité ne signifie pas spiritualité: cette philosophie de la nature est matérialiste.

C. LE PHILOSOPHE

La philosophie masquée de Deslandes n'est pas un épicurisme facile, qui permet à son auteur de vivre tranquillement dans un monde où il se trouve doublement privilégié, et par les lumières qu'il possède, et par le bien-être dont il profite. Bien au contraire, c'est une philosophie de l'action, qui a ses exigences. Si Deslandes se refuse à donner une définition invariable du mot philosophie, dès 1737 il définit à plusieurs reprises l'idéal du philosophe en société.

H. Dieckmann a analysé le traité anonyme intitulé «Le Philosophe», qui paraît en 1743 dans le recueil *Nouvelles libertés de penser*.[164] Il montre, en particulier dans son chapitre III, l'originalité de la définition donnée alors. Sans aller jusqu'à attribuer ce texte à Deslandes, il est certain que de nombreux rapprochements s'imposent entre «Le Philosophe» et l'*Histoire critique de la philosophie*.

Cherchant à définir le philosophe, Deslandes voit d'abord en lui un «homme de Lettres»; c'est dire que le philosophe ne se contente pas de parler pour un cercle d'initiés plus ou moins restreint; il écrit et il destine ses écrits à l'impression. Il est convaincu que ses recherches peuvent être utiles aux progrès de l'esprit humain: recherches pratiques et théoriques;

---

[162] *Ibid.*, vol. IV, p. 31.

[163] P. Vernière, *Spinoza et la pensée française avant la Révolution*, Paris, P.U.F., 1954. Cf. A. Vartanian, *Diderot and Descartes. A Study of Scientific Naturalism in the Enlightenment*, Princeton, P.U.P., 1953, p. 234 et sq.

[164] H. Dieckmann, *Le Philosophe, Texts and Interpretation*, Saint Louis, Washington University Studies, 1948, pp. 68-103. Cf. *Nouvelles libertés de penser*, Amsterdam, 1743.

«un bon Philosophe n'ignore point la Langue du Médecin, ni celle du Géometre»; [165] recherches de physique et de sciences naturelles en particulier; mais aussi recherches d'économie et de politique, recherches qu'on peut qualifier de «modernes». Tout bon philosophe doit être philosophe «naturaliste»: il se doit d'étudier la nature par raison et expériences. Ainsi le philosophe finira par peser sur les mœurs de ses contemporains, qu'il aura travaillé à éclairer. Utopie sans doute; Deslandes n'arrivera pas à freiner le luxe qu'il dénonce avec acharnement dans la plupart de ses œuvres; il ne pourra promouvoir la politique maritime et commerciale dont il rêve pour la France, à l'instar de l'Angleterre.

L'*Histoire critique de la philosophie* est nourrie d'analyses sur le style de vie des philosophes antiques; or, ces analyses peuvent être lues comme autant de conscils de Deslandes à ses contemporains. Conseils contradictoires à première vue: le philosophe est d'abord un homme de cabinet et d'étude, pourtant il doit être au service de la société; le philosophe a le droit de faire retraite, pourtant il doit être prêt à répondre à l'appel de l'action; il reste sceptique, mais d'un scepticisme qui fasse avancer les sciences.

Parlant «du tems où le titre de Philosophe s'est introduit», Deslandes examine la définition que proposait Pythagore. Ce dernier évoque les différentes sortes de gens qui se rendent aux Jeux Olympiques: athlètes et marchands tout d'abord; mais «il y vient encore une troisième espece de gens, que n'attirent ni l'amour du gain, ni l'amour encore plus puissant des louanges. Les Philosophes leur ressemblent assez».[166] Le philosophe est un sage à l'antique: «Le Sage [. . .] se distingue par deux endroits»:

par une conduite serrée, exacte, circonspecte; & par une application suivie à tout ce qui peut augmenter ses connoissances. Loin du bruit & du tumulte, il tâche de se procurer une félicité certaine, durable, indépendante des assauts & des disgraces si ordinaires dans la vie. Les trésors qu'on agumente sans cesse, les Palais, les Emplois où l'on s'engage pour se dérober à soi-même, tout cela est nécessaire aux ames communes. Le Sage se met au-dessus, en regagnant par la modération de ses désirs ce que la fortune semble lui refuser, & en se tenant toujours au niveau de ses facultés, quelque médiocres qu'elles soient.

Mais, ajoute aussitôt Deslandes:

Si par le droit de sa naissance, ou par d'autres conjectures imprévues, le Sage se voit appcllé au gouvernement de sa Patrie, comme Solon, Bias, Pit-

---

[165] Deslandes, *Histoire critique de la philosophie,* 1756, vol. III, p. 255.
[166] *Ibid.,* vol. I, p. 33.

tacus; c'est alors qu'il redouble de zéle, tant pour rendre son autorité douce
& bienfaisante, que pour éviter l'écueil si dangereux du pouvoir arbitraire:
c'est alors qu'il se confirme dans la pensée où il étoit que les grandes dignités
qui flattent par un extérieur & des dehors rians, accablent en effet par les
devoirs qu'elles imposent.[167]

Le philosophe vit pleinement la vie de société. Il ne se contente pas d'en
jouir, il y participe par son travail et ses initiatives. Le philosophe en
effet doit savoir traiter les affaires publiques; Deslandes, on se le rappelle,
prend parti pour Aristippe contre Epicure: «Il y avoit [...] entre eux
cette différence, que le premier regardoit comme une obligation indispensable de se mêler des affaires publiques, de s'assujettir dès sa jeunesse à la
Société, en possédant des charges & des emplois, en remplissant tous les
devoirs de la vie civile; & que le second conseilloit de fuir le monde, de
préférer à l'éclat qui importune, cette douce obscurité qui satisfait; de
rechercher enfin dans la solitude un sort indépendant des caprices de la
fortune, & des bizarreries de l'usage. [...] Pour moi, s'il m'étoit permis
d'en juger, je trouverois plus de noblesse, plus de grandeur d'ame à suivre
les leçons d'Aristippe».[168]

Sagesse à l'antique, à la manière des Athéniens Phocion et Aristide. Si
le philosophe a échoué, comme il est arrivé à Deslandes au Ministère de
la Marine, il doit supporter sa disgrâce, ou du moins sa retraite, comme la
supporte le sage Athénagore, ancien chef d'armées; la Fortune vient de
le plaindre:

Et pourquoi cela, répondit froidement Athenagore? *je ne mérite point d'être
plaint. Je suis content ... J'ai servi ma Patrie avec zele & courage. Je ne me
suis point épargné ... Dès qu'elle a jugé que mes services lui étoient inutiles,
j'ai commencé à vivre pour moi-même, & à me familiariser avec la mort; je
vois qu'elle s'approche à chaque instant ... Tout ce que je désire aujourd'hui
c'est que ceux qu'on m'a préférés, peut-être mal à propos, soient aussi ten-
drement & aussi fidellement attachés à la Patrie que je l'ai toûjours été.*[169]

Le «citoyen et philosophe» que nous avons vu lutter dans le premier
chapitre de cette étude est le même qui médite sur la notion de philosophie
dans notre Chapitre V. Si Deslandes se méfie des systèmes ambitieux, leur
préférant des hypothèses que le scepticisme se doit de critiquer, il a cependant bâti une vision cohérente du monde à son usage et à celui de ses
contemporains, qu'il veut guider. A pas lents, – et non sans risques de
retours en arrière –, les hommes ont progressé (*Histoire de la philosophie*)

---

[167] *Ibid.*, vol. I, pp. 317-320.
[168] *Ibid.*, vol. II, p. 173.
[169] Deslandes, *La Fortune, Histoire critique*, pp. 53-54.

et progressent encore (*Recueil de différens traitez de physique et d'histoire naturelle*). Deslandes, sans amertume et sans illusions, a le sentiment d'avoir vécu une vie et fait une œuvre utiles.

Le but avoué ou inavoué de l'*Histoire critique de la philosophie* est bien d'établir la continuité de la pensée rationnelle depuis son apparition (c'est-à-dire, selon Deslandes, depuis la naissance même de la pensée) jusqu'aux temps modernes. Il n'y a qu'une pensée rationnelle; mais il y a un grand nombre de discours mythologique, poétique, religieux, etc. . . . Ces discours ne sont pas tous rationnels. Pour Deslandes toutefois, certains d'entre eux, lorsqu'ils sont dits par des philosophes, expriment la rationalité tout en la masquant. Le premier rôle de l'historien de la philosophie est ainsi de décoder le discours de ces philosophes, pour en rendre raison et le faire revenir à la raison. L'*Histoire critique* met au point une approche de l'histoire beaucoup moins «pyrhonienne» que celle de l'*Essai sur les mœurs* de Voltaire; c'est l'approche même des grandes philosophies du XIXe siècle qui s'annonce ici. Mais, toujours selon Deslandes, tout discours rationnel est celui qui se met à l'unisson de l'univers. «Se met à», parce que c'est affaire de progrès. Le deuxième rôle de l'historien de la philosophie est de faire l'histoire de cette montée vers la lumière. Histoire utile: on dégagera les instruments du progrès déjà accompli, qui servent à le poursuivre. Mais projet dont la possibilité même est toujours incertaine: le philosophe reste sceptique. L'écart se maintient entre la philosophie (qui est ce projet) et le philosophe (qui ajuste le projet à la vie de tous les jours).

CONCLUSION

A la période charnière des années 30 et 40 du XVIIIe siècle français, Deslandes offre aux initiés une vision du monde originale, complexe et cohérente. Cet homme de lettres, qui fut aussi homme d'action, a bâti une philosophie qui pivote autour de la notion de recherche critique. Le scepticisme ouvert et constructif qui anime cet esprit critique s'exerce, plus ou moins ouvertement, dans tous les domaines; il a un rayon d'action plus large que le doute cartésien et pénètre plus loin que la recherche de la vérité malebranchienne. Ouvertement, –malgré l'hostilité de l'Académie des Sciences –, dans le domaine des sciences et des techniques; en portant le masque et en se protégeant de l'anonymat, dans les domaines métaphysiques et religieux. C'est ainsi que Pigmalion et sa Statue s'entretiennent ensemble de l'hypothèse plausible et utile de la matérialité de l'âme; qu'ils envisagent, avec sérénité et adoration, l'unité du Tout de l'Univers, le seul et vrai Dieu. En outre, puisqu'une telle philosophie a de fortes chances d'être sur la voie de la vérité, il importe au philosophe de l'incarner dans sa morale et son activité politique et sociale. Le philosophe ne courra pas après les charges officielles, mais, lorsque le hasard l'aura amené à en assumer une, il se battra pour réaliser les réformes dont ses lumières lui auront montré la nécessité pressante. La disgrâce et l'échec le laissent sans amertume, décidé à soutenir de sa plume ce qu'il n'aura pu accomplir dans ses charges. Citoyen et philosophe, Deslandes se bat jusqu'à son lit de mort pour sa cité et pour la conception naturaliste et matérialiste qu'il se fait de la philosophie. Certes, le naturalisme matérialiste qui caractérise la philosophie de Deslandes doit plus à une subversion de la métaphysique traditionnelle qu'aux recherches expérimentales des sciences naturelles et de la médecine: Deslandes n'est pas médecin comme La Mettrie; il n'a pas un Buffon ou un Bordeu pour l'éclairer. Nous ne sommes pas dans les années 60; il manque à notre auteur la dimension biologique que Diderot donnera à son *Rêve de d'Alembert*.

Toutefois, l'orientation intellectuelle que choisit le philosophe Deslandes est bien la même. L'attitude intellectuelle qu'adopte le citoyen Deslandes est elle aussi comparable à celle des encyclopédistes et fonctionnaires philosophes des années à venir, comme le prouvent les récents travaux d'Y. Bénot, M. Devèze et M. Duchet.[1]

Chacun des thèmes de cette philosophie est en soi intéressant; certains d'entre eux assez neufs. Mais ce qui est le plus neuf et le plus intéressant, à mes yeux, c'est la synthèse même qui harmonise ces différents thèmes en une vision cohérente du monde. Si Deslandes a retenu mon attention, ce n'est pas tellement parce que, dès le deuxième tiers du siècle, il est matérialiste conséquent; c'est parce qu'il est à la fois matérialiste, fasciné par le monisme panthéiste et cependant religieux à sa manière. Faudrait-il ne voir là qu'un réseau de contradictions que Voltaire, J.-J. Rousseau ou Diderot résoudront plus tard avec plus de bonheur? Bien au contraire; Deslandes établit un équilibre soigneusement dosé qui permet au philosophe d'œuvrer l'esprit libre et ouvert. Il ne s'agit là ni du confort intellectuel ni du conformisme social des libertins fin de règne, mais de la certitude qu'il existe des asiles spirituels et sociaux où la libre pensée peut se concentrer et d'où elle sait prendre son essor. Cet équilibre n'est nullement compromis par la dynamique que le scepticisme constructif inspire au chercheur, qui se dépasse dans les progrès et les réformes auxquels il participe. Nous avons bien à faire à un portrait complet de philosophe et à un type achevé de philosophie, qui ne sauraient se confondre avec d'autres visions du monde que nous connaissons mieux (déisme de Voltaire, ou «humanisme» de Diderot).[2] Trait particulièrement saillant de cette philosophie: les antagonismes sont gommés au bénéfice des réformes qu'elle suggère à l'adversaire possible; la haine et le mépris s'effacent devant l'action à entreprendre en commun et le sentiment que le présent ne pouvait être autrement qu'il est.

Toutefois cette philosophie ne constitue qu'une des réponses possibles aux problèmes spécifiques des années 30 et 40. Une des réponses possibles: à la même date où Voltaire rabaisse Descartes pour exalter Newton, Deslandes fait remonter l'esprit philosophique moderne à Descartes; à l'époque même où Voltaire et Melon s'ingénient à l'apologie du luxe, Deslandes en fait une critique nuancée, mais radicale. Une réponse spécifi-

---

[1] Y. Bénot, *Diderot de l'athéisme à l'anticolonialisme*, Paris, Nizet, 1970; M. Duchet, op. cité.

[2] Cf. J. Thomas, *L'humanisme de Diderot*, Paris, Les Belles-Lettres, 1938. «Humanisme» ou «ordre chaotique»? Cette dernière expression constitue le titre du dernier livre de Lester G. Crocker, *Diderot's Chaotic Order*, Princeton, Princeton University Press, 1974.

que: la stratégie stylistique du masque, par exemple, convient d'abord à deux décennies où la polarisation philosophes/chrétiens n'est pas marquée comme elle le sera dans les années 60 et 70. C'est qu'à mon avis il n'existe pas *une seule* philosophie des Lumières, qui court plus ou moins sourdement à travers tout le XVIIIe siècle; on doit plutôt s'attacher à décrire *les diverses* philosophies de périodes diverses. Ces philosophies ne varient pas seulement selon les périodes, mais s'opposent parfois à l'intérieur d'une même période: pour donner un exemple peu reconnu, il existe, je pense, une philosophie chrétienne des Lumières, vers 1730. Ces différentes philosophies ne peuvent être rassemblées sous une bannière unique. Non que toute étude synthétique soit à bannir, mais une telle synthèse est loin d'être faite; l'articulation des divers discours philosophiques n'est pas connue de façon assez précise. Avant d'y procéder à nouveau, peut-être serait-il bon d'écouter les voix discordantes qui s'élèvent, au lieu de discréditer celles qui ne concordent pas avec la synthèse qu'on a bâtie.

Deslandes est une de ces voix. Le marquis d'Argens en est une, que vient de faire entendre J. Molino. Mais bien d'autres encore sont à évoquer. Il serait bon d'examiner ou réexaminer pour elles-mêmes l'œuvre de Lévesque de Burigny, de Mirabaud, de du Marsais, celles de Fréret et de Boulainvilliers, pour ne donner que quelques exemples. Toute leur œuvre: et cela suppose un patient travail de critique historique, si l'on veut établir la liste complète de leurs écrits tant ésotériques qu'exotériques. Leur œuvre décrite selon les intentions des auteurs eux-mêmes: et cela exigera un décryptage stylistique, afin de ne pas laisser dans l'ombre ce qui fut sans doute l'essentiel de leurs intentions et, en fin de compte, de leur pensée. A cet égard, les travaux de Renée Simon ne décrivent qu'un aspect des philosophies qu'elle a étudiées; [3] sous l'allure académique et scolastique du discours de Fréret et de Boulainvilliers, ne découvrirait-on pas un point de vue philosophique et critique neuf? Là encore, il paraît possible de démasquer quelques philosophies des Lumières soigneusement ourdies.

Dès maintenant, on peut sans doute dégager de la lecture de Deslandes certains traits caractéristiques pour servir à une étude future de ses contemporains. Il ne s'agit là que d'hypothèses de recherche, mais certains indices donnent à croire que ces hypothèses pourraient être fructueuses. Ainsi, il serait bon de mieux connaître les différentes nuances de scepticis-

---

[3] R. Simon, *Nicolas Fréret, Académicien*, in *Studies on Voltaire and the 18th-Century*, Genève, 1961; *Un révolté du Grand Siècle, Henry de Boulainviller*, Garches, Editions du Nouvel Humanisme, 1947.

me religieux et métaphysique de la période; les prises de position sceptiques sont si nombreuses qu'on ne saurait y voir seulement un faux-fuyant
pour dérouter l'adversaire théologien ou dogmatique.[3bis] De même l'attention accordée aux philosophies païennes mérite-t-elle un examen plus
large que le seul examen esthétique.[4] Troisième direction à suivre: entreprendre l'étude de l'utilisation que font certains écrivains des données tra-
ditionnelles de la religion et de la philosophie chrétiennes; ils visent en effet
deux buts en apparence contradictoires: maintenir les liens d'une société
où le catholicisme est empreint partout; dire, de façon masquée et avec
une ironie plus ou moins soutenue, comment on peut interpréter cette tradition, – et, au-delà, toute tradition. Notons qu'une différence fondamentale se creuse entre un argument tel qu'il s'articule dans un système de
pensée et le même argument qui étaye un tout autre système. Ce qui importe, comme l'écrivait Pascal, ce n'est pas la balle avec laquelle on joue,
mais l'endroit où on la place. Ainsi, la critique des fables ou celle de l'idolâtrie peut se situer à l'intérieur d'une métaphysique où la nature dépravée
s'oppose au surnaturel chrétien; elle constitue alors une exaltation des miracles du vrai Dieu. La même critique, au cœur d'une métaphysique naturaliste, rabaisse radicalement toute religion, quand bien même on semble ne
s'attaquer qu'aux pratiques païennes. Là encore, ce ne sont pas les éléments qui, en s'additionnant, formeraient l'entassement d'une nouvelle
philosophie; l'originalité naît d'une articulation nouvelle d'éléments parfois très anciens, souvent utilisés par l'adversaire à bien d'autres fins. La
synthèse qui se dégage est une structure nouvelle, non un catalogue de
nouveautés. J'aimerais enfin appuyer sur un dernier trait caractéristique
de cette période: la multiplication des études dites «critiques». Le mot
revient fréquemment sous la plume de Deslandes, mais, – pour ne donner
qu'un autre exemple –, Morin, Académicien des Inscriptions et Belles-
Lettres, écrit une «histoire critique du Célibat».[5] Encore ne faut-il pas se
laisser prendre aux pièges du vocabulaire; le discernement en question
n'est pas le même chez l'historien critique de la philosophie qu'est Deslandes et chez Richard Simon ou Pierre Bayle; la notion de critique sert
à des fins différentes ici et là.

La prise de conscience des problèmes sémantiques du XVIIIe siècle
ne s'effectue pas au XIXe ou au XXe siècle, mais dès le XVIIIe. La
réflexion philologique fait place à la réflexion linguistique, qui est à la

---

[3bis] Cf. les travaux de Richard H. Popkin sur le scepticisme, en particulier «Scep-
ticism in the Enlightenment», *Studies on Voltaire*, XXVI, 1963, pp. 1321-1345.
[4] Je pense au beau travail de J. Seznec, *Essais sur Diderot et l'Antiquité*, Oxford,
Clarendon Press, 1957.
[5] *Mémoires de l'Académie des Inscriptions*, vol. IV, p. 308 et sq.

fois une réflexion technique et métaphysique. Cette recherche est encore peu développée chez Deslandes; néanmoins, l'étude critique qu'il mène de l'ambiguïté voulue du langage ouvre nécessairement sur des recherches plus approfondies. Ces recherches prennent forme, dans les années 40, au sein du petit groupe alors uni que forment Diderot, Rousseau et Condillac. Un certain nombre d'éditions et d'études permettent aujourd' hui d'étudier les points de vue contradictoires de philosophes aussi divers que du Marsais, Maupertuis et Turgot; [9] on dispose aussi des travaux de N. Chomsky,[10] M. Foucault [11] et R. Donzé.[12] Mais là encore, je crains que ces études ne soient parfois entachées d'imprécision, parce qu'y sont utilisées sans analyse neuve les notions de Philosophie des Lumières, de sensualisme/rationalisme, etc.... Dans une étude plus récente, J. Chouillet montre bien, par exemple, que ce dernier couple ne fonctionne pas selon un système d'opposition, mais de complémentarité: sensualisme signifie, en ce deuxième tiers du XVIIIe siècle, élaboration des données des sens par la raison; rationalisme, application de la raison aux données indispensables des sens.[13] Il serait intéressant d'appliquer la métaphysique du langage qui organise les visions du monde de cette période au langage de la métaphysique qui les soustend. Si, pour tant d'écrivains dits sensualistes, la raison a pour rôle d'éclairer et d'organiser les informations procurées par l'expérience, c'est que le langage, à condition qu'il soit correctement défini ou redéfini par cette raison, leur apparaît comme l'instrument adéquat à toute analyse de la réalité; pour parler en termes médiévaux, ils ne sont pas «nominalistes», mais «réalistes». C'est pourquoi, me semble-t-il, Rousseau peut délibérément écarter «les faits», pour procéder à une analyse réaliste des mots du vocabulaire politique et social; les deux *Discours* et le *Contrat social* peuvent se lire de cette façon. Encore faut-il ajouter que Rousseau n'emploie pas le mot de «faits» sans une certaine ironie: ces prétendus faits sont loin d'être bien établis; il est préférable et possible de raisonner juste et de trouver la vérité en éclairant les données obscures ou obscurcies à dessein, mais «réalistes», du langage. Ce qui vaut pour Rousseau vaut encore pour Diderot et bien d'autres qui

[9] Maupertuis, Turgot, Condillac, du Marsais, A. Smith, *Varia linguistica,* préface de M. Duchet, textes rassemblés et annotés par Ch. Porset, Bordeaux, Ducros, 1970.
[10] N. Chomsky, *Cartesian Linguistics. A Chapter in the History of Rationalist Thought,* New York, Harper & Row, 1966.
[11] M. Foucault, *Les mots et les choses,* Paris, Gallimard, 1966.
[12] R. Donzé, *La Grammaire générale et raisonnée de Port-Royal. Contribution à l'histoire des idées grammaticales en France,* Berne, Francke, 1967.
[13] J. Chouillet, op. cité; Karl D. Uitti a donné un compte-rendu des ouvrages de Chomsky et Donzé, qui me semble pertinent et prometteur: «Descartes and Port-Royal in Two Diverse Retrospects», in *Romance Philology,* vol. XXIII, No. 1, Août 1969, pp. 75-85.

les ont précédés. Il existe une ontologie linguistique qui va, sans rupture majeure, de l'Antiquité au XVIIIe siècle; Kant, avec sa révolution copernicienne des données subjectives de la conscience, ouvrira la faille. On comprendra donc, beaucoup mieux et plus largement, et la philosophie et l'écriture de Diderot ou de Rousseau (entre autres), si l'on rattache leur style et leur vision du monde à leur analyse aussi bien qu'à leur pratique du langage.

La recherche interdisciplinaire que j'ai tentée dans ce livre ouvre sur des recherches nouvelles où sont parties prenantes l'histoire, la philosophie et la linguistique. Mais d'autre part, l'analyse du masque peut conduire à un décryptage stylistique d'écrivains des Lumières dont on ne donne d'habitude qu'une seule lecture. J'ai déjà mentionné Fréret et Boulainvilliers, mais l'œuvre de Diderot me paraît un champ riche de nombreuses interprétations. En premier lieu, ce décryptage jetterait peut-être un jour nouveau sur ses premiers écrits philosophiques. Il faudrait tenir compte de la place où chacun de ces ouvrages s'est inscrit dans l'eventail d'écriture de l'écrivain français de 1740. La *Lettre sur les aveugles*, anonyme et tout à fait clandestine, ne peut être située comme les *Pensées philosophiques*; la *Lettre sur les sourds et muets,* comme la *Lettre sur les aveugles*. En outre, les articles rédigés par Diderot pour l'*Encyclopédie* ont aussi leur place dans cet éventail: ils étaient destinés à passer sous les yeux d'un censeur. Toutefois, les articles des deux premiers volumes ont dû être écrits avec plus de liberté (ou d'ironie goguenarde!) que ceux qui ont suivi la crise de 1752, et à plus forte raison que ceux qui ont suivi la crise de 1759. L'«Histoire de la philosophie» de l'*Encyclopédie,* – histoire dont Diderot a été en partie l'auteur –, nécessite donc un décryptage plus minutieux encore que l'*Histoire critique de la philosophie* de Deslandes, l'étude de J. Proust mettant surtout l'accent sur un aspect de cette histoire: sa concordance avec les autres écrits philosophiques de Diderot.[14] Serait-il possible, après une étude de ce type, de remettre en question la prétendue évolution de Diderot du déisme au matérialisme? Les manuscrits clandestins, l'œuvre même de Deslandes (que Diderot connaissait) nous montrent que, du temps de la jeunesse de Diderot, matérialisme et athéisme étaient des conceptions aussi répandues que le déisme, – peut-être même plus répandues dans la «bohême» intellectuelle dont faisait partie le jeune Denis, que dans les milieux officiels et académiques. Ce masque, que Voltaire parvient à rejeter parce qu'il vit en exil, Diderot le Parisien sera contraint de le porter sa vie durant. Quand bien même il n'a pas affaire à la censure gouvernementale, d'autres con-

---

[14] Cf. J. Proust, *Diderot et l'Encyclopédie,* op. cité; *L'Encyclopédie,* op. cité.

sidérations l'incitent souvent à le garder: pour prolonger la mystification du marquis de Croismare, par exemple, Diderot est amené à respecter le christianisme libéral de ce dernier, quand il rédige *La Religieuse*. Il y a donc une lecture exotérique du roman, que G. May a donnée dans son étude [15] et selon laquelle Suzanne, chrétienne sincère, fait appel au chrétien de Croismare et, par delà, au gouvernement, pour que certaines réformes soient entreprises ou du moins appliquées. L'esprit de l'Oratoire semble présider à ces réformes envisagées: que l'entrée au cloître soit aussi difficile qu'en soit facile la sortie! Ainsi est maintenue, comme chez Deslandes, la communication avec la société catholique et monarchique. Mais le même roman exige une lecture ésotérique: certains propos de Diderot, des avertissements répétés introduits dans le roman, la physiologie du cloître par laquelle l'auteur, au-delà de la narratrice, nous conduit insensiblement de la mélancolie à la folie suicidaire, tout cela dessine une critique radicale du cloître et même du christianisme dans son ensemble.[16] Que l'on n'ait pas suffisamment tenu compte de cette stylistique du masque explique certains désaccords entre critiques: dans un livre récent,[17] Y. Bénot reproche vivement à G. May d'avoir trahi la pensée de Diderot en ne voulant pas tenir *La Religieuse* pour un roman anti-chrétien. Mais si l'on se place d'un point de vue plus large, on peut accepter les deux interprétations comme complémentaires: le philosophe condamne de façon sourde ce dont le romancier convient pour rendre efficace sa mystification. Mystification est d'ailleurs un mot malheureux, quand on envisage l'œuvre entière de Diderot; disons plutôt communication efficace qui permet le progrès des réformes. Là encore, philosophe et citoyen sont un seul et même écrivain.

La méthode de déchiffrement que j'avance ici s'applique avec bonheur aux écrivains philosophes du XVIIIe siècle. C'est que la lecture de certains de leurs textes à la lumière d'autres textes de leur œuvre permet de mettre en relief l'unité de leur philosophie. Or cette recherche de l'unité est un de leurs soucis majeurs. Un domaine ouvre la porte d'un autre domaine: la métaphysique des arts mécaniques constitue aussi celle des beaux arts; la technique du roman ou du dialogue est un outil de recherche philosophique plus authentique qu'un traité abstrait et désincarné. Le métier de comédien est hiéroglyphe du métier d'écrivain. N'étudier qu'un aspect du génie de ces auteurs, c'est donc négliger tout un aspect de leur originalité; c'est mettre des œillères à un siècle qui s'est efforcé de

---

[15] G. May, *Diderot et La Religieuse*, Paris, P.U.F., 1954.
[16] Cf. mon article: «Pour une interprétation complémentaire de *La Religieuse* de Diderot: Masque et Lumières», à paraître dans un volume d'hommage.
[17] Y. Bénot, op. cité.

les ôter. Certes, l'étude des techniques particulières qu'ils appliquent dans des domaines particuliers (roman, dialogue ou ... dictionnaire) reste intéressante en soi; mais il y a un grand danger à ne lire les textes du XVIIIe que dans une perspective: c'est d'appauvrir jusqu'à leur interprétation littéraire. Le feu croisé des points de vue aussi divers que ceux de l'historien, du linguiste et du philosophe permet seul de donner aux ouvrages, ou plutôt à l'œuvre de bien des écrivains du siècle, leur relief original et leur puissante dimension.

BIBLIOGRAPHIE

I. ŒUVRES DE DESLANDES

1. *manuscrits*:

Lettres de Deslandes à l'abbé Bignon, B.N., Mss. f. fr., 22 228, fol. 1-64.

2. *imprimés*:

a/ mémoires et lettres publiés dans:

i. Histoire de l'Académie Royale des Sciences

Expériences sur les teintures que donne le charbon de pierre. (Année 1713). Paris, 1716, p. 12.

Observation sur un enfant qui n'avait point d'articulation dans ses membres. (Année 1716). Paris, 1718, p. 25.

Observation sur un poumon divisé en cinq lobes. (Année 1718). Paris, 1719, p. 31.

Observation sur de terribles coups de tonnerre, et sur leurs fâcheux effets, sur les clochers où l'on sonnait. (Année 1719). Paris, 1721, pp. 21-22.

Observation sur un animal pris en Barbarie, qui a des rapports avec le chien, le sanglier, le loup et le renard, et pour cela nommé *cani-apro-lupo-vulpes*. (Année 1719). Paris, 1721, pp. 40-41.

Observation sur la différence des sangliers d'Afrique et de ceux d'Europe. (Année 1719). Paris, 1721, p. 41.

Observation sur l'organisation des vers qui rongent les navires. (Année 1720). Paris, 1722, pp. 26-29.

Observation sur des sables qui depuis 1666 ont couvert plusieurs villages aux environs de Saint-Paul-de-Léon en Basse-Bretagne. (Année 1722). Paris, 1724, pp. 7-9.

Observation sur les insectes différents qu'on aperçoit chaque fois que l'eau se corrompt dans les jarres, lors des longs voyages sur mer. (Année 1722). Paris, 1724, pp. 9-10.

Moyen de prévenir la corruption de l'eau embarquée sur un vaisseau. (Année 1722). Paris, 1724, p. 9.

Observation sur la génération des soles et des chevrettes. (Année 1722). Paris, 1724, pp. 19-20.

Observation sur le froid qu'on a éprouvé sur le grand banc de Terre-Neuve le 15 juin 1725. (Année 1725). Paris, 1727, pp. 1-2.

Observation sur les maqueraux et sardines qui n'ont pas paru cette année aur les côtes de Bretagne, mais à leur place, une espèce moyenne qui tenait des deux. (Année 1725). Paris, 1727, pp. 2-3.

Observation sur l'état de l'atmosphère en différents endroits de l'Europe, et surtout sur un baromètre qui resta, à Brest, constamment à 26 p. 4 lignes depuis le 2 février jusqu'au premier septembre qu'il monta tout d'un coup à 28 pouces 2 lignes, et varia ensuite à l'ordinaire. (Année 1726). Paris, 1728, pp. 14-16.

Observation sur une espèce singulière de vers, extraite de lettres écrites de Brest à M. de Réaumur. (Année 1728). Paris, 1730, pp. 401-402.

ii. Mémoires de Trévoux

Lettre de M. Deslandes de l'Académie des sciences, écrite de Brest au P. Catrou Jesuite, octobre 1716, pp. 1935-1937.

Extrait d'une lettre écrite de Brest par Monsieur Deslandes, Commissaire de la Marine et de l'Académie royale des sciences, au R. P. Deslandes, juillet 1725, pp. 1276-1287.

Extrait d'une lettre écrite de Brest, par M. Deslandes, commissaire de la marine, de l'Académie royale des sciences, sur la formation de nouvelles îles, septembre 1726, pp. 1643-1651.

Lettre de Monsieur des Landes de l'Académie des Sciences, et Commissaire de la Marine, sur une Antiquité Celtique, novembre 1727, pp. 2094-2106.

Nouvelle Observation sur le Flux et le Reflux de la Mer. Par M. Deslandes, Commissaire de la Marine à Brest, de l'Académie royale des sciences, mars 1729, pp. 542-551.

Observations sur l'Eau de la Mer et sur l'Eau douce qu'on embarque dans les Vaisseaux. Par M. D. Commissaire de la Marine, de l'Académie royale des sciences, mars 1730, pp. 409-423.

Observations Physiques sur les Oiseaux de Mer, et sur les Huitres, extraites d'une Lettre de M. D... Commissaire de la Marine, de l'Académie des sciences, mai 1731, pp. 889-900.

Extrait d'une Lettre écrite par M. D... sur quelques curiosités trouvées en Bretagne, février 1732, pp. 367-372.

iii. Observations sur les écrits modernes, par Desfontaines

Lettre de M. Deslandes aux auteurs des Observations sur les écrits modernes, vol. XI, Paris, 1737, p. 165.

iv. Bibliothèque française

Lettre de M. Deslandes à M. le Chevalier de S... à la Haye, vol. XXVI, Amsterdam, 1738, p. 151.

v. Recueil de pièces d'histoire et de littérature (François Granet/Desmolets)
Compliment à messieurs de l'Académie des Belles-Lettres de La Rochelle,
par M. Deslandes, Commissaire général de la Marine, vol. IV, Paris (Chau-
bert), 1741.

vi. Journal des Savants
Lettre de M. Deslandes, ancien Commissaire de la Marine, portant excuses et
rétractation du contenu en une brochure par lui publiée au mois d'août dernier (1748), contre l'extrait que le Journal des Savants du même mois avait
donné de son Essai sur la marine des Anciens, et en particulier contre M. de
Mairan, de l'Académie française et de celle des sciences, qu'il croyait être
l'auteur de cet Extrait, avril 1749, p. 203.

b/ livres de Deslandes

i. signés, avec privilège et approbation
L'Art de ne point s'ennuyer, Amsterdam, Josué Steenhouwer et Herman
Uytwerf, 1715, xix-138 pp.
L'Art de ne point s'ennuyer, Paris, E. Ganeau, 1715, 141 pp.
L'Art de ne point s'ennuyer, Amsterdam, 1750.
*The Art of Being Easy at all Times, and in all Places. Written Chiefly for
the Use of a Lady of Quality.* Made English from the French Original by
Edward Combe, London, Printed for C. Rivington, 1724, 163 pp.
*Die Kunst, keine lange Weile zu haben; aus dem Französischen des Herrn
Deslandes,* Leipzig, Christian Gottlob Hilscher, 1772.

*Recueil de différents traités de Physique et d'Histoires naturelles (sic) propre
à perfectionner ces deux sciences,* Paris E. Ganeau, 1736, ii-272 pp.
*Recueil de différents traités de Physique et d'Histoires naturelles (sic) pro-
pres à perfectionner ces deux sciences, avec figures. Revu, corrigé & augmenté d'un Traité des Vents,* A Paris & se vend à Bruxelles, chez George
Fricx, 1736.
Recueil de différents traités de Physique et d'Histoire naturelle, seconde édition, Paris, 1748, xxiv - 361 pp.
Recueil de différents traités de Physique et d'Histoire naturelle, Paris, 1750,
vol. 1 et 2. (2: xlvi - 302 pp.)
Recueil de différents traités de Physique et d'Histoire naturelle, Paris, 1753,
vol. 2 et 3. (3: xxxii - 286 pp.)

*Essai sur la marine des Anciens, et particulièrement sur leurs vaisseaux de
guerre,* Paris, David, 1748.
*Essai sur la marine des Anciens, et particulièrement sur leurs vaisseaux de
guerre,* Paris, David, 1768, xxxi - 297 pp.

ii. permission tacite sollicitée

a/ et refusée

Réflexions sur les grands hommes qui sont morts en plaisantant, Amsterdam, J. Desbordes, 1712, 89 pp.

Réflexions sur les grands hommes qui sont morts en plaisantant, avec des poésies diverses, par M. D***, Rochefort, Jacques Le Noir, 1714, xxiv-202 pp.

Réflexions sur les grands hommes qui sont morts en plaisantant. Nouvelle édition, augmentée d'épitaphes et autres pièces curieuses, qui n'ont point encore paru, Amsterdam, les frères Westeing, 1732, xvi-290 pp.

Réflexions sur les grands hommes qui sont morts en plaisantant, avec des poésies diverses, par M. D***, Rochefort Jacques Le Noir, 1755, xxiv-202 pp.

Réflexions sur les grands hommes qui sont morts en plaisantant. Nouvelle édition, augmentée d'épitaphes et autres pièces curieuses qui n'ont point encore paru, Amsterdam, Aux dépens de la compagnie, 1758, xxii-300 pp.

Réflexions sur les grands hommes qui sont morts en plaisantant. Nouvelle édition augmentée d'épitaphes et autres pièces curieuses qui n'ont point encore parues (sic), par M. Deslandes, Amsterdam, 1776, xvi-304 pp.

A Philological Essay, or Reflections on the Death of Freethinkers with the Characters of the Most Eminent Persons of Both Sexes, Ancient and Modern, that Died Pleasantly and Unconcern'd, by Monsieur D—— of the Royal Academy of Sciences in France, and Author of the Poetæ Rusticantis Literatum Otium, Translated from the French by Mr. B—— with Additions both by the Author now in London, and the Translator, London, Printed and Sold by J. Baker, 1713.

Dying Merrily, or Historical and Critical Reflexions on the Conduct of Great Men in All Ages, who in their Last Moments Mock'd Death, and Died Facetiously . . . translated from the French by T. W.——, A.M., London, 1745, 133 pp.

Betrachtungen über diejenigen grossen Leute, welche im Scherzen gestorben sind. Aus dem Französischen übersetzt, Frankfurt-Leipzig, 1747.

Sammlung vermischter Gedanken über grosse Leute, welche scherzend gestorben sind. Aus dem Französischen übersetzt und mit Anmerkungen vermehrt von C.H.K. (dans: *Nichts oder Etwas, nachdem es der geneigte Leser beliebt. Ein demüthiger Beitrag zur Makulatur des achtzehnten Jahrhunderts*), Leipzig und Schleiz, Johann Gottlieb Mauken, 1780.

Miscellaneen über berühmten Männer und Frauen, welche bei froher Laune gestorben sind. Nach dem Französischen des Deslandes mit Anmerkungen und Abhandlungen über Tod, Seelengrösse im Tode und Selbstmord von K. H. Heydenreich, Leipzig, Gottfried Martini, 1797.

Histoire critique de la philosophie, où l'on traite de son origine, de ses progrès et des diverses révolutions qui lui sont arrivées jusqu'à notre temps, par M. D. . . , 3 vol., Amsterdam, F. Changuion, 1737.

Histoire critique de la philosophie, où l'on traite de son origine, de ses progrès et des diverses révolutions qui lui sont arrivées jusqu'à notre temps, par M. D..., 3 vol., Londres, Jean Nourse, 1742.
Histoire critique de la philosophie, où l'on traite de son origine, de ses progrès, et des diverses révolutions qui lui sont arrivées. Nouvelle édition, par M. Deslandes, 4 vol., Amsterdam, François Changuion, 1756.
Des Herrn Deslandes Kritische Geschichte der Philosophie, worinnen von dem Ursprunge derselben, von ihrem Fortgange, und von den verschiedenen Revolutionen, die sich darinnen bis auf unsere Zeiten ereignet haben, gehandelt wird, Premier volume, Leipzig, im Verlag der Heinsiussischen Buchhandlung, 1770.

De la certitude des connaissances humaines, Londres, W. Robinson, 256 pp., 1741.

Essai sur la marine et sur le commerce, s.l., 1743, 176 pp.
Essai sur la marine et sur le commerce, Amsterdam, F. Changuion, 1743, xx-252 pp.
An Essay on Maritime Power and Commerce; Particularly those of France. In an Epistolary Discourse, address'd to the Count de Maurepas, Secretary of State and of the Marine, by M. Deslandes, London, Printed for P. Vaillant, 1743, xii-163 pp.

b/ et accordée
La Fortune. Histoire critique, s.l., 1751, 198 pp.

Lettre critique sur l'histoire navale d'Angleterre, s.l., 1752, 31 pp. (rééditée dans le *Recueil de différents traités de physique et d'histoire naturelle*, vol. III, Paris, 1753, pp. 237-253).

Histoire de M. Constance, premier ministre du Roi de Siam. Par M. Deslandes, ancien commissaire général de la marine. A Amsterdam et se trouve à Paris, Duchesne, 1756, 55 pp.

iii. clandestins
Poëtæ rusticantis literatum otium, Londini, Impensis Bernardi Lintot, 1713, 43 pp.
Poëtæ rusticantis literatum otium. Secunda editio priori auctior, Londini, Impensis Bernardi Lintot, 1713, 52 pp.
Poëtæ rusticantis literatum otium. Tertia editio prioribus auctior, Londini et venit Parisiis, apud Ganeau, 1752, 74 pp.
Le même texte, sans titre, dans: *Les Amusements du cœur et de l'esprit.* Ouvrage périodique, Etienne-André Philippe de Prétot, vol. XII, Paris, La Veuve Pissot, 1741, pp. 269-310.

Pigmalion, ou la Statue animée, Londres, Samuel Harding, 1741, viii-80 pp.

Pigmalion, ou la Statue animée, Londres, Samuel Harding, 1742, xvi-125 pp.
Pigmalion, ou la Statue animée, Berlin, 1743.
Pigmalion, ou la Statue animée, Londres, Samuel Harding, 1744, vi-75 pp.
Pigmalion, ou la Statue animée, Berlin, 1753, vi-69 pp.
Pigmalion, oder Die belebte Statue, Hambourg, Johann Adolph Martini, 1748.

L'Optique des mœurs, opposée à l'optique des couleurs, s.l., s.d., 27 pp.
Réédité dans: *Pigmalion, ou la Statue animée,* Londres, Samuel Harding, 1742, pp. 126-205.

Lettre sur le luxe, Francfort, Joseph-André Vanebben, 1745, iv-96 pp.
Lettre sur le luxe. Imprimé à Londres, et se vend à Paris, à la porte de la Bastille, 1746.

Lettre à M. . . , Trésorier de France, s.l., 1748. (Je n'ai pas pu trouver cet ouvrage, que R. Geissler signale dans sa bibliographie)

Histoire de la princesse de Montferrat, Londres, 1749, xxi-141 pp.

Traité sur les différents degrès de la certitude morale, par rapport aux connaissances humaines. Par M. D. . . , Paris, J. F. Quillau, fils, 1750, 17 pp.

II. OUVRAGES DU XVIIIᵉ SIÈCLE ET AVANT

1. manuscrits

Bibliothèque municipale de La Rochelle, Mss. 356, f. 318. Demandes de privilège, B.N. Mss. f. fr.

21995	1723-1728
21996	1728-1738
21997	1738-1750
21998	1750-1760

Deslandes, André, *Journal,* Archives du Ministère de la Marine, A.M., B 7.
Deslandes, André-François, *Correspondance avec l'abbé Bignon,* B.N., Mss. f. fr. 22 228.
Livres d'impression étrangère présentés à Mgr. le Chancelier pour la permission de débiter, B.N., Mss. f. fr.

21990	1718-1746
21994	1750-1760

Louis XIV, Lettre d'anoblissement d'André Boureau, parchemin original avec armoiries, B.N., Mss. fr., nouvelles acquisitions 9 353.
Malesherbes, Note autographe, Bibliothèque Victor Cousin de la Sorbonne, Mss. IV (58): *Philosophes, 1622-1806.*
Martin, François, *Journal,* B.N., Mss., f. fr. 6 231.
Mémoires sur la Compagnie des Indes Orientales, B.N., Mss. f. fr. 6 231.

Répertoire des livres prohibés par ordre alphabétique, deux copies:
    Mss. f. fr. 21 928
    Mss. f. fr. 21 929

2. imprimés, XVIIIe siècle et avant

d'Alembert, «Discours préliminaire», in Encyclopédie, vol. I, Paris, 1751.
L'Ame matérielle, anonyme, éd. A. Niderst, Rouen, Publications de l'Université de Rouen-Nizet, 1969.
d'Argenson, marquis, Journal, éd. J.-B. Rathéry, Paris, 1863.
Bayle, Pierre, Dictionnaire historique et critique, éd. 1740.
Bibliothèque raisonnée des ouvrages des savants de l'Europe, 1731, tome VIII.
Bougerel, R. P., Vie de Gassendi, 1737.
Bourette, Madame, La Muse limonadière, ou Recueil d'ouvrages en vers et en prose, Paris, Jorry, 2 vol., 1755.
Brucker, Historia critica philosophiæ a mundi incunabulis ad nostram usque ætatem deducta, Lipsiæ, 1742-1744, 4 t.
Chaulieu, abbé, Poésies de M. l'abbé de Chaulieu, Amsterdam, 1724.
Chaulieu, abbé, Poésies de M. l'abbé de Chaulieu, La Haye, 1731.
Chaulieu, abbé, Œuvres diverses de M. L. de Chaulieu, Amsterdam, 1733.
Chaulieu, abbé, Œuvres, éd. de M. de Saint-Marc, Amsterdam, 1757.
Chaulieu, abbé, Œuvres de l'abbé de Chaulieu, Paris, 1757.
Chaulieu, abbé, Œuvres de Chaulieu, La Haye, 1777.
Chaulieu, abbé, Poésies, éd. de Lémontey, 1825.
de Choisy, abbé François-Timoléon, Journal du voyage de Siam fait en 1685 et 1686, par M.L.D.C., Paris, 1687.
Clairaut, Alexis-Claude, Théorie de la figure de la terre Paris, David fils, 1743.
Condillac, Œuvres philosophiques, Paris, P.U.F., 1948.
Condorcet, Eloge de M. le comte de Maurepas, dans Œuvres, Paris, F. Didot, vol. II, 1847-1849, 12 vol.
Desfontaines, abbé, Observations sur les écrits modernes, Paris, 1737.
Dictionnaire de Furetière, éd. 1701.
Dictionnaire universel, dit Dictionnaire de Trévoux, éd. 1704.
Diderot, Denis, Œuvres Complètes, éd. Assézat-Tourneux.
Diderot, Denis, Sur la liberté de la presse, éd. J. Proust, Paris, Editions Sociales, 1964.
Difficultés sur la Religion, proposées au Père Malebranche par Mr..., officier militaire dans la marine. Texte intégral du «Militaire Philosophe», éd. R. Mortier, Bruxelles, Presses Universitaires de Bruxelles, 1970.
Duclos, Mémoires secrets sur le règne de Louis XIV, la Régence et le règne de Louis XV, Paris, Léopold Collin, 1808.
Dutot, Réflexions politiques sur les finances et le commerce, La Haye, frères Vaillant et N. Prevost, 1738, 2 vol.
Encyclopédie méthodique ou par ordre des matières, par une société de gens de lettres, de savants et d'artistes, Paris, Panckoucke, 1786.

Fénelon, *Abrégé des vies des philosophes*, Paris, J. Estienne, 1726.

Fontenelle, *Œuvres*, Paris, F. Didot, vol. II, 1847.

Fontenelle, *Textes choisis*, éd. M. Roelens, Paris, Editions Sociales, 1966.

Fréret, Nicolas, *Œuvres Complètes*, 4 vol., Londres, 1775.

Fréron, *Année littéraire*, 1757.

Granet Fr. et Desmolets, *Recueil de pièces d'histoire et de littérature*, Paris, 1741.

Grimm, *Correspondance littéraire, philosophique et critique*, éd. M. Tourneux, Paris, Garnier.

Histoire de l'Académie Royale des Sciences, Paris.

Histoire des princesses de Bohême, par Mme ***, (anonyme), La Haye (Paris), 1749.

Kruger, *Histoire des anciennes révolutions du globe terrestre*, trad. anonyme, 1752.

La Mothe le Vayer, *Cinq dialogues faits à l'imitation des Anciens par Oratius Tubero*, Mons, Paul de la Flèche, 1673.

La Mothe le Vayer, *De la vertu des Payens*, Paris, F. Targa, 1642.

Lamy, Père, De l'*Art de parler*, Paris, A. Pralard, 1675.

Lamy, Père, *Traité de perspective*, Paris, chez Anisson, 1701.

Lamy, Père, *Traités de mécanique*, Paris, A. Pralard, 1679.

Lamy, Père, *Eléments de mathématiques*, Paris, A. Pralard, 1689.

Lamy, Père, *Entretiens sur les sciences*, Grenoble, s. d.

Lediard, Thomas, *The Naval History of England, in all its Branches, from the Norman Conquest in the Year 1066 to the Conclusion of 1734*, London, 1735.

Lévesque de Burigny, *Histoire de la Théologie payenne*, La Haye, Josse, 1724.

Maimbourg, Père Louis, *Œuvres*, Paris, 1686.

Martin, François, *Mémoires de François Martin, fondateur de Pondichéry (1665-1696)*, éd. A. Martineau, 3 vol., Paris, Société de l'Histoire des Colonies Françaises, 1931-1934.

Melon, *Essai politique sur le commerce*, s.l., 1734.

Mémoires pour servir à l'histoire des sciences et des arts, dits *Mémoires de Trévoux*.

Meslier, Jean, *Œuvres Complètes*, éd. R. Desné, A. Soboul, J. Deprun, 3 vol., Paris, Editions Anthropos, 1970-1972.

Montaigne, *Essais*, éd. Plattard, Paris, Les Belles-Lettres.

Naudé, Gabriel, *Additions à l'histoire de Louis XI*, Paris, F. Targa, 1630.

Naude, Gabriel, *Apologie pour tous les grands hommes qui ont été faussement accusés de magie*, Amsterdam, J. Frédéric Bernard, 1712.

Naudé, Gabriel, *Bibliographia politica*, W. Lugd. Batar., J. Maire, 1642.

Naudé, Gabriel, *Mascurat*.

Nouvelles libertés de penser, anonyme, Amsterdam, 1743.

d'Orléans, Père Pierre-Joseph, *Histoire de M. Constance, Premier Ministre du Roi de Siam, et de la dernière révolution de cet Etat*, Paris, 1690; Lyon, 1754.

Pascal, *Œuvres Complètes*, «Entretien entre Pascal et M. de Sacy».

Raynal, abbé, *Histoire philosophique et politique des établissements et du commerce des Européens dans les deux Indes,* Amsterdam, 1770, 6 vol.

Remarques historiques, critiques et satiriques d'un cosmopolite, tant en prose qu'en poésie sur différens sujets, Cologne (Nantes) P. Marteau, 1731. (anonyme)

Sabatier de Castres, Antoine, *Tableau philosophique de l'esprit de M. de Voltaire pour servir de suite à ses ouvrages, et de mémoires à l'histoire de sa vie,* Genève, Crammer frères, 1771.

Sabatier de Castres, Antoine, *Les trois siècles de notre littérature, ou tableau de l'esprit de nos écrivains, depuis François Ier jusqu'en 1772: par ordre alphabétique,* Amsterdam, 1772.

Saint-Augustin, *Cité de Dieu,* Paris, Les Belles-Lettres, 1943.

Saint-Evremond, *Conversation avec le maréchal d'Hocquincourt,* in *Œuvres en prose,* Paris, Didier, 1962 et sq.

Saint-Simon, *Mémoires,* éd. A. Boislisle, Paris, Les Grands Ecrivains de la France, 1879-1930.

Tachard, Père Guy, *Voyage de Siam des Pères Jésuites envoyez par le Roi aux Indes et à la Chine, avec leurs observations,* Paris, 1686.

Tachard, Père Guy, *Second voyage du Père Tachard et des Jésuites envoyez par le Roi au royaume de Siam, avec leurs observations,* Paris, 1689.

le Valois, Père Louis, *Sentiments de M. Descartes, touchant l'essence et les propriétés du corps, opposés à la doctrine de l'Eglise et conformes aux erreurs de Calvin sur le sujet de l'Eucharistie,* Paris, 1680.

Voltaire, *Œuvres Complètes,* éd. *Moland,* Paris, Garnier, 1877-1885.

Voltaire, *Correspondance, éd. Th. Besterman,* Genève, Institut et Musée Voltaire.

Vossius, *De Idolatria liber.*

3. imprimés, après le XVIIIe siècle

Académie des Sciences. *Index biographique des membres et correspondants de l'Académie des Sciences, de 1666 à 1939,* Paris, Gauthier-Villars, 1939.

Académie des Sciences de l'U.R.S.S. *Bibliothèque de Voltaire. Catalogue des livres,* Moscou-Léningrad, 1961.

Adam, Antoine, «Introduction» à Voltaire, *Le Siècle de Louis XIV,* Paris, Garnier-Flammarion, 1966.

Adam, Antoine, *Histoire de la littérature française au XVIIe siècle,* Paris, Domat, 5 vol.

Adam, Antoine, *Les libertins au XVIIe siècle,* Paris, Buchet-Chastel, 1964.

Adam, Antoine, *Le mouvement philosophique dans la première moitié du XVIIIe siècle,* Paris, S.E.D.E.S., 1967.

André, Père Yves-Marie, *La vie du R. P. Malebranche,* Paris, 1886.

Bachman, Albert, *Censorship in France from 1715 to 1750: Voltaire's Opposition,* New York, 1934.

Barbier, *Dictionnaire des ouvrages anonymes,* Paris, 1882.

Barnard, H. C., *The French Tradition in Education,* Cambridge, Cambridge University Press, 1922 (réédition, 1970).

Belin, J. P., *Le commerce des livres prohibés à Paris de 1750 à 1789*, Paris, Belin, 1913.

Bénot, Yves, *Diderot, de l'athéisme à l'anticolonialisme*, Paris, Nizet, 1970.

Birn, Raymond, «The Profits of Ideas, *Privilèges en librairie* in Eighteenth-Century France», in *18th-Century Studies*, vol. IV, No 2, 1971, Berkeley, Berkeley University Press, pp. 131-168.

Bréhier, E., *Histoire de la philosophie*, Paris, P.U.F., 1963-1968.

Brincart, H., *Les Archives de Maurepas. Inventaire 257 AP*, Paris, Archives de France, 1965.

Brunet, Pierre, *L'introduction des théories de Newton en France au XVIIIe siècle*, Paris, Librairie Scientifique Albert Blanchard, 1931.

Brunet, Pierre, *Les physiciens hollandais et la méthode expérimentale en France au XVIIIe siècle*, Paris, 1926.

Busson, Henri, *La religion des classiques (1660-1685)*, Paris, P.U.F., 1948.

Carr, John L., «A curious 18th-Century translation», in *M.L.R.*, vol. IV, 1960, pp. 574-577.

Carr John L., «Deslandes and the *Encyclopédie*», in *French Studies*, vol. XVI, avril 1962, Oxford, Oxford University Press, pp. 154-160.

Chaudon, dom, *Dictionnaire universel, historique, critique et bibliographique*, IXe édition, Paris, Mame frères, 1810.

Chomsky, N., *Cartesian Linguistics. A Chapter in the History of Rationalist Thought*, New York, Harper and Row, 1966.

Chouillet, Jacques, *L'esthétique des Lumières*, Paris, P.U.F., 1974.

Daire, Eu., *Economistes financiers du XVIIIe siècle*, Paris, Guillaumin, 1843.

Deprun, Jean, «Meslier et l'héritage scolastique», in *Actes du Colloque International d'Aix-en-Provence, Etudes sur le curé Meslier*, Paris, Société des Etudes Robespierristes, 1966.

Desalles, A., *Histoire générale des Antilles*, Paris, 1848.

Desessarts, N.-L.-M., *Les Siècles littéraires de la France, ou nouveau dictionnaire historique, critique et bibliographique de tous les écrivains français morts et vivans jusqu'à la fin du XVIIIe siècle*, Paris, Desessarts, an VIII-1803.

Desné, Roland, «(le curé Meslier) L'homme, la renommée», préface aux *Œuvres Complètes de Jean Meslier*, Paris, Editions Anthropos, 1970.

Devèze, Michel, *Histoire de la colinisation française en Amérique et aux Indes au XVIIIe siècle*, Paris, 1951.

Devèze, Michel, *La grande réforme des forêts sous Colbert*, Nancy, 1962.

Devèze, Michel, *L'Europe et le monde à la fin du XVIIIe siècle*, Paris, 1971.

Dieckmann, Herbert, *Le Philosophe, Texts and Interpretation*, Saint Louis, 1948.

Dieckmann, Herbert, *Cinq leçons sur Diderot*, Genève, Droz, 1959.

Dommanget, Maurice, *Le curé Meslier, Athée, communiste et révolutionnaire sous Louis XIV*, Paris, Juilliard, 1965.

Donzé, R., *La Grammaire générale et raisonnée de Port-Royal, contribution à l'histoire des idées grammaticales en France*, Berne, Francke, 1967.

Duchet, Michèle, *L'anthropologie des Lumières*, Paris, Maspéro, 1971.

Duchet, Michèle, *Histoire littéraire de la France: de 1715 à 1789*, vol. III, Paris, Editions Sociales, 1969.

Ehrard, Jean, *L'idée de Nature dans la première moitié du XVIIIe siècle,* Paris, S.E.V.P.E.N., 1963.

Estivals, Robert, *Le dépot légal sous l'Ancien Régime de 1537 à 1791,* Paris, M. Rivière, 1961.

Estivals, Robert, *La statistique bibliographique de la France sous la monarchie au XVIIIe siècle,* Paris-La Haye, Mouton, 1965.

Etat sommaire des Archives de la Marine antérieures à la Révolution, Paris, 1898.

Farrère, Claude, *Histoire de la Marine française,* Paris, Flammarion, 1962.

Febvre, Lucien et Martin, Henri-Jean, *L'apparition du livre,* Paris, Albin Michel, 1958.

de Feller, François-Xavier, *Biographie universelle, ou Dictionnaire historique des hommes qui se sont fait un nom par leur génie, leurs talents, leurs vertus, leurs erreurs ou leurs crimes,* nouvelle édition augmentée de plus de 3000 articles, rédigés par M. Pérennès, professeur de littérature française à l'Académie de Besançon, Paris, Gauthier frères et Cie, 1833-1834.

Filion, Maurice, *Maurepas, Ministre de Louis XV, 1715-1749,* Montréal, Les Editions Leméac, 1967.

Foucault, Michel, *Histoire de la folie à l'âge classique,* Paris. 1964.

Foucault, Michel, *Les mots et les choses. Une archéologie des sciences humaines,* Paris, Gallimard, 1966.

Foucault, Michel, *L'archéologie du savoir,* Paris, Gallimard, 1969.

Furet, François, *Livre et société dans la France du XVIIIe siècle,* Paris-La Haye, Mouton, vol. I: 1965; vol. II: 1970.

Geissler, Rolf, *Boureau-Deslandes. Ein Materialist der Frühaufklärung,* Berlin, Rütten und Loening, 1967.

Goldmann, Lucien, *Le Dieu caché,* Paris, Gallimard, 1955.

Goulemot, J.-M., «La difficile condition d'auteur: censure, livres et public au XVIIIe siècle», in *Histoire littéraire de la France: de 1715 à 1789,* vol. III, Paris, Editions Sociales, 1969.

Green, F. C., «The Eighteenth-Century French Critic and the Contemporary Novel», in *Modern Language Review,* vol. XXIII, 1928, pp. 176 et sq.

Grente, Mgr. Georges, *Dictionnaire des Lettres françaises, Le XVIIIe siècle,* Paris, Fayard, 1960 (vol. I).

Grosclaude, Pierre, *Malesherbes: témoin et interprète de son temps,* Paris, Fischbacher, 1961.

Harnack, Adolf, *Geschichte der königlich preussischen Akademie der Wissenschaften zu Berlin,* Berlin, Reichsdrückerei, 1930.

Hermann-Mascard, Nicole, *La censure des livres à Paris à la fin de l'Ancien Régime (1750-1789),* Paris, P.U.F., 1968.

Hoefer, *Nouvelle biographie générale depuis les temps les plus reculés jusqu'à nos jours,* Paris, Didot, 1855-1866.

Hoffmann, L.-Fr., *Le Nègre romantique,* Paris, Payot, 1973.

Jones, S. Paul, *A List of French Prose Fiction from 1700 to 1750,* New York, Wilson, 1939.

Kaeppelin, Paul, *Les origines de l'Inde française. La Compagnie des Indes Orientales et François Martin,* Paris, Challamel, 1908.

Lacroix, Paul, «Note», in *Bulletin du bibliophile et du bibliothécaire*, Paris, J. Techener, janvier 1859.

Lallemand, P., *Essai sur l'histoire de l'éducation dans l'ancien Oratoire de France*, Paris, Ernest Thorin, 1887.

Lamontagne, R., *Aperçu structural du Canada au XVIIIe siècle*, Montréal, 1964.

Lamontagne, R., *Ministère de la Marine. Amérique et Canada*, Montréal, 1966.

Lamontagne, R., *Problématique des civilisations*, Montréal, 1968.

Lanson, Gustave, *Manuel bibliographique de la littérature française moderne*, Paris, Hachette, 1921.

Laurent, Dr. C., «Monsieur Deslandes (André-François Boureau-Deslandes, 1689-1757)», dans *Bulletin de la Société Archéologique du Finistère*, tome XC, 1964, Brest, Imprimerie du Télégramme, 1965.

Macary, Jean, «L'esprit encyclopédique avant l'*Encyclopédie*: André-François Deslandes», in *Studies on Voltaire and the 18th-Century*, vol. LXXXIX, 1972, pp. 975-992.

Macary, Jean, «Les dictionnaires de Furetière et de Trévoux et l'esprit encyclopédique», in *Diderot Studies*, vol. XVI, 1973.

Maindron, Ernest, *L'ancienne Académie des Sciences, les Académiciens (1666-1793)*, Paris, B. Tignol, 1895.

Malleret, Louis, *Pierre Poivre*, Paris, A. Maisonneuve (Publications de l'Ecole française d'Extrême-Orient), 1974.

Maréchal, Sylvain, *Dictionnaire des athées anciens et modernes*, Paris, Grabit, an VIII.

Martin, Henri-Jean et Febvre, Lucien, *L'apparition du livre*, Paris, Albin Michel, 1958.

Martin, Henri-Jean, *Livre, pouvoirs et société à Paris au XVIIe siècle*, Genève, Droz, 1969.

Mauzi, Robert, *L'idée du bonheur au XVIIIe siècle*, Paris, A. Colin, 1965.

May, Georges, *Diderot et la Religieuse*, Paris, P.U.F., 1954.

May, Georges, *Le dilemme du roman au XVIIIe siècle*, Paris, P.U.F., 1963.

Michaud, Louis Gabriel, *Biographie universelle, ancienne et moderne; ou, Histoire, par ordre alphabétique, de la vie publique et privée de tous les hommes qui se sont fait remarquer par leurs écrits, leurs actions, leurs talents, leurs vertus ou leurs crimes*, dite *Biographie Michaud*, Paris, Michaud frères, 1811-1828.

Morize, A., *L'apologie du luxe au XVIIIe siècle et le Mondain de Voltaire*, Paris, Didier, 1909.

Mornet, Daniel, «Les enseignements des bibliothèques privées (1750-1780)», in *R.H.L.*, vol. XVII, 1910, pp. 449-496.

Mortier, Roland, *Clartés et ombres du siècle des Lumières*, Genève, Droz, 1969.

Pintard, René, *Le libertinage érudit dans la première moitié du XVIIe siècle*, Paris, Boivin, 1943.

Pomeau, René, *La religion de Voltaire*, Paris, Nizet, 1956.

Porset, Ch., *Varia Linguistica, Maupertuis, Turgot, Condillac, du Marsais, A. Smith,* préface de M. Duchet, textes rassemblés et annotés, Bordeaux, Ducros, 1970.

Pottinger, David T., *The French Book Trade in the Ancien Régime (1500-1791),* Cambridge, Mass., 1958.

Prévost M. et Roman d'Amat, *Dictionnaire de biographie française,* Paris, Letouzey et Ané (vol. VI, 1954).

Proust, Jacques, *Diderot et l'Encyclopédie,* Paris, A. Colin, 1962.

Proust, Jacques, *L'Encyclopédie,* Paris, A. Colin, 1965.

Publicationen aus den Königlich-Preussischen Staatsarchiven, Leipzig, 1838.

Quérard, J. M., *La France littéraire,* Paris, Didot, 1828.

Ravaisson, *Archives de la Bastille,* Paris, 1866 et sq.

Rétat, Pierre, *Le Dictionnaire de Bayle et la lutte philosophique au XVIIIe siècle,* Paris, Société d'édition «Les Belles Lettres», 1971.

Roche, Daniel, «Milieux académiques provinciaux et société des Lumières», in *Livre et société au XVIIIe siècle,* Paris-La Haye, Mouton, vol. I, 1965, pp. 93-184.

Roger, Jacques, *Les sciences de la vie dans la pensée française du XVIIIe siècle,* Paris, A. Colin, 1963.

Seznec, Jean, *Essais sur Diderot et l'Antiquité,* Oxford, Clarendon Press, 1957.

Simon, Renée, *Nicolas Fréret, Académicien,* in *Studies on Voltaire and the 18th-Century,* Genève, 1961.

Spink, J. S., *French Free Thought from Gassendi to Voltaire,* traduction française de P. Meier, Editions Sociales, 1966.

Strauss, Léo, *Persecution and the Art of Writing,* The Free Press, Glencoe, Ill., 1952.

Thomas, Jean, *L'humanisme de Diderot,* Paris, Les Belles-Lettres, 1938.

Uitti, Karl D., «Descartes and Port-Royal in Two Diverse Retrospects», in *Romance Philology,* vol. XXIII, No 1, août 1969, pp. 75-85.

Uitti, Karl D., *Linguistics and Literary Theory,* Princeton, Princeton University Press, 1969.

Vartanian, Aram, *Diderot and Descartes. A Study of Scientific Naturalism in the Enlightenment,* Princeton, Princeton University Press, 1953.

Ventre, Madeleine, *L'imprimerie et la librairie en Languedoc au dernier siècle de l'Ancien Régime (1700-1789),* Paris-La Haye, Mouton, 1958.

Venturi, Franco, *La jeunesse de Diderot,* trad. Juliette Bertrand, Paris, Skira, 1939.

Vernière, Paul, *Spinoza et la pensée française avant la Révolution,* Paris, P.U.F., 1954.

Wade, Ira O., *The Clandestine Organization and Diffusion of Ideas from 1700 to 1750,* New York, Octagon Books Inc., 1967.

Weller, Emil, *Die falschen und fingierten Druckorte,* Hildesheim, 1864.

Williams, Ralph C., *Bibliography of the 17th-Century Novel in France,* New York, The Century Co., 1931.